SERVICE MANAGEMENT

서비스 경영

박경종 윤재홍 장병열 조현보 한동철 공저

이프레스

머리말

수천 년 동안의 제품생산 형태가 대폭적으로 감소하고, 형태가 없는 서비스의 생산과 판매가 현재의 추세가 되었다. 거의 모든 산업 분야에서 제품생산의 비중이 점점 줄어들고 있는 반면에 서비스생산의 비중은 크게 확대되고 있다.

서비스라는 것은 눈에 보이지는 않지만 기본적으로는 인간의 몸에 필요한 것들을 만들어 내는 것이다. 눈으로 즐길 수 있는 각종 엔터테인먼트서비스, 손으로 즐길 수 있는 정보통신서비스, 발로 즐길 수 있는 각종 문화 관련 서비스, 귀로 즐길 수 있는 음악 관련 서비스, 입으로 즐길 수 있는 외식 관련 서비스, 머리로 즐길 수 있는 헤어 관련 서비스 등과 같이 인간의 몸에 직접적으로 연결되는 것이 서비스이다. 미래형 로봇이나 가상현실과 같은 첨단 정보통신기술이 서비스를 생산하고 제공해 줄 수는 있지만 아직은 기술적 한계 때문에 보편화되지 않고 있다. 따라서 서비스생산과 마케팅에서 인건비의 비중이 상당히 높은 편이다.

국가경쟁력의 제고를 위해서는 서비스의 비중이 절대적으로 높아져야 할 것이다. 2000년대 이후로 우리나라 정부도 서비스산업 육성을 캐치프레이즈로 삼고 있다. 또한 그동안 수십 년 동안의 산업화가 거의 제조업에 초점을 맞추고 있었던 것에 비해 상대적으로 낙후되었던 서비스업의 도래에 대비해 대기업과 중소기업들은 발걸음을 재촉하고 있다. 아직 커다란 진전은 미약하지만 투자 규모가 점차 확대되면서 가파른 상승곡선을 기록할 것으로 추측된다.

서비스산업의 활성화에 대비하여 서비스 경영의 이론과 실무경험을 탄탄하게 준비하는 것이 매우 중요하다고 할 수 있다. 이를 위해 대학과 연구소에서 개발된 서비스 경영 이론들의 집대성이 필요하다는 판단에서 서비스 전문가들이 의기투합하여 이 도서를 집필하게 되었다. 현재의 서비스 경영 이론들을 다각적인 측면에서 논리화를 시도하였다. 또한 산업현장에서 필요하다고 판단되는 실무형 지침들도 제공하였다. 독자들이 《서비스 경영》 책을 통해 이론 무장을 할 수 있다면 저자들로서는 커다란 기쁨이 될 것이다.

기꺼이 출판해 주신 이프레스 출판사의 수고에 감사드리면서 독자들의 지적이 있다면 언제든 반영해서 보다 더 나은 개정판을 지속적으로 낼 것을 약속드리는 바이다.

2014년 8월

박경종, 윤재홍, 장병열, 조현보, 한동철

차례

CONTENTS

CONTENTS

CONTENTS

CONTENTS

CONTENTS

CONTENTS

C O N T E N T S

SERVICE MANAGEMENT

01

서비스 경영 개론

서비스 정의 및 특성 01 CHAPTER

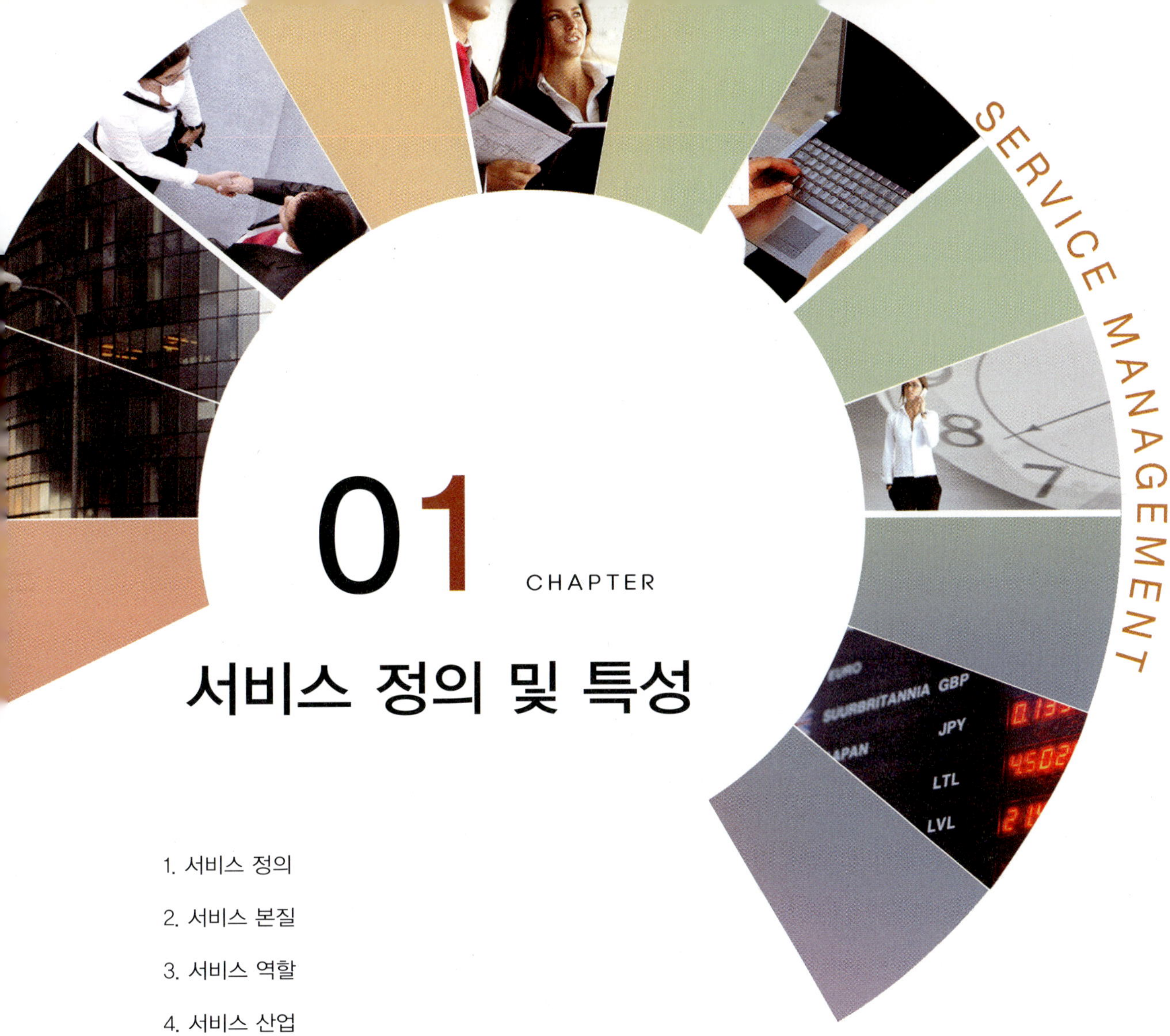

01 CHAPTER

서비스 정의 및 특성

1. 서비스 정의
2. 서비스 본질
3. 서비스 역할
4. 서비스 산업
5. 서비스 미래

SERVICE MANAGEMENT

01 CHAPTER 서비스 정의 및 특성

도입사례

고객정보 분석으로 '소비자 경험'을 지배하라

애플의 스티브 잡스가 훌륭한 것은, 각각 따로 존재하던 IT기기 · 소프트웨어 · 콘텐츠를 창의적으로 융합한 비즈니스를 만들었다는 점이다. 그는 이종(異種) 산업을 포함한 생태계(에코시스템)의 경쟁으로 '게임의 방식'을 바꿨다. 소비자 입장에서 보면 제품 자체의 사양보다 "이 제품으로 내가 무엇을 할 수 있는가"라는 '경험'을 더 중시하게 됐다는 데 큰 의미가 있다.

IBM 기업가치연구소가 미국 · 영국 · 독일 · 일본 · 중국 등 5개국의 소비자 1,000명을 대상으로 실시한 설문조사 결과를 보면, 소비자가 제품을 구매할 때 '경험'을 중시하는 방향으로 바뀌고 있음을 알 수 있다. 제품의 가격, 사양 같은 기본적인 요소는 여전히 중요하지만 '인터넷 연결성', '기기 간의 상호 연결성', '콘텐츠나 서비스의 가용성' 등이 제품의 브랜드나 디자인보다 더 중요한 요소로 나타났다.

이렇게 소비자의 경험이 중시되는 흐름 속에서 기존의 미디어, 통신, 유통 그리고 전자산업은 서로 경쟁하면서 동시에 협력하는 체계를 만들어 가고 있다. 그리고 그 핵심에 전자기기라는 제품과 서비스의 통합 그리고 소비자에게 가까이 다가가서 그들의 경험을 획득하려는 기업들의 노력이 어우러지고 있다. 이러한 시대에 기업들에게 요구되는 역량은 무엇일까?

첫째, 제품 제조업에서 서비스 · 솔루션 제공자로 변화해야 한다. 제품을 만들어서 유통채널을 통해 고객에게 판매하는 단순 제조업자가 아니라, 직접 고객을 대면하고 그들에게 독특하고 편리한 '경험'을 제공하는 종합적인 서비스 기업이 되어야 한다는 말이다.

이를 위해 우선 제조업과 서비스업의 차이를 명확히 이해해야 한다. 제조업의 경우 영향력 있는 유통 채널과의 관계가 중요하다. 한국의 글로벌 전자 기업들은 유통 채널과의 밀접한 협력을 통해 글로벌 브랜드로 입지를 굳힐 수 있었다.

서비스업은 최종 소비자와의 친밀도가 우선이다. 제조업은 유통 채널에 제품을 판매하는 일회성 거래 이후에는 소비자와 지속적 관계가 제한적이다. 서비스업은 소비자가 제품을 사용하는 기간 내내 긴밀한 관계를 갖는다. 제조업 기반의 기업이라고 하더라도 소비자에 대한 서비스와 경험의 만족도를 높이기 위한 소프트웨어적 사고가 꼭 필요한 이유다.

둘째, 소비자에게 독특한 '경험'을 제공하기 위해서는 소비자에 대한 통찰력을 갖는 것이 필수적이다. 전자제품 제조 기업들은 네트워크에 연결된 기기를 통해 서비스를 제공하면서 개별 소비자와 더 자주 접촉하게 된다. 이를 통해 제품 · 서비스 사용 방식이나 사용자 개인에 대한 더 많고 깊이 있는 정보를 얻을 수 있다. 이렇게 얻은 고객 정보를 어떻게 분석하고 활용하느냐가 가장 큰 경쟁력이 될 것이다. 따라서 소비자와의 관계를 만들어 주는 소프트웨어와 서비스가 더욱 중요하게 된다.

유럽의 필립스(Philips)는 이러한 시장의 변화를 먼저 읽고 네트워크에 연결된 스마트 TV를 유럽시장에 일찍 출시했다. 콘텐츠와 고객 데이터에 기반한 광고 등 새로운 비즈니스 모델도 만들었다. 일본 샤프(Sharp) 같은 다른 TV 제조업체도 동일한 플랫폼을 적용하기 시작하면서 필립스의 시장 영향력이 높아지고 있다. 이처럼 단순히 기술적 스펙이나 기능을 갖추는 데 그치지 말고 이를 바탕으로 소비자에 대한 이해와 통찰력, 새로운 비즈니스에 활용하는 능력이 더욱 중요한 숙제가 될 것이다.

소비자 경험이 최우선인 시대의 승자는 누구일까? 제조업이 가진 전통적 강점 위에 서비스 기업이 가져야 하는 특성들을 빠르게 접목하고 소비자에 대한 통찰력으로 만족도 높은 경험을 제공하는 기업이 될 것이다. 그리고 이것들을 가능하게 해주는 소프트웨어의 힘이 그 어느 때보다도 커질 것이다.

출처: 조선비즈 (2011. 10. 7).

1. 서비스 정의

서비스에 대한 정의는 다양하지만 무형성, 그리고 생산과 동시에 소비된다는 공통의 특성을 가지고 있다. 서비스는 행위, 프로세스, 그리고 결과로 구성된다. 즉, 고객과 서비스 제공자의 인적자원(종업원)과 물적자원(설비, 시설), 서비스 제공시스템 사이(전달시스템)의 상호작용이 일어난다.

서비스의 정의는 첫째, 서비스의 속성이나 특성을 중심으로 정의할 수 있다. 서비스의 특성은 이미 앞에서 설명한 바 있다. 둘째, 활동성과 실용성의 관점에서 서비스를 정의할 수 있다. 이는 판매를 위하여 제공되거나 혹은 판매에 수반되는 일체로 본다. 마지막으로 유형재와의 복합적인 효용과 편익의 관점에서 정의하는 것이다.

〈표 1-1〉에 서비스에 관한 다양한 정의가 요약되어 있다.

표 1-1 서비스 정의

분류	정의
서비스 속성을 중심으로 한 정의	• 시장에서 판매되는 무형의 제품 • 유형과 무형의 구분은 손으로 만질 수 있는가의 여부임
	• 재화는 먼저 생산되고 후에 소비되는 반면, 서비스는 먼저 판매되고 후에 생산과 동시에 소비됨
서비스의 활동성, 실용성을 중심으로 한 정의	• 현재의 형태에 물리적 변화를 가하지 않으면서 편익과 만족을 산출하는 행위
	• 판매를 위하여 제공되거나 혹은 판매에 수반되는 모든 활동
	• 활동, 퍼포먼스 또는 노력
유형재와 복합적인 효용과 편익을 중심으로 한 정의	• 한쪽이 상대편에게 제공하는 효용이나 그에 따른 행위 • 유형 제품에 연결될 수도 있고, 그렇지 않을 수도 있음
기타 정의	• 인간이 인간에 대한 봉사

출처: 윤재홍 (2013).

2. 서비스 본질

서비스는 일곱 가지의 본질적인 원칙을 가진다.

첫째, 인간은 모두 서비스 전문가라고 할 수 있다. 우리는 다양한 삶을 통해 서비스 조직으로부터 우리가 무엇을 원하는지 알고 있고, 서비스 전달과정에 대한 풍부한 경험을 가지고 있기 때문이다.

둘째, 특정 서비스를 우수한 수준으로 제공한다고 하더라도 다른 서비스도 우수한 수준으로 제공할 수 있다고 말할 수 없다. 예를 들어, 30분도 채 되지 않아 식사를 마칠 수 있다는 것은 패스트푸드점에서는 좋으나, 값비싼 프랑스 레스토랑에서는 상상도 할 수 없는 일인 것이다.

셋째, 서비스 제공이 우수하다고 하더라도 모두 만족되는 것은 아니다. 예를 들어 차를 구매한다고 가정한다면, 자동차 판매 대리점에서는 자동차 구매를 처리하는 데 있어서는 매우 높은 수준의 작업 품질을 보일 수 있으나, 정작 차를 고객에게 인도하는 시간이 일주일 이상 걸린다면 아무리 좋은 작업 품질을 보유하고 있다 하더라도 의미가 퇴색될 것이다.

넷째, 서비스는 서비스 패키지를 구성하는 유·무형의 속성들을 통해 결과로 나타난다. 이 패키지는 설계와 관리 면에서 제품의 생산과는 다른 접근을 요구한다.

다섯째, 제품은 소비되지만 서비스는 경험되는 것이다.

여섯째, 서비스를 효과적으로 관리하기 위해서는 서비스 운영, 서비스 제공 직원, 서비스 마케팅 등의 포괄적인 이해를 필요로 한다.

일곱째, 서비스는 대면접촉, 전화, 메일, 문자 등과 같이 접점 간 상호작용의 순환 형태를 취한다.

3. 서비스 역할

제조와 서비스는 매우 밀접한 관련을 가지고 있다. 따라서 제조업과 서비스업의 통합적 능력을 위해서라도 서비스가 경제활동에서 차지하는 역할은 매우 중요하다고 볼 수 있다. 즉, 제조업과 부가가치서비스 그리고 비즈니스서비스를 통해 제조업의 경쟁력 향상에 기여하게 된다. 이를 지원하는 서비스로 사회기반서비스, 분배·유통서비스 그리고 공공·정부서비스가 있다.

이들의 관계를 그림으로 나타내면 다음의 [그림 1-1]과 같다.

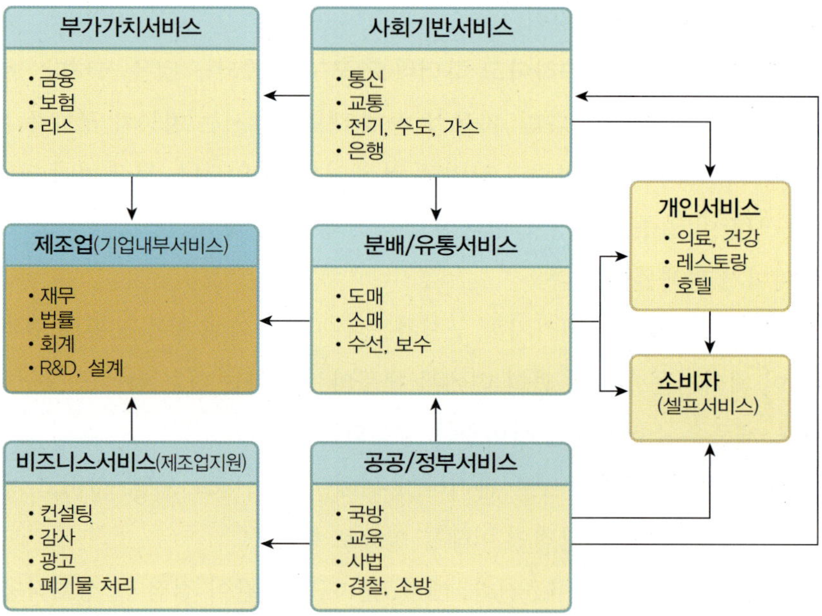

그림 1-1 제조와 서비스의 상호관계

출처: 서비스 경영연구회 편역 (2006). 재인용.

여기서 제조업과 제조업을 지원하는 비즈니스서비스는 다음과 같이 설명할 수 있다.

1) 서비스 비즈니스

서비스 비즈니스는 고객과의 상호작용을 통해 서비스를 운영하는 주요 사업조직의 관리를 말한다. 이것은 은행, 항공사, 병원, 법률회사, 소매점, 레스토랑과 같은 일상의 서비스를 포함한다. 서비스 비즈니스를 분류하면 설비기반서비스(facility based service)는 반드시 고객이 서비스 설비로 가야만 하는 것이고, 현장기반서비스(field based service)는 예컨대 청소와 가정수리서비스와 같이 고객의 주위에서 서비스의 생산과 소비가 발생하는 것이다.

2) 내부서비스

내부서비스의 목적은 고객접점에서 일어나는 제반의 서비스 활동을 지원하기 위하여 존재한다. 이러한 서비스는 데이터 처리, 회계, 공학, 유지관리와 같은 기능들을 포함한다. 그런 서비스를 필요로 하는 고객은 다양한 분야에 존재한다. [그림 1-2]에서 보는 바와 같이 내부서비스는 하나하나 개별적으로 아웃소싱을 통해 조직의 기본적인 기능들을 처리하는 서비스 개념으로 변화하고 있다.

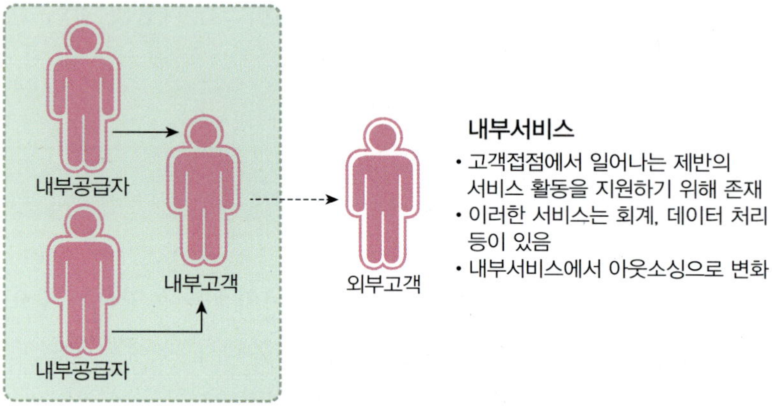

그림 1-2 내부서비스의 정의

4. 서비스 산업

1) 최근 현황

최근 산업구조의 중심은 농업에서 제조업을 거쳐 서비스 산업으로 이동하고 있다. 특히 서비스 산업은 새로운 서비스가 계속 등장하면서 세계경제에서 차지하는 비중이 갈수록 증가하는 추세이다. 세계경제(GDF 기준)에서 서비스 산업이 차지하는 비중(부가가치 기준)은 1970년 53.4%에서 2010년 70.9%로 40년간 17.5% 증가하였다.

OECD를 비롯한 대부분의 선진국은 서비스 산업의 비중이 GDP의 60~80%를 차지할 정도로 서비스 산업 중심으로 산업구조가 변화하고 있다. 미국(78.8%), 프랑스(79.2%), 영국(77.7%)뿐 아니라 제조업 강국인 독일(71.2%), 일본(71.5%)도 서비스 산업 비중이 70%를 상회하며, 한국도 서비스 산업 비중이 증가하고는 있으나 아직 60%에는 미달하였다(1990년 49.5% → 2013년 57.3%, IMF 자료).

미국과 영국은 전체 고용 중 제조업 비중이 10% 미만이고 서비스업 비중은 80%

를 초과하였으며 독일 · 스웨덴 · 한국에서 서비스업의 고용 비중은 대략 70~75%이다. 또한 한국 · 독일 · 스웨덴 등 제조업 중심 국가는 경상수지 흑자를 기록하였으나, 미국 · 영국 등 서비스업 중심 국가는 내수를 지향한 결과 경상수지가 적자이다. 2008년 미국과 영국은 각각 1358억 달러, 영국은 1013억 달러의 서비스수지 흑자였으나 상품수지의 부진으로 경상수지는 여전히 적자이다.

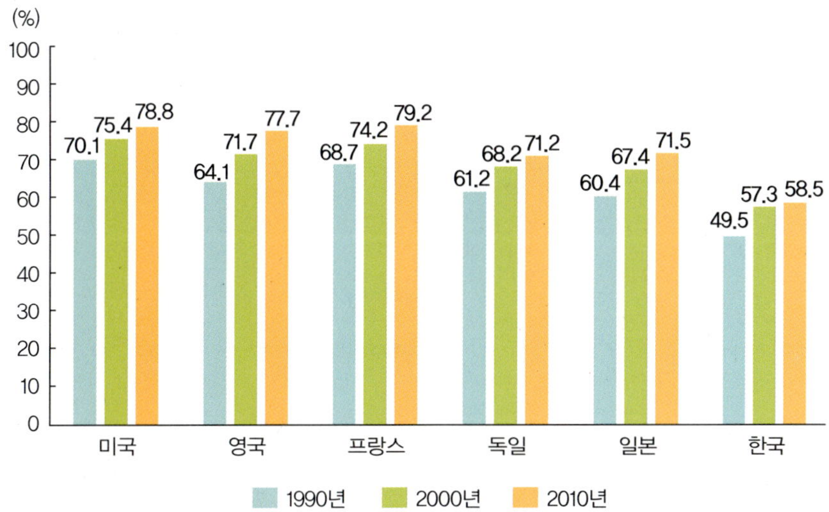

그림 1-3 주요국 서비스 산업 비중 변화(GDP 기준)

주: 프랑스의 2010년 자료는 2009년 데이터를 사용
출처: World Bank, WDI.

내수 중심이었던 서비스 산업의 시장범위가 전 세계로 확대되면서 서비스 산업 경쟁력이 경제성장의 중요 변수로 작용하기 시작하였다. 기술과 산업의 발전이 개방화와 글로벌화를 촉진시켜 제조업뿐 아니라 서비스 산업도 글로벌 경쟁체제에 돌입하였다. 전 세계 서비스 수출 규모는 2000년 1.5조 달러에서 2011년 4.2조 달러로 연평균 10.8%의 성장률을 기록하였다.

전 세계 서비스 산업 부가가치 중 수출을 통해 획득한 부가가치의 비중이 2000

년 7.6%에서 2010년 14.7%로 확대되었다. 서비스 산업의 글로벌화로 인해 현재 선진국의 많은 서비스 산업이 인도와 중국으로 이전하고 있는 상황에 있다. 특히 다국적 기업들은 자국이 아닌 인도에 콜센터를 설립하고 있으며, 미국인이 인도의 세금대행업무서비스를 받는 것이 가능하다. 한국은 소비수준이 크게 향상되었음에도 불구하고 소비자 욕구를 충족하는 서비스를 제공하지 못한 결과 2000년대 초반부터 여행, 사업서비스, 사용료(특허권 등) 분야에서 서비스수지 적자가 급증하고 있다.

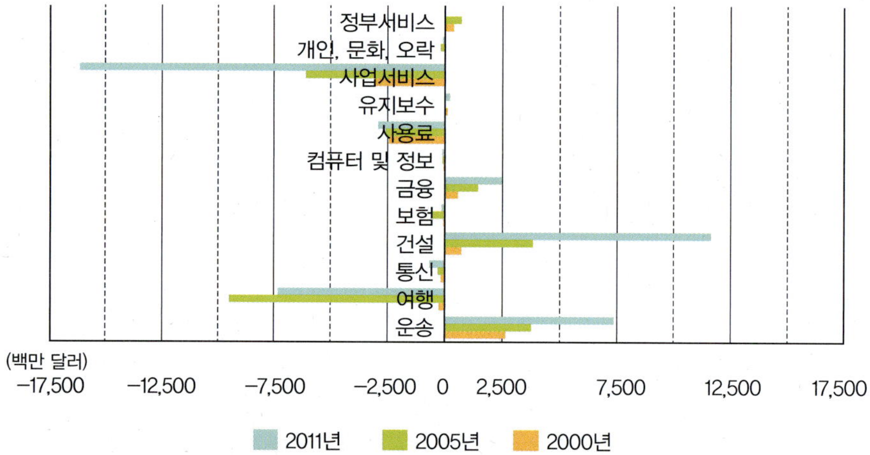

그림 1-4 한국의 업종별 서비스수지 추이

출처: 한국은행, ECOS.

2) 서비스 산업의 낮은 생산성

대부분의 선진국에서도 서비스 산업의 생산성 상승 속도가 제조업에 비해 느리기 때문에 서비스 산업 생산성 제고가 경제성장의 주요 과제로 부상하고 있다. 미국, 프랑스의 제조업 생산성은 2001~2009년 동안 연간 4.8%와 2.6% 성장한 데 비해, 서비스 산업은 0.9%와 0.8% 성장하는 데 그쳤다. 서비스 산업의 노동생산성은 선진국의 경우 제조업의 60~80% 수준이지만 한국은 40% 수준이다.

한국의 서비스 산업은 양적인 팽창에 비해 노동생산성이 취약해 소득불균형을 초래하였다. 한국에서 서비스 산업의 1인당 노동생산성은 2009년 기준 3만 5,347 달러인데, 1990~2009년에 서비스 산업 부가가치 비중과 지니계수로 측정한 소득 불균형 간 상관계수를 구해 보면 한국은 정(+)의 상관관계를 가지고 있다.

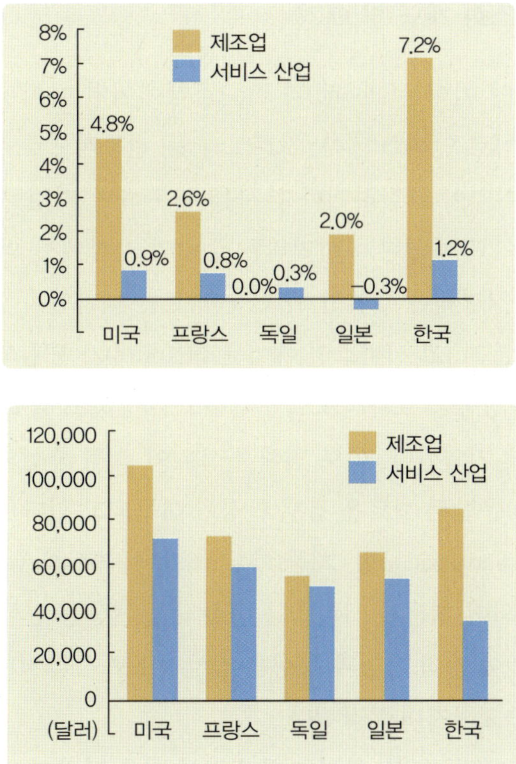

그림 1-5 주요국의 노동생산성 연평균 성장률(2001~2009년)과 1인당 노동생산성(2009년)

주: 프랑스의 2009년 자료는 2008년 데이터를 사용

출처: 한국생산성본부 (2011).

5. 서비스 미래

서비스의 미래는 서비스화, 서비스 혁신, 글로벌서비스로 설명할 수 있다.

1) 서비스화

(1) 제품의 서비스화 개념 및 배경

애플의 스마트폰인 아이폰(iPhone)과 mp3플레이어인 아이팟(iPod)이 세계시장을 석권하고 있다. 이로 인해 노키아, 모토로라 등 전통적으로 휴대폰 시장을 지배해 온 기업들이 순이익이 급감하거나 본사를 처분하며 기업 자체가 매각되었고, mp3플레이어 시장의 강자였던 아이리버는 국내외 시장에서 외면받고 있다. 애플 아이폰과 아이팟의 경쟁력은 무엇인가? 단순 명료한 디자인과 함께 하드웨어 제품인 아이폰과 아이팟, 그리고 서비스인 아이튠즈(iTunes)가 통합되어 음악, 애플리케이션, 책, 게임 등의 상품을 효과적으로 구입하고 저장하고 즐길 수 있는 새로운 상품을 만들어 낸 것에 기인한다. 이로 인해 하드웨어 스펙 중심의 제품 중심 경쟁에서 제품과 서비스가 통합된 새로운 경쟁 환경이 대두되고 있다.

제품의 서비스화(Servitization)란 제품(Product)에 서비스(Service)가 가진 기능, 속성, 특성 등이 부가되어 제품과 서비스가 융합되는 현상을 말한다. 제품의 서비스화가 진행되면, 제품이 가진 기능과 특성은 점차적으로 사라지며 서비스가 가진 기능과 특성이 더욱 중요해지며 부각된다.

이러한 현상은 경제의 서비스화가 진행되면서 더욱 빨라지고 있다. 경제의 서비스화란 경제에서 차지하는 서비스의 비중이 점차적으로 높아지는 것을 뜻한다. 현재 선진국 대부분은 GDP 및 고용에서 차지하는 서비스의 비중이 70~80% 선을 나타내는 반면에 제조업의 비중은 지속적으로 낮아지고 있다. 특히, 대량생산(Mass production)에 의한 규모의 경제, 소유(Ownership) 중심, 유형 자산(Tangible asset) 중심의 산업화(Industrialization) 사회에서 롱테일 경제, 사용 중심(Use-oriented), 무형 자산(Intangible asset) 중심의 탈산업화(Deindustrialization) 사회로 변화함에 따라 제품의 서비스화가 활성화되고 있다.

소비자가 요구하는 경제적 가치(Economic value) 측면에서 살펴보면 제품의 서비스화 현상이 분명하게 드러난다. 전체 경제적 가치 100을 기준으로 이를 순수한 제품 또는 서비스만으로 구성한 경우와 서비스(α)와 제품(β)이 각각 일정한 비율을 차지해 전체 100%($\alpha+\beta=100\%$)를 구성하는 경우로 나누어 볼 수 있다. 서비스가 차지하는 비율이 제품보다 높은 경우(α〉β)는 제품이 차지하는 비율이 높은 경우(α〈β)에 비해 서비스화가 이루어진 수준이 높다.

특히 제품과 서비스의 구성 비율은 사례별로 달라질 수 있으며 새로운 기술의 출현, 소비자 니즈의 변화, 경제 사회 환경의 변동 등으로 인해 시간에 따라 달라질 수 있다. 전체 경제적 가치에서 서비스가 차지하는 비율(α)은 과거에 없거나 미미한 수준에서 최근 그 비율이 급속도로 증가하고 있다.

(2) 서비스화의 중요성

기존 선진국과 함께 브릭스를 포함한 개도국의 부상에 따라, 대량생산 중심의 제조업이 고도로 발달하고 이로 인해 시장이 필요로 하는 제품보다 더 많은 제품이 과잉 공급되는 현상이 발생하고 있다. 과잉 공급된 제품으로 말미암아 새로운 기술 혁신을 이룬 소수의 제품을 제외하고 대분의 제품은 차별화되지 않고 손쉽게 접근할 수 있는 범용상품화(Commodity)로 변화되고 있다. 이로 인해 제한된 시장을 차지하기 위한 가격 경쟁이 격화되고 있다. 이러한 가격 경쟁에서 탈피해 새로운 시장을 창출하고 이익을 확보하기 위해서 기존의 제품에 서비스를 통합하여 새로운 가치를 창조하는 서비스화의 중요성이 강조되고 있다.

또한 최근 강조되고 있는 지속가능한 경영적 관점에서 볼 때에도 단순 제품 판매가 아니라 제품의 전 수명주기에 걸쳐 관련 서비스와 통합함으로써 환경오염을 최소화할 수 있는 유력한 전략이다.

2) 서비스 혁신

(1) 서비스와 기술 혁신

서비스와 기술 혁신과 관련하여 기술 혁신이 서비스에 얼마나 많은 영향을 단계별로 미치는지 알 수 있다. 제품과 다른 서비스가 가진 특징으로 인해 서비스는 전통적으로 항상 많은 노동력을 수반하는 노동집약적 산업으로 인식되어 왔다. 서비스의 비분리성으로 인해 고객이 서비스 전달과정에 참여하게 되고 이로 인해 서비스를 제공하는 공급자와 서비스를 받는 소비자 모두에게 필요한 시간과 비용이 증가하게 된다. 또한 서비스의 이질성으로 인해, 통일된 서비스 대신 개별 소비자에게 적합한 서비스를 제공하기 위한 인력의 개입이 필요하였다.

그러나 최근 가속화되고 있는 기술 혁신으로 인해 새로운 서비스의 개발, 서비스 전달체계, 서비스 고객접점에서 기존에 존재하지 않았던 서비스가 선보이고, 서비스 자동화를 통해 사람의 개입이 없는 서비스, 더 나아가 셀프서비스로 진화하고 있다. 서비스에서 기술의 역할은 최근 정보기술(IT)과 신기술의 등장으로 인한 급격한 진전으로 중요성이 계속 증대되고 있다.

(2) 서비스 고객접점과 기술 혁신

기술 혁신은 서비스 제공자와 고객이 만나는 접점의 방식을 변화시키고 있다. 전통적인 사람 대 사람의 대면(對面) 상호작용 방식의 서비스 제공 대신 이를 기술로 대체하고 있는 것이다. 서비스 고객접점상에서의 기술은 무기술형 서비스(Technology−free service encounter), 기술지원형 서비스(Technology−assisted service encounter), 기술도움형 서비스(Technology-facilitated service encounter), 기술연결형 서비스(Technology-mediated service encounter), 기술생성형 서비스(Technology-generated service encounter) 등 크게 다섯 가지 유형으로 구분할 수 있다.

첫째, 무기술형 서비스접점은 전통적 방식의 대면 상호작용 방식으로, 기술은 특별한 역할을 하지 않는다. 이미용, 법률상담, 컨설팅 등의 서비스가 이 유형에 해당한다. 둘째, 기술지원형 서비스는 서비스 제공자만이 기술을 사용하고 서비스 수요자인 고객은 기술을 사용하지 않는 것이다. 이러한 방식은 X-ray를 사용하는 병원이나 은행원의 컴퓨터 단말기 활용과 같은 제한적인 기술의 활용에 적용된다. 셋째, 기술도움형 서비스접점은 서비스 제공자와 고객이 대면 상호작용에 있어 함께 동일 기술을 활용하는 형태이다. 넷째, 기술연결형 서비스접점은 서비스 제공자와 고객 간의 직접적인 대면접촉은 없는 대신 기술을 통해 서로 연결되는 방식이다. 전화나 인터넷 등을 활용해 서비스 제공자와 고객은 소통하게 된다. 기업 홈페이지 또는 콜센터를 통한 질의응답이 이루어지기도 한다. 다섯째, 기술생성형 서비스접점은 서비스 제공자는 배제되고, 고객이 기술을 통해 스스로 서비스를 제공받는 셀프서비스이다. 이 방식은 서비스 제공자는 서비스 제공에 참여하지 않고, 고객 스스로 서비스를 수행한다. 공항의 무인발권시스템(Kiosk), 은행의 ATM 등이 여기에 해당한다.

(3) 서비스 자동화

일반적으로 서비스는 서비스가 가지고 있는 무형성 · 비분리성 · 소멸성 · 이질성 등으로 인해 제조업에 비해 자동화가 어렵다. 그러나 서비스에서도 기술 혁신은 수동(手動) · 대면(對面) 중심의 서비스를 자동(自動) · 비대면(非對面) 중심의 서비스로 변화시키고 있다. 산업혁명을 통해 전통 제조업에서 자동화 혁명을 이룬 것과 같이, 서비스 부문에서도 기술을 통해 자동화가 진전되고 있다. 또한 제조업에서의 자동화는 제품을 생산하는 공정을 중심으로 하지만, 서비스에서는 서비스 생산과정과 함께 서비스가 고객에게 전달되는 인터페이스에서도 일어나며 이로 인해 제조업의 자동화보다 그 범위가 확대되고 있다.

(4) 셀프서비스의 진화

서비스에서 기술 혁신은 셀프서비스의 대폭적인 증가로 이어지고 있다. 서비스 제공 기업은 셀프서비스를 통해 서비스 생산 및 제공에 소요되는 비용을 대폭적으로 감소시킬 수 있다. 은행과 같은 금융업의 경우, 지점을 방문해 대면으로 서비스를 받는 거래보다 인터넷뱅킹, ATM, 모바일뱅킹과 같은 셀프서비스를 통한 비대면 채널의 비중이 90%에 육박할 정도로 늘어나고 있다. 실제로 인터넷뱅킹과 모바일뱅킹 등록자 수가 2011년 말 7400여만 명에 이르렀는데, 이는 은행의 원가에서 차지하는 인건비의 비중이 줄어 비용 절감으로 이어지게 한다. 이러한 셀프서비스의 진화는 은행뿐 아니라 도소매점, 공항, 서점, 학교 등 서비스업 전반에 걸쳐 그 영향력이 확대되고 있다.

3) 글로벌서비스

(1) 서비스의 글로벌화

국내 제조기업의 글로벌화에 이어 국내 서비스기업의 글로벌화가 최근 두드러지고 있다. 하지만 동일 제품을 대량으로 생산해 해외시장으로 수출할 수 있는 제조업에 비해 서비스는 여러 한계를 가지고 있다.

우선 문화적 어려움을 지닌다. 특정 지역에서는 문제가 없는 서비스라도 국가가 달라지면 문화적 차이로 인해 서비스 수용을 거부할 수 있다. 특히 종교 · 인종 · 역사 · 지역 · 언어 등 다양한 요인으로 인한 문화적 차이는 서비스의 글로벌화에 장애요인으로 작용한다.

두 번째, 해외 국가의 정책 및 규제가 서비스 글로벌화에 영향을 미친다. 특히, 금융 · 통신과 같은 국가 기간산업 또는 보호산업은 해외 정부의 정책과 규제의 직접적 영향을 받는다.

세 번째, 해외 국가 공급자와의 관계이다. 국내시장과 달리 해외시장에서는 서비스 공급에 필요한 별도의 공급자가 필요하며 새로운 공급망과 파트너십 구축은 새로운 문제를 야기한다.

(2) 글로벌서비스를 위한 검토 요소

성공적인 서비스의 글로벌화를 위해서는 다각적인 검토가 필요하다. 먼저 글로벌화하려는 서비스 개념이다. 문화적으로 받아들일 수 있는 서비스 개념인지, 서비스 고객들의 기대수준과 윤리에 부합하는지 등에 대한 검토가 요구된다.

두 번째는 목표시장이다. 해외 진출국의 지역, 연령, 직업, 계층 등에 대한 세분화 및 목표설정이 제시되어야 한다.

다음은 서비스 전달시스템이다. 현지에서 활용할 수 있는 근로자의 수준, 공급망 형성에 참여할 수 있는 공급기업, 활용할 수 있는 주요 인프라 등에 대한 타당성 검토가 이루어져야 한다.

마지막으로 서비스를 제공하는 과정의 운영전략이다. 국내와 다른 현지 언어에 대한 활용 검토, 현지 국가 정부의 정책 및 규제, 노동조합 및 관련 협회와의 관계 등에 대한 검토가 필요하다.

(3) 글로벌서비스의 진출 형태

서비스가 글로벌화되기 위해서는 기업이 소재한 국내시장을 넘어 해외 국가로 진출해야 한다. 이러한 글로벌서비스 교역을 WTO 서비스협정(GATS)에서는 크게 네 가지 모드(Mode)로 구분한다.

첫째, 국경 간 공급(Mode 1: Cross–border supply)은 인터넷 강의와 같이 서비스 수출자와 수입자가 각각 자기 나라에 머물면서 인터넷 · 팩스 등을 통해 서비스만 국경을 넘어 공급하는 방식이다. 상대 국가에 사업장을 설립하지 않고도 인터넷을 이용한 경영 컨설팅, 법률 자문, 건축 설계도면 제공 등의 전문서비스 제공과 국제 화물 운송 등 여러 형태의 서비스 교역이 가능하다.

둘째, 해외 소비(Mode 2: Consumption abroad)는 해외 유학과 연수와 같이 서비스 소비자가 직접 해당 서비스 제공국으로 이동하여 소비하는 형태이다.

셋째, 상업적 주재(Mode 3: Commercial presence)는 미국 대학이 한국에 와서 대학을 설립하는 것과 같이 서비스 소비자가 이동하는 것이 아니라 서비스 제공자가 해외로 진출해 사업장(법인, 합작투자, 대표사무소, 지점, 파트너십 포함)을 설립 또는 기존 회사를 인수해 서비스를 제공하는 형태이다.

넷째, 자연인의 이동(Mode 4: Movement of natural persons)은 미국 교수가 한국 대학에서 강의하는 것과 같이 서비스 제공 인력이 상대국으로 진출하는 형태이다. 다만 상업적 주재와는 달리 사업장을 통해서가 아닌 자연인인 점이 차별화된다.

마무리사례

제조의 서비스화, 글로벌서비스

① 일렉트로룩스의 Pay-Per-Wash

스웨덴에 본사를 두고 있는 일렉트로룩스(Electrolux)는 세계적인 가전기기 제조기업이다. 일렉트로룩스는 소비자에게 세탁기를 판매하는 대신 사용자가 세탁기를 사용하는 횟수에 따라 사용료를 부과하는 Pay-Per-Wash 서비스를 1999년 11월 개발하였다. 일렉트로룩스는 사용자에게 세탁기를 빌려 주고 1회 세탁 시 10크로네를 지불하게 한다.

② 집카(Zipcar)의 카셰어링

미국 집카(Zipcar)는 2002년 뉴욕에서 카셰어링서비스를 시작하였다. 회원은 가입비(20달러)를 내고 자신과 가까운 집카의 공용 주차장에서 원하는 자동차를 지역, 요일에 따라 시간당(8.5~10.5달러) 또는 일당(75~96달러)를 지불하고 이용할 수 있다. 온라인 예약시스템으로 특정 차종과 시간을 지적하여 예약할 수 있으며, 카드를 이용해 자동결제한다.

③ 싸이, 글로벌서비스로 세계시장을 열다

싸이는 2012년 7월 '강남스타일'을 발표한 이후 2013년 1월 171일 만에 유튜브 조회수 11억 건을 돌파하는 등 유튜브 최고 조회수 기록을 경신하고 있다. 또한 미국 빌보드차트 2위에 진입하고, 뉴욕 타임스웨어 특설무대에서 세계인을 대상으로 새해 공연을 펼치기도 하였다. 싸이의 강남스타일은 기존의 여러 유명 한국 가수와 달리 국내시장이 아니라 세계시장에 선보인 첫 한국의 글로벌서비스였다.

출처: http://blog.daum.net/kipoworld/912; 한국경제신문 (2013. 3. 19); 헤럴드경제 (2012. 11. 24); 헤럴드경제 (2012. 10. 10). 재구성.

연 습 문 제

1. 서비스는 제조와 다른 여러 가지 특징들이 있다. 제조업과 대비하여 서비스를 정의하고, 서비스의 본질을 설명하라.

2. 서비스가 경제활동에서 차지하는 역할을 설명하라.

3. 서비스 산업이 특히 제조업에 비해 낮은 생산성을 실현하는 이유들을 제시하라.

4. 제품(Product)에 서비스(Service)가 가진 기능, 속성, 특성 등이 부가되어 제품과 서비스가 융합되는 현상을 제품의 서비스화라고 한다. 이의 유형으로 제품지향적 서비스(Product-oriented service), 사용지향적 서비스(Use oriented services), 성과지향적 서비스(Result oriented service) 등을 설명하라.

5. 국내에서 시작된 서비스 중에 해외로 수출되어 성공적으로 활용되고 있는 서비스를 제시하라. 그 서비스의 성공요인은 무엇인가?

SERVICE MANAGEMENT

02

서비스 설계 및 프로세스

SERVICE MANAGEMENT

02 CHAPTER

서비스 설계

1. 서비스 설계 정의
2. 서비스 설계 요소
3. 온라인서비스 설계
4. 서비스 설계 실행

CHAPTER 02 서비스 설계

도입사례

서비스 디자인

● 스타벅스에서 금융업무를? 서비스를 디자인하라!

산업구조가 제조업 중심에서 서비스업 중심으로 변화되고 있다. OECD 국가 경제활동 중 서비스산업이 차지하는 비중이 60% 이상에 이르는 것으로 조사되고 있다. 제조업 중심에서의 디자인은 제품의 가치를 높여 구매유발을 촉진하는 것이 주된 역할이라면, 서비스업 중심에서의 디자인은 창의적 아이디어를 바탕으로 획기적 서비스를 창출함으로써 금융기업들의 서비스 혁신에 이바지하고, 다양한 역할을 하게 된다.

뱅크오브아메리카(BOA)에서는 2005년 'Keep the Change'라는 새로운 개념의 서비스를 개발했다. 이 서비스는 고객이 BOA 직불카드로 구매를 하게 되면, 구매 이후 잔돈은 다시 고객의 계좌로 이체해 주는 신개념 서비스다. 이는 2005년 첫해 250만 명의 고객이 가입했고 총 1200만 명의 신규 고객을 창출한 경이적인 서비스로 평가받았으며, 고객유지율도 99%에 달했다.

2006년에는 뉴스위크지에서 '사회경제적 영향을 미친 최고의 서비스'로 선정되기도 했다. 이 서비스를 창출한 것은 디자인 전문기업인 IDEO사였다. 창의적 아이디어를 바탕으로 집 안 유리병이나 호주머니 안에 남아 있을 잔돈을 획기적 서비스를 통해 해결해 주는 서비스를 디자인한 것이다.

● 창의적 사고로 혁신적 서비스 설계

금융권 서비스디자인 사례로는 움파쿠아뱅크(Umpqua Bank)에서도 찾아볼 수 있다. 딱딱한 이미지의 은행에서 탈피해 스타벅스같이 편안한 은행의 이미지를 만들어 고객들이 장시간 머무를 수 있도록 배려해 더 많은 투자서비스를 유치했다. 또 지역사회 발전에 기여하기 위해 지역 주민들에게 다양한 문화서비스를 제공하고, 공간을 무료로 이용할 수 있게 개방해 지역은행에서 미국의 대표적 은행으로 발돋움할 수 있었다. 이 내면에는 서비스디자인을 통해 도출한 '토털 엄콰뱅크 익스피어리언스(Total Umpqua Bank Experience)'라는 새로운 이미지 창출이 있었다. 이 프로젝트의 중심에도 역시 디자인 전문기업인 지바 디자인(Ziba Design)이 있었다. 지바 디자인은 서비스디자인을 통해 딱딱한 은행 이미지를 혁신적으로 바꿨다.

스페인 은행 BBVA의 ATM 기기도 서비스디자인의 성공사례다. 기존 ATM 기기들이 사용자들의 편의성을 고려하지 못한 반면, IDEO에서 리디자인한 이 ATM 기기는 셀프서비스의 핵심을 살려 사용자들의 이용 편의성에 초점을 맞춰 제작했다. 개발의 주요 관점은 '기기를 어떻게 더욱 자동화할 것인가가 아닌, 어떻게 기기를 더욱 인간화할 것인가'였다. 이를 위해 IDEO는 장기간 사용자 관찰과 인터뷰를 진행했다. 또 한편으로 기차역 카오스크나 셀프주유와 같은 아날로그 셀프서비스에 대한 분석도 병행했다.

그 결과 ATM 기기는 확실히 훨씬 간편해졌다. 19인치 터치스크린 모니터에서 모든 입력과 처리가 진행되며, 여기저기 뚫려 있던 구멍은 카드를 넣는 곳을 제외하고 모두 통합했다. 기기는 기존과 달리 기다리는 사람들의 줄을 90도 각도로 설치되었으며, 여기에 불투명 패널까지 더해져 혹여 새어 나갈 수 있을지도 모르는 개인정보를 보호하는 세심한 배려도 함께했다.

이처럼 국내에는 생소한 서비스디자인이 해외에서는 그 영향력을 속속 입증하고 있다. 이는 디자인의 다양하고 창의적인 사고(Design Thinking)를 바탕으로 새로운 서비스를 창조할 수 있는 획기적인 솔루션이라고 할 수 있다.

● 고객관찰, 스토리보드로 최고의 경험 선사

서비스디자인이란 '창의적 프로세스와 방법론을 바탕으로 서비스 제공자와 소비자 간의 상호작용(Interaction)을 디자인하고 마련해 주는 것'이라고 정의할 수 있다. 즉 창의적 프로세스와 방법론(Design Thinking)을 바탕으로 서비스 제공자와 소비자 간 접점에서 상관관계(Interaction)에 의해 발생하는 경험(Experience)을 디자인한다는 말이다.

서비스디자인의 신서비스 개발 프로세스는 기존의 서비스 개발 프로세스와는 차이를 나타내고 있다. 서비스디자인의 중심에는 디자인적 사고를 바탕으로 창조적 서비스를 도출해 낼 수 있는 디자이너(Operational Designer의 개념이 아닌 Design Director의 개념, 예: 앙드레 김)가 중심이 되어 인류학자, 사회학자, 심리학자, 마케터 등 다양한 연구개발팀이 모여 창조적이며 고객경험(Customer Experience)을 극대화할 수 있는 서비스를 창출해 내는 것이 중요하다.

주된 활용 기법도 기존의 정량적 조사보다는 고객중심에 서서 고객을 관찰하고, 고객의 서비스 이용실태를 트래킹하며, 또 이해관계자들과의 인터뷰 등을 통해 주로 경험요소(Experience)에 기반한 정성적 조사결과들을 도출하고 직접 서비스 공간을 만들어 시연하는 등 서비스의 시각화에 집중하는 것이 필요하다. 이런 서비스디자인의 가장 큰 장점은 다양하고 창의적 아이디어의 도출이 가능하며, 시각화된 보고서를 통해 서비스의 즉시 적용이 가능하다는 점이다.

서비스디자인의 가장 기본적 근간은 경험요소(Experience)에 기반해 이뤄지고, 서비스디자인의 방법론들은 기존에 접해 봤던 경영컨설팅의 방법론과는 차이가 있다. 서비스디자인의 특징을 정리해 보면 ▲고객중심 ▲고객의 잠재니즈 발견, 이해관계자의 욕구 발견 ▲고객관찰, 스토리보드, 퍼소나, 고객여정매핑, 서비스블루프린팅 등의 기법 활용 ▲디자인 사고(Design Thinking) 중시 ▲시각화된 보고서와 즉시 적용 가능한 결과 등이다.

서비스디자인의 솔루션을 활용해 고객경험을 극대화하는 시너지 효과를 함께한다면 금융기업들에게 작게는 상품이나 서비스 프로세스의 혁신적 디자인, 크게는 전국 모든 금융지점들의 서비스 공간을 혁신적으로 개선해 세계적 글로벌 금융기업으로 발전할 수 있는 토대를 마련할 수 있을 것이다.

출처: 월간 혁신리더 (2011. 7).

1. 서비스 설계 정의

서비스 설계(service design)는 서비스 제공자와 고객들 사이에서 품질과 상호작용을 향상시키기 위해 사람, 인프라, 커뮤니케이션, 서비스를 구성하는 물질 요소들을 계획하고 조직화하는 활동(Wikipedia, 2013)으로 정의된다. 즉, 서비스 설계는 서비스를 제공하는 제공자와 제공되는 서비스에 대해서 반응하고 행동하는 소비자가 만족스러운 교감을 공유할 수 있도록 계획하고 조직화하는 활동이다.

서비스 설계는 서비스에 포함시키고자 하는 요소들에 관한 것으로 설명되며, [그림 2-1]처럼 서비스 요건과 서비스 성과기준을 토대로 구성된다. 서비스 설계가 결정되면 고객의 기대 수준과 서비스에 대한 고객 경험을 바탕으로 서비스가 제공되고 이것은 서비스 품질이라는 결과로 나타나게 된다. 서비스 설계는 표준화된 방법과 내용을 통해 규격화된 설계안을 만들어 낼 수 있지만 일반적인 서비스 제공은 서비스 제공자가 소비자를 만나서 제공해야 하고, 비표준화된 감성적인 면이 포함되기 때문에 서비스 제공자의 개인적인 능력이나 성향에 의해서 서비스 품질에 많은 영향을 주게 된다. 그러므로 서비스 설계는 서비스 제공을 고려해서 설계해야 한다. 즉, 서비스 제공이 서비스 제공자의 개인적이고 비균일화된 경험에 의해 제공되기 때문에 서비스 설계는 서비스 제공이 쉽고 간편하게 이루어질 수 있도록 설계되어야 한다. 디즈니 테마파크, 클럽 메드, 맥도날드 등의 회사는 고품질의 서비스와 생산성을 달성할 수 있게 하는 서비스 설계 전략을 사용하고 있다.

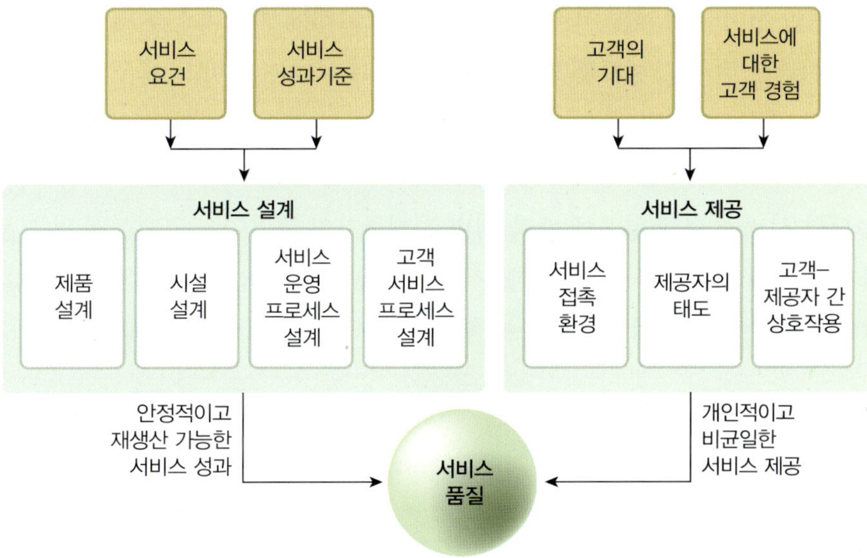

그림 2-1 서비스 품질의 설계 및 제공을 위한 구성 요소

출처: 오형술 외 (2012).

서비스 설계는 고객이 기대하는 서비스 수준을 합리적인 품질과 비용으로 제공할 수 있는 프로세스를 구축하는 방법을 포함한다. 고객은 회사가 고객의 기대와

요구를 충족시킬 수 있는 서비스 설계를 위해 많은 노력을 하기를 기대하고, 많은 노력을 하고 있을 것이라고 생각한다. 친절이나 상냥함과 같은 감성적인 측면만이 서비스의 전부가 아닌 전문적 지식을 가진 직원이, 신뢰하고 믿을 수 있는 서비스를 적시에 정확한 방법으로 제공하는 방법을 포함해야 한다.

서비스 설계 시에는 제품 설계, 시설 설계, 서비스 운영 설계, 고객서비스 설계와 같은 네 가지 설계 요소를 고려해야 한다. 제품 설계는 물리적으로 눈에 보이는 제품과 표현이 가능한 서비스 설계를 의미한다. 시설 설계는 서비스를 제공하기 위해 필요한 시설에 대한 설계를 의미한다. 서비스 운영 설계는 서비스를 운영하기 위한 절차에 대한 설계를 의미하며, 고객서비스 설계는 서비스 제공자와 고객 사이에서 발생하는 프로세스의 설계를 의미한다.

효과적인 서비스 설계는 서비스 제공을 통해 고객에게 서비스가 제공되고, 서비스 품질이라는 결과로 평가를 받게 된다. 서비스 설계는 서비스 제공 결과인 서비스 품질이 만족스러우면 좋은 서비스 설계를 제공한 것으로 판단되고, 서비스 품질이 불만족스러우면 좋은 서비스 설계를 제공하지 못한 것으로 판단한다. 〈표 2-1〉은 간단한 서비스 설계 항목에 따라 서비스 제공자인 종업원이 고객에게 받는 팁의 차이가 얼마나 있는지를 보여 준다. 서비스 제공자인 종업원이 받은 팁은 고객이 평가하는 서비스 품질 척도로 간주될 수 있다.

표 2-1 팁 제공에 있어 서비스 설계 효과

행동	통제군의 평균 팁	실험군의 평균 팁	팁의 % 증가
종업원의 자기소개	15%	23%	53%
쪼그려 앉기			
• 남자 종업원	15%	18%	20%
• 여자 종업원	12%	15%	25%
미소	$0.20	$0.48	140%
머리에 꽃 달기	$1.50	$1.75	17%
고객을 즐겁게 하기			
• 농담하기	16%	19%	40%
• 퍼즐 맞추기	23%	22%	18%
제안적 판매	$1.25	$1.53	23%
주문 재확인하기	1.36DG	2.73DG	100%
접촉			
• 연구 1	12%	17%	42%
• 연구 2	11%	14%	27%
• 연구 3	14.5%	17.7%	22%
• 연구 4	11.5%	14.8%	28%
날씨가 좋을 것이라고 예상하기	19%	22%	18%
계산서에 '감사합니다' 표기	16%	18%	13%
계산서 작성 시			
• 남자 종업원이 미소 짓기	21%	18%	–
• 여자 종업원이 미소 짓기	28%	33%	18%
• 바텐더가 미소 짓기	19%	26%	37%
신용카드 표지 사용			
• 음식점	16%	20%	25%
• 카페	18%	22%	22%
고객의 이름으로 호칭하기	14%	15%	10%
고객에게 캔디 주기			
• 연구 1	15%	18%	18%
• 연구 2	19%	23%	21%

출처: 김수욱 외 (2006).

〈표 2-1〉은 종업원의 자기소개, 쪼그려 앉기, 미소, 머리에 꽃 달기, 고객을 즐겁게 하기, 제안적 판매, 주문 재확인하기, 접촉, 날씨가 좋을 것이라고 예상하기, 계산서에 '감사합니다' 표기, 계산서 작성 시 미소 짓기, 신용카드 표지 사용, 고객의 이름으로 호칭하기, 고객에게 캔디 주기 항목으로 서비스를 설계하였다. 단지 미소를 보여 주는 간단한 항목으로 서비스가 설계되었지만 팁이 140% 증가하였고, 고객이 주문한 내용을 재확인만 해도 팁이 100% 증가하였다. 또한 종업원이 자기소개만 해도 팁이 53% 증가하였다. 아주 간단한 서비스 설계 항목이지만 그 결과는 매우 효과적이다. 이러한 결과를 보면, 서비스 설계는 매우 고차원적이고 세련될 필요없이 고객의 마음을 움직일 수 있는 항목을 선정하는 것이 더 중요하다는 것을 알 수 있다.

2. 서비스 설계 요소

서비스 설계는 서비스 요건과 서비스 성과기준을 고려하여 서로 연관되는 네 개의 구성요소인 서비스 제품 설계, 서비스 시설 설계, 서비스 운영 설계, 고객서비스 설계로 이루어진다(오형술 등, 2012).

1) 서비스 제품 설계

서비스 제품 설계는 서비스의 물적 속성 설계에 관한 것으로서 식당에서 제공하는 음식, 기업에서 생산하는 제품, 온라인에서 판매하는 보험 등이 물적 속성의 설계에 포함된다. 유형의 제품 또는 무형의 제품에 대한 서비스를 제공할 때는 제품의 형태 유무와 상관없이 설계과정이 수반되어야 서비스 제공자가 의도한 서비스가 고객에게 전달될 수 있다. 서비스 제품 설계는 원자재를 사용하여 제품을 만들거나 지식을 이용하여 소프트웨어를 개발하는 것과 같이 유형의 제품을 설계하는 것과 비슷하다. 서비스 제품 설계는 유형의 제품 설계와 유사한 방법으로 설계가 가능하기 때문에 가능하면 구체화된 모습, 절차, 결과물로 제시되어야 하며 추상적인 모습으로 설계가 진행되면 안 된다. 보험 설계의 경우에는 설계할 보험의 특징, 대상, 기간 등을 명확하게 제시하고 보험에 가입하는 방법 및 절차를 구조화된 프로세스로 제시해야만 보험서비스에 대한 제품 설계가 효과를 발휘할 수 있다. 서비스 제품 설계는 서비스를 제공하는 회사 또는 서비스센터 직원뿐만 아니라 서비스를 제공받는 고객이 이해할 수 있고 객관적으로 동의할 수 있는 방법 및 절차를 통해 명시적으로 설계되어야 효과적인 결과를 얻을 수 있다.

2) 서비스 시설 설계

서비스 시설 설계는 서비스를 제공하기 위해 이용되는 시설들의 배치 설계에 관한 것으로서 커피숍의 인테리어나 휴대폰 대리점의 내부 및 외부시설 설계를 의미한다. 제공되는 서비스의 품질에 대한 고객의 인식은 깨끗함, 조명, 장소의 편의성과 같이 서비스가 제공되는 시설들이 가지고 있는 속성에 영향을 받는다. 서비스를 제공하는 제공자 입장에서는 서비스 제공 시설에서 하루 종일 근무를 해야 하기 때문에 지속적인 근무에도 편안함을 느낄 수 있는 시각적 디자인과 공간적 디자인이 동시에 고려된 시설 설계가 필요하다. 서비스를 제공받는 고객 입장에서는 서비스 시설을 쉽고 편하게 사용할 수 있도록 설계되어야 한다. 고객이 서비스를 제공받기 위해서 서비스 시설에 방문했는데 서비스 시설에서 위압감을 느끼거나 이질감을 느끼게 되면 제공되는 서비스 품질이 아무리 우수해도 고객이 느끼는 서비스만족도는 크지 않을 것이다. 서비스 시설 설계는 본질적인 서비스를 제공하는 장소뿐만 아니라 서비스 제공과 관련된 부가적인 공간 설계도 고려되어야 한다. 고객이 서비스를 제공받기 위해 서비스 장소에 도착하면 고객은 보통 필요한 서비스가 완료될 때까지 대기해야 한다. 고객이 서비스를 기다리는 동안 대기 장소가 없거나 대기 장소가 있지만 고객이 그 장소를 이용하고 싶지 않도록 시설이 만들어지면 이것은 제공된 서비스에 대한 품질 만족도에 필연적으로 영향을 미치게 된다. 그러므로 서비스 시설 설계는 서비스를 제공하는 장소와 더불어 서비스 제공에 필요한 부가적인 시설이 효과적으로 연동되도록 설계가 이루어져야 서비스 제공자가 원하는 서비스 품질을 달성할 수 있다.

예를 들면, 고령인구가 급속도록 증가하고 있는 한국의 현실에서 고령자를 위한 실버시설의 설계는 실버산업의 필수적인 요소가 되고 있다. 고령자를 대상으로 하는 실버시설은 직업 전선에서 한발 물러나 있어 시간적인 여유를 보낼 수 있는 노인들이 사용할 수 있는 시설이 되어야 한다. 또한 고령자는 젊은 사람들에 비해 약하기 때문에 건강관리를 위한 시설이 필요하고 몸을 손쉽게 움직일 수 없기 때문에 적은 활동으로 이용할 수 있는 시설 설계가 이루어져야 한다. 실버시설은 경제력, 건강 상태, 가치관 등이 다른 다양한 고령자들이 이용하기 때문에 이들의 육체적 상태와 감성적 요소들이 고려된 시설 설계가 요구된다. 즉, 노인들이 사용하는 주거시설, 공용시설, 의료시설, 관리시설 등은 고령자의 특성을 고려하여 보통의 사람들을 대상으로 하는 시설 설계보다 더 세심한 주의가 필요한 서비스 시설 설계가 요구된다.

3) 서비스 운영 설계

서비스 운영 설계는 서비스를 제공하거나 관리하는 활동에 관한 것으로, 은행에서 대출을 받기 위한 절차-신분증, 신용조회, 대출조건, 대출기간, 계약서 확인, 고객 서명, 대출금 확인-가 좋은 예이다. 서비스 운영 설계는 고객에게 서비스 결과를 효과적으로 전달하기 위한 프로세스에 관한 설계이다. 서비스 운영 설계는 고객에게 서비스 결과물을 전달하는 과정이기 때문에 설계된 운영 프로세스가 누락되거나 잘못되어 있으면 그 서비스는 고객에게 전달되지 못하거나 잘못된 서비스 결과물을 고객에 전달하게 되어 서비스 제공자와 고객 사이에서 제공된 서비스의 품질은 심각한 문제를 초래할 수 있다.

예를 들어, 갑자기 급전이 필요할 때 돈이 없다면 보통은 은행에서 대출을 받게 된다. 그러나 대출 프로세스에 대해 정확하게 알지 못하면 이자가 높은 대출을 받게 되어 경제적 어려움을 해결하고자 받은 대출이 더 경제적 어려움을 가중시킬 수 있다. 때문에 이 경우에는 대출 프로세스에 대한 정확한 정보가 포함된 서비스 운영 설계가 필요하다. 일반적으로 대출은 담보의 유무에 따라 담보가 있으면 담보대출이 가능하고 담보물이 없으면 신용대출을 받아야 한다. 대출을 위한 일반적인 운영 프로세스는 다음과 같이 설계되어야 금융기관인 서비스 제공자가 설계한 서비스 결과물이 고객에게 정확하게 전달되고 고객이 요구한 서비스 결과물이 될 수 있다. 대출을 신청하기 전에는 고객의 상태에 따라 제공될 수 있는, 고객 상태별 적용이 가능한 다양한 종류의 대출을 준비해야 한다.

다음은 담보대출과 신용대출을 받기 위해 고객이 준비해야 할 서류들을 고객이 이해할 수 있는 용어와 방법으로 제시해야 하고, 대출이 필요한 고객의 자격을 확인할 수 있는 서류들도 같이 제시해야 한다. 대출 신청 단계에서는 고객들에게 필요한 서류가 준비되면 금융기관의 해당되는 창구를 방문하도록 하고 필요한 대출에 대한 상담을 진행하여 고객에게 가장 알맞은 대출 방법을 제시해야 한다. 만약 금융기관에서 제시한 대출 방법을 고객이 동의하면 대출 신청서를 접수시킨다. 대출 서류가 접수되면 금융기관은 채무자 및 보증인의 자격 조사, 채무자의 신용 및 신용한도 조사, 담보물 조사, 거래기여도 조사, 대출요건 구비 여부 조사 등을 통해 고객의 대출 요청에 대한 적정성 조사를 수행한다. 고객이 요청한 대출이 심사를 통해 승인되면 금융기관은 고객에게 그 결과를 통보하고 후속조치를 취한다.

지금까지 설명한 대출 운영 프로세스의 결과물은 고객이 요청한 대출 건의 승인 유무이고 승인되면 고객이 요청한 돈을 고객의 계좌에 입금하고 종료하게 된다. 그러나 이러한 대출서비스는 고객의 계좌에 돈을 입금하고 종료되는 것이 아니고, 대출한 금액에 대한 이자 및 원금이 안전하게 회수될 때까지 지속적으로 운영되는 프로세스이기 때문에 서비스 운영은 결과물의 제공으로 종료되지 않는다는 것을 명심해야 한다. 즉, 서비스 운영의 설계는 결과물의 제공뿐만 아니라 사후관리서비스 부분까지 통합적으로 연계하여 설계되어야 한다.

4) 고객서비스 설계

고객서비스 설계는 고객과 서비스 제공자 간의 유기적인 활동을 포함한다. 은행에서의 신용대출에 대한 서비스에서 운영 프로세스와 더불어 은행을 찾아오는 고객을 응대하고, 대출 종류에 대해서 설명하고, 고객의 이해를 돕기 위해 추가적인 설명을 하고, 고객이 떠날 때 배웅하는 것 등이 포함된다. 서비스를 제공받는 고객과 서비스 제공자 사이에서 어떻게 서비스를 제공할 것인가에 초점이 맞춰지게 된다. 그러므로 각 회사의 서비스 담당 부서에는 '고객 응대 기법'에 대한 고객서비스 프로세스를 설계하고 고객의 반응을 살핀 후에 개선 사항은 고객서비스 프로세스 재설계 시에 반영해야 한다. 제공하는 서비스 제공자가 접촉을 가지게 되면 그것이 대면접촉이든지 온라인상의 접촉이든지 상관없이 활동으로 이어지고, 이것이 서비스 결과물을 만들어 내게 된다. 서비스 운영 프로세스가 효과적으로 설계되면 운영 프로세스를 진행하는 과정에서 참여하는 고객은 만족스러운 서비스 결과물을 얻게 되고 기업의 서비스 품질에 대한 만족도는 높아지게 될 것이다.

고객서비스의 만족도는 고객과 만나는 서비스 제공자의 능력에 의해서 크게 좌우될 수 있다. 고객서비스를 제공하는 회사들은 자기 회사에 맞는 서비스 운영 프로세스를 설계하고 이 설계와 대응되는 고객서비스 프로세스를 설계하여 운영하는 것이 일반적이다. 그러나 아무리 좋은 고객서비스 프로세스라고 해도 이것을 실행하는 서비스 제공자가 설계된 고객서비스 프로세스를 이해하지 못하고 더 나아가 서비스 제공자로서의 본인의 역할에 대한 자부심과 애타심이 없다면 근본적인 문제가 될 수 있다. 그러므로 고객서비스 설계는 서비스 제공자의 마음과 기본적인 자세부터 변화시킬 수 있는 서비스 프로세스가 포함되어야 한다.

서비스 설계는 효과적인 고객 및 작업 흐름을 위한 입지, 설비 디자인 및 배치, 서비스 제공자를 위한 절차와 직무 정의, 품질 보증을 위한 측정치, 고객참여의 정도, 장비 선택, 적정 서비스 능력 등의 주제가 포함된다(서비스경영연구회, 2006).

3. 온라인서비스 설계

과거의 서비스 시스템은 대부분 오프라인 상황을 기본으로 설계되었다. 그러나 정보기술 및 인터넷의 발전으로 서비스를 사용하는 많은 사람들이 온라인 환경에 익숙해져 있고 온라인 시스템을 사용하고 있다. 그러므로 온라인 고객을 확보하기 위해서는 온라인을 대상으로 하는 서비스 시스템을 설계해야 하고 적극적으로 활성화시켜야 한다.

성공적인 온라인서비스 시스템을 설계하기 위해서는 기존의 오프라인 시스템과의 차이점을 분명하게 이해해야 한다. 〈표 2-2〉는 온라인서비스 시스템과 오프라인서비스 시스템의 특징을 관련된 설계 요소에 근거하여 비교하였다.

표 2-2 온라인서비스 시스템과 오프라인서비스 시스템

시스템 설계 요소	온라인서비스 시스템	오프라인서비스 시스템
접점 형태	컴퓨터 화면을 통한 간접접촉	고객과 서비스 제공자의 직접접촉
운영시간	항시	영업시간 내
접속 장소	어디에서나 접속	점포까지 이동
시장 영역	전 세계적	지역적
접점 환경	가상공간	실제 공간
경쟁력 차별화	편의성	개인화
개인 보호	익명	사회적인 상호작용

출처: 박용태 외 (2012).

1) 접점 형태

기존 대부분의 서비스를 차지하는 오프라인서비스는 고객과 서비스 제공자가 접촉을 가질 때부터 시작된다. 전화를 이용해 고객과 콜센터 직원이 상담하는 것도 오프라인서비스에서 중요한 비중을 차지하지만, 고객과 서비스 제공자가 어떤 형태로든지 만남을 통해 서비스를 받는 것이 오프라인서비스의 전형이다. 그러나 정보기술의 발전으로 인해 고객과 서비스 제공자가 접촉을 가질 수 있는 형태가 다양해지고 있다. 온라인서비스는 고객과 서비스 제공자가 직접접촉을 하는 대신에 컴퓨터라는 통로를 통해 이루어지는 접촉을 의미한다. 인터넷과 정보기술의 지속적인 발전과 편의성 증대로 인해 온라인서비스에 대한 요구는 갈수록 커지기 때문에 온라인서비스를 포함하는 서비스 시스템 설계가 구축되어야 한다. 그러나 고객 입장에서 서비스 제공자를 직접 확인하지 않고 서비스를 제공받는 것이 아직까지는 익숙하지 않기 때문에 서비스 제공자는 고객에게 온라인상에서 믿음을 줄 수 있는 효과적인 방안을 추가해야 되는 숙제를 안고 있다.

2) 운영시간

오프라인서비스는 고객과 서비스 제공자가 어떤 식으로든지 접촉을 해야 이루어지기 때문에 서비스 제공자가 근무시간일 경우에만 서비스가 제공될 수 있다. 그러나 온라인서비스는 고객과 서비스 제공자 사이에 온라인시스템이 존재하기 때문에 서비스 제공자가 근무시간이 아닌 경우에도 서비스가 제공될 수 있다. 즉, 정보기술을 효과적으로 활용한다는 것은 온라인시스템이 서비스 제공자가 없어도 고객의 요청 사항을 체계적으로 처리할 수 있도록 설계되어야 함을 의미한다. 그러나 아무리 효과적인 온라인서비스 시스템이라고 해도 서비스 제공자가 전혀 필요하지 않도록 설계할 수 없기 때문에 오프라인서비스 시스템과의 상호보완적인 시스템 설계가 이루어지도록 해야 된다.

3) 접속 장소

오프라인서비스 시스템의 기본적인 설계는 고객이 서비스 제공자를 방문하거나 서비스 제공자가 고객을 방문해야만 서비스가 제공되도록 설계되어 있다. 그러나 온라인서비스 시스템은 인터넷만 연결된 곳이면 어디에서든지 고객이 서비스 시스템에 접근해서 서비스를 제공받을 수 있다. 언제든지 서비스를 받을 수 있다는 장점 때문에 고객편의성 입장에서 보면 오프라인서비스 시스템은 온라인서비스 시스템과 비교가 되지 못한다. 그러나 고객신뢰성 입장에서 보면 아직까지는 오프라인서비스 시스템이 온라인서비스 시스템보다는 우위에 있다. 온라인서비스 시스템을 사용하기 위해서는 사용하고 있는 정보시스템에 대한 지속적인 유지 및 관리가 필요하기 때문에 저비용으로 온라인서비스 시스템을 사용하도록 설계하는 것이 필요하다. 또한 온라인시스템의 설계에 가장 많이 이용되는 인터넷은 고객과 서비스 제공자 사이에 지리적인 차이와 문화적인 차이가 존재하고 서비스 시스템의 속도 차이가 발생할 수 있기 때문에, 온라인서비스 시스템을 설계할 때는 이러한 부분을 필히 고려해야 한다.

4) 시장 영역

오프라인서비스 시스템은 서비스 제공자가 고객이 기다릴 수 있는 시간 안에, 만날 수 있는 범위 안에 있어야 된다. 오프라인서비스 시스템은 고객이 서비스 제공자와의 접촉을 통해서만 이루어지기 때문에 신뢰도가 높은 반면에 지역적인 한계를 가지고 있다. 그러나 온라인서비스 시스템은 고객과의 직접적인 접촉을 통하지 않아도 서비스가 제공될 수 있기 때문에 이론적으로는 전 세계가 서비스 영역이 될 수 있다. 서비스 제공을 위한 인건비가 높은 선진국들은 서비스센터를 인건비가 낮고 영어를 사용하는 인도와 같은 나라에 두고 있다. 고객들과는 인터넷을 통해 연결이 가능한 채팅시스템이나 인터넷 전화를 온라인서비스 시스템으로 연결한다. 고객들은 서비스 제공자가 다른 나라에 있다는 것을 전혀 인식하지 못하고 필요한 서비스를 제공받는다. 온라인서비스는 고객이 원하면 24시간 내내 인터넷만 연결된 곳이라면 어디에서든지 필요한 서비스를 받을 수 있다. 온라인서비스는 세계 어디에서든지 동일한 서비스를 제공할 수 있도록 사용하기 쉽고 접근하기 쉬운 시스템 설계를 구현하는 것이 필요하다.

5) 접점 환경

대부분의 오프라인서비스는 실제 환경에서 고객과 서비스 제공자가 직접접촉을 할 때 제공되지만 온라인서비스는 정보기술을 활용한 가상의 환경에서 이루어진다. 온라인서비스는 가상의 환경에서 제공되기 때문에 서비스 제공자는 고객이 실제로 서비스 제공자를 만나고 있다는 생각을 하도록 가상 환경을 제공해야 된다는 숙제를 안고 있다. 온라인서비스에 익숙하지 않은 고령자 등은 서비스 제공자와 접촉하지 않는 것에 불편함과 불쾌함을 동시에 가질 수 있기 때문에 서비스 제공자 입장에서는 오프라인 환경을 구축하는 것과 마찬가지로 온라인 환경을 구축하는 데 신경을 써야 한다. 온라인서비스 시스템의 성공은 '고객이 온라인서비스 시스템에 지속적으로 접속해서 서비스가 종료될 때까지 체류하도록 만들 수 있는가?'에 달려 있다고 해도 과언이 아니기 때문에 서비스 시스템을 설계할 때는 고객을 유도할 수 있는 구체적인 방법이 포함되도록 해야 한다.

6) 경쟁력 차별화

오프라인서비스는 서비스 제공자가 직접 고객을 접촉해서 고객이 요구하는 서비스 내용을 듣고 서비스 해결책을 제시하도록 설계되어 있다. 즉, 오프라인서비스는 각각의 고객에 맞는 개인화된 서비스를 제공할 수 있다는 것이 가장 큰 장점이며 이러한 부분이 고객에게 신뢰감을 주고 있다. 그러나 온라인서비스는 서비스 제공자가 고객을 직접 접촉할 수 없고 가상의 환경에서 만나기 때문에 고객별로 차별화된 서비스를 제공할 수 없다. 그 대신에 정형화되고 접근하기 쉬운 방법을 통해 서비스를 제공한다. 온라인서비스는 어떤 고객이든지 상관없이 통상적으로 발생하는 서비스 문제를 해결하기에는 안성맞춤인 시스템이다. 온라인서비스는 정보시스템을 통해서 해결 방법이 빠르게 제공되기 때문에 일상적인 서비스를 받고자 하는 고객들은 저렴한 비용으로 효과적인 서비스를 받을 수 있는 장점이 있다. 그러므로 온라인서비스는 온라인서비스만의 장점이 부각될 수 있도록 시스템을 설계할 때부터 고려해야 한다.

7) 개인 보호

오프라인서비스는 고객과 서비스 제공자가 직접접촉을 하기 때문에 고객이 본인의 개인적인 사생활이나 정보를 본인의 의지와는 상관없이 서비스 제공자에게 제공해야 한다. 즉, 서비스 제공자가 고객을 방문할 때나 고객이 서비스센터를 방문할 때는 아무리 유명하고 직위가 높을지라도 자기 자신을 감추고 서비스를 받을 수 없다. 그러나 온라인서비스는 정보시스템을 통해 가상의 환경에서 서비스를 제공받기 때문에 개인 정보를 제공하지 않고 제품 정보만을 제공하고 본인이 원하는 서비스를 받을 수 있는 장점이 있다. 물론 고객의 얼굴이 전혀 보이지 않기 때문에 개인의 사생활이 보호받고 있다는 느낌은 훨씬 더 강하게 든다. 그러므로 현대 시대는 개인의 사적인 부분을 보호받고 싶어 하는 고객이 갈수록 늘어나고 있기 때문에 온라인서비스 시스템은 개인의 사적인 부분이 보호된다는 장점이 유지될 수 있도록 시스템을 설계할 때부터 적극적으로 반영해야 한다.

4. 서비스 설계 실행

서비스 설계는 [그림 2-2]와 같이 설계 속성의 정의 → 설계 성과기준의 설정 → 설계 개념의 생성 및 평가 → 상세 설계 개발 → 설계 이행 → 성과 측정 → 만족도 평가 → 성과 개선 순으로 진행된다(오형술 외, 2009).

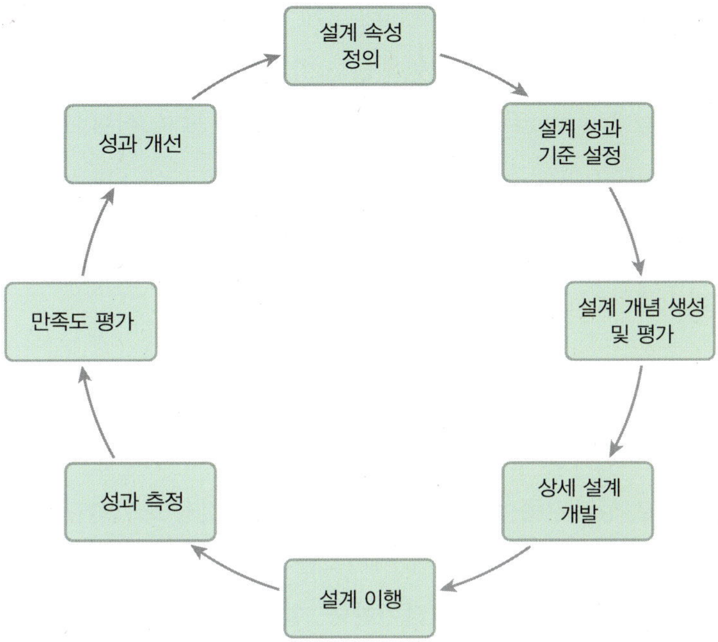

그림 2-2 서비스 설계

1) 설계 속성 정의

설계 속성의 정의는 제공하고자 하는 서비스 설계의 내용을 정의하고 서비스에 의해 실행될 것으로 기대하는 고객의 요구를 결정한다. 고객이 요구하는 내용을 정확히 이해하는 것이 설계 속성의 정의 단계를 성공시키는 가장 중요한 역할을 수행한다. 고객의 기대에 대한 정확한 이해가 없으면 서비스 설계 및 프로세스는 성공할 가능성이 낮아지기 때문에 고객의 소리를 반드시 반영해야 하고 가능하다면 고객과의 직접적인 접촉을 통해 파악해야 한다.

즉, 설계 속성 정의는 "고객에게 무엇을 제공할 것인가?"에 중점을 두어야 한다. 고객에게 제공하는 것은 고객이 요청했거나 요청할 가능성이 높은 것, 고객에게 제공하면 좋은 것이 되어야 한다. 그러므로 설계 속성 정의는 서비스 제공자가 제공하고 싶은 서비스가 아니라 고객이 원하는 서비스에 대한 설계 속성을 정의하는 것이고 QFD(Quality Function Development) 방법론 등과 같은 시각적인 접근 방법을 사용하고 있다.

2) 설계 성과기준 설정

설계 성과기준의 설정은 설계 속성별로 요구되는 성과기준을 확인하고, 경쟁자들이 가지고 있는 성과를 분석하며, 설계 성과와 고객만족도 간의 관계를 결정하고, 설계 속성별로 성과기준에 대한 규정을 제시하는 것을 포함한다.

설계 성과기준은 서비스 제공자가 서비스를 제공하여 고객을 만족시켜서 얻고자 하는 서비스 성과기준의 설정을 의미한다. 설계 성과기준은 서비스 제공자가 손쉽게 얻을 수 있는 성과에 초점을 맞추는 것이 아니라 서비스 제공자의 만족도를 최대로 높일 수 있는 성과에 기준을 맞춰야 성공적인 서비스 프로세스가 만들어질 수 있다. 성과와 만족도 관계를 평가하기 위한 일반적인 방법은 컨조인트 분석이다. 컨조인트 분석은 모든 속성에 대한 성과와 만족도 사이의 관계를 추정하고 평가하는 기법이다.

3) 설계 개념 생성 및 평가

설계 개념의 생성 및 평가는 서비스 제공을 위해 필요한 주요 기능들을 정의하고, 주요 기능들을 서비스 프로세스에 연결시키고, 흐름도(flow chart) 등을 이용하여 프로세스를 도식화 또는 문서화한다. 또한 서비스를 위한 다양한 설계 개념을 생성하고, 상세 설계를 위한 개념들을 평가하여 선정하는 것을 포함한다.

설계 개념의 생성 및 평가 단계는 제공되는 서비스 프로세스에 필요한 핵심 기능들을 정의하는 것에서 시작한다. 핵심 기능들은 서비스 프로세스로 표현이 가능하며 흐름도를 이용해서 이해하기 쉽도록 도식화되거나 문서화된다. 서비스 프로세스는 서비스흐름도 또는 서비스블루프린트 등을 이용해서 분석한다. 설계된 서비스 개념의 평가는 성과기준과 개념이 포함되는 평가 매트릭스를 사용한다.

4) 상세 설계 개발

상세 설계 개발은 제공되는 서비스 개념을 프로세스 수준의 설계 요소들로 분리하고, 각 속성별로 설계 대안을 만들어, 각 설계 대안의 성과를 예측하고, 각 구성요소의 대안을 평가 및 선정한다. 또한 실행을 위한 설계를 평가 및 선정하고, 서비스 설계 내용에 대해서 자체적인 성과를 검증하고, 서비스 설계에 필요한 내용을 변경하여 실행, 세부적인 각 기능 요건에 대한 규정을 만드는 것을 포함한다.

상세 설계는 설계된 서비스 개념을 프로세스 수준으로 표현하기 위해 설계 요소들을 분리하는 단계에서 시작된다. 분리된 설계 요소들은 상세 설계를 통해 대안들이 만들어지고 이러한 대안들은 성과 평가를 통해 수정되거나 실행 모델로 변경될 수 있다.

5) 설계 이행

설계 이행은 실행하는 프로젝트 계획 및 서비스 구축 계획을 만든다. 시험 운영 및 테스트 계획과 의사소통할 수 있는 계획, 출시 및 변경 계획, 서비스관리를 실행하는 실행 계획, 추가적인 계획을 포함한 모든 계획에 대한 실행을 포함한다.

서비스 프로세스가 설계되고 평가되어 실행 모델로 변경되면 실제 실행 프로세스로 변경되어야 한다. 설계 이행은 결정된 서비스 프로세스를 실행시켜 서비스 제공자와 고객 사이에서 제공되는 서비스 결과를 확인하는 과정이다.

6) 성과 측정

성과 측정은 분석해야 하는 주요 속성들을 선정하고, 제시된 기준 대비 속성에 대한 성과 측정, 선정된 속성의 역량 측정, 제공된 주요 프로세스의 효율 측정, 분석 및 보고를 위한 절차 개발, 제시된 성과기준에 미달한 성과들에 대한 속성 확인, 성과가 빈약한 항목들의 원인과 결과를 분석하고, 요청되거나 자체적으로 필요한 경우에는 개선 활동을 실시하는 것을 포함한다.

성과 측정은 실행된 서비스 프로세스가 얼마나 효과적인지를 성과평가모델을 만들어 그 결과를 평가하는 단계이다. 성과 측정은 서비스 제공자 입장에서 제공되는 서비스에 대한 평가를 측정한다는 의미가 강하며 각 설계 요소별로 평가하여 성과 측정이 미흡한 프로세스는 개선 과정을 통하여 변경하거나 완전히 새로운 서비스 프로세스로 재탄생시켜야 한다.

7) 만족도 평가

만족도 평가는 서비스 제공 후 성과로서의 고객만족도를 측정하고, 고객의 기대 대비 만족도 측정, 경쟁회사 또는 경쟁자 대비 만족도 측정, 성과기준 대비 서비스 결과치에 대한 타당성 검토를 포함한다.

만족도 평가는 서비스 제공자의 입장에서 평가하는 것이 아니라 고객의 입장에서 평가하는 것이다. 고객의 만족도는 평균 개념이 무의미하고 불만족 또는 만족으로 표시되기 때문에 서비스 제공자 입장의 만족도 평가 항목은 신중하게 포함시켜야 한다.

8) 성과 개선

성과 개선은 재정적인 목표와 전체 만족도 간의 관계를 추정하고, 전략적 만족도에 대한 목표를 설정한다. 또한 만족도와 속성별 성과 사이의 관계를 추정하고, 성과 개선을 위한 1개 이상의 속성 및 목표를 설정하여, 제공되는 서비스 속성과 프로세스 속성 간의 관계를 추정한다. 가능하다면 프로세스 차원의 개선 방향에 대한 대안을 선정하고, 각 개선 대안들에 대한 이익과 비용을 평가하고, 서비스 설계에 대한 최적의 개선 대안을 선정하여 실행하는 것을 포함한다.

성과 개선은 고객만족도 결과를 통해 나타난 개선 사항을 서비스의 재설계 과정에 포함시키는 과정이다. 성과 개선은 서비스 프로세스가 결정되어 서비스 현장에서 사용되고 있는 상황에서도 지속적으로 이루어져야 고객이 만족하는 서비스를 창출할 수 있다.

마무리사례

서비스 차별화

① 혁신을 통한 제품/서비스 차별화로 경쟁력 확보

개별 노력들을 하나의 단합된 힘으로 모으는 원동력은 집단이 직면한 문제를 해결하겠다는 열정에서 나온다. 차별화와 혁신을 갖출 때만이 회사가 추구하는 협동과 상생이 이상적인 가치만이 아닌 경쟁력을 갖는 운영원리가 될 수 있다.

전 세계 수출용 유제품의 30% 이상을 과점하면서 압도적 1위를 지키고 있는 폰테라(Fonterra)협동조합은 400명에 달하는 R&D 센터를 중심으로 신제품 개발에 연 1억 달러 이상 투자하며 지속적인 제품 혁신을 위해 노력하고 있다. 또한 세계 각 지역별로 유연한 브랜드 전략을 운용하며 각 지역 소비자들의 기호에 맞게 적극적인 현지화 노력을 기울이고 있다. 100년이 넘는 전통과 돈육 제품 부문 세계 1위를 자랑하는 대니시크라운(Danish Crown)은 엄격한 품질관리와 검역으로 유명하며, 도축장 사업 부문에서 가장 엄격한 환경기준과 최첨단시설을 보유하고 있다. 농장과 돼지마다 고유번호를 부여하여 생산지에서 수출지까지 추적이 가능한 원산지 추적시스템을 업계 최초로 도입하였으며 도축의 전 과정을 CCTV로 기록하여 수입자가 요구하면 언제든 공개하여 고객의 신뢰를 확보하고 있다. 제스프리인터내셔널은 나라마다 맛과 크기가 다른 키위를 내놓는 등 상품 혁신에 주력하는 한편, 키위용 숟가락을 완전분해가 가능한 플라스틱으로 제작하는 등 협동조합의 가치에 걸맞게 책임경영과 차별화 노력을 병행하고 있다. 몬드라곤 협동조합은 기술 개발과 연구진 확충 등에 쓰는 비용이 유럽 평균 기업 전체 매출의 6%보다 높은 10%에 달할 정도로 과감한 경쟁력 확보 노력을 기울이고 있으며, 최근에는 독자적 산업 로보트와 미래형 자동차 등 첨단산업 진출에도 박차를 가하고 있다.

② 경쟁우위를 점하기 위해서는 보다 차별화된 서비스를 제공해야…

교보생명 신창재 회장은 1일 새 사업연도 출발 메시지에서 질풍경초(疾風勁草)라는 고사성어를 인용, 생명보험업계에 닥친 어려움을 꿋꿋하게 이겨내자고 말했다. '질풍경초'란 고난과 역경을 겪어야만 그 사람의 굳은 의지와 진가를 알 수 있다는 말로 '질풍'은 생명보험업계가 직면한 저금리 장기화와 재무건전성 규제 강화 등 어려운 시장환경을 의미한다.

신 회장은 "경영환경이 급변하고 회사를 성공으로 이끄는 요인도 끊임없이 달라지고 있다"며 "십여 년간의 변화혁신으로 축적한 역량과 경험만으로는 현재의 위기를 헤치고 미래의 성공을 담보할 수 없다"고 말했다. 이어 "과거와 전혀 다른 환경에서 생존하고 성장 발전하기 위해서는 일시적 위기 대응이 아닌 기존의 관행과 방식을 전면적으로 혁신해야 한다"며 점진적 개선보다 근본적 변화를 주문했다.

신 회장은 또한 "평생든든서비스를 경험한 고객들의 높아진 기대에 부응하고 지속적인 경쟁우위를 점하기 위해서는 보다 차별화된 서비스를 제공해야 한다"며 "교보생명은 평생든든서비스를 '하는' 회사도 '잘하는' 회사도 아닌 '가장 잘하는' 회사가 되어야 한다"고 강조했다.

끝으로 신 회장은 임직원들에게 "진정한 실패란 성공하지 못한 것이 아니라, 아무것도 시도하지 않는 것"이며 "실패를 두려워하지 말고 창의적 사고로 대담하게 도전하자"고 말하고 "현미경과 같은 시각으로 현재를 살피고 망원경과 같은 시각으로 미래를 응시하면서 위기를 정면 돌파하는 저력을 보이자"고 당부했다.

출처: 장승희 (2013); 매일경제 (2013. 4. 1).

연습문제

1. 서비스 설계는 서비스를 제공하는 제공자와 제공되는 서비스에 대해서 반응하고 행동하는 소비자의 관계로 표현할 수 있다. 서비스 설계의 정의에 대해서 설명하라.

2. 서비스 설계 시에는 제품 설계, 시설 설계, 서비스 운영 설계, 고객서비스 설계와 같은 네 가지 설계 요소가 기본적으로 고려되어야 효과적인 서비스 설계가 이루어질 수 있다. 서비스 설계의 네 가지 요소를 예를 들어 설명하라.

3. 과거의 서비스 시스템은 대부분 오프라인 상황을 기본으로 설계되었다. 그러나 정보기술 및 인터넷의 발전으로 서비스를 사용하는 많은 사람들이 온라인 환경에 익숙해져 있고 온라인 시스템을 사용하고 있다. 또한, 온라인서비스의 중요성이 커지고 있다. 온라인서비스 시스템과 오프라인서비스 시스템을 시스템 설계 요소 관점에서 비교하라.

03 CHAPTER

서비스 프로세스

1. 서비스 프로세스 정의
2. 서비스 프로세스 분류
3. 서비스 프로세스 매트릭스
4. 서비스 프로세스 접근 방식
5. 서비스 프로세스 관리
6. 서비스 프로세스 개선

SERVICE MANAGEMENT

03 CHAPTER 서비스 프로세스

도입사례

서비스 시대의 새로운 패러다임

● 서비스 시대의 새로운 패러다임 맞춤형 서비스

우리나라에는 왜 영국의 런던 시청이나 말레이시아 페트로나스 트윈타워처럼 멋있는 공공건축물이 없을까? 경제 발전과 더불어 많은 시설물들이 단순히 사무실 공간으로서의 기능에서, 도시미관을 생각하고 쾌적한 생활공간으로서 품격(品格)을 가미한 공공시설물로 변하고 있다. 반면 일부 지방자치단체 공공청사의 경우 사무실 기능으로서의 용도 등에 비추어 지나치게 사치스럽게 지어 물의를 일으키기도 한다. 검소하면서도 우아한 공용청사, 화려하지 않으면서 멋있고, 효율적인 유지관리로 예산 절감이 가능한 그런 공공청사가 필요하다.

어느 기관인들 멋있고 좋은 건물을 짓고 싶지 않을까마는 막상 공공시설물을 건축해야 하는 순간 전문 기술 인력과 조직이 없다면, 또 사업관리 경험이 부족하다면 난감하기 마련이다. 공사는 생각보다 다양하고 복잡하다. 공사과정의 메커니즘은 조사, 기획, 설계관리, 계약, 시공, 사후관리 단계를 거친다.

좀더 자세히 살펴보자. 공공시설물이 필요한 발주 부서에서는 먼저 예산 편성을 위한 타당성 조사를 한다. 바로 조사 단계다. 조사가 끝난 후에는 기본 계획을 수립하고, 토지적성평가, 문화재지표공사, 토지매입보상 및 발주방법 등을 결정하는 기획 단계를 거친다. 이후에 기술공모 일괄대안입찰방식 등의 공사수행방식을 결정하고 설계의 적정성 및 경제성을 검토하는 설계관리를 한다. 계약방법과 낙찰자 결정방법, 원가계산 및 공사비 적정성 검토는 계약 단계에서 한다. 공사 착공 후 발생하는 공정관리, 품질관리, 하도급관리, 예산관리의 안전관리, 환경관리, 원가관리 등 현장관리 업무와 기성 · 준공검사 업무는 시공 단계에서 이루어지며, 공사 준공 후 2년간 3회에 걸쳐 사후관리를 거친다. 전문지식 없이는 불가능한 공공시설물 건축, 이런 복잡한 절차와 업무를 조달청이 맞춤형 서비스로 대신한다.

공공시설물 발주를 하고자 하는 기관 중 대부분은 공사 발주 경험도 없고 자체 전문 인력도 갖추지 못하는 경우가 대부분이다. 이럴 경우 발주기관은 기획 및 설계 단계부터 민간업체에 컨설팅을 의뢰하지만 주인인 발주 부서가 시설사업 추진에 대한 사전 지식이 있어야만 품질을 확보하고, 예산도 절감할 수 있다. 그러나 이 공사만을 위해 갑자기 한시적인 조직을 구성하기도 쉽지 않은 일, 조달청 맞춤형 서비스가 해답이다. 또한 최근에는 공공시설물도 저탄소 녹색성장, 에너지절감, 그린청사 등 새로운 개념을 도입해 지어야 하는데, 때문에 궁극적으로 공신력 있는 전문기관의 도움이 절대 필요하다.

조달청 맞춤형 서비스는 발주기관이 자체 전문 인력으로 공사를 수행할 수 없는 경우 공사기획→설계관리→계약대행→시공→사후관리 등 발주 부서의 요청에 따라 전 과정 또는 일부를 선택해 도움받을 수 있다. 부실설계 및 예산낭비 등 시설공사에서 항상 지적되는 부작용을 최소화할 수 있고, 조달청이 업무를 대행하기 때문에 발주 부서에서는 별도 인력 충원 없이 건설사업을 수행할 수 있다.

또한 조달청은 시설공사 관리 경험과 체계적인 전문 지식을 통해 사업수행 계획 및 집행에서부터 시공까지, 발주 및 관리에서 요구되는 핵심 역량을 보유하고 있고, 시설사업 각 분야에 건축사, 건축 및 토목시공 기술사 등 특급기술자 및 고급기술자 100여 명 등 건설사업 부문의 전문 인력을 보유하고 있다.

이뿐만이 아니다. 조달청은 건설 사업관리의 전문적이고 효율적인 시스템을 구축한 각 단계별 전담조직을 운영하고 있다. 기획에서 공사계약까지의 업무를 추진하는 시설기획과, 각종 기술사항을 검토하고 원가계산을 작성하는 3개과, 계약 업무를 총괄하는 시설총괄과, 시공관리 업무를 수행하는 공사관리팀 등 시설공사 추진을 위한 전 분야가 전문적인 시스템으로 운영되고 있다.

조달청 맞춤형 서비스의 이용 요청은 대부분 서면으로 이루어진다. 계약대행 부분은 나라장터를 통해 접수할 수 있지만 아직까지 다양한 요구를 반영해야 하는 맞춤형 서비스는 변수가 많아 수요기관과 협의를 통해 이루어져야 하기 때문에 서면 요청으로 할 수밖에 없다. 만약 수요기관에서 조달청 서비스를 이용하려 한다면 사업추진에 대한 계획서와 부지 현황 자료, 예산 배정 현황 등의 기초 자료를 첨부해 조달청으로 서면 요청하면 된다.

● 맞춤형 서비스로 지어 더욱 빛난 공공건축물

사업관리 핵심 역량을 보유한 전문 인력과 안정된 사업관리시스템으로 고객의 기대를 뛰어넘어 그 이상의 시설사업 대행 업무를 제공하는 조달청 시설공사 맞춤형 서비스. 조달청은 1978년부터 공사관리서비스를 시작해 괄목할 만한 성장을 이어가고 있다.

2009년도에는 2000억 원 사업 규모의 킨텍스(Kintex) 제2전시장 건립공사 외 48건(2조

7742억 원 규모)의 서비스를 진행하고 있으며, 연말까지 약 3조 원의 수주를 목표로 하고 있다.

맞춤형 서비스로 제공된 대표적 건축물로는 헌법재판소, 증권거래소, 금융감독원, 국토개발연구원, 국립현대미술관, 금강산면회소, 국립경찰병원, 일산암센터, 국립재활병원 등이 있다.

다년간의 풍부한 경험과 시공관리 실적을 거두어 온 조달청 맞춤형 서비스는 1987년 국립현대미술관으로 한국건축가협회상, 1992년 통일연수원으로 한국건축가협회상, 1993년 헌법재판소로 한국건축문화대상, 2008년에는 금강산면회소로 토목 · 건축기술 대상 및 해외건축물 최우수상을 수상해 맞춤형 서비스의 역량을 국내외적으로 입증받기도 했다.

조달청은 지금까지 건축물의 튼튼함과 안전성을 우선순위로 여겨왔다. 그러나 에너지절약 및 저탄소 녹색성장의 그린빌딩화를 위해 설계 단계의 품질을 제고하고 원가를 절감하기 위한 설계 VE(Value Engineering)를 도입했다. 또한 건축물의 시공 중 또는 완공 후 발생할 수 있는 오류를 설계 단계에서 예측하는 BIM(Building Information Modeling) 도입 방안을 검토하는 등 최상의 품질로 서비스하기 위한 노력을 하고 있다. 그뿐만 아니라 보수 · 유지를 효율적으로 하기 위해 하자보수 및 사후관리 업무도 대행해 적정한 업체 선정으로 국가예산을 최대한 절감하고 있다.

조달청은 현재 공용청사 등의 건축물 위주에서 앞으로 환경시설(상하수도, 소각로 등) 및 녹색성장사업(태양광, 신재생에너지 등)으로 맞춤형 서비스를 확대하기 위해 관련 제도 및 사례 등을 조사하고 있다. 또한 지자체 음식물쓰레기 자원화 발주지원을 위한 '지자체 환경시설 발주 가이드라인'을 마련하는 등 품질과 서비스 제공을 계속 향상시키고 설계검토 서비스를 확대해 부실시공 사전방지 및 예산 절감에도 기여할 것이다. 더 나아가 공공시설물의 용도를 최적으로 살리는 한편, 품격을 유지하고 후손들에게 튼튼하고 아름다운 명소로 널리 알려질 수 있는 시설물을 만들 수 있도록 시설공사 맞춤형 서비스를 더욱 발전시킬 것이다.

출처: 김기준 (2013).

1. 서비스 프로세스 정의

서비스 설계가 완료되면 서비스를 제공하기 위한 서비스 프로세스를 만들어야 한다. 서비스 프로세스는 서비스가 전달되는 절차, 메커니즘(mechanism), 또는 활동들의 흐름으로 정의될 수 있다. 서비스 프로세스 관리는 서비스 투입물, 생산운영 작업, 작업 흐름, 투입물을 산출물로 변환시키는 방법 등을 선택하는 것이다. 서비스 프로세스는 서비스표준화와 고객화를 동시에 고려해야 한다. 서비스표준화(standardization)는 서비스를 제공하는 제공자(service provider)의 관점이 강하며 서비스를 제공하기 위한 구체적인 규칙과 기준을 가지고 서비스 및 제품을 표준화하는 것이다. 사우스웨스트항공사(Southwest Airlines)는 지정좌석제 폐지, 식사 제공 폐지, 소규모 공항 활용, 타 항공사와의 연계운영 등에서 모든 고객에게 동일한 내용의 서비스를 제공한다. 서비스고객화(customization)는 서비스를 제공받는 고객의 관점이 강하며 고객들의 취향에 맞는 차별적 서비스를 제공하기 위한 정책으로 설명될 수 있다. 싱가포르항공사(Singapore Airlines Limited)는 좌석별로 차별적인 가격을 제시하고 고객들이 가격대 별로 원하는 좌석을 선택하도록 하는 전략을 사용하고 있다.

서비스 프로세스를 설명할 때는 곱셈의 법칙을 예로 들 수 있다. 곱셈의 법칙은 $100 \times 100 \times 100 \times 0 = 0$과 같이 각 서비스를 제공할 때 처음 단계에서는 고객을 만족시켜 서비스만족도가 높았어도 마지막 단계인 마무리 단계에서의 고객만족도가 0이면 고객을 만족시키지 못한 형편없는 서비스가 된다. 그러므로 서비스의 제공은 서비스 제공 프로세스의 전체 단계에서 만족스러운 서비스를 제공해야 함을 강조한다.

2. 서비스 프로세스 분류

서비스 프로세스는 〈표 3-1〉과 같이 다양성 측면, 서비스 활동이 지향하는 대상 측면, 고객접촉 측면으로 분류할 수 있다.

표 3-1 서비스 프로세스의 분류

고객접촉 정도	낮은 다양성(표준화된 서비스)			높은 다양성(고객화된 서비스)		
	재화	정보/이미지	사람	재화	정보/이미지	사람
고객접촉 없음	• 드라이클리닝 • 자동판매기로 재고 보충	• 신용카드 대금명세서 처리		• 자동차 수리 • 맞춤양복	• 컴퓨터 프로그래밍 • 건물 디자인 설계	
간접 고객접촉		• 가정에서 컴퓨터로 식료품 주문 • 전화로 계좌 잔액 조회			• 항공관제사의 착륙 감독 • TV경매에 참가	
직접 고객접촉 – 고객–서비스 제공자의 상호작용 없음(셀프서비스)	• 자동판매기의 운영 • 기성가구의 조립	• 현금자동입출금기에서 현금 인출 • 즉석사진 촬영	• 엘리베이터운영 • 에스컬레이터 탑승	• 뷔페식당에서 음식 선택 • 식료품점에서 자율 포장	• 병원에서 병력기록 작성 • 도서관에서 정보를 찾음	• 렌트자동차 운전 • 헬스클럽 설비용
직접 고객접촉 – 고객–서비스 제공자의 상호작용	• 레스토랑에서 제공하는 음식 • 세차	• 강의 • 일상적인 금융거래 처리	• 대중교통수단 • 예방접종 실시	• 가정용 카페트 청소 • 조경 서비스	• 초상화 • 카운슬링(상담)	• 이발소 • 외과수술 시행

출처: 서비스경영연구회 (2006).

1) 다양성 측면

다양성 측면은 표준화된 서비스와 같은 낮은 다양성과 고객화된 서비스와 같은 높은 다양성으로 구분된다. 표준화된 서비스는 서비스 제공자 관점의 성격이 강하고, 고객화된 서비스는 고객관점의 성격이 강하다. 서비스 측면만 놓고 본다면 고객만족도를 높이는 것이 목적이기 때문에 고객화된 서비스로 대변되는 높은 다양성을 추구해야 한다. 그러나 고객화된 서비스는 비용 상승이 필수적이기 때문에 비용 추가와 효용 증대 사이의 관계를 고려하는 것이 필요하다.

표준화된 서비스를 제공하는 서비스 제공자는 자동화된 서비스 프로세스를 따르기 때문에 서비스 프로세스를 구성하는 초기에는 많은 비용이 들지만 서비스 프로세스를 운영할 때는 많은 비용이 들지 않는다. 물론 표준화된 서비스를 통해서 서비스 제공자가 얻을 수 있는 이윤도 적다. 그러므로 서비스 제공자 입장에서는 제공되는 서비스는 항상 동일하기 때문에 고객을 많이 확보하여 회사의 이윤을 확대해야 한다. 고객 입장에서는 일상적인 서비스를 저비용으로 받을 수 있다.

고객화된 서비스 프로세스는 고객별로 차별화된 서비스를 제공하는 것이 필요한 서비스 시스템에 적용할 수 있다. 법률서비스가 대표적인 고객화된 서비스 프로세스의 예이다. 고객은 기본적으로 법적인 문제에 대해서는 지식이 거의 없고, 알고 있다고 하더라도 적용될 수 있는 법률 사례가 광범위하여 본인에게 가장 적절한 방안을 찾기가 어렵다. 그러므로 법률서비스 제공자는 고객별로 맞춤화된 서비스 프로세스를 설계하여 고객에게 적용하고 있다. 법률서비스와 같은 고객화된 서비스 프로세스가 서비스 제공자에게 효과적인 서비스를 제공하기 위해서는, 고객에게 서비스를 제공하는 시간도 오래 걸리고 고객과 많은 정보를 교환해야 고객에게 가장 적절한 서비스를 제공할 수 있다. 그러므로 고객화된 서비스를 제공하기 위해서는 서비스 프로세스를 설계하는 단계부터 해당 분야에 대한 전문 지식과 분석 능력을 가진 서비스 제공자를 포함시켜야 하고 서비스 제공 프로세스를 상세하게 만들어야 한다. 고객화된 서비스 프로세스는 시간과 노력이 많이 들지만 그 대신에 고부가가치를 창출할 수 있는 핵심 서비스 프로세스로 간주된다.

2) 서비스 활동이 지향하는 대상 측면

서비스 활동이 지향하는 대상 측면은 낮은 다양성과 높은 다양성 안에서 사람, 재화, 정보로 인식된다.

(1) 사람

서비스 프로세스의 대상이 사람이면 고객 자체가 서비스를 제공받는 대상이 되기 때문에 고객에게 변화가 발생한다. 고객인 환자가 병원을 방문하게 되면 서비스 제공자인 의사는 환자의 몸에 직접 치료를 하고 약을 처방하여 환자가 먹도록 한다. 미용실에서는 서비스 제공자인 미용사가 고객의 머리에 직접 서비스를 제공하여 고객이 원하는 머리 스타일을 연출한다. 고객에게 직접 서비스를 제공하는 서비스 제공자는 장시간 고객과 함께 시간을 보내야 하는 고접촉서비스를 제공한다. 이 중 병원서비스는 고객화된 서비스를 제공하는 프로세스로, 고객이 지불하는 비용이 많은 반면 미용서비스는 고접촉이지만 제공되는 서비스가 상당 부분 표준화된 서비스를 따르기 때문에 고객이 지불하는 비용은 상대적으로 많지 않다. 또한 고객 자체가 서비스 설비에서 서비스를 제공받기 때문에 서비스 제공 프로세스뿐만 아니라 서비스 제공 설비 프로세스에도 많은 관심을 가져야 한다.

(2) 재화

서비스 프로세스 대상이 재화이면 고객이 소유한 재화에 서비스가 제공되는 경우와 서비스 제공자가 재화를 통해 고객에게 서비스를 제공하는 프로세스로 나눌 수 있다. 고객이 소유한 재화에 서비스가 제공되는 경우는 고객이 소유한 제품에 문제가 발생했을 때 서비스를 제공하는 프로세스로, 가전제품의 경우 서비스 제공자가 직접 고객이 요청한 장소로 이동하여 서비스를 제공하는 것이 일반적인 프로세스이다. 그러나 자동차의 경우에는 서비스 제공을 위해 많은 부가적인 설비와 시설이 필요하기 때문에 고객 소유의 자동차를 수리센터로 가져와서 서비스를 제공한다. 고객이 소유한 재화에 직접 서비스를 제공하는 경우, 특히 재화를 고객 소유의 장소에서 서비스 제공자의 장소로 옮겨 온 경우에는 재화가 손상되거나 분실되지 않도록 하는 재화관리서비스 프로세스가 구축되어야 한다.

식당에서 제공되는 음식은 서비스 제공자가 소유한 재화를 고객에게 제공하는 서비스 프로세스이며, 서비스 제공자 소유의 재화는 제공되는 서비스 패키지의 일부분으로서 제공되는 것이 일반적이다. 재화가 연결되는 서비스 프로세스는 항상 비용 문제가 발생하고 특히 서비스 제공자가 소유한 재화를 서비스로 제공하는 경우에는 적절한 수준으로 재고를 유지하고 고객이 만족할 수 있는 품질 수준을 지속적으로 유지하는 것이 매우 중요하기 때문에 재화관리를 서비스 프로세스에 포함시켜야 한다.

(3) 정보

정보처리 프로세스는 서비스를 제공하는 과정에서 정보의 조회, 이동, 변환이 발생하는 프로세스로, 사용되는 모든 서비스 프로세스에서 발생한다. 서비스 프로세스에서는 서비스가 제공되는 동안 발생하는 모든 상황에 대한 정보가 조회되거나 변동되며 이러한 정보가 관리되어야 추가적인 서비스로 이어질 수 있고, 나중에 서비스를 제공하는 경우에도 제공되는 서비스의 연속성이 발생할 수 있다. 병원을 방문한 고객이 치료를 받는 서비스 프로세스의 경우에는 고객인 환자가 가지고 있는 환자 정보, 과거 치료 기록, 가족력, 현재 치료방법 등에 대한 정보가 관리되어야 환자에게 효과적으로 치료서비스 프로세스를 제공할 수 있다. 그러므로 서비스 프로세스 설계를 할 때는 프로세스의 중요도와 상관없이 정보가 관리될 수 있도록 정보관리 프로세스를 구축해야 한다.

3) 고객접촉 측면

고객접촉 측면은 2장의 서비스 설계에서도 설명하였지만 무접촉, 간접접촉, 직접접촉 프로세스 등이 있다. 무접촉은 고객과의 접촉이 전혀 없는 상태로 자동판매기의 커피 보충, 자동차 수리 등이 포함된다. 자동판매기의 커피 보충은 고객과 상관없이 단지 자동판매기의 재고를 채워 주는 프로세스로, 다양성이 낮은 표준화된 서비스로 분류할 수 있다. 자동차 수리는 고객과의 접촉은 없으나 고객이 가져온 자동차의 고장 상태를 보고 거기에 맞는 특화된 서비스를 제공하는 프로세스이기 때문에 다양성이 높은 고객화된 서비스로 분류할 수 있다.

간접접촉은 온라인 또는 전화를 통한 제품 주문과 온라인 또는 TV로 경매에 참여하는 것 등이 포함된다. 온라인 또는 전화를 통한 제품 주문은 정해진 제품명을 선택하거나 말하는 프로세스로서 다양성이 낮은 표준화된 서비스로 분류할 수 있고, 온라인 또는 TV 경매에 참여하는 것은 고객 스스로가 본인의 기호 및 가격에 맞는 작품을 선택하는 프로세스이기 때문에 다양성이 높은 고객화된 서비스로 분류할 수 있다. 직접접촉은 고객–서비스 제공자의 상호작용이 없는 서비스와 고객–서비스 제공자의 상호작용이 있는 경우로 분리할 수 있다. 고객–서비스 제공자의 상호작용이 없는 경우에는 자동판매기의 운영, 뷔페식당에서 음식 선택 등이 포함된다. 자동판매기의 운영은 고객과의 접촉은 있지만 고객의 성향이나 특성과 상관없이 운영하는 자동판매기의 종류에 따라 서비스를 제공하고 관리하는 프로세스이기 때문에 다양성이 낮은 표준화된 서비스로 분류할 수 있다. 뷔페식당에서 음식의 선택은 다양한 음식 중에서 고객이 선호하는 음식을 선택하고 제공자 입장에서는 고객의 선호도를 파악하여 고객이 좋아할 수 있는 음식을 제공하는 프로세스이기 때문에 다양성이 높은 고객화된 서비스로 분류할 수 있다.

일반적으로 고객과 서비스 제공자가 접촉이 없는 무접촉에서 접촉이 있는 고접촉으로 갈수록 고객화된 서비스 프로세스로 간주되고 서비스를 제공하기 위해서는 많은 정보 교환이 필요하다. 또한 고객접촉이 많을수록 고객은 서비스 제공자에게 서비스 프로세스를 사용한 대가로 많은 비용을 지불해야 한다. 그러나 고객화된 서비스 프로세스가 부가가치가 높다고 하여 표준화된 서비스가 가능한 프로세스를 고객화된 서비스 프로세스로 변경하는 것은, 고객 입장에서는 단순하고 일상화된 서비스를 통해 해결이 가능한 것이라면 아무리 고접촉이라고 할지라도 비싼 비용을 지불하면서 고객화된 서비스를 사용하지 않을 것이다. 따라서 고객 측면의 서비스 프로세스를 설계할 때는 가장 적절한 고객접촉 형태를 선택하고 거기에 맞는 서비스 프로세스를 설계해야 한다.

[그림 3-1]은 고객의 접촉 정도에 따른 서비스 시스템 설계 매트릭스와 직원 조건, 운영 초점, 기술적 개선상의 특징을 설명하고 있다. 서비스 시스템 설계 매트릭스는 고객의 접촉 정도에 따라 판매 기회의 많고 적음, 생산 효율의 높고 낮음에 의해 여섯 개의 항목으로 분류될 수 있다. 편지와 같은 우편 접촉은 고객접촉 정도가 매우 낮기 때문에 서비스 제공자 입장에서는 서비스 시스템에 관여하는 고객이 없게 되어 생산 효율이 높아진다. 그러나 고객과의 접촉이 없다는 것은 서비스 상품에 대한 부가적인 판매 기회가 동시에 사라지는 것을 의미하기 때문에 판매 기회가 감소한다. 반면에 대면-종합 고객 맞춤화는 서비스 제공자와 고객이 많은 접촉을 필요로 하기 때문에 고객이 서비스 프로세스에 관여하는 상황이 많아지게 된다. 이러한 현상은 서비스 제공자가 고객에게 서비스를 제공하기 위해 많은 시간과 정보를 필요로 하기 때문에 서비스 시스템의 생산 효율성은 낮아지게 된다. 그러나 고객접촉의 증가는 서비스 상품을 판매할 수 있는 기회로 이어지게 되고 부가적인 서비스 판매로 이어질 수 있는 장점이 있다. 그러므로 서비스 제공자는 회사에서 제공하는 서비스 제품의 특성을 파악해서 서비스 시스템 설계 매트릭스에서의 위치를 찾아내고 여기에 맞는 서비스 프로세스를 설계해야 한다.

또한 직원 조건은 서비스 제공자가 본인이 제공하는 서비스에 대해 고객과의 접촉 정보를 파악해서 본인에게 필요한 서비스 기술을 확보할 수 있도록 한다. 운영 초점은 고객접촉 정도에 따라 서비스 제공자가 운영의 어떤 측면에 집중해야 되는지를 보여 준다. 기술적 개선은 고객접촉 정도에 따라 어떤 기술을 익히고 서비스 프로세스에 적용해야 되는지를 보여 준다.

● 서비스 시스템 설계 매트릭스

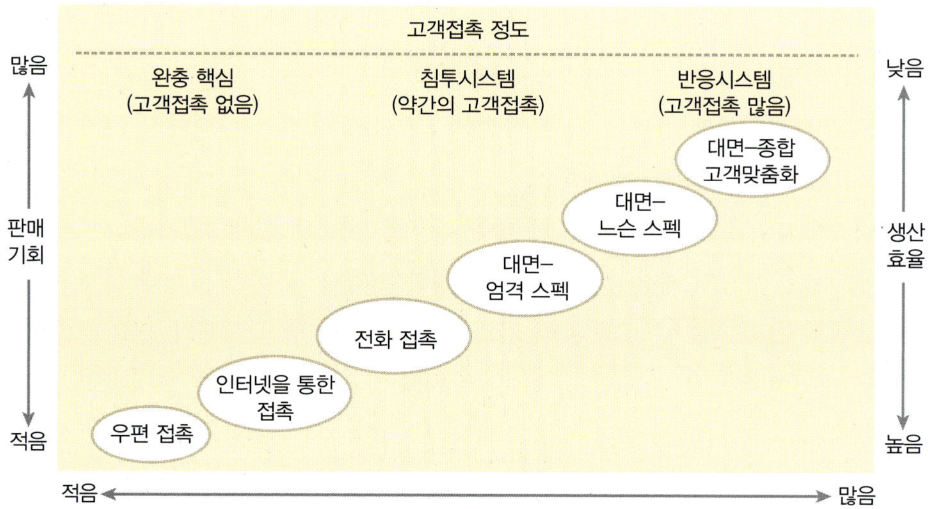

● 고객접촉 정도에 따른 직원, 운영 및 개선상의 특징

고객접촉 정도: 적음 ← → 많음

직원 조건	사무 기술	도움 기술	언변 기술	과정적 기술	교환 기술	진단 기술
운영 초점	서류 처리	수요관리	입안 결정	흐름 통제	능력관리	고객 믹스
기술적 개선	사무자동화	절차결정방법	데이터베이스	전자제어	셀프서비스	고객/지원팀

그림 3–1 고객접촉 정도에 따른 서비스 시스템 설계 매트릭스 및 특징

출처: 김연성 외 (2010).

서비스 프로세스는 서비스 시스템 설계 매트릭스에서 제시한 것처럼 서비스 제공자가 제공하는 서비스의 위치를 정확하게 파악하는 것으로부터 시작해야 한다. 즉, 서비스 프로세스는 회사가 제공하고자 하는 서비스의 본질과 서비스를 제공받는 고객과의 연계성을 정확하게 파악해야만 효과적인 서비스 프로세스가 구축될 수 있고 실무적으로 적용될 수 있는 서비스 프로세스가 될 수 있다.

3. 서비스 프로세스 매트릭스

Schmenner(1995)는 서비스 프로세스의 특징에 근거하여 [그림 3-2]와 같이 서비스 프로세스 매트릭스(Service process matrix: SPM)의 개념을 제시하였다.

그림 3-2 서비스 프로세스 매트릭스

출처: 권오경 (2010).

서비스 프로세스는 노동집약도(labor intensity)와 고객 상호작용(customer interaction) 및 고객화 수준(customization level)에 따라서 서비스 공장(service factory), 서비스 숍(service shop), 대량서비스(mass service), 전문서비스(professional service) 네 가지로 분류될 수 있다. 노동집약도는 자본비용 대비 노동비용의 비율로 정의될 수 있고, 고객 상호작용은 서비스 프로세스에 고객이 개입하는 수준으로 정의될 수 있다. 고객화 수준이 높을수록 서비스 제공자와 고객 사이에서는 많은 정보가 필요하고 서비스 제공자는 제공하는 서비스 분야에 대한 전문 지식이 풍부하고 상담 능력이 우수해야 한다.

1) 서비스 공장

서비스 공장은 노동에 대한 의존성이 낮고 고객과의 상호작용 및 개별화가 낮은 운송업, 호텔, 리조트 등이 여기에 속한다. 서비스 공장에 속하는 서비스기업은 서비스 제공자의 개인적인 능력에 의존하기보다는 회사가 보유한 설비나 건물(예: 호텔, 항공사, 선박회사) 등을 이용하여 서비스를 제공하는 특성이 있다. 즉, 제공되는 자산이 서비스의 품질을 나타내기 때문에 저비용의 비숙련된 서비스 제공자를 이용해 서비스 제공이 가능한 프로세스로 분류될 수 있다.

2) 서비스 숍

서비스 숍은 노동에 대한 의존성이 낮고 고객과의 상호작용 및 개별화가 높은 병원, 수리센터 등이 여기에 속한다. 서비스 숍은 서비스 분야의 전문 지식을 보유한 서비스 제공자가 고객화된 서비스 프로세스를 개발하여 고객과의 상호작용을 통해 서비스를 제공하는 프로세스이다. 그러므로 다수의 노동 인력을 투입하는 대신에 소수의 전문서비스 집단이 개별 고객과의 고접촉을 통해 서비스를 제공하는 서비스 프로세스이다.

3) 대량서비스

대량서비스는 노동에 대한 의존성이 높고 고객과의 상호작용 및 개별화가 낮은 소매금융업, 학교, 도매업 등이 포함된다. 대량서비스는 많은 노동력이 투입되지만 고객과의 상호작용이 적은 서비스기업이 해당된다. 제공되는 서비스는 정해진 절차나 기준에 의해 진행되기 때문에 구조화된 서비스가 필요한 기업에 적절한 서비스 프로세스이다.

4) 전문서비스

전문서비스는 노동에 대한 의존성이 높고 고객과의 상호작용 및 개별화가 높은 변호사, 전문의, 컨설턴트, 건축가 등이 포함된다. 전문서비스를 제공하는 기업은 다수의 서비스 제공자를 통한 양적인 서비스를 제공하는 대신에 인적 비용이 높은 전문가 집단을 이용하여 서비스를 제공하는 경향이 강하다. 흔히 말하는 고임금의 전문 직종이 여기에 속한다. 전문서비스를 제공하는 회사의 프로세스는 전문가 집단에 전적으로 의존하는 서비스의 특징 때문에 고객과의 상호작용과 고객화 수준이 높아야 됨에도 불구하고 전문가 집단의 주도적인 서비스 프로세스가 구축되지 않도록 세심한 주의가 필요하다.

서비스를 제공하는 회사들은 노동집약도와 상호작용 및 고객화 수준에 의해 서비스 프로세스를 만들어야 한다. 그러므로 서비스 회사들은 서비스 프로세스 매트릭스 안에서 개별 기업의 위치를 확인하고 그 위치에 맞는 서비스 전략 및 서비스 프로세스를 개발해야 한다. 대부분의 서비스 회사들은 회사의 상황과 시간이 변함에 따라 서비스 프로세스 매트릭스 내에서 위치가 바뀌거나 의도적으로 바꾸려고 한다. 즉, 대량서비스를 제공하는 회사들은 회사에서 노조 문제로 갈등이 깊어지면 노동집약도를 낮추려고 시도할 것이다. 또한 전문서비스를 제공하는 회사들은 고객과의 지속적인 상호작용 능력과 고객화 수준을 높여야 하고, 노동집약도가 높아 서비스 제공자가 심한 스트레스에 시달릴 수 있어 상호작용과 고객화 수준을 낮추려고 시도할 수 있다. 그러나 이것은 전문화된 서비스 프로세스를 일반화된 범용 서비스 프로세스로 변경하는 결과를 초래하여 가격 경쟁이 심화될 수 있는 문제가 있다는 것을 인식해야 한다.

4. 서비스 프로세스 접근 방식

서비스 프로세스의 분류에 따라 서비스 시스템 설계를 보는 일반적인 접근 방식 네 가지는 생산라인 방식, 공동 생산자로서의 고객 방식, 고객접촉 방식, 정보 이양 방식으로 설명될 수 있다(서비스경영연구회, 2007).

1) 생산라인 방식

생산라인 방식은 제품배치(product layout) 방식이라 부르기도 하며 서비스 시스템 설계 시 제조업에서 제품을 생산하는 제조시설과 유사한 방식으로 설계하는 것을 의미한다. 생산라인 방식은 고객과 직접적인 접촉을 하는 대면서비스보다는 생산 설비와 기술 등을 활용하여 고객과의 직접적인 접촉을 최소화하는 서비스 시스템 설계 방식이다. 즉 생산라인 방식은 제공하는 서비스를 제품을 생산하는 방식과 유사하게 설계하며 작업을 세분화, 서비스 전문화, 규격에 의한 표준화를 통해 달성할 수 있다. 다음의 [그림 3-3]과 [그림 3-4(a), (b)]와 같이 전통적인 제조업의 생산과 서비스업에서의 서비스 제공은 유사하게 설계될 수 있다.

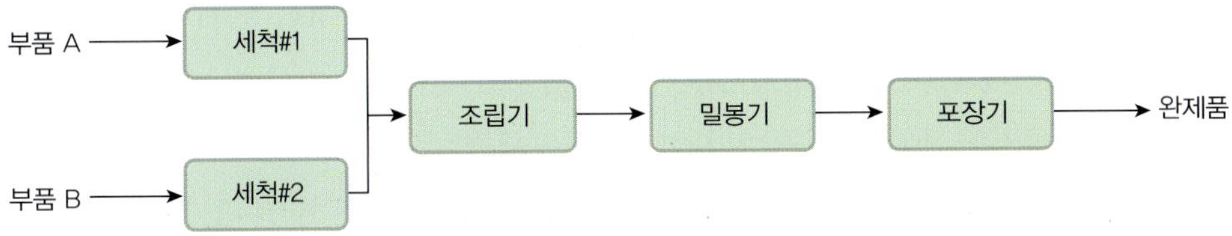

그림 3-3 제조업의 제품 생산 방식

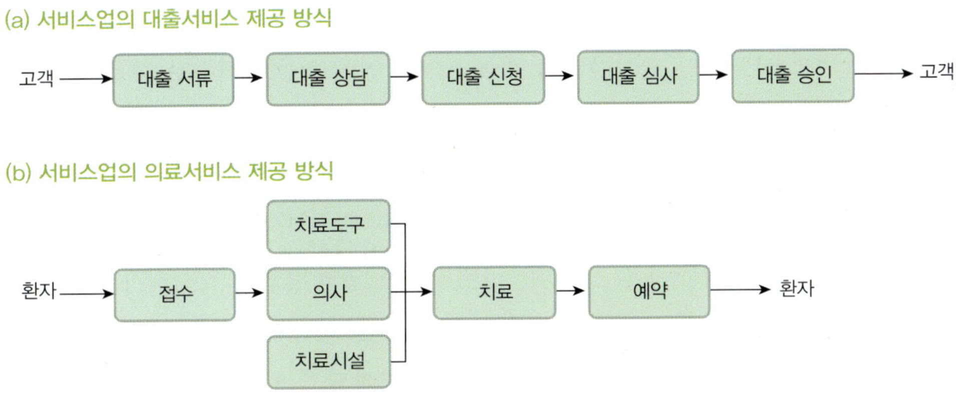

그림 3-4 서비스업의 서비스 제공 방식

[그림 3-3]에서 제조업의 제품 생산은 제품 생산에 필요한 자재를 구입하고 이것을 제품 생산 공정에 투입한다. 제품 생산 공정을 지나면서 원자재는 반제품으로 변경되고 최종적인 생산 공정을 지나면 완제품으로 만들어진다. 생산 공정에서 만들어진 완제품은 제조 공정의 최종 결과물이 되고 결과물인 제품에 대한 품질 평가를 통해 기업의 이미지와 수익성이 평가되는 구조이다.

[그림 3-4(a)]에서 서비스업의 대출서비스 제공 방식은 제조업에서는 원자재가 투입되지만 고객이 서비스를 받기 위해 서비스센터에 도착하는 것으로 시작한다. 서비스센터에 도착해서 본인이 원하는 대출에 대한 대출 서류를 준비해서 대출 상담을 받는다. 대출 상담 후에는 대출을 신청하고 기다린다. 그러면 대출 서비스센터에서는 대출 심사를 진행하고 대출 승인에 대한 결과를 고객에게 제공하는 것으

로 서비스가 제공된다. [그림 3-4(b)]의 의료서비스 제공 방식은 환자가 병원에 도착해서 접수를 하고 해당 병명에 맞는 의사를 만난다. 이때 의사는 치료도구와 치료시설을 함께 이용해서 환자를 치료한다. 치료를 받은 환자가 필요시 다음 예약을 잡고 병원을 나가면 서비스가 종료된다. 제조업의 생산라인 방식에서는 원자재의 투입과 변환을 통해 제품이 생산되고, 서비스업에서는 고객 또는 환자가 투입되어 원하는 서비스에 대한 결과물을 얻는 과정으로 진행된다. 제조업이나 서비스업은 통상적으로 투입물은 다르지만 제공 프로세스는 비슷한 유형으로 진행되기 때문에 제조업에서 성공적인 생산라인 방식이 서비스업에도 효과적으로 적용될 수 있음을 알 수 있다. 즉, 서비스 프로세스에서 생산라인 방식은 제조기업에서 성공한 실행모델을 서비스 부분에 적용하여 그 성과를 활용하고자 하는 것이다.

생산라인 방식을 서비스에 적용할 때 문제가 될 수 있는 부분은 투입된 인력의 자율권과 재고가 가지는 속성 등이다. 서비스업은 일반적으로 원자재가 투입되는 대신에 고객이나 서비스 제공자가 서비스 과정에 반드시 포함된다. 제조업의 생산라인 방식에서는 생산시설과 프로세스에 따라 진행되기 때문에 생산과정에 관여하는 직원의 감정이나 행동이 생산되는 제품에 특징적인 영향을 미치지 않는다. 그러나 서비스에서는 고객 또는 서비스 제공자가 제외될 수는 없다. 서비스업에서는 동일한 서비스 요구에도 서비스를 제공하는 제공자들은 개인별로 다른 서비스 행태를 보여 준다. 즉, 감정을 가진 사람이 서비스를 제공하기 때문에 서비스 제공자의 능력이나 상태에 따라 서비스 품질은 달라진다. 이러한 문제점을 해결하기 위해 서비스 제공자의 자율성을 최소화하고 매뉴얼에 따라 서비스를 제공하도록 하고 있다. 서비스 제공자의 자율성을 최소화하면 제조업에서 제품 생산의 일관성이 유지되는 것과 같이 서비스업에서는 서비스 제공의 일관성이 유지될 수 있다. 그러나 서비스 제공자의 자율성을 최소화하는 것은 서비스 제공자의 창의성이 발휘될 기회가 사라져 새로운 서비스 전략이나 기법이 만들어지지 않게 된다. 그러므로 성공적인 서비스는 서비스 제공자의 자율성을 어느 수준까지 인정해 주어야 하는 것인지를 결정하고 시작해야 한다.

제조업에서 제품의 생산으로 인해 필연적으로 나타나는 재고 개념이 서비스 제공에서는 다른 의미로 적용되어야 한다. 제조업의 생산라인에는 원자재, 반제품, 완제품을 보관할 장소를 마련하고 재고라는 용어를 사용하여 관리한다. 그러나 서비스 제공에서는 제품의 재고가 아닌 서비스를 제공하는 사람들을 관리하는 개념으로 바뀐다. 고객들에게 효과적인 서비스를 제공하기 위해서는 서비스 제공 인력을 충분히 확보하는 것이 정당하다. 그러나 서비스 제공 인력이 증가할수록 인건비, 노조 문제, 교육비 등에서 많은 문제가 발생할 수 있다. 그러므로 생산라인 방식을 이용한 서비스 제공 시에는 투입되는 서비스 제공 인력을 기술이나 설비로 대체할 수 있는 다양한 방법들이 고려되고 적용되어야 한다.

2) 공동 생산자로서의 고객 방식

서비스 시스템에서 서비스를 제공할 때는 고객이 참여하는 것이 일반적이다. 단순히 고객이 서비스 제공자에게 서비스를 제공받는 개념이 아니고 생산자(producer)와 소비자(consumer) 역할을 동시에 수행하는 프로슈머(prosumer)의 역할을 수행하는 것이다. 이 용어는 Alvin Toffler가 1971년에 그의 저서 《미래 충격》에서 처음 사용한 말이며 생산자적 기능을 수행하는 소비자를 말한다. 즉, 고객이 단순히 서비스를 받는 역할에서 더 나아가 본인에게 필요한 서비스를 창조하는 역할을 하는 것이다. 고객이 서비스 시스템에 참여하는 것은 서비스 생산성을 높일 뿐만 아니라 서비스고객화를 추구할 수 있다.

외식업체에서는 신메뉴 개발을 위해 프로슈머 마케팅을 적극적으로 활용하고 있다. 외식업체 '와라와라'는 분기별로 신메뉴를 선정하는데, 이 과정에 고객의 의견을 적극적으로 반영하는 시스템을 만들었다. 신메뉴가 출시되기 전에 고객들을 초청하여 신메뉴를 시식시키고 보완할 점에 대한 의견을 자유롭게 말하도록 한다. 그런 과정을 통해 전체 메뉴 중에서 5개 정도를 신메뉴로 선택하는데, 봄철 신메뉴로는 '데파피자', '방울치즈샐러드', '딸기레몬주스' 등을 선정하였다. 고객이 시식 과정에 참여해서 선정된 메뉴들은 영업 매장에서의 매출액도 높았다. 예를 들면, '숟가락피자'는 전체 매출액의 약 6%로 2위이고 '갈릭치킨과 포테이토'는 전체 매출액의 약 4.5%로 3위를 차지하는 등 고객으로부터 좋은 평판을 유지하고 있다.

'본죽'으로 유명한 '본아이에프'도 정기적으로 고객의 의견을 청취하고 있다. 본아이에프는 신메뉴 개발에 고객을 참여시키는 단계에서 더 나아가 회사의 마케팅 전략을 수립하는 데 고객의 의견을 적극적으로 반영하고 있다. 고객 아이디어 공모전에 의해 당선된 '불낙죽(대상)'과 '카레해물죽(입선)'은 제품으로 출시된 지 불과 1년 만에 각각 22억, 10억 원의 매출 실적을 달성하였다. 고객을 서비스 과정에 참여시키는 활동은 고객에게는 회사를 이해시키고 새로운 경험을 할 수 있는 기회를 제공하고 기업은 신제품의 품질을 높이고 고객을 통해 홍보할 수 있기 때문에 고객과 기업이 모두 만족할 수 있는 윈윈(win-win) 효과를 줄 수 있다.

'피데스개발'의 '파렌하이트'는 프로슈머 마케팅의 완성형이라고 설명된다. 파렌하이트의 프로슈머는 2,500명의 주부를 아파트 설계부터 참여시켰다. 주부들은 본인이 살고 싶은 아파트라는 관점에서 접근하였다. 주부들은 '아이들이 마음껏 낙서할 수 있도록 한쪽 벽에 아예 화이트보드를 설치하면 어떨까?', '화장대 자리에는 어둡고 그늘이 지는 천장 조명 대신 얼굴에 직접 쏘아 주는 분장실용 조명으로 하면 어떨까?' 등 다양한 의견을 내놓고 이러한 의견을 토대로 아파트의 설계 단계부터 최종 시공까지 모든 과정에 여성 디자이너와 주부를 참여시켜 50개 이상의 항목을 변경하고 반영하였다. 아파트 구입 시 가정에서 절대적인 권한을 가진 주부 고객인 서비스 소비자를 서비스 제공 단계 전부터 포함시킴으로써 공동 생산자로서의 고객을 충분히 활용하여 최고의 효과를 본 사례이다.

고객을 서비스 제공 시에 공동 생산자로 참여시킴으로써 얻을 수 있는 장점은 다음과 같다.

(1) 셀프서비스

서비스 비용을 감소시킬 수 있는 방법 중의 하나는 고객이 직접 서비스를 수행하도록 하고 고객이 부담해야 할 서비스 비용을 줄여 주는 것이다. 저가 항공사들이 대형 항공사들과 경쟁하는 가장 큰 무기는 항공 요금이 저렴하다는 것이다. 항공 요금이 저렴하다는 것은 줄어든 만큼의 이익을 다른 항목에서 채워 주어야 한다. 저가 항공사들은 고객이 자동 체크인 부스에서 스스로 탑승 수속을 받도록 하거나 인터넷을 통해 e-티켓을 발급하도록 하는 셀프서비스에 참여하도록 유도하여 항공사가 부담해야 할 비용을 줄이는 과정을 통해 줄어든 항공 요금을 보전하는 전략을 사용하고 있다. 대형 항공사들도 저가 항공사의 전략에 대응해서 다양한 방법으로 항공 요금을 줄이고 있는데 기내에서 제공하던 음료서비스를 스튜어디스가 제공하지 않고 고객이 요청할 때에만 제공하거나 셀프서비스로 이용하는 방식으로 변경하고 있다.

셀프서비스의 가장 대표적인 예는 자동판매기이다. 그러나 자동판매기에 고객이 구입하고자 하는 제품이 없거나, 고장이 났거나, 사용법이 너무 복잡해서 조작하는 방법을 모르게 되면 셀프서비스를 통한 고객 참여는 의미가 없어지게 된다. 또한 대부분의 셀프서비스 시스템은 자동화 기계를 통해 가동된다. 특히, 노인들의 경우에는 자동화 기계를 사용하는 것에 부담감을 가지고 있고 기계의 사용법이 간단하지 않기 때문에 고객 참여 입장에서 본 셀프서비스는 효과적인 결과를 주지 못할 수도 있다.

셀프서비스의 성공 요인은 기업은 비용을 절감하고 고객은 가격이 인하된 서비스나 제품을 구입하는 것이지만, 실제로는 절감된 만큼의 비용이 고객의 가격 인하로 연결되지 못하고 있다. 셀프서비스의 성공을 위해서 회사는 고객이 제공한 노동력만큼의 비용을 고객에게 이득으로 돌려 준다는 기본 철학을 명심해야 한다.

(2) 서비스 수요 평준화

제조업에서 생산 능력은 얼마나 많은 제품을 생산하였는가와 같이 제품 재고량으로 결정되지만 서비스에서는 서비스를 제공하는 '서비스 제공자를 얼마나 많이 확보하고 있는가?'로는 평가되지 못한다. 서비스는 제품의 생산과는 다르게 서비스 제공자가 서비스를 필요로 하는 고객과 접촉을 시작할 때부터 시작되지만 서비스 제공자들이 서비스를 제공할 고객이 없는 경우는 유휴 상태로 간주되어 서비스 제공 능력이 없는 것으로 간주된다. 결국 서비스의 제공은 서비스 제공자의 수를 많이 확보하는 것이 목표가 아니라 '얼마나 많은 고객이 서비스를 받았는가?' 또는 '얼마나 오랫동안 서비스를 제공하였는가?'로 결정된다. 즉, 서비스 제공은 고객과의 접촉으로만 가능하기 때문에 제조업의 제품 재고로 변환이 될 수 없다. 그러므로 회사 입장에서 서비스를 가장 효과적으로 제공하는 방법은 서비스 제공에 사용되는 전체 시간을 균일하게 사용하면서 동시에 가장 적은 수의 서비스 제공자를 활용하는 것이다. 서비스 수요를 평준화하기 위해서는 피크타임을 유휴시간으로 이동시켜야 한다.

서비스 수요 평준화는 회사가 제공할 수 있는 서비스 능력 범위 내에서 이루어져야 한다. 회사 입장에서는 피크타임에 집중되는 수요에 대해 서비스 제공 인력을 증가시키지 않고 해결하고자 하며, 고객의 입장에서는 피크타임에서 유휴시간으로 이동 시 회사로부터 대응되는 다른 이득을 얻어야 움직인다. 그렇지 않으면 고객은 회사의 서비스 능력이 떨어진다고 불평하면서 기다리거나 다른 대체서비스를 찾아서 이동하게 된다.

서비스 수요는 그 본질적인 특성으로 인해 시간별, 요일별, 계절별로 차이를 보인다. 음식점의 경우에는 점심 시간과 저녁 시간에 집중적으로 손님이 몰리고, 극장의 경우에는 주말에 고객이 집중되고, 주말에 쉬는 미용실의 경우에는 금요일과 월요일에 고객이 집중된다. 스키장의 경우는 겨울에만 집중적으로 고객이 몰리고, 야외 수영장의 경우에는 여름에만 고객이 집중되는 경향을 보인다.

서비스 수요 평준화를 위해서는 피크타임에 집중되는 고객을 유휴시간으로 이동시키거나 유휴시간을 활용할 수 있는 새로운 서비스를 개발해야 한다. 극장의 경우에는 일반적으로 주말에 고객이 몰리는데 이러한 현상을 개선하기 위해 조조할인 정책을 만들어 고객들이 오지 않는 평일 오전 시간으로 고객을 분산시키는 전략을 사용한다. 그러나 스키장의 경우에는 겨울에만 집중적으로 고객이 이용하기 때문에 겨울에 스키를 타는 고객에게 여름에 스키를 타라고 할인 정책을 만들 수는 없다. 이런 경우에는 여름에도 스키장을 이용할 수 있는 새로운 서비스 전략이 필요하다. 여름에는 빈 스키장을 물썰매장으로 변환시켜 여름에 맞는 서비스를 개발하여 신규 고객을 유치하는 전략도 한 방법이다.

회사가 사용한 서비스 수요 평준화 전략이 실패한 경우는 고객이 원하는 서비스를 받기 위해 대기하는 시간과 지불비용 사이에서 고객이 지불하는 비용이 대기 시간보다 더 적다는 결론이 내려진다. 또는 고객이 대기시간 후에 받는 서비스 효용이 본인이 기다리지 않고 서비스를 받은 후에 지불하는 비용보다 큰 경우일 수도 있다. 그러므로 서비스를 제공하는 회사는 서비스 수요 평준화 전략이 고객의 이동으로 이어질 수 있는 전략인지를 명확하게 구별해야 하는 난제를 지닌다.

서비스 수요를 평준화시키기 위한 다양한 방법들이 존재하는데, 이는 다음의 〈표 3-2〉로 정리할 수 있다.

표 3-2 서비스 수요 평준화 전략

방법	내용
수요 분할	병원이나 미용실은 주말이 휴무이기 때문에 금요일과 월요일에 고객이 집중된다. 그러나 금요일과 월요일에 맞추어 서비스 인력과 서비스를 가동하는 것은 다른 요일에는 유휴 인력 및 설비가 되어 비용이 증가하게 된다. 그러므로 평일 예약이나 할인제도를 통해 고객이 몰리는 시기를 조절하면 서비스 수요가 평준화된다.
가격 차별화	성수기와 비수기의 서비스비용을 차별화한다. 리조트의 비수기할인, 골프의 주중할인, 영화관의 조조할인 정책 등은 가격 차별화를 통해 고객이 없는 시간으로 고객을 유인하여 서비스 수요를 창출할 수 있다.

보완적 상품 개발	서비스를 받기 위해 기다리는 고객의 무료함을 달래 주어 다른 곳으로 고객이 이탈하지 않도록 해야 한다. 기다리는 고객들이 즐길 수 있는 오락실, 커피숍, 스낵코너 등과 같은 보완적 상품을 개발하고 활성화시켜 서비스 수요를 지속시키거나 부가적인 수요를 창출한다.
서비스 제공 시기와 장소 조절	요즘 시대는 근무시간과 비근무시간의 개념이 모호해지고 24시간 개념이 일반화되고 있다. 기존에는 주로 낮 시간에 서비스 수요가 발생했지만 지금은 밤 시간에도 서비스 수요가 창출되고 있다. 그러므로 심화 영화관, 24시간 편의점, 24시간 현금지급기, 야간 배달점과 같이 고객이 원하는 전체 시간으로 서비스 수요를 분산시킨다.
제공 서비스의 다양화	핵심서비스는 유휴시간이 발생한다. 즉, 스키장은 여름이 비수기이고, 놀이공원은 겨울이 비수기이며, 커피전문점은 점심 및 저녁 식사시간이 유휴시간이 된다. 스키장은 여름에 골프장으로, 놀이공원은 겨울에 눈썰매장으로 이용하고, 커피전문점은 식사시간에 손님이 방문할 수 있도록 샌드위치나 케이크와 같이 커피와 함께 즐길 수 있는 서비스 제품을 다양화시켜 서비스 수요를 창출할 수 있다.
고객 구조 조정	회사의 수익은 서비스를 제공하고 그 대가를 받을 때만 발생한다. 그러므로 회사는 수익성을 보장해 주는 고객에게 집중적인 서비스를 제공하여 다른 고객과 차별화시키고 서비스를 제공받지 못하는 고객들이 스스로 이탈하도록 유도하여 서비스 수요를 평준화시킬 수 있다.
예약시스템	서비스는 제품 재고로 변환되지 못한다. 그러므로 서비스기업은 서비스를 제공하는 전체 시간 동안 고객이 서비스를 이용하도록 해야 한다. 예약시스템은 서비스 수요를 균일화시키는 좋은 방법 중의 하나로 서비스 수요를 평준화시킬 수 있다.
커뮤니케이션 고양	고객들에게 회사가 제공하고 있는 서비스의 상황 정보를 제공하는 것이 필요하다. 즉, 피크시간, 대기시간, 핵심서비스 제공 시간, 판촉시간 등을 제공하여 고객이 몰리는 시간을 조절하여 서비스 수요를 평준화시킬 수 있다.

3) 고객접촉 방식

서비스 제공은 서비스 제공자가 고객과 접촉을 가질 때부터 시작된다. 고객접촉 빈도와 시간이 많이 필요한 서비스와 반대로 고객접촉이 거의 없거나 접촉이 있는 경우에도 접촉 시간이 아주 짧은 서비스가 있다. 그러므로 서비스 설계는 고객과 서비스 제공자 간에 서비스 제공 시 접촉 상태를 고려해야 해야 한다. 즉, 서비스 제공자와 고객 간에 직접 접촉하는 직접접촉(direct−contact)[접촉이 많은 고접촉(high−contact), 접촉이 적은 저접촉(low−contact)], 간접적인 접촉을 하는 간접접촉

(indirect-contact), 접촉이 없는 무접촉(non-contact) 등으로 나누어 서비스 시스템을 설계해야 한다.

고객접촉 정도는 고객이 서비스 시스템을 방문해서 나갈 때까지의 전체 시간을 총 서비스 수행시간으로 나눈 값으로 측정할 수 있다. 서비스 제공자와 고객이 고접촉이면 고객이 서비스 전반에 참여해서 제공되는 서비스 시스템의 설계에 핵심 역할을 수행하게 된다. 접촉이 적거나 없으면 제조공장에서 생산된 제품을 고객이 구입해서 쓰는 것과 같이 고객이 서비스 시스템 설계에 핵심적인 역할을 수행하지 못하고 수동적인 사용자의 역할에 머물게 된다.

(1) 무접촉

서비스 제공 과정에서 서비스 제공자와 고객의 접촉이 없는 무접촉은 자동화된 서비스라고 설명할 수 있다. 코인 세탁소나 자동 세차장과 같은 서비스에서는 서비스 제공자는 설비만 제공하고 고객은 서비스 제공자와 상관없이 설치된 설비가 제공하는 자동화된 서비스를 사용하는 것으로서 모든 서비스 과정이 진행된다. 그러므로 무접촉서비스 시스템의 설계는 자동화 서비스된 시스템을 설계하는 방향으로 진행되어야 한다.

(2) 간접접촉

가정에서 컴퓨터나 전화기로 필요한 물품을 주문하는 것과 같은 간접접촉은 정보기술의 발전과 더불어 빠르게 확장되고 있다. 고객의 성향은 갈수록 개인화되고 정보화 기기의 사용에 이질감을 느끼지 않기 때문에 간접접촉을 통한 시스템 사용은 갈수록 다양해질 것이다. 간접접촉을 통해서 서비스 제공이 가능한 영역의 서비스 설계는 개인화된 고객의 특성이 반영되도록 설계되어야 사용자가 편의성을 느끼고 자주 접촉을 하게 될 것이다.

(3) 저접촉

뷔페식당에서 음식을 선택하거나 계산대에서 구입품에 대한 가격을 지불하는 것은 서비스 제공자와 고객이 접촉을 하지만 접촉 시간도 짧고 제공되는 서비스의 본질에 대한 의견 교환은 적게 이루어진다. 뷔페식당의 경우에는 단순히 부족한 음식을 가져다 달라는 서비스 요청이고 계산대에서의 계산은 바코드를 통한 자동화된 계산 과정으로 진행되어, 서비스 제공자와 고객 간의 대화는 지불 형태 및 방법 등에 관한 의견 교환이 주를 이룬다. 그러므로 저접촉으로 운영되는 서비스 시스템의 설계는 고객참여가 최소화되고 서비스 제공자의 의견이 최대한 반영되는 형태로 진행된다.

(4) 고접촉

은행의 대출상담이나 변호사 사무실의 법률상담은 고객의 의견이 절대적으로 중요하고 고객의 의견 및 상태에 따라 서비스 시스템이 설계되는 고접촉서비스 시스템이다. 고객과 서비스 제공자 사이에 접촉이 많은 경우의 서비스 시스템 설계는 고객의 의견이 절대적이다. 고객의 의견이 많다는 설명은 고객의 요청 사항이 조금만 변경되어도 제공되는 서비스 결과물이 달라지기 때문에 고접촉서비스 시스템의 프로세스는 아주 세밀하고 섬세하게 설계되어야 하고 많은 비용이 요구된다. 즉, 서비스 제공자와 고객 간의 접촉이 많을수록 고객이 서비스 제공자에게 지불하는 서비스 시스템 사용료는 증가한다. 무접촉서비스 시스템에서 고접촉서비스 시스템으로 진행될수록 서비스 제공자의 역할이 더 중요해지기 때문에 서비스 제공자는 고객과 친밀감을 유지할 수 있고 고객의 심리 상태를 파악할 수 있는 전문가가 서비스 프로세스에 꼭 참여해야 한다.

4) 정보 이양 방식

현대는 정보화시대로 진행되었고 사람들은 정보화라는 용어에 익숙해 있다. 또한 대부분의 서비스 시스템은 정보기술(information technology)과 연결되어 있고 연결되지 않은 경우도 연결시켜야 하는 방향으로 진행되고 있다. 서비스 시스템의 프로세스 관점에서 보면 정보 이양은 서비스 제공자 관점과 고객관점으로 나누어 서비스 시스템에 반영해야 한다.

(1) 서비스 제공자에게 정보 이양

서비스 제공자는 고객에게 서비스를 효과적으로 제공하기 위해 정보기술을 이용해 서비스를 제공해야 한다. 정보기술의 발전으로 서비스 제공자는 서비스 제공 프로세스뿐만 아니라 고객에 대한 기본 정보를 관리하고 확인할 수 있다. 서비스를 제공받은 고객의 정보가 서비스 제공자에게 제공되는 것이 고객의 입장에서는 유쾌한 상황이 아닐 수 있다. 하지만 이는 서비스 프로세스에서 필수적인 요소로 간주되고 있다. 회사에서는 서비스를 받는 고객 정보를 확보하고자 많은 노력을 하고 있으며, 고객정보가 관리되어야 고객들도 본인에게 맞는 고객화된 서비스를 제공받을 수 있다.

예를 들면, 서비스 제공자인 항공사는 갑작스러운 일로 비행기가 연착되거나 취소될 수 있는 상황에 처할 수 있다. 이 경우 담당자는 고객정보시스템을 통해 제공받은 연락처로 고객에게 전화하여 현재의 상황을 설명하고 대처 방법을 협의한다. 만약 고객이 환불을 원한다면 환불시스템에서 고객정보와 결제 상황을 확인하여 카드 결제일 땐 승인을 취소하고, 현금 결제일 땐 고객의 계좌를 지불시스템에 입력하여 전자결제시스템을 통해 승인을 얻은 후 환불 처리를 한다. 만약 고객이 다른 항공편을 원하면 예약시스템에 들어가서 고객정보를 확인한 후 기존 예약 정보와 연결될 수 있는 항공편을 조회한다. 후보 항로가 확인되면 서비스 담당자는 고객에게 조회되는 항공편을 설명하고 고객이 선택한 항공편으로 기존의 예약 내용을 변경한다. 그리고 승인시스템에 들어가 고객의 핸드폰과 이메일로 승인된 결과를 전송한다. 서비스 제공자 입장에서 고객의 업무 처리를 위해서는 다양한 정보와 정보시스템이 필요하기 때문에 서비스 프로세스에 이러한 내용들이 포함되도록 해야 한다.

(2) 고객에게 정보 이양

고객은 정확하고 효과적인 서비스를 제공받기 위해 서비스 제공자에게 모든 서비스를 의존하지 않고 정보기술을 적극적으로 이용하고 있기 때문에 서비스 프로세스에는 이러한 부분이 반영되어야 한다. 정보기술이 발전되고 이를 활용할 수 있는 다양한 매체들이 지속적으로 개발되고 있기 때문에 고객은 어디에서든지 손쉽게 정보시스템에 접속할 수 있다. 서비스 제공자 입장에서는 고객에게 많은 정보를 이양하면 회사에서 지원해야 할 서비스 업무가 줄어들 수 있고 고객은 본인에게 맞는 서비스 정보만 사용할 수 있기 때문에 정보의 홍수에서 탈출하여 만족스러운 서비스 품질 상태를 유지할 수 있다.

예를 들면, 우체국이나 택배 회사를 통해 물건을 보낸 고객은 배송 요청한 물건이 '언제 배송되는지?' 또는 '정확하게 배송되었는지?' 확인하고 싶어 한다. 과거에는 물건을 받은 상대방이 고객에게 연락을 취해 그 결과를 알려 주기 전에는 알지 못했다면, 현재는 택배서비스 제공자가 고객의 요청 사항을 정보기술을 활용하여 반영할 수 있다. 고객이 컴퓨터 또는 스마트폰을 통해 우체국이나 택배사의 홈페이지에 접근하면 이를 통해 배송 화물 추적시스템에 접근할 수 있다. 고객은 배송 화물 추적시스템에 본인이 보낸 제품의 송장번호만 입력하면 배송된 제품의 현재 상태를 확인할 수 있다.

이처럼 서비스 제공자인 회사가 고객에게 정보를 이양할 수 있는 서비스 프로세스를 개발하면 서비스 제공자는 당연히 해야 할 업무 부담을 줄일 수 있고, 고객 입장에서는 본인에게 가장 필요한 정보를 서비스 정보시스템을 통해 확인할 수 있다. 이러한 서비스 시스템 프로세스는 회사에게는 업무 부담을 줄여 주고, 고객에게는 서비스 품질 만족도를 높일 수 있는 꼭 필요한 정보만을 제공하여 시간 낭비를 줄여 주기 때문에 서비스를 제공하는 회사에 높은 신뢰도를 가질 수 있어 향후에 충성고객으로 남을 가능성이 높아진다. 그러므로 서비스 시스템 프로세스는 고객이 원하는 서비스를 제공할 수 있도록 설계되어야 하고 서비스 시스템에 고객이 손쉬운 방법으로 접근할 수 있도록 다양한 서비스 시스템 접근 방법을 고려해야 한다.

5. 서비스 프로세스 관리

1) 서비스 프로세스 관리의 중요성

서비스는 서비스 수요자들에게 경험(Experience)을 제공하는 것이다. 서비스를 생산하는 과정에 소비자가 참여하면서 서비스 제공자와 접촉하게 된다. 예를 들어, 헤어살롱에 여성소비자가 방문하였다고 가정해 보자. 서비스 제공자에게 어떤 서비스를 원하느냐는 질문을 받았을 때 서비스 소비자는 커트 혹은 파마라고 답하게 되는데, 그 과정에서 서비스 소비자는 서비스 제공자의 요청에 따라 행동해야 한다. 머리를 깎는 과정과 머리를 감는 과정, 그리고 말리는 과정에 모두 서비스 소비자가 참여하는 것이다.

따라서 서비스 상품을 만드는 것은 프로세스(Process)의 형태로 진행이 된다. 서비스 제공자가 개발한 서비스 청사진(Service Blueprint)을 만드는 것이다. 서비스 전체의 프로세스를 그림으로 그린 것이 청사진이다. 보통 건물을 만들면 청사진을 상세하게 만드는데, 그것과 비슷하게 서비스의 상품 개발 과정을 그림으로 그린 것을 서비스 청사진이라고 부른다.

서비스 프로세스가 고객관점에서 정교하게 구성되어 있을수록 서비스 소비자들의 호감을 사게 된다. 서비스 상품 개발은 서비스 종업원의 아이디어서 나오는 경우가 많다. 고객의 대기시간을 줄이기 위해 시설배치를 이렇게 하는 것이 좋겠다라는 종업원의 아이디어가 채택이 되면 새로운 서비스 프로세스를 구축하게 되는 것이다. 종업원의 관점에서 공간을 효율적으로 하다 보면 경우에 따라서는 화장실 옆으로 대기행렬을 만들어서(그렇게 되면 좁은 공간으로 많은 고객들을 기다리게 할 수 있어서) 소비자들의 짜증을 유발할 수도 있다. 모든 새로운 서비스는 서비스 소비자에게 차별적인 혜택이 주어질 수 있도록 구성되어야 한다.

2) 서비스 프로세스 구축

서비스 상품의 종류는 크게 창조와 파생 그리고 전문과 대중으로 구분할 수 있다. 각각의 서비스 상품에 맞추어서 프로세스를 설명하면 다음과 같다.

(1) 창조서비스 프로세스와 파생서비스 프로세스

창조서비스란 이 세상에 존재하지 않던 서비스를 새롭게 만드는 것을 말한다. 우리나라의 경우에는 조그만 건물 내부에서 필드에서처럼 골프의 재미를 느낄 수 있게 만든 골프존이 창조적인 서비스에 속한다. 또한 전 세계에서 노래를 가장 좋아한다고 할 수 있는 우리나라 사람들을 위해서 만든 노래방도 창조적인 서비스라고 할 수 있다. 이와 같은 창조적인 서비스는 프로세스를 새롭게 구축해야 한다. 정보기술의 도움을 받아서 골프의 스윙 감각을 느낄 수 있는 프로세스를 정교하게 만들어야 한다. 또한 노래방도 고객들이 원하는 노래가 흘러나올 수 있게 새로운 프로세스를 정보기술의 도움으로 개발해야 한다.

파생서비스란 세상에 존재하던 것을 약간 변형시킨 것을 말한다. 창조적인 서비스에 비해서는 파괴력이 훨씬 떨어진다. 목욕탕을 찜질방으로 개조한 것이 파생서비스라고 할 수 있다. 기존 목욕탕의 고객 접수, 탈의실, 욕탕, 옷을 입고 나가는 과정이 이미 프로세스화가 되어 있어, 찜질방은 기존의 프로세스에 일부 추가나 삭제만 하면 된다.

창조적인 서비스의 경우에는 서비스사회화(Service Socialization)가 잘되어서 서비스를 처음 구매하는 소비자가 익숙해질 수 있도록 서비스 종업원들의 지도와 조언이 필요하다. 골프존서비스가 국내에 처음으로 도입되었을 때 실내골프라는 낯선 운동을 종업원들이 고객에게 자세하게 정보를 주면서 이끄는 과정이 서비스사회화 프로세스라고 볼 수 있다. 또한 들어오는 것을 망설이는 고객을 끌어들일 수 있는 흡인력이 필요하다고 할 수 있다.

(2) 전문서비스 프로세스와 대중서비스 프로세스

전문서비스란 의료나 법률적인 조언처럼 전문가들의 도움을 받는 서비스 프로세스이다. 이러한 서비스에서는 진실의 순간(Moments Of Truth)이 중요할 수 있다. 소비자와 판매자가 만나는 순간에 소비자가 판매자의 전문성을 쉽게 받아들일 수 있는 것이 필요하다. 어느 병원에는 유명 대학의 외래교수라는 POP를 부착해 두었다. 이것을 보는 순간 유명 대학에도 출강하는 의사니까 믿을 수 있을 것으로 소비자들은 판단한다. 기다리는 순간에 종업원들이 혈압을 일일이 잰다. 그리고 소비자의 이름이 호명되면 진찰실로 들어가 전문성이 있어 보이는 의사를 만나는데, 의사가 다시 혈압을 잰다. 밖에서 간호사가 재었음에도 그것이 의사에게 잘 전달이 되지 않은 것이다. 병원의 전문성이 의심을 받는 순간, 소비자는 떠나게 된다. 전문서비스 프로세스에서 서비스 판매자는, 서비스 소비자와 만나는 순간에 전문성을 의심받지 않도록 세심하게 행동해야 한다.

대중서비스란 많은 사람들이 쉽게 받는 서비스를 말한다. 은행에서 번호표를 뽑고서 기다리다가 자신의 번호가 호출되면 은행원의 서비스가 시작된다. 최근 은행에서는 고객이 스스로 할 수 있는 것들은 셀프서비스화하고자 노력한다. 공과금의 수납도 은행원의 조력서비스 없이 소비자가 스스로 서비스를 구매할 수 있도록 프로세스들이 변화하고 있다.

전문서비스는 광고를 많이 하는 반면, 대중서비스는 판촉을 많이 사용한다. 광고는 단기간에 즉각적인 효과가 나타나지는 않지만, 장기적으로 도움이 된다. 반면 판촉은 단기간에 즉시 효과가 나타난다. 그러나 서비스 브랜드의 관점에서는 광고는 브랜드 자산을 올려주는 데 비해, 판촉은 브랜드 자산을 떨어뜨리는 것이 보통이다. 장기적으로 서비스 프로세스를 경쟁력 있게 하기 위해서는 광고가 효율적이라는 것이다.

6. 서비스 프로세스 개선

1) 서비스 프로세스 표현 방법

서비스 프로세스를 구축하거나 개선하기 위해서는 서비스 프로세스를 분석해야 한다. 서비스 프로세스를 분석하기 위해서는 구축하고자 하는 프로세스 또는 구축된 프로세스를 쉽게 분석할 수 있는 방법으로 설명해야 한다. 또한 프로세스를 분석할 때 가장 놓치기 쉬운 분야가 "누구를 위한 프로세스 분석인가?"이다. 서비스 프로세스를 분석할 때 대부분의 서비스 제공자들은 서비스 제공자 입장에서 프로세스를 분석한다. 그러나 서비스를 제공받는 사람은 서비스 제공자가 아니라 고객이다. 서비스 제공자는 서비스의 시작과 끝을 회사가 고객에게 첫 번째로 제공하는 서비스부터 마지막으로 제공하는 서비스까지로 생각한다. 그러나 서비스를 제공받는 고객은 서비스 제공자로부터 서비스를 제공받기 위해 출발하는 그 순간부터 서비스 제공의 시작으로 생각한다. 그러므로 서비스 제공자는 고객이 어떤 수단으로, 어떤 방법으로, 어떤 장소에서, 어떤 설비를 통해서 서비스를 제공받고 있는

지를 확인하고 이 내용을 서비스 프로세스에 포함시켜야 한다. 또한 고객은 서비스 제공자가 서비스를 제공하는 척도로 계산하는 평균에 전혀 의미를 두지 않는다. 예를 들어, 서비스 제공자가 회사에서 서비스를 제공하는 시간이 평균적으로 5분 이하라고 가정해 보자. 이 시간은 경쟁사의 6분보다 작기 때문에 훌륭한 서비스를 제공하고 있다고 생각할 수도 있지만, 이는 서비스 제공자의 착각일 뿐이다. 고객은 내가 참을 만한 시간 안에 서비스를 제공받으면 만족스러운 서비스를 제공받았다고 생각하고, 그렇지 않으면 서비스를 제공받지 못했다고 생각한다. 이처럼 서비스 만족은 0 아니면 1이기 때문에 서비스 프로세스를 만들거나 개선할 때는 이러한 서비스 속성을 분명하게 인식하고 반영해야 한다.

프로세스를 표현하는 가장 일반적인 방법은 프로세스 흐름도(process flow chart)를 이용하는 것이다. 프로세스 흐름도는 전체 프로세스의 진행 상태, 연결 상태, 문제점 등이 일목요연하게 확인될 수 있는 정보를 제공한다. 사람들이 이해하기 쉬운 방법은 서술형으로 풀어 쓰는 것보다 그림으로 도식화하는 것이며, 프로세스 흐름도는 간단한 기호를 사용해서 사람들이 이해하기 쉽도록 프로세스를 순차적으로 표현하고 있다.

〈표 3-3〉은 프로세스 흐름도에서 사용하는 일반적인 기호들을 설명하고 있다. 프로세스 흐름도를 작성한 후에는 프로세스 성과의 재무 척도에 영향을 미치는 세 가지 운영 척도를 평가하여 프로세스를 개선할 수 있는 대안을 제시한다. 프로세스 흐름의 세 가지 운영 척도는 흐름시간(flow time), 흐름률(flow rate), 재고(inventory)이다. 흐름시간은 하나의 흐름단위(flow unit, 프로세스를 통해 흐르는 기본 단위; 예: 고객 1명, 현금 1원, 고객서비스 요청 1건 등)가 프로세스 안에서 체류하는 평균 시간을 의미한다. 흐름률은 단위시간 동안 프로세스를 지나간 흐름단위의 평균 개수를 의미한다. 재고는 특정 시점에 프로세스에 존재하는 흐름단위의 평균 개수를 의미한다.

표 3-3 프로세스 흐름도에 사용되는 기호

기호	명칭	의미
	단말(terminal) 기호	흐름도의 시작과 종료 표시
	처리(process) 기호	처리되는 작업들을 기술하는 표시
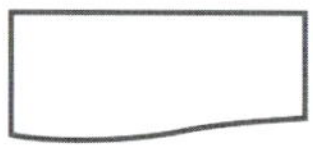	문서(document) 기호	인쇄되는 문서 표시
	준비(preparation) 기호	초기화를 위해 사용되는 표시
	흐름선(flow line) 기호	기호의 연결 및 처리의 흐름 표시
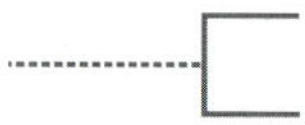	주석(comment) 기호	각 기호들에 대한 추가 설명 표시
	연결자(connector) 기호	한 페이지에서 다른 순서도와의 연결 표시
	의사결정(decision) 기호	비교 또는 판단 표시
	종속처리(predefined process) 기호	미리 정의된 처리로 이동 표시
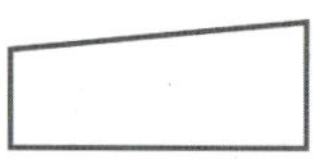	수동 입력(manual input) 기호	키보드 입력 표시
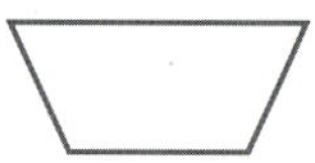	수동 연산(manual operation) 기호	수작업 연산 표시
	입력/출력(input/output) 기호	입출력되는 데이터 기술 표시
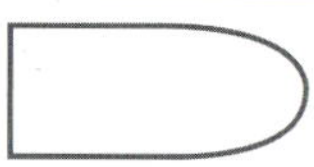	지연(delay) 기호	처리 지연 표시

2) 서비스 프로세스 품질 지표

(1) 흐름시간

흐름시간은 수익회수 시간과 직접 연관성이 있으며 흐름시간을 단축하는 것은 신속한 서비스 제공 및 제품 개발이 가능하기 때문에 기업 경쟁력이 향상될 수 있다. 즉, 시장과 고객 수요의 변화 트렌드에 신속하게 대응할 수 있는 장점이 있기 때문에 서비스 프로세스 흐름도 평가 시에 가장 기본적으로 평가되는 운영 척도이다. 흐름시간 측정은 일정한 기간 동안 프로세스를 관찰하여 측정된 흐름시간의 평균을 계산하여 사용하는 직접적인 측정 방법과 리틀의 법칙(little's law)을 사용하는 간접적인 측정 방법이 있다.

(2) 흐름률

흐름률은 주어진 자원하에서 제품 제조 및 서비스 속도(흐름률)를 최대화시키고자 사용되는 운영 척도이다. 프로세스에서 생산된 서비스나 제품의 개수가 경제적인 수익을 가져다주는 측면이 강한 반면에 흐름률은 높을수록 단위시간당 더 많은 수익을 창출한다는 것을 의미한다. 만약 서비스 제공에 들어가는 단위 시간당 비용이 고정된 경우라면 서비스흐름률의 개선이 서비스 수익 창출과 직결될 수 있다. 서비스 프로세스 흐름률을 개선하는 가장 일반적인 방법은 서비스 제공 과정에서 발생하는 병목(bottleneck) 프로세스를 찾아내어 해결하는 것이다.

(3) 재고

제품 생산 공정에서의 재고는 원자재, 재공품, 완제품으로 명확하게 구별되고 시각적으로 관리될 수 있다. 그러나 서비스 프로세스에서의 재고는 서비스 제공자의 수, 서비스를 기다리는 고객의 수, 서비스를 제공받고 있는 고객 수와 서비스 제공에 부가적으로 포함되어 제공되는 제품으로 계산될 수 있다. 서비스 프로세스에서의 재고는 서비스 제공자의 수를 얼마나 유지하느냐에 따라 서비스를 받기 위해 기다리는 고객 수와 서비스를 제공받고 있는 고객 수가 결정될 수 있다. 일반적으로는 서비스 제공자의 수가 많으면 서비스를 받기 위해 대기하는 고객 수가 줄어들게 된다. 그러나 고객만족도를 높이기 위해 무작정 서비스 제공자의 수를 늘리는 것은 비용으로 직결되는 문제가 발생한다. 반대로 비용을 고려하여 서비스 제공자의 수를 줄이는 것은 기다리는 고객의 수를 증가시켜 기다리는 것에 지친 고객들이 경쟁사로 이동하는 문제가 발생하기 때문에 서비스비용과 고객만족도를 고려하여 적절한 재고 수준을 유지하는 것이 필요하다.

이론적인 재고 수준은 평균 흐름률에 대기시간을 제외한 순수 프로세스 시간인 이론적 흐름시간을 곱하여 결정되며 현재 서비스를 받고 있는 고객의 단위 수를 의미한다.

서비스 프로세스를 성공적으로 만들기 위해서 가장 중요한 것은 고객을 서비스 프로세스의 설계 및 이행에 참여시키는 것이다. 고객은 기업 구성원의 범위를 고객까지 확장하는 경우에 임시직원의 역할을 수행할 수 있고, 생산성의 원천, 품질, 가치, 만족도에 영향을 미치는 등의 인적자원의 역할을 수행할 수 있다. 또한 새로운 상품과 서비스 개발에 지대한 영향과 참여를 할 수 있다는 점에서는 혁신자(innovator)의 역할을 수행할 수 있다. 고객은 단순히 제품이나 서비스를 제공받기 위한 수동적 참여를 초월해서 기업 활동에 적극적으로 협조하고, 사용 후기나 개선 방향을 제공하거나 다른 고객에게 도움을 주어 궁극적으로는 기업과 다른 고객에게 긍정적인 기여를 하는 시민행동자의 역할이 요청되고 있다.

마무리사례

프로슈머 가라, 이제 '리서슈머'가 온다

경기 분당에 사는 주부 박민정 씨(37). 국책연구소 연구원 출신인 박 씨는 10여 년 연구·개발 노하우를 살려 '스마트폰' 분야에서 파워 블로거로 이름이 높다. 박 씨가 주력하는 부문은 '금융앱'. 각 은행은 물론 카드나 증권사 스마트앱을 내려받아 직접 살림을 하는 전업주부 입장에서 써보고 장·단점과 사용 후기 등을 사진이나 데이터 등 객관적 자료와 함께 '보고서' 형태로 내놓는다. 각 금융사도 박 씨 지적이 대부분 '사실'(팩트)에 근거해 앱 개발 시 큰 도움이 된다는 반응이다. 개인 취향이나 특정 구매집단의 이해에 얽매여 생산자에게 영향력을 행사해 온 기존 '프로슈머'와는 구별되는 행동 방식으로 이른바 '리서슈머'의 전형이다.

모바일 소셜네트워크서비스(SNS) 등 정보기술이 발달하면서 이른바 '리서슈머(Researsumer)'가 뜨고 있다. 농협경제연구소가 내놓은 'NHERI 브리핑'에 따르면 리서슈머는 '리서처(Researcher)'와 '컨슈머(Consumer)'의 합성어로 자신이 관심 있는 분야에 대해서 지속적으로 연구하고 탐색하는 전문가 수준의 소비자를 말한다.

리서슈머는 준(準)전문가적 지식으로 자신이 소비하는 제품 특성과 시장 현황, 장·단점 등을 정확히 파악하고 합리적으로 구매하는 소비 활동을 지향한다. 전문적 지식을 대중에게 전파하는 등 제품 정보 공유를 통해 합리적 소비를 유도하는 역할도 한다. 특히 인터넷과 모바일 SNS 등 정보기술의 급격한 발달로 사이버공간을 통한 정보 공유가 확대되면서 리서슈머 활동이 크게 증가하고 있다는 게 연구소 측 분석이다.

리서슈머 활동은 스마트폰이나 컴퓨터·카메라·커피 등 소비자가 당장 구매계획이 없어도 항상 관심을 두게 되는 제품군에서 많이 나타난다. 최근 농식품 분야에 있어서도 웰빙 트렌드에 대한 관심이 높아지면서 '좋은 먹을거리'에 대해 연구와 탐색을 하는 소비자가 꾸준히 증가하고 있다.

지역 특산물과 유기농식품·웰빙식품 등에 대한 소비 평가, 레시피 정보를 공유하는 인터넷 블로그나 카페가 증가하면서다. 안전한 먹을거리 구매를 위해 QR코드 등을 활용해 이력추적 정보를 직접 확인하는 소비자 역시 리서슈머의 전형이다.

리서슈머의 좋은 평가는 상품홍보 효과로 이어질 수 있다. 따라서 홍보전략 중 하나로 리서슈머와 적극적으로 커뮤니케이션을 하는 방안을 검토할 필요가 있다고 연구소 측은 밝혔다. 정준호 농협경제연구소 연구원은 "전남 해남군은 지역 농산물의 체험과 평가, 홍보를 위해 인터넷상의 우수 카페나 파워 블로그 운영자를 대상으로 '땅끝 해남 농산물 체험단'을 운영하고 있다"며 "스마트 소비와 이에 최적화된 생산이 리서슈머를 매개로 이뤄지는 단계에 진입하고 있다"고 진단했다.

출처: 전자신문 (2012. 8. 1).

연습문제

1. 서비스 프로세스는 다양성 측면, 서비스 활동이 지향하는 대상 측면, 고객접촉 측면을 고려하여 분류될 수 있다. 서비스 프로세스를 고객접촉 정도를 기준으로 낮은 다양성 및 높은 다양성 측면을 예를 들어 설명하라.

2. 서비스 프로세스는 노동집약도(labor intensity)와 고객 상호작용(customer interaction) 및 고객화 수준(customization level)에 따라서 서비스 공장(service factory), 서비스 숍(service shop), 대량서비스(mass service), 전문서비스(professional service) 네 가지로 분류될 수 있다. 각각의 차이점을 예를 들어 설명하라.

3. 서비스 프로세스의 분류에 따라 서비스 시스템 설계를 보는 일반적인 접근 방식 네 가지는 생산라인 방식, 공동 생산자로서의 고객 방식, 고객접촉 방식, 정보 이양 방식으로 설명될 수 있다. 각각의 접근방식을 설명하라.

4. 서비스 상품의 종류는 크게 창조와 파생 그리고 전문과 대중으로 구분할 수 있다. 각각의 서비스 상품에 맞추어서 프로세스를 설명하라.

5. 프로세스를 표현하는 가장 일반적인 방법은 프로세스 흐름도(process flow chart)를 이용하는 것이다. 프로세스 흐름도는 전체 프로세스의 진행 상태, 연결 상태, 문제점 등이 일목요연하게 확인될 수 있는 정보를 제공한다. 사람들이 이해하기 쉬운 방법은 서술형으로 풀어 쓰는 것보다 그림으로 도식화하는 것이며, 프로세스 흐름도는 간단한 기호를 사용해서 사람들이 이해하기 쉽도록 프로세스를 순차적으로 표현하고 있다. 프로세스 흐름도에 사용되는 기호를 사용하여 간단한 서비스 프로세스를 표현하라.

SERVICE MANAGEMENT

03

서비스 운영

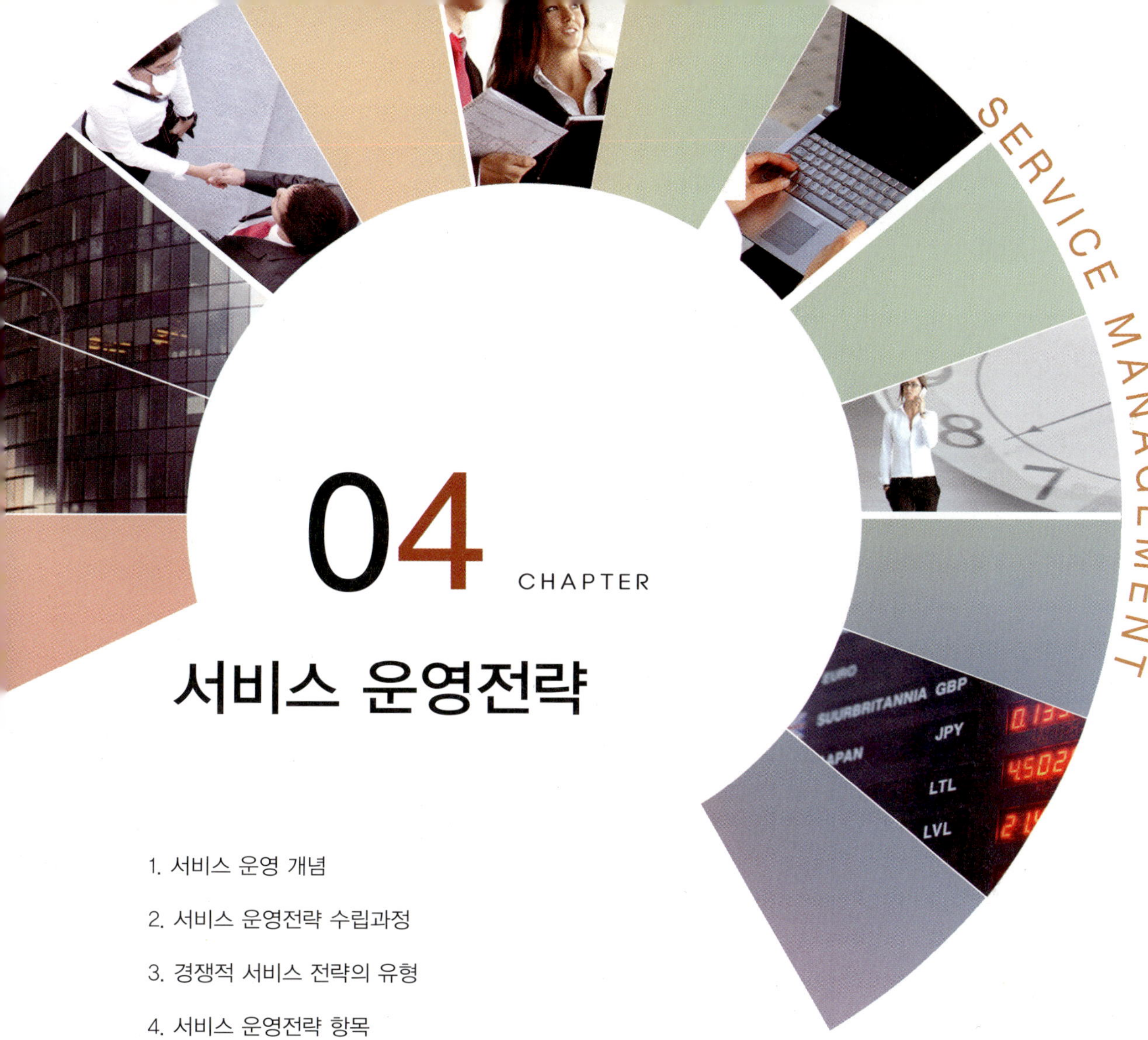

04 CHAPTER

서비스 운영전략

1. 서비스 운영 개념
2. 서비스 운영전략 수립과정
3. 경쟁적 서비스 전략의 유형
4. 서비스 운영전략 항목
5. 서비스 운영전략 우선순위 결정
6. 경쟁적 서비스 전략과 서비스 운영전략의 적합성
7. 인터넷 보완전략

CHAPTER 04 서비스 운영전략

도입사례

카오, 인앤아웃버거, 다나허, 몬트로즈 트래블의 서비스 전략

올 들어 8월 말까지 파산을 신청한 국내 기업은 163개로 2008년 미국발 금융위기 당시 기록(193개)을 갈아치울 기세다. 대기업들도 앞다퉈 비상 경영을 선언하고 있다. 국제통화기금(IMF)이 2018년까지 세계적인 경기 침체가 계속될 것이라고 전망할 만큼, 이번 불황은 골이 깊고 오래될 것 같다. 불황기는 후발 기업에 선두 그룹으로 도약 기회가 될 수도 있지만, '불황 시작→소비 침체→수익 악화→긴축 경영→조직 동요→소비 침체 더 심화'라는 악순환을 낳기 십상이다. 불황에 살아남으려면 이 악순환 고리를 각개격파해야 한다.

▲ 미국 텍사스 주 앨런 시에 있는 '인앤아웃(In & Out)버거' 지점에서 종업원들이 햄버거 세트를 준비하고 있다. '인앤아웃버거'는 단 네 종류의 제품군으로 구성된 단출한 메뉴로 업계 평균보다 최대 2배 높은 매출 성장률을 기록하고 있다. / Corbis 토픽이미지

● 전략 1 소비 침체: 단순 저가전략 대신 소비자의 불안감을 덜어 주라

많은 기업은 저가 마케팅으로 소비자 지갑을 열려고 한다. 하지만 가격을 낮추면 일시적으로 매출이 올라도 이익률 하락과 경기 회복 시 다시 가격을 올리기 힘들다는 맹점이 발생한다. 가격결정 컨설턴트인 라피 모하메드(Mohammed)는 최근 하버드비즈니스리뷰(HBR) 기고문에서 "가격 인하는 단기적으로 효과적이나 장기적으로는 독이 된다"고 했다. 기업들은 오히려 불황이 장기화하면 소비자들이 임금 동결이나 삭감, 해고를 당할지도 모른다는 불안감 때문에 소비를 줄인다는 사실을 꿰뚫어야 한다. 소비자들의 불안감을 줄이는 것이 불황기 소비자 공략의 열쇠이다.

여기서 나아가 불필요한 것이 아니라 구매할 만한 가치 있는 제품을 샀다는 편안함을 선사해야 한다. 일본 생활용품제조업체 '카오(KAO)'는 2008년 미국발 금융위기 발생 직후 일반 제품보다 4배나 비싼 염색약 '브로네 거품 컬러'를 출시했다. 이 제품은 발매 두 달 만에 100만 개를 팔아 치우며 업계 1위에 올랐다. 가격이 훨씬 비싼데도 불티나게 팔린 이유는 종전 크림 타입의 염색약과 달리 샴푸처럼 머리를 감는 것만으로 염색이 가능해 더 비싼 돈을 주고 미용실에 갈 필요가 없어진 매력 덕분이다. 셀프 염색을 통해 구매가치를 극대화하자 미용실에 가던 고객까지 염색약 시장으로 돌아섰다. 기존 제품보다 비싸더라도 제품을 사야 할 당위성을 만들어 준 게 성공 포인트인 셈이다.

● 전략 2 수익 악화: 비용 절감 대신 기업 내 복잡성을 제거하라

불황기에 기업들은 각종 경비 절감으로 마른 수건 짜기에 나선다. 하지만 이런 노력에 따른 실제 절감 비용은 전체 비용의 10%를 넘지 못한다. 더 효과적인 방법은 기업에 숨어 있는 복잡성을 제거하는 것이다. 복잡성이란 기업이 성장・확장해 감에 따라 제품(서비스), 조직, 프로세스가 복잡해지고 이를 처리하기 위한 비용이 급증하는 상태이다. 완성차 회사의 경우, 생산하는 자동차의 종류가 늘어나면 부품 공급처가 많아지고 생산라인이 복잡해진다. 또 차종(車種)별로 마케팅과 서비스도 달라지는데 그에 따른 비용도 급증한다. 이런 복잡성을 제거하는 것이 기업 이윤과 직결된다.

미국 패스트푸드점 '인앤아웃버거'가 복잡성을 줄이고 단순함을 유지하는 무기는 '4'라는 숫자이다. 제품군은 4종류(버거・프렌치프라이・셰이크・소다)로, 점포 인테리어 색깔은 4색(빨강・노랑・회색・흰색)으로, 매장 직원과 계산대는 4명과 4개를 각각 원칙으로 한다. 이를 통해 재료 구매, 제품 제작, 고객서비스 등 각 부문의 역할이 훨씬 명확해지고 구매나 관리 비용이 저렴해진다. '인앤아웃버거'의 매출 성장률은 업계 평균의 2배, 영업 이익률은 20%에 이른다.

● 전략 3 경비 절감: 몸 사리지 말고 투자해야 할 부분은 공격적으로

한국거래소에 따르면 올 들어 11월 초까지 국내 상장사들의 공시 신규 시설 투자 금액은 작년 동기 대비 57% 급감했다. 상장사의 신규 투자 금액은 60% 넘게 감소했다. 하지만 불황기 다음에는 호황기가 반드시 온다. 2000년 IT 불황 후에는 2002년 주택 호황기가, 2008년 금융위기 불황 후에도 반짝 호황이 왔다.

미국의 전자 장비업체 다나허(Danaher)는 불황기에 공격적인 투자, 특히 M&A로 성공했다. 2003년 IT 불황기에 10건의 M&A를 단행해 초정밀기기와 의료용 공구 같은 신사업에 진출했다. 그리고 그해 하반기부터 경기가 회복되자 연평균 20% 넘게 고속성장했다. 2008년 금융위기 후에도 텍트로닉스, MDS 애널리틱테크놀로지, AB사이엑스 등을 인수하는 데 40억 달러를 쏟아부었다. 올 2월에도 진단장비업체인 베크만 쿨터를 68억 달러에 인수했다. 다나허가 M&A에 성공할 수 있었던 비밀 병기는 문화가치와 생산성, 자원 조달 등 다각도로 대상 기업을 평가하고 통합비용을 측정하는 '다나허 비즈니스 시스템'이다. 이 시스템을 이용해 불황기에 인수 조건이 좋아지자 신속한 M&A를 단행한 것이다.

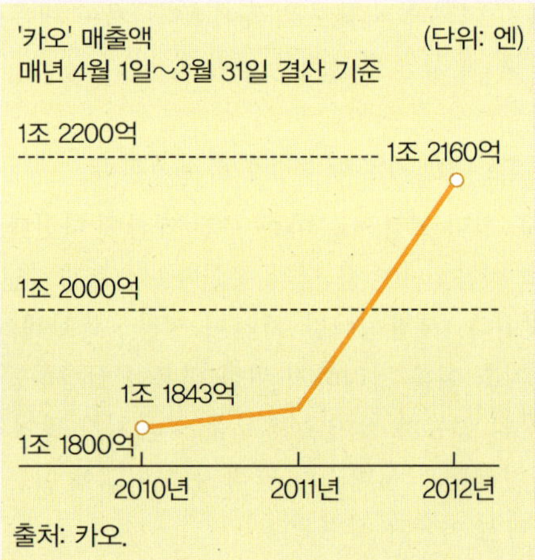

● 전략 4 조직 동요: 구조조정 대신 고통 분담제를 적극 활용하라

구조조정은 남은 직원들에게도 큰 상처를 남긴다. 감원을 한 기업에서 남아 있는 직원들의 생산성이 떨어지고 자기 회사를 더 이상 좋은 회사로 추천하지 않는 현상이 빈번하다. 따라서 감원보다는 무급휴직제, 인력 재배치, 워크셰어링(work sharing) 같은 고통 분담 제도를 활용하는 게 현명하다.

1990년대 초 많은 여행사가 도산하고 대규모 구조조정을 하는 와중에, 미국 캘리포니아 소재 여행기업인 몬트로즈 트래블(Montrose Travel)은 내근직원 중 영업 역량이 있는 인력을 발굴해 판매 부서에 재배치했다. 또 관리 업무를 대폭 줄이고 판매와 서비스를 중시하는 방향으로 평가 · 보상 제도를 개선했다. 그 결과 회사는 감원 없이 사상 최대 수익을 냈다.

출처: 조선비즈 (2012. 11. 30).

1. 서비스 운영 개념

서비스 운영은 충성고객(Loyal Customer)의 확보에 큰 영향을 미친다. 평소에는 곧바로 진료를 받을 수 있었던 소아과 의원이 환절기에 몇 시간씩 줄을 서야 한다면 수요예측을 잘못했을 가능성이 크다. 그 의원은 고열에 보채는 아이를 가진 젊은 부부라는 충성고객을 놓칠 수 있다.

서비스 운영이란 서비스 제공자가 고객에게 최고의 서비스를 제공하기 위한 일련의 경영 활동이다. 서비스 운영은 보통 다음과 같은 기능을 포함한다.

첫째, 특정 서비스의 미래 수요량을 과거와 현재의 데이터를 바탕으로 예측하는 것이다. 고객의 여행 동향을 미리 파악하는 항공사는 성수기에 특별기를 증편함으로써 수익을 극대화한다. 케이블 회사는 아날로그 방송을 디지털 방송으로 변경하는 서비스 수요를 예측한 적당량의 수리 부품을 미리 확보한다.

둘째, 서비스 수요예측을 바탕으로 서비스 인력이나 부수 자원의 용량을 관리하는 서비스 능력관리(Capacity Management)를 포함한다. 만일 서비스 수요가 피크(Peak)와 비수기의 형태로 반복되면 이를 편평하게 만들기 위한 서비스 수요관리(Demand Management)도 필요하다. 또한 서비스를 기다리는 고객에게 신속한 서비스를 제공하기 위한 대기행렬관리(Queuing Management)도 중요한 기능 중의 하나다.

셋째, 여러 서비스 제공자와 연계하여 최고의 서비스를 제공하게 하는 공급사슬경영이다. 제조업 공급사슬경영은 원자재 공급자(Supplier)로부터 생산자(Manufacturer), 도매업, 소매상을 거쳐 소비자까지 도달하는 제품의 흐름을 공유하고 통제한다. 즉, 눈으로 보고 만질 수 있는 그런 제품을 다룬다. 그러나 서비스 공급사슬경영은 여러 서비스 제공자가 고객이 요청하는 서비스를 어떻게 효율적이고 값싸게 제공할지를 다룬다. 동네 의원을 방문하면 의사의 진찰서비스를 받을 수 있다. 혈액검사가 필요하다면, 환자의 혈액을 채취하여 혈액분석을 전문으로 하는 또 다른 서비스 제공자에게 분석서비스를 의뢰할 것이다. 즉, 환자는 동네 의원에 몸을 맡겼는데, 최종적으로 혈액검사 결과가 돌아온 것이다. 이처럼 서비스 제공자들이 서비스 사슬을 형성하여 고객의 요청에 부응한다.

한때 제조업에서 활용되었던 운영관리 기술들은 이제 서비스업에서 생산성과 효율성을 올리기 위한 도구로 활용되고 있다. 그러나 제조업의 운영관리 기술을 수정 없이 서비스업에 적용하기는 쉽지 않다. 서비스의 네 가지 특성(무형성, 비분리성, 이질성, 소멸성)이 제품의 특성과 크게 다르기 때문이다.

2. 서비스 운영전략 수립과정

서비스 운영전략(service operations strategy)은 '서비스를 생산하고 분배하는 방법을 서술하는 계획'이라고 정의할 수 있다. 기업의 장기적 경쟁전략을 가장 잘 지원하기 위해 기업의 자원을 이용하기 위한 광범위한 정책과 계획을 수립하는 것이다. 기업의 운영전략은 기업전략과의 통합을 통하여 이해되어야 하며, 전략은 어쩔 수 없는 변화를 촉진하는 장기 프로세스와 밀접한 관계가 있다.

운영전략은 프로세스를 지원하기 위해 필요한 기반구조와 프로세스의 설계와 관련된 의사결정과 밀접한 관계가 있다. 프로세스 설계에는 적절한 기술의 선택, 시간별 프로세스 규모 결정, 프로세스 내 재고의 역할, 그리고 프로세스의 입지 등이 포함된다. 기반구조에 관한 의사결정에는 계획통제시스템과 관련된 논리, 품질 관리 접근법, 작업자 임금 지불 구조, 그리고 운영기능 조직 등이 포함된다. 운영전략 수립 과정은 [그림 4-1], [그림 4-2]과 같다.

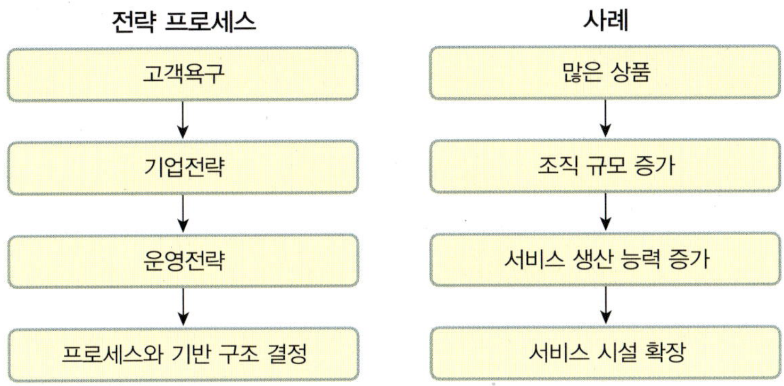

그림 4-1 서비스 운영전략 수립과정 1

서비스 운영전략은 상위 조직의 목적과 생산 목적을 조정하는 계획 프로세스의 일부라고 볼 수도 있다. 상위 조직의 목표가 변화하기 때문에, 운영전략은 미래의 니즈를 예상하여 설계되어야 한다. 기업의 서비스 역량은 기업 고객의 변화하는 서비스에 대한 니즈에 적응하기에 최적인 포트폴리오라고 볼 수 있겠다. 운영전략에서 성공하기 위한 열쇠는 개별적인 선택의 결과를 이해하고, 그에 따른 상쇄관계를 찾아가는 데 있어서, 우선순위 선택을 어떻게 할 것인가를 규명하는 데에 있다.

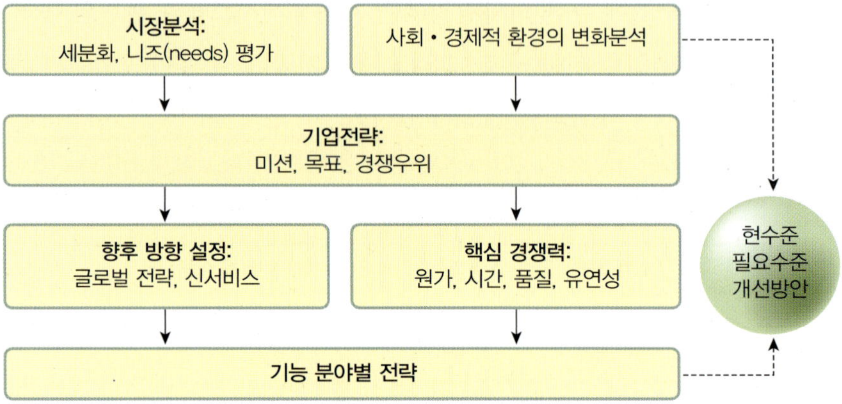

그림 4-2 운영전략 수립과정 2

3. 경쟁적 서비스 전략의 유형

Michael Porter는 일반적인 경쟁전략으로 원가우위 전략, 차별화 전략, 집중화 전략이 존재한다고 하였다. 서비스에서 경쟁적 전략이 경쟁에서 우위를 점하기 위해 어떻게 사용되는지 살펴보기로 한다.

1) 원가우위 전략

원가우위 전략은 기술 혁신뿐만 아니라 효율적인 규모의 시설, 철저한 원가 및 간접비용관리를 필요로 한다. 무엇보다 비효율적인 경쟁자들은 경쟁적인 압력으로 인해 고통받기 때문에 저비용 전략은 경쟁에 대응할 수 있는 방어벽을 제공한다. 저비용 전략을 수행하려면 최신 장비에 대한 높은 투자비용, 공격적인 가격정책, 그리고 시장점유율을 구축하기 위한 초기 손실이 필요하다. 원가우위 전략은 맥도날드, 월마트, 페더럴익스프레스 등이 활용하여 성공적으로 수행하였다.

구체적으로 다음과 같은 방법을 동원하여 원가우위 전략을 수행할 수 있다.

① 저가격 고객을 찾는다. 어떤 고객은 다른 고객보다 더 적은 비용으로 서비스를 제공할 수 있다. 프로그레시브 보험은 결합률(비용과 보험지급을 합하고 보험료로 나눈 값)이라는 지표를 관리함으로써 다른 보험업체보다 저렴한 보험료를 책정할 수 있었다. 셀프서비스를 원하는 소비자들을 목표로 코스트코나 샘스클럽을 들 수 있다.

② 고객서비스를 표준화한다. 일반적으로 소득세 신고는 고객화된 서비스로 인식되고 있다. 그러나 에이치알블럭(H&R Block)은 소득세 신고 시에 전국의 고객을 대상으로 정해진 절차에 따라 루틴한 서비스를 제공함으로써 성공했다.

③ 서비스 전달에서 개인적인 요소를 줄인다. 은행의 현금자동입출금기의 편리한 접근은 고객과 은행 직원 간의 개인적인 거래를 약화시켜 결과적으로 은행의 거래비용을 절감할 수 있다.

④ 네트워크 비용을 감소시킨다. 서비스 제공자와 고객을 밀착시키기 위해 네트워크를 필요로 하는 회사는 특별히 높은 초기비용이 필요하다. 페더럴익스프레스는 거점과 지점(hub and spoke)의 네트워크를 이용하여 네트워크 비용을 절감하였다. 즉 최신 분류 장비를 갖추고 있는 거점과 서비스가 제공될 지점도시에 직접 경로를 개설하지 않고 미국 전역에 익일소포배달을 실천할 수 있게 하였다.

⑤ 오프라인서비스 운영을 활용한다. 많은 서비스는 고객이 직접적으로 참여해야만 수행되기 때문에 기본적으로 고객참여적이다. 고러나 고객이 참여하지 않아도 되는 상황에서 몇 가지를 오프라인 상태로 수행하면 서비스를 이원화시킬 수 있다. 신발수선서비스는 고객이 직접 서비스센터에 오지 않고 신발을 맡기고 찾아가는 간이 장소를 여러 곳에 설치하면 고객이 직접 방문하지 않아도 된다. 서비스를 오프라인 상태에서 수행함으로써 주문의 합병에서 나

오는 규모의 경제, 저렴한 원가가 가능한 시설에 입지, 고객의 비참여로 상당한 비용을 절감할 수 있다.

2) 차별화 전략

차별화 전략은 독특하다는 인식을 갖도록 서비스를 창조하는 데 있다. 이는 다양한 방법을 통해 수행될 수 있다. 예를 들어 브랜드 이미지(인앤아웃버거의 하얀색 빨간색 로고), 기술(스프린트사의 광섬유 네트워크), 특성(아메리칸익스프레스사의 완벽한 여행서비스), 대고객서비스(노드스트롬의 명성), 딜러 네트워크(센츄리21의 부동산 네트워크) 등이다. 차별화 전략의 목적은 비용을 무시하지 않으면서 충성고객을 만드는 데 있다. 서비스를 강화하기 위한 차별화는 고객이 기꺼이 지불하는 비용이다.

① 무형요소를 유형화한다. 고객들이 호텔에 머문 것을 기억하게 하기 위해 무료로 제공되는 화장품에 고객의 이름을 새겨 넣는 것이다.
② 표준제품을 고객화한다. 호텔교환원은 반복되는 업무 속에서도 고객의 이름을 기억함으로써 호텔에 대한 좋은 인상을 남길 수 있다. 버거킹은 맥도날드의 전통적인 패스트푸드 접근 방식인 계획생산과 차별화함으로써 주문생산의 확대에 노력해 왔다.
③ 인식된 위험을 감소시킨다. 많은 고객들은 서비스를 구매할 때 정보 부족을 느끼는 경우가 많다. 즉, 차를 살 때 차에 대해서 잘 설명해 주는 서비스에 관심을 갖는다. 추가로 잘 정돈된 시설을 제공하고 작업을 보증하려는 서비스 제공자에게 호감을 갖는다.
④ 서비스 종업원의 훈련에 관심을 기울인다. 서비스 품질을 높이기 위한 개발과 교육훈련의 투자는 경쟁자가 모방하기 어려운 경쟁우위를 느낄 수 있다. 아서앤더슨의 교육시설은 이러한 노력을 실현하려는 의지이다.

⑤ 품질을 통제한다. 서비스의 특성상 노동집약적인 시스템을 갖추고 있기 때문에 여러 지점에서 일관성 있는 서비스 품질을 유지한다는 것은 대단히 중요한 문제이다. 따라서 서비스 조직은 종업원들에게 일관된 서비스를 제공하기 위한 다양한 노력이 필요하다.

3) 집중화 전략

집중화 전략은 목표시장에서 고객의 특별한 요구에 부응하는 데 필요한 이상적인 서비스를 구축한다. 이러한 집중화 전략은 넓은 시장을 서비스하려고 애쓰는 기업보다 효율적이고 효과적으로 표적시장을 서비스할 수 있다는 전제를 기반으로 한다. 결과적으로 기업은 보다 낮은 비용으로 고객의 욕구를 더 잘 충족시킴으로써 좁은 표적시장에서 차별화를 달성할 수 있다.

Davidow와 Utal은 집중화 전략을 위한 3단계 접근법을 제시하였는데, 첫 번째 단계로 먼저 핵심 서비스를 설계하기 위해서 시장을 세분화하고, 두 번째는 가치를 따라 고객을 분류하고, 세 번째 단계로 기대감을 인식된 성과보다 약간 낮게 설정한다. 이 전략은 원가우위 전략, 차별화 전략의 응용 부분이라 할 수 있다.

4. 서비스 운영전략 항목

경쟁력을 가진 운영시스템이 되기 위하여 가져야 할 능력은 무엇이며, 운영전략의 목표와 그에 따른 경쟁능력은 무엇을 필요로 할 것인가? 다른 경쟁기업보다 신속하게 시장에 제품을 내놓는 능력도 필요하며, 품질이 우수한 제품과 서비스를 제공하는 능력도 필요하다. 〈표 4-1〉은 서비스 경쟁 우위를 위한 몇 가지 항목을 나타낸다.

표 4-1 서비스 운영전략을 위한 항목

원가(cost)	• 낮은 원가의 서비스(low-cost operations)
품질(quality)	• 서비스 상품의 고성능 설계(high-performance design) • 균일한 품질의 서비스(consistent quality)
납기(delivery)	• 신속한 서비스 제공(fast delivery) • 고객과의 시간 약속 준수(on-time delivery)
유연성(flexibility)	• 고객화(customization) • 신상품 개발 속도(new product development speed)

과연 고객이 어떤 서비스를 구매할 것인지, 어떤 서비스의 특성에 끌리는지는 각각의 고객마다 다르며, 서비스의 원가에 이끌리는지, 품질에 이끌리는지를 파악하여 기업은 이에 대응하고자 노력한다. 이러한 노력은 기업의 경쟁지위를 갖게 하는 중요한 경쟁 차원이다.

1) 원가(cost)

비용에 기반을 둔 경쟁우선순위는 저렴한 비용의 서비스 창출능력을 의미한다. 모든 산업에서 구매의 기준을 저원가로 하는 세분시장은 존재하기 마련이며, 이런 틈새시장에서 경쟁하여 승리하려면, 기업은 저원가 생산자가 되어야 한다. 하지만 저원가 생산자가 되었다고 해도 반드시 수익성이나 성공이 보장되는 것은 아니다. 다만 원가 위주로 판매하는 서비스는 이런 서비스에 대해서 어느 회사의 제품인지 잘 구별해 내지 못한다.

이러한 세분시장은 대개 규모가 크며, 다수의 기업들이 대량생산에 따른 상당한 수익을 기대하며 달려든다. 그렇지만 결과적으로는 이런 시장에서의 경쟁은 매우 치열하여 실패하는 기업도 생긴다. 결국엔 최저원가 서비스 제공자만이 생존하며 이런 기업이 대개 이 시장의 판매가격을 형성한다.

적은 비용으로 서비스를 제공할 수 있다는 것은 두 가지 의미를 내포하는데, 하나는 서비스를 창출하기 위해서 필요한 투입자원의 구매가격이 낮다는 의미이다. 즉, 저렴한 가격으로 원재료를 구입할 수 있거나 값싼 노동력을 활용할 수 있는 경우가 이에 해당한다. 두 번째는 상대적으로 적은 투입자원으로 많은 서비스를 창출할 수 있다는 의미를 나타낸다. 자원의 낭비를 줄임으로써 동일한 자원의 투입으로 많은 서비스를 창출해 낼 수 있다는 것이다.

2) 품질(quality)

경쟁우선순위로서 품질은 두 가지 의미를 내포한다. 하나는 우수한 서비스 상품의 설계능력(high-performance design), 즉 성능이 우수한 제품을 설계할 수 있는 설계 품질 능력을 의미하고, 다른 하나는 적합품질(conformance quality), 즉 균일한 품질의 서비스를 제공하는 능력이다. 설계능력은 절대적으로 우수한 성능과 기능을 가진 고급서비스를 생산하는 능력을 말한다.

제품 품질의 적정한 수준을 만들어 내려는 목표는 고객의 요구사항에 초점을 두어야 달성이 가능할 것이다. 너무 높은 품질 수준으로 과도하게 설계된 서비스는 고객의 눈에 비싸 보일 것이다. 반대로 형편없이 설계된 서비스는 보다 높은 가치를 제공해야 만족하는 고객들에게, 원가에 비해 만족되지 않는 서비스를 제공하기 때문에 고객은 외면할 것이다.

균일한 품질의 서비스를 제공할 수 있는 능력은 서비스의 신뢰성과 직접적인 관련이 있기 때문에 매우 중요하다. 비싼 서비스든 저렴한 서비스든 상관없이 고객들은 균일한 품질의 서비스를 원한다. 그래서 서비스 전달과정에서 무결점의 서비스를 생산하여야 한다.

3) 납기(delivery)

치열한 경쟁환경에서 살아남기 위해서 시간기반 경쟁능력(time-based competence)'의 중요성이 강조되고 있다. 이것은 경쟁기업보다 빠르게 서비스를 배달할 수 있는 능력을 가졌다는 것을 의미하는데, 그만큼 제한된 시간에 보다 많은 고객주문을 충족시킬 수 있다는 의미도 된다. 신속한 서비스 배달능력을 위해서는 서비스를 보다 빠르게 생산하는 능력, 즉 짧은 리드타임을 가져야 한다.

예를 들면, 컴퓨터 네트워킹 장비수리 서비스업의 경우가 여기에 해당된다. 한두 시간 만에 현장까지 달려가서 수리해 주는 회사는 24시간 이내 출동을 보장하는 기업에 비해 경쟁력이 있을 것이다.

고객이 원하는 시간에 원하는 수량의 제품을 정확하게 인도하는 능력, 즉 배달의 신뢰성(reliability)을 유지하는 능력을 의미한다. 배달하기로 약속한 정시나 그 이전에 서비스를 제공할 수 있는 능력에 관한 것으로, 이는 서비스기업의 경쟁력 결정에 매우 중요하다.

4) 유연성(flexibility)

많은 시장에서 수요의 증감에 대응하는 기업의 능력은 경쟁력의 중요한 요소가 된다. 수요가 증가하는 기업은 미래가 보장된 기업이다. 수요가 안정적으로 증가할 때엔, 규모의 경제가 작용하여 원가는 지속적으로 줄어들게 되고, 신기술에 대한 투자도 쉽게 결정할 수 있다. 그렇지만 상황이 바뀌어 수요가 감소하면 종업원을 줄여야 하거나 자산을 감축해야 하는 등 여러 가지 어려운 결정을 해야 할 경우가 생긴다. 역동적으로 변화하는 수요에 효과적으로 대응하는 능력은 운영전략의 중요한 요소 중의 하나이다.

유연성 혹은 신축성이란 설계 변화와 수요 변화에 효율적으로 대응할 수 있는 능력을 말한다. 현대의 고도로 세분화된 시장의 다양하고 변덕스러운 고객욕구를 충족시켜 주기 위해서는 개별적인 고객의 욕구를 대량으로 충족시켜 줄 수 있는 능력, 즉 대량고객화(mass customization)의 추구를 필요로 한다.

전략관점에서 유연성은 고객에게 다양한 서비스 구색을 제공하는 기업의 능력이다. 상이한 서비스를 제공하는 이러한 능력의 중요한 요소는 신상품을 개발하거나 이를 구축할 서비스 프로세스를 전환할 때 걸리는 시간이 짧아야 한다.

5. 서비스 운영전략 우선순위 결정

경쟁우선순위들 간의 관계에 대해서는 세 가지 형태의 견해가 존재한다. 첫째는 경쟁우선순위를 높이기 위해선 다른 경쟁우선순위를 희생해야 한다는 상쇄관계(trade-off)이론이고, 둘째는 경쟁의 우선순위는 일정한 순서로 차례차례 쌓아져야 한다는 모래성(sand cone) 혹은 누적(cumulative)이론이며, 셋째는 시장 환경에 따라서 경쟁에 참여하기 위해 필수적으로 갖춰야 하는 경쟁우선순위와 경쟁의 우위에 서기 위해서 부가적으로 갖춰야 하는 경쟁우선순위가 존재한다고 보는 주문자격-주문획득 요소(order qualifiers and order winners)이론이 있다. 여기에서는 경쟁우선순위의 상쇄관계이론 및 주문자격-주문획득 요소이론을 운영 및 마케팅과의 연계를 통해 서술해 보고자 한다.

1) 상쇄관계이론

운영전략의 핵심 개념 중 하나는 운영 초점과 상쇄관계라는 개념이다. 상쇄관계이론의 초점은, 운영 의사결정은 운영시스템이 추구하는 경쟁우선순위에 따라서 차별화된 내용을 담고 있어야 한다는 것이다. 그 기본 논리는 운영의 모든 차원들을 동시에 탁월하게 하기는 불가능하다는 것이다. 따라서 경영자는 성과의 어떤 지표가 기업의 성공에 가장 중요한 요인인가를 결정하여야 하며, 그에 따라 특정 분야에 기업의 자원을 집중하여야 한다.

예를 들면, 어떤 회사가 배달 속도에 집중하기로 하였다고 하자. 그러면 그 회사는 다양한 제품을 제공하는 능력으로 표현되는 유연성을 높이기는 어려울 것이다. 이와 마찬가지로 저원가 전략은 배달 속도나 유연성과 양립되기는 쉽지 않다. 고품질 역시 저원가와는 상쇄관계가 있다고 하겠다. 기존의 대규모 설비를 가진 기업을 위해서 Skinner는 공장 내 공장(plant within a plant: PWP) 개념을 제안하였다. 이는 공장 설비 내에 상이한 제품을 생산하는 라인을 여러 개 별도로 설치하여 각 라인별로 상이한 운영전략을 수행하게 하는 것이다. 공장 내에서 셀 라인이나 U 라인 등을 활용하면 기본적으로 저원가 전략을 수행하면서 유연성을 향상시킬 수 있다.

하나의 전략적 포지션은 다른 포지션과 양립되지 않을 때 상쇄관계가 발생한다. 항공사에서 비용도 더 들고 서비스 시간도 더 걸리는 기내식 제공을 선택할 수도 있고, 또 선택하지 않을 수도 있다. 다만, 효율적으로 이 두 가지를 동시에 할 수는 없을 것이다.

양다리 걸치기(straddling)는 기존의 포지션을 유지하면서 성공적인 포지션의 혜택에 필적하기 위한 방법을 찾는 기업에서 생기는 현상이다. 이 경우엔 기존의 수행하던 활동에 새로운 특성, 서비스, 또는 기술을 더한다. 예를 들어, 콘티넨털항공(Continental Airlines)이 사우스웨스트항공(Southwest Airlines)의 전략에 대응한 방법이다.

경쟁의 초점이 어디에 두어지는가에 따라 중점을 두는 경쟁우선순위의 내용이 달라져야 한다는 상쇄관계이론은 제한된 조직의 자원을 효과적으로 배분하기 위한 토대를 제공한다는 점에서 바람직한 접근일 수 있다. 그러나 이 이론이 가지는 큰 제약성은 단일한 차원의 경쟁능력 우수성만으로는 시장에서의 성공을 보장할 수 없다는 데에 있다. 아무리 유연성 있게 고객주문과 수요에 대응하는 능력을 가졌다 하더라도 제공하는 제품이나 서비스의 품질이 우수하지 못하다면 고객의 신뢰를 얻기가 어려울 것이기 때문이다.

중간사례

콘티넨털항공

콘티넨털은 풀서비스 항공사로서의 포지션을 유지하면서, 사우스웨스트의 여러 점 대 점(point-to-point) 노선에 대응하기 위한 방안을 강구했다. 이 항공사는 Continental Lite라는 새로운 서비스를 제공하였다. 이는 기내식과 일등석 서비스도 없고, 출항 빈도를 높이고 요금을 인하했으며, 수속시간을 단축한 서비스이다. 콘티넨털은 다른 노선에서는 여전히 풀서비스 항공사로 남아 있기 때문에, 여행사를 계속 이용했으며, 여러 항공기종을 사용하고 수화물처리와 좌석배정을 해주었다. 상쇄관계가 Continental Lite를 결과적으로 좌초시켰다. 이 항공사는 수백만 달러의 손실을 보았고, 이 일로 CEO는 직장을 잃었다. 이 항공사 비행기는 복잡하게 얽힌 거점 도시를 거쳐야 하기에 시간은 지연되었고, 수화물 전달 때문에 수속이 더디게 되었다. 지연과 취소로 하루에도 수천 건의 고객 불평이 접수되었다. Continental Lite는 가격으로 경쟁할 여력이 없었고, 여전히 여행사에게 수수료를 지급하고 있었다. 그러나 풀서비스를 제공하기 위해서는 여행사 없이 일할 수도 없는 상황이었다. 그런데 이 항공사는 모든 콘티넨털 비행기의 수수료를 삭감하여 손실을 보전하려 했다. 그와 동시에, Lite서비스에 훨씬 저렴한 항공료를 지불한 여행객들에게 풀서비스와 같은 마일리지서비스를 제공할 여력도 없었다. 그러자 콘티넨털 전체 마일리지 프로그램의 보상을 줄이는 조치를 취했다. 그 결과는 어떠했을까? 여행사와 풀서비스 이용고객은 화가 단단히 났다. 콘티넨털은 한 번에 두 가지 방식을 병행하여 경쟁하려 했지만 양다리 걸치기에 따른 엄청난 비용을 지불하고 2012년 유나이티드항공(United Airline)에 흡수 · 통합되었다.

2) 모래성이론

INSEAD 대학의 Ferdows 교수 등은 기업의 경쟁력을 모래성을 이용하여 비교 설명하였다. 모래성은 기초가 넓고 튼튼해야 무너지지 않는다는 모래성이론(sand cone theory)에 의하면 모래성의 가장 밑 부분의 토대를 이루는 것이 품질이고, 그

위에 납기, 유연성 그리고 원가로 성과가 누적되어 기업의 경쟁력이 발생한다는 것이다.

결국 품질이 제대로 만들어지지 않으면 납기, 유연성, 원가 등 기업의 모든 경쟁요인이 실현될 수 없다. 이는 곧 품질을 관리한다는 것은 기업의 경쟁력을 관리한다고 해도 과언이 아니다. 우리나라의 대표적인 기업인 S그룹의 회장이 새해 임원회의에서 세계의 무한경쟁에 살아남기 위하여 질에 의한 경영을 강조한 바 있다. 질의 경영은 품질경영의 중요성을 밝힌 것이다.

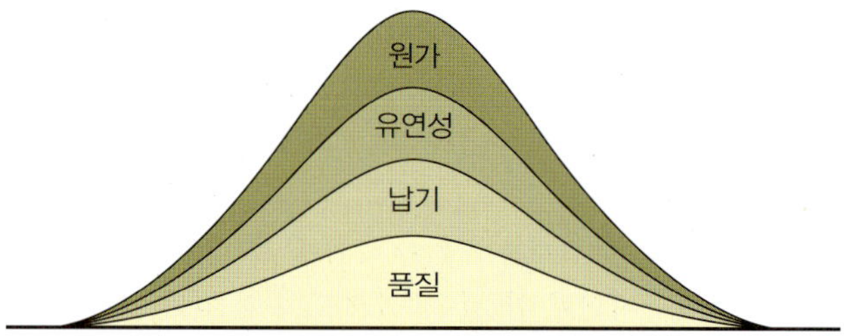

그림 4-3 모래성이론

3) 주문자격-주문획득 요건이론

마케팅과 생산관리 두 가지 관점에서 시장을 이해하려 할 때 이 둘 사이의 접점에 대해 알 필요가 있다. Oxford 대학교 교수 Terry Hill은 경쟁에서 승리하는 데 핵심이 되는 마케팅 중심의 차원을 설명하기 위해서 우위요건(order winner)과 최소요건(order qualifier)이란 신조어를 만들어 냈다(Hill, 2000). 우위(주문획득)요건은 어떤 기업의 제품이나 서비스를 다른 기업의 그것과 차별화하는 기준이다. 상황에 따라 다르겠지만, 우위요건의 기준은 제품의 원가(가격), 제품의 품질과 신뢰성, 또는 앞에서 살펴보았던 여타 차원일 것이다. 최소(주문자격)요건은 구매의 가능한 대안으로 고려되기 위해서 기업의 제품이 가지고 있어야 할 적격 여부 기준이다. Hill 교수는 기업은 반드시 자기 비즈니스에서 최소요건을 충족하는지 매일 검토해야 한다고 강조하였다.

(1) 최소요건(주문자격요건)

고객으로부터 잠재적인 공급업체로 선정되기 위해 반드시 충족시켜야 할 경쟁능력의 차원을 말한다. 가령 공급업체 자격을 가지기 위해서 ISO 9000 인증을 필요로 한 경우가 많다. 이 경우 ISO 9000 인증을 획득하지 못한 기업이라면 고객의 잠재적인 공급업체 리스트에 이름을 올리는 것조차도 불가능할 것이다. 물론 ISO 9000 인증을 받았다고 해서 고객으로부터 주문을 얻어 내는 것은 아니지만 인증을 받는 것이 최소한 주문을 얻어 내기 위해 필요한 자격요건은 되는 것이다.

(2) 우위요건(주문획득요건)

고객으로부터 주문을 얻어 내기 위해 필요한 경쟁능력의 차원을 말한다. 고객이 주문을 낼 대상을 선정할 때는 주문자격요소를 충족시키는 잠재적인 공급업체를 대상으로 다양한 측면의 평가와 심사를 하게 된다. 이 경우 가장 적합한 공급업체로 선정되기 위해서는 다른 경쟁적 공급업체보다 무엇인가 차별화되는 뛰어난 경쟁능력의 차원을 가지고 있어야 할 것이다. 주문획득에 직접적인 영향을 미치는 경쟁능력의 차원이 바로 주문획득요소이다.

우위요건과 최소요건의 기준도 시간의 흐름에 따라 변화하였다. 예를 들면, 일본 기업들이 세계 자동차 시장에 진입했던 1970년대에는, 우위요건이 가격에서 제품의 품질과 신뢰성으로 변화하였다. 미국 자동차 회사들은 일본 기업의 품질에 눌려 고객을 잃었다. 1980년대 후반까지 Ford, General Motors, 그리고 Chrysler(지금은 Daimler Chrysler가 됨)의 품질이 높아지자, 이제는 시장에서 검증된 기업이 되었다. 소비자들은 지속적으로 품질과 신뢰성을 주목하고 있으며 그에 따라 누가 가장 높은 성과를 내는 기업인지 재검증하게 되었다. 오늘날 자동차업계의 우위요건은 모델에 따라 매우 다르다. 고객들은 자신이 원하는 특성 집합, 예를 들면 신뢰성, 디자인 특성, 그리고 연비 등을 알게 되었고, 그래서 저가격에 특정한 조합을 갖춘 자동차를 구매하여 가치를 극대화하려 한다.

6. 경쟁적 서비스 전략과 서비스 운영전략의 적합성

기업의 운영을 구성하는 모든 활동들은 서로서로 연관되어 있다. 이 모든 활동을 효율적으로 한다는 것은 총비용을 최소화한다는 것을 의미한다. 그와 반대로, 효과적으로 한다는 것은 이 모든 활동들이 기업의 전략을 지원하도록 한다는 것을 의미한다. 사우스웨스트항공의 전략이 일련의 활동에 의해 수행되어진 방법에 대해 설명해 보면, 신속한 출발과 높은 항공기 이용률을 가능하게 하는 사우스웨스트의 신속한 탑승 준비는 높은 편의성과 낮은 비용 포지셔닝에 절대적인 요소이다. 그러나 사우스웨스트가 어떻게 이렇게 할 수 있었을까? 그 답의 일부는 이 회사에서 좋은 대우를 받는 탑승구 주변 직원에서 찾을 수 있다. 이들의 준비시간에 관한 생산성은 유연한 노조 규칙에 의해 가능하게 되었다.

그러나 그 답의 많은 부분은 사우스웨스트가 수행하는 다른 활동의 방식에 있다고 하겠다. 기내식도 없고, 좌석 배정도 없으며, 수화물 연계 처리도 해주지 않으며, 사우스웨스트는 다른 항공사들의 운행을 느리게 하는 활동을 없애 버렸다. 지연을 유발하고 혼잡을 피할 수 있는 항로와 공항을 선택하였다. 사우스웨스트의 항로의 길이와 유형에 대한 엄격한 제한으로, 사용할 항공기를 표준화할 수 있었다. 사우스웨스트에서는 Boeing 737s만 사용한다.

명확한 전략을 가진 기업에서는 수많은 높은 수준의 전략적 주제들이 엄밀하게 연결된 활동의 클러스터를 통해서 규정되며 실행된다. 이러한 유형의 지도는 활동 시스템과 기업의 전략 사이에 정렬이 잘되어 있는지를 파악하는 데 유용하다. 경쟁우위는 기업의 활동이 전략적으로 정렬되고 재강화되는 방식에서 유래한다고 하겠다.

서비스기업에서 운영전략은 일반적으로 기업전략과 밀접하게 관련되어 있다. 대부분의 서비스에서 서비스 전달시스템은 비즈니스이며, 그래서 어떤 전략적 의사결정도 반드시 운영에 대해서 고려하여야 한다. 그렇지만 생산 담당 임원이 기업 내 다른 임원들과 같은 무게의 목소리를 늘 내는 것은 아니다. 어떤 항공사에서 새로운 항로를 개설하거나 새로운 기내서비스를 추가하는 등의 마케팅 의사결정은 생산운영 실행상의 이의제기를 무시하고 이루어지는 경우가 있다.

서비스기업은 초점화 전략을 수행하기 위해 공장 내 공장(PWP) 구조를 이용할 수 있다. PWP 초점 전략을 이용하는 병원들은 심장병센터, 종양센터, 산부인과센터, 재활의학센터 등과 같은 환자별 서비스 제공센터를 운영한다. 주요 백화점들은 제품이나 서비스를 별도의 부서로 나누어, 각각의 부서는 별도의 고객초점, 주문, 제품 정렬, 흐름관리, 그리고 전략을 가지고 운영한다. 여성 스포츠 의류, 유아복, 실내복, 그리고 남성복 등 각각의 부서는 독특한 욕구를 가진 특정 고객에 초점을 맞추고 있다.

대개 이러한 조직은 각각의 니즈에 맞게 다양한 고객과 시장에 대응하려 노력한다. 또한 우위요건과 최소요건도 서비스 분야에 적용할 수 있다. 은행의 경우에, 최소요건은 좋은 입지, 창고 직원과 대출 담당 직원의 구비, 그리고 ATM기기 등이 될 것이다. 우위요건은 고객관계관리와 고객 위주의 은행 업무 시간 정하기 등이라 하겠다.

7. 인터넷 보완전략

인터넷이 시장을 장악하여 전통적인 비즈니스 방식을 대체할 것이라는 우려가

널리 확산되어 왔다. 예컨대 기존의 책이 사라지고 전자책으로 대체된다는 것이다. Harvard 대학 교수인 Michael Porter는 이것이 매우 과장된 이야기라는 주장을 하였다. 많은 경우 인터넷은 기업의 전통적인 활동과 경쟁 방식을 파괴하기보다는 보완한다고 하였다. 미국에서 가장 성공적인 약국 체인점인 Walgreens는 웹사이트를 도입하여 고객에게 광범위한 정보를 제공하고 고객들이 온라인으로 처방전을 주문할 수 있는 시스템을 만들었다. 그 결과 체인점들이 망하기는커녕 웹사이트가 체인점의 가치를 높이는 데 기여하였다. 웹으로 주문을 한 경험이 있는 고객의 90%는 집으로 약을 배달해 주는 것보다 근처의 체인점에서 약을 직접 사 가는 것을 더 원했다. Walgreen은 주문의 일부가 인터넷으로 대체되기는 하더라도, 기존의 체인점 네트워크는 여전히 경쟁우위요소로 남을 수 있음을 확인하였다.

Porter는 온라인 활동을 보완한 전략이 기존의 활동을 없애지는 않으며 오히려 그 중요성이 더 커진다고 주장하였다. 예를 들어, 직접 주문을 수행하려면 창고와 배달이 더욱 중요해진다. 때때로 인터넷을 이용한 활동으로 인해 전혀 새롭거나 향상된 물리적 활동을 해야 할 경우가 있다. 예를 들면, 인터넷에 기초한 구직안내서비스는 잠재적 구직자를 찾아내는 비용을 상당히 절감시켜 주지만, 담당 직원들은 전자 이력서의 홍수를 감당하여야 한다. 구직자들의 이력서 제출이 쉬워져 담당 직원들은 훨씬 많은 조건에 맞지 않는 응시자들을 가려내는 데 힘을 써야 하는 것이다. 이러한 부담으로 인해 증가된 오프라인 작업비용은 대개 프론트라인 작업비용 절감보다 더 큰 경우가 있다.

궁극적으로 인터넷과 전통적인 경쟁 방식을 병행하는 전략이 많은 산업에서 승리를 거두었다. 수요 측면에서, 대부분의 구매자들은 단독 웹 유통업체보다는 온라인서비스와 물리적 입지를 동시에 가진 업체를 더 선호하고 있다. 구매자들은 대개 유통 채널의 선택권, 배달 방식의 선택, 그리고 기업과 직접 거래하는 방식 등을 갖춘 업체들을 원하기 때문이다. 공급 측면에서, 만약 생산과 구매가 인터넷과 전통적인 방식을 병행하여 적절한 전략을 구사한다면, 보다 효과적으로 임무를 수행할 수 있을 것이다.

마무리사례

파리바게뜨

2004년 9월 중국 상하이 구베이에 1호점을 열며 중국 비즈니스에 뛰어든 파리바게뜨는 우리나라 식음료 회사를 통틀어 중국 내수 시장에 가장 성공적으로 진입한 기업으로 꼽힌다.

이미 상하이와 베이징에 각각 38개, 34개의 직영점을 운영 중이며 작년 11월에는 한국 베이커리업계 최초로 난징에 진출했다. 2008년 32개이던 중국 점포 수는 2013년 2월을 기준으로 74개로, 만 3년여 만에 두 배 이상 급증했다. 올해에는 다롄, 충칭 같은 동북3성과 쓰촨성 일대 중서부까지 확대해 파리바게뜨 열풍을 일으킨다는 목표다.

실제로 베이징 왕푸징을 비롯한 주요 대도시 쇼핑센터 등을 가보면 화려한 인테리어를 한 파리바게뜨 매장이 '약방의 감초'처럼 등장한다. 더 중요한 것은 파리바게뜨가 유명 외국 경쟁사들을 차례로 물리치고 실력으로 '독주' 채비를 굳혀 가고 있다는 점이다. 베이징의 경우, 2007년 거의 같은 시기에 프랑스계 최고급 베이커리 브랜드인 푸숑과 파리바게뜨가 20미터 거리를 사이에 두고 대만계 신광천지 백화점 주변에 오픈했다. 초기에 엇비슷하던 두 점포의 매출은 점점 격차가 벌어져 결국 푸숑은 2010년 매장을 완전 폐쇄하고 사업을 접었다.

• 난징 1호점

파리바게뜨가 2007년 2월 바로 맞은편에 점포를 열기 전까지 왕푸징 둥팡광장 일대 상권을 장악하고 있던 싱가포르의 브레드토크(Bread Talk)도 패퇴했다. 당시 항상 점포 바깥까지 기다란 줄이 늘어진 상태에서 매일 3만 위안(약 540만 원)이 넘는 판매액을 올리던 브레드토크의 매출은 현재 파리바게뜨의 절반 남짓하다. 파리바게뜨 관계자는 "제품력은 물론 다양성, 인테리어 환경 등 고급스러운 세련미 등에서 우리가 경쟁사들을 압도하고 있다" "우리가 하루 약 3만 위안의 매출을 올리고 있는 반면, 브레드토크는 1만 5000위안에 그치고 있다"고 말했다.

명품 베이커리업체들의 격전지로 불리는 상하이 푸둥 지구의 쇼핑몰인 따무즐 광장에서도 파리바게뜨는 단연 돋보인다. 프랑스계 베이커리인 폴(Paul)은 이곳에서 사업을 철수했고, 브레드토크 매장의 판매액은 파리바게뜨(일 평균 2만 5000위안)의 절반 아래에 불과하다.

파리바게뜨의 모기업인 SPC그룹의 김범호 전무는 "2009년 톈진 시내 하이신 백화점은 파리바게뜨 점포 입점을 요청하면서 '임대료 2년간 100% 면제, 매장 인테리어 비용 제공' 같은 파격 조건을 내걸었다"며 "중국의 고급 백화점들이 외국계 점포 입점 시 높은 임대료와 까다로운 조건을 내세우는 관행에 비춰 볼 때 엄청난 특별 대우였다"고 말했다.

• 상하이 창더루점

파리바게뜨는 정부기관과 전문가, 소비자가 꼽는 일등 브랜드상도 휩쓸고 있다. 2005년과 2006년 2년 연속 중국 공상연합회 베이커리공회(全國空想聯烘焙業公會)가 주관하는 최고 권위의 명성점(中華烘焙業明星餅屋)으로 선정됐고, 2010년에는 '중국 베이커리 및 당제품공업협회' 주관으로 하남성 정저우에서 열린 '베이커리총회'에서 '중국 10대 브랜드'로 뽑혔다. 2008년 베이징올림픽 당시에는 공식 공급업체로 지정됐다.

2001년 도입돼 10년마다 실시되는 '중국 10대 브랜드' 선정은 중국 베이커리업계에서 가장 권위 있는 상으로 꼽힌다. 외국 제빵회사가 10대 브랜드에 뽑힌 것은 최초다. 또 파리바게뜨 상하이 구베이점과 베이징 동방신천지점은 중국 내 15만 개에 이르는 베이커리 점포 가운데 10여 개 점포에만 수여하는 '오성(五星)급 점포'에 선정됐다. 파리바게뜨 측에 따르면 중국 점포 이용 고객 중 85%가 중국인이다. 8년 만에 중국을 사실상 평정한 명품 기업으로 우뚝 선 마케팅 노하우는 뭘까.

6년 넘게 철두철미한 시장 조사

파리바게뜨는 2003년 중국 법인 설립에 앞서 1996년부터 중국 진출을 겨냥한 면밀한 현지 조사와 인력 전문화에 나섰다. 상하이를 첫 진출 지역으로 정한 다음 총괄 임원 1명과 점포 개발, 전략기획, 마케팅 등 각 파트별로 그룹 내 과장급 최고실무자 4명이 상하이 현지 리서치업체와 협력해 1개월 동안 상하이 상권을 바닥부터 샅샅이 뒤졌다. 구체적으로 상하이의 외식업체 현황, 각 베이커리별 SWOT 분석, 상권 매핑(Mapping), 상하이인의 식문화, 외자 기업의 인허가 절차 등에 걸쳐 사업 분석을 마쳤다.

1997년에는 중국 전문가 양성을 위해 상하이 푸단대에 2명을 연수시키는 한편 국내에서도 5명(임원급, 부장급, 과장급)을 최고 대학 중국학 과정에 연수를 시켰다. 이들은 한국 내 중국 관련 강연과 세미나, 코트라 중국 비즈니스 교육 과정 등을 들으며 중국 알기에 총력을 쏟았다.

이런 연구와 경험을 바탕으로 파리바게뜨는 매장을 일반 베이커리에 카페를 접목시킨 '베이커리 카페'라는 첨단 인테리어 코드로 시장을 공략하기로 결정했다. 간판도 초창기에는 중문을 일절 넣지 않고 영어 간판만을 달아 현지인들에게 고급 브랜드 이미지를 심는 데 주력했다. 또 개장하는 점포마다 한국에서 판매되는 빵 제품을 그대로 재현함과 동시에 중국 토종 베이커리에서 맛볼 수 없는 서비스와 시스템으로 승부를 걸었다. 일례로 파리바게뜨는 매장 안에서 빵을 갓 구워 파는 '베이크오프(bake-off) 시스템'을 도입했는데, 이는 공장에서 만든 제품을 가져와 매장에서 파는 단순 단계에 머물고 있는 중국 점포와는 큰 격차가 있는 방식이었다.

또 중국 기존 제과점들이 50~60종류의 빵을 파는 것과 대조적으로 파리바게뜨는 이를 200~300가지로 늘려 확연하게 차별화했다. 매장을 찾아오는 고객들에 대해서도 다섯 단계로 세분화하는 '직원응대서비스' 시스템을 마련, 호감을 샀다. 과학적 마케팅 기법도 구사했다.

• 베이징 파리바게뜨 더플레이스점

황희철 중국법인 상무는 "각 점포별로 시간대 · 제품별 매출량, 고객 수 등을 실시간으로 체크해 데이터화한 다음 그에 맞는 점포별 운영전략을 세워 매출을 극대화했다"며 "신상품을 출시할 때마다 중국인 패널을 모집해 시식회를 갖는 등 현지인의 입맛에 맞는 상품 개발에도 주력했다"고 말했다.

● 유연한 현지화 전략

현지인들의 마음을 완벽하게 사로잡기 위해 섬세한 노력도 기울였다. 고기를 좋아하는 중국인들의 식성을 반영해 빵 위에 쇠고기 가루를 가득 얹은 육송빵을 만들었다. 다른 제품들도 국내에서보다 기름진 내용물을 더 많이 넣는 식으로 현지인 입맛에 맞춘 메뉴를 내놓았다. 2005년부터는 브랜드 인지도 상승과 고객과의 친밀감을 높이기 위해 고객이 직접 참여하는 케이크 만들기 교실을 열어 지금까지 500회 넘게 진행했다. 케이크 교실 행사는 많은 경쟁업체들이 모방해 따라올 정도로 호평을 받았다.

한국식 마케팅 공세도 입체적으로 펼쳤다. 예컨대 제품 다섯 개를 사면 한 개를 더 주는 '5+1' 행사와 성탄절과 어린이날 등에 장바구니와 컵, 가정용품 등을 나눠 주는 행사를 벌였고 한국처럼 빵을 사면 일정 금액을 적립해 주는 해피포인트카드도 발행했다. 현재 해피포인트카드를 발급받은 중국 고객만 1만 명이 넘는다. 생일 정도에만 케이크를 사는 현지인들을 상대로 다양한 프로모션을 진행해 케이크 판매율을 기존보다 3배 이상 높은 국내 수준(25%)으로 끌어올렸다. 여기에다 매장 내 점장부터 제빵사, 말단 직원까지 전원 아르바이트가 아닌 정식 직원으로 채용한 점도 현지에서 긍정적인 반향을 불러일으켰다.

• 베이징 케이크 만들기 교실

파리바게뜨 관계자는 "한국 제빵사들이 중국에 가서 현지 제빵사를 양성했고 매장관리부터 직원 서비스 교육까지 매뉴얼화한 시스템을 적용했다"며 "현지 한국인 주재원은 직원교육, 서비스 점검, 전략 수립 등 중국 본부로서의 업무에만 집중했다"고 말했다.

이와 함께 HSBC국제골프대회, F-1경기대회 등 대형 행사의 파트너로 참여해 지원하는 방식으로 사회공헌활동을 벌이고 있다. 또 2008년부터 매년 4~5회씩 중국베이커리공회와 중국베이커리협회 회원들이 아시아 최대 규모인 경기 평택 파리바게뜨 공장과 매장 등을 방문토록 해 양국 업체 간 공생발전에도 힘쓰고 있다.

출처: 이코노미조선 (2012. 2. 29).

연습문제

1. 서비스 운영전략이란 무엇인지 설명하라.
2. 경쟁적 서비스 전략의 예를 들고 이들 전략이 어떻게 실행될 수 있는지 설명하라.
3. 서비스 운영전략의 경쟁 차원들은 원가, 품질, 납기, 유연성 등이 있는데 이들을 어떻게 구체적으로 실행할 수 있는지 설명하라.
4. 경쟁우선순위이론 중에서 상쇄관계이론, 모래성 이론, 그리고 주문자격-주문획득 이론들에 대해 설명하라.
5. 경쟁적 서비스 전략과 서비스 운영전략의 전략 적합성을 설명하라.

SERVICE MANAGEMENT

05 CHAPTER

서비스 수요예측

1. 제조업 수요예측과의 차이점

2. 수요예측 방법

05 CHAPTER 서비스 수요예측

도입사례

아이돌보미 예산 '헛발질' 여성부, 수요예측 빗나가 예산 낭비

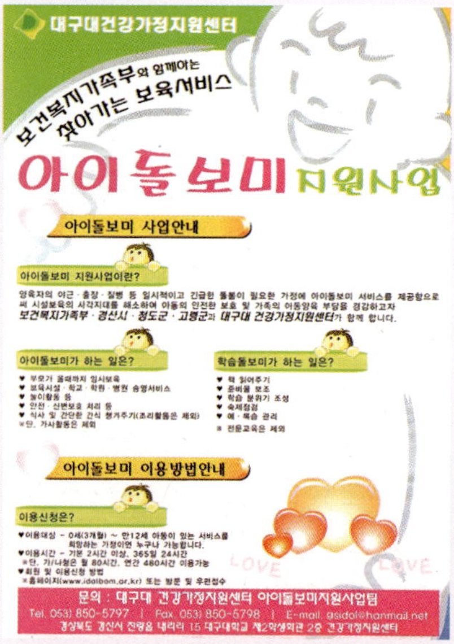

정부에서 부담 없는 가격에 양육서비스를 제공하는 아이돌보미사업이 수요예측 실패로 예산이 남아돌고 있다. 양육수당과 중복지급이 중단되면서 수요가 줄어들 것이 예견된 상황에서도 지난해보다 예산은 60% 늘어났기 때문이다.

각 지방자체 등에 따르면 올해 상반기 아이돌보미사업 예산 집행률은 최저 50%대에 머무를 정도로 저조한 상황을 보이고 있다. 신청 인원은 줄었지만 예산은 지난해보다 크게 늘어 각 지자체별로 예산을 소진하기 위해 비상이 걸렸다.

아이돌보미사업은 시간제 또는 종일제로 아이돌보미를 이용하게 하고 소득별로 이용 금액을 지원해 주는 여성가족부 주관 사업이다. 예산은 지난해 435억 원 규모였지만 올해는 추경 42억 원까지 더해 700억 원대로 60% 이상 예산액이 늘었다.

문제는 큰 폭으로 예산이 증가한 상황에서 수요는 오히려 지난해보다 저조하다는 것이다.

복지 혜택 중복 지원을 사전에 차단하는 사회보장정보시스템이 3월부터 본격 가동되자 전 계층 무상보육 복지 혜택에 밀려 아이돌보미 신청 인원은 자연히 감소했다.

여성가족부 관계자는 이에 대해 "지난해 예산이 일찍 바닥나 이용자들이 불편을 겪었기 때문에 올해엔 예산을 많이 늘리게 됐다. 원래 상반기에는 예산 집행률이 저조하지만 적극적으로 홍보해서 신규 이용자를 발굴하면 하반기에는 예산을 다 쓸 수 있다"고 설명했다.

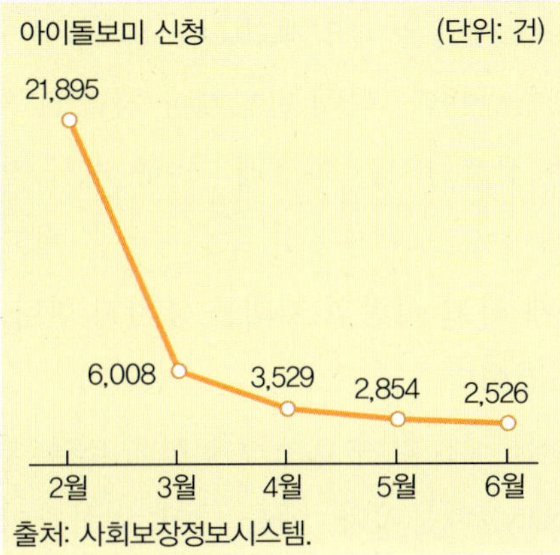

출처: 매일경제 (2013. 7. 7).

1. 제조업 수요예측과의 차이점

전통적으로 제조기업의 수요예측은 여러 측면에서 매우 중요한 역할을 해왔다. 아무리 훌륭한 기업이라도 고객의 요구 변화에 즉각적인 대응이 쉽지 않기 때문이다. 그래서 어떤 제품을 언제 얼마만큼 팔 수 있을지의 예측 결과에 따라 연구 개발계획, 원자재 구매계획, 생산 및 재고계획, 인력활용계획, 설비계획, 재무계획, 마케팅 및 영업계획 등을 세운다. 수요예측의 결과는 기업경영에 지대한 영향을 미친다.

예를 들어서 미래 어느 시점에 상품수요가 급증할 것으로 예상되면, 원자재 공급업체에게 충분한 원자재를 확보할 것을 권고하고, 도소매업체에게는 주문시기를 비수기로 앞당기거나 미룰 것을 제안한다. 인력계획에도 영향을 미친다. 수요는 급증하는데 충분한 인력이 준비되지 않으므로 구매하는 원자재의 품질을 충분하게 검사할 수 없게 되고 생산인력의 부족으로 납품에 필요한 리드타임이 길어진다.

실수요보다 과도한 수요예측은 과잉재고(Over Stock)를 만들고, 이는 다시 현금흐름(Cash Flow)을 나쁘게 만든다. 특히 반도체나 첨단 IT 제품은 수명주기가 매우 짧기 때문에 과잉재고는 상품가치를 빠르게 떨어뜨려서, 엄청난 재고비용을 초래시킬 수 있다. 한편 실제 수요보다 부족한 수요예측은 재고부족(Stock Out)을 야기시키고, 이는 고객을 잃게 하고 성장의 기회를 놓치게 한다. 따라서 정확한 수요예측은 기업경영의 성공조건이다.

서비스 수요예측은 실물 상품의 수요예측에 비해 더욱 중요하다. 이는 서비스의 특징 중 소멸성(Perishability) 때문이다. 예를 들어, 영화관이나 비행기의 좌석은 정해진 스케줄이 지나면 아무 쓸모 없어진다. 치과의사나 변호사에게 손님이 없으면 그들의 서비스 시간은 소용이 없어진다. 즉, 제조업과 달리 서비스는 저장이 불가능하다. 이와 같은 서비스의 소멸성 특징 때문에, 정확한 서비스의 수요예측은 서비스 자원의 가동률을 높이게 된다.

서비스 수요예측은 제조업에 비해 더 어렵다. 서비스의 특징 중 비분리성(Simultaneity)과 이질성(Heterogeneity) 때문이다. 이는 고객의 서비스 요청사항을 미리 판단할 수 없게 만든다. 예를 들면, 치과 환자는 도착한 후에야 어디가 아픈지를 말한다. 그때서야 무슨 장비가 필요한지, 치료 시간은 얼마나 걸리는지 알 수 있다. 자동차 서비스센터는 고객이 도착했을 때야 비로소 고객의 요청사항을 알 수 있다. 〈표 5-1〉은 제조업의 수요예측과 서비스업의 수요예측을 비교한 도표이다.

표 5-1 제조업 수요예측과 서비스업 수요예측의 비교

제조업 수요예측	서비스업 수요예측
제품은 접촉이 가능할(Tangible) 뿐만 아니라 서비스보다 상대적으로 표준화가 잘되어 있기 때문에 제조업의 수요예측은 쉬운 편이다.	서비스는 제조업과 반대의 경우이므로 서비스상품의 수요예측은 상대적으로 어렵다.
어떤 상품의 중장기 수요예측은 유사 상품의 실제 수요량을 통해 파악할 수 있기 때문에 서비스의 수요예측보다 쉬운 편이다.	새롭게 선보이는 서비스는 기존의 서비스와 비슷한 점이 적기 때문에 신서비스의 중장기 수요예측은 제조업의 수요예측에 비해 상대적으로 어려운 편이다.
주간 또는 월간 수요예측만으로 생산계획, 자재구매계획, 인력계획, 설비계획 등의 대부분 제조기업의 오퍼레이션 계획을 만들 수 있다.	서비스의 소멸성(Perishability)으로 인해 오퍼레이션 능력을 시간별 또는 일별로 정확하게 관리해야 하기 때문에 서비스 수요예측도 이에 부응해야 한다.

2. 수요예측 방법

서비스 수요예측은 제조업 수요예측에 비해 대체적으로 어렵지만, 계절 영향이나 사회적으로 중요한 이벤트를 고려하면 어렵지 않게 해결할 수 있다. 명절 연휴가 시작되는 날에는 교통서비스의 수요가 급증할 것이라는 것은 명약관화이다. 사업 관련 우편물의 배송 수요는 업무를 마감하는 늦은 오후에 몰린다. 외부 기온이 낮아지면 혈관질환 관련 환자가 증가한다는 사실을 과거 데이터로부터 유추할 수도 있다.

그러나 데이터가 없거나, 있어도 그 수가 충분하지 않으면 전문가의 경험적 지식을 통해 미래를 예측하는 델파이 기법을 이용할 수 있다. Steve Jobs 같은 대가는 '미래는 태블릿 수요가 데스크톱 컴퓨터를 앞지를 것'이라고 예측했는데, 실제 이런 상황이 벌어지고 있다. 이와 같이 충분하거나 적절한 데이터가 없을 경우에 사용하는 기법을 주관적(Subjective) 수요예측이라고 한다.

어느 대형 외식서비스기업이 지역별로 위치한 레스토랑에 차별화된 메뉴를 제

공하기 위해 주변 지역 잠재고객들의 연간수입과 외식비 지출액 사이의 연관관계를 조사한다고 가정하자. 표본조사를 통해서 연간수입과 외식비 지출 데이터를 수집한 후, 회귀분석(Regression Analysis)을 통해서 연간수입이 외식비 지출액에 영향을 미치는지를 알아볼 수 있다. 이와 같이 원인인자와 결과인자 사이의 관계분석을 통해서 미래를 예측하는 기법을 인과형(Causal) 수요예측이라고 한다.

때로는 서비스 수요량이 시간에 따라 변하고 있는지가 중요한 정보를 제공할 수 있다. 주말 할인요금을 적용해 오던 어느 비즈니스호텔이 지난 몇 주간 서비스 수요가 지속적으로 증가하고 있었다면, 시간에 따라 점진적으로 증가하는 추세변동이 있는지를 분석하는 것이 좋다. 지속적인 상승이 확인되면 호텔은 주말 할인요금 프로그램을 폐지할 수 있을 것이다. 이와 같은 방법을 시계열(Time Series) 수요예측이라고 한다.

1) 주관적 수요예측(Subjective Models)

과거의 계량적 데이터가 없거나, 충분하지 않으면 전문가 집단의 경험이나 판단에 의존하여 수요예측을 해야 한다. 이와 같은 주관적인 수요예측에는 델파이 방법, 교차영향 분석, 과거 데이터 유사도 분석이 있다.

(1) 델파이 방법(Delphi Method)

델파이 방법은 1953년에 랜드연구소(Rand Corporation)의 Olaf Helmer와 Norman Dalkey에 의해 개발되었다(Dalkey et al., 1973). 최초의 델파이 방법은 기존의 대면토의에서 나타나는 문제점을 없애고 국방 문제를 해결하기 위해 개발되었는데, 현재는 국방 문제뿐 아니라 미래예측 등 다양한 분야에서 사용되고 있다.

델파이 방법은 전문가들의 의견을 반복적으로 청취하고 공유하여 미래를 예측하는 주관적 예측 방법이다. 어떤 분야든지 해당 분야의 전문가가 존재한다면 미래

예측에 용이하고 간단하게 활용될 수 있다.

델파이 방법의 일반적인 절차는 크게 세 단계로 나뉜다. 그 첫 번째 단계는 델파이 조사의 주제를 명확히 설정하고, 설문조사의 대상이 되는 전문가를 선정하며, 전체적으로 설문조사 과정을 설계하는 사전준비 단계이다. 두 번째 단계는 설문서 작성부터 조사 실시, 결과 분석을 포함한다. 세 번째 단계는 몇 차례에 걸친 설문조사 결과를 최종적으로 분석하고 정리하여 최종 보고서를 작성하는 단계이다.

표 5-2 델파이 방법의 일반적인 절차

단계	절차
사전준비 단계	주제 명료화, 전문가 선정, 설문조사 과정 설계
설문조사 단계	설문지 작성, 설문조사 실시, 설문 결과 분석 (필요시 상기의 과정 반복)
평가 및 정리 단계	결과의 정리 및 평가, 최종 보고서 작성

델파이 방법의 자세한 과정은 다음과 같다. 먼저 첫 번째 단계인 사전준비 단계에서는 파악하고자 하는 대상을 상세히 구체화하고, 그와 관련된 전문가를 선정한다. 주제와 관련된 논문이나 저서를 통하여, 혹은 관련 연구자들의 추천에 의하여 전문가를 선정할 수 있다. 최소한 10명 이상의 전문가를 선정하는 것이 바람직하며, 참여하는 전문가를 다양하게 선발함으로써 시각의 편향을 방지하여 왜곡현상을 막는 것이 중요하다. 설문조사 횟수 설정에서는 시간과 비용, 특성에 따라 두세 차례 설문조사를 실시하는 것이 적절하다.

두 번째 단계는 설문조사 단계로서, 설문서를 작성하여 발송하고, 회수한 후 그 결과를 정리한다. 그리고 이를 바탕으로 재차 설문서를 작성하고 발송 및 회수하는 과정을 거친다. 이 과정을 몇 차례에 걸쳐 반복하여 설문조사를 실시한다. 1차 설문서에서는 일반적으로 개방형 설문을 제시하여 주제에 대한 정보를 다양하게 수집한다. 이때 수집된 정보는 2차 설문서 작성의 데이터로 활용한다. 1차 설문서가 회수되고 그 내용이 정리되면 2차 설문서를 작성하게 된다. 2차 설문서는 1차의 개방형 설문과는 달리 각 문항에 대해 리커트(Likert) 척도를 활용하여 '크게 동의－약간 동의－보통－약간 반대－크게 반대'와 같이 구조화하여 작성한다. 설문조사 후 회수된 설문서에 대해 집중화 경향과 분산도를 산출한다. 그 결과를 전문가들에게 전달하여 이를 바탕으로 3차 설문에서 응답하는 전문가들이 자신의 판단을 숙고하여 수정할 수 있는 기회를 제공한다. 이때, 다수의 의견과 크게 다른 견해를 수정하지 않고 지속적으로 피력하는 전문가는 그 이유를 밝히도록 요구한다. 위의 과정을 반복하여 참여자들의 의견이 어느 정도 수렴되었으면 설문조사를 중지하고 그렇지 않으면 수렴될 때까지 반복한다.

세 번째 단계는 설문조사의 결과를 평가하고 정리하는 단계이다. 즉, 최종 결과 정리, 빈도수에 따른 예상, 근거 등을 정리한다. 각종 통계기법을 활용하여 분석할 수 있으며, 필요시에는 대면 회의를 개최하여 내용을 보완한다.

델파이 방법은 전문가의 주관적 · 직관적 판단에 기반을 두어 결과를 도출하는 기법이므로 전문가의 선정이 매우 중요하다. 최소한 10명 이상의 전문가를 선정하는 것이 바람직하며, 참여하는 전문가를 다양하게 선발함으로써 시각의 편향을 방지하여 왜곡현상을 막아야 한다.

전문가의 수 외에도 몇 차례 설문조사를 수행할 것인가를 결정하는 것도 중요하다. 1~2차 설문에서 설문 응답의 변화가 가장 크게 나타나며, 5차 설문 이후부터는 응답의 변화가 거의 없어 사실상 설문조사의 의미가 없게 된다. 따라서 합의도출을 위해 몇 차의 설문조사를 거쳐야 하는지에 대한 객관적인 평가가 필요하다. 이를 위해 평가 척도로 사용되는 것이 안정도이며, 반복되는 설문조사 사이에서 응답의 일치성이 높을 경우 안정도가 확보되었다고 한다. 안정도는 변이계수(Coefficient of Variation)를 통해 측정하며, 변이계수는 표준편차를 산술평균으로 나눈 값을 의미한다. 변이계수가 0.5 이하이면 추가적인 설문조사가 필요 없으며, 0.5~0.8인 경우 비교적 안정적이라 판단하며, 0.8 이상인 경우에는 안정적이지 못하여 추가적인 설문조사가 필요한 것으로 판단한다.

델파이 방법은 다음과 같은 장점을 갖는다.

첫째, 공간상의 제약에 구애받지 않고, 서면이나 인터넷을 통해 여러 전문가들이 동시에 참여한다.

둘째, 복수의 전문가 참여를 통하여 정보의 질과 신뢰성을 제고할 수 있다.

셋째, 익명성의 보장을 통해 자유로운 의견 제시가 가능하다.

넷째, 조사과정 중에 대략적인 결과 확인 및 판단이 가능하다.

반면 델파이 방법은 다음과 같은 단점을 갖는다.

첫째, 반복적인 절차가 필요하기 때문에 조사를 수행하는 데에 많은 시간이 소요된다.

둘째, 설문지의 구성과 분석을 위하여 전문 인력이 필요하다.

셋째, 참여하는 전문가들의 적극적인 참여의지가 없을 경우, 조사의 신뢰성이 보장받지 못한다.

넷째, 참여하는 전문가들의 명확한 의견 서술 능력이 필요하다.

(2) **교차영향 분석**(Cross-Impact Analysis)

교차영향 분석은 1996년에 T.J. Gordon과 O. Helmer가 델파이 방법의 상호관계 파악의 어려움을 보완하기 위해 고안한 분석 방법이다. 이 분석 방법은 미래의 사건은 단일로 존재하지 않고 상호 간에 영향을 주며, 한 사건은 다른 사건의 발생을 촉진시키거나 억제한다는 데에 기초를 두고 있다. 이 점이 미래의 사건을 상호 분리된 독립사건으로 정의하는 델파이 방법과의 차이이다.

교차영향 분석의 절차는 다음과 같다. 먼저 델파이 방법을 활용하여 전문가 집단의 의견을 구하고 이에 문헌조사 등을 활용하여 각 사건의 최초 발생 확률을 예측한다. 다음으로 연구자가 미래의 일정 기간 중에 각 사건이 발생할 확률을 추정하면, 전문가 집단의 델파이 방법을 통하여 각 사건의 발생 연도와 그에 따른 발생 확률을 예측한다. 그후에 전문가는 각자가 생각하는 영향의 정도를 표시하기 위해 각 사건과 다른 사건의 교차영향추정치를 -10에서 +10에 이르는 평점 척도상에서 표시한다. 각 사건에 대한 교차영향추정치의 평균값을 구하여 이를 조건부 확률로 본다.

표 5-3 교차영향 분석 매트릭스

단계	세부절차	내용			
1단계: 발생 확률 예측	델파이 방법 활용	사건		최초 발생 확률	
		사건1		0.8	
		사건2		0.2	
2단계: 조건 확률 추정	통계적 절차	사건	발생추정연도	조건부 확률1	조건부 확률2
		사건1	–	–	2
		사건2	–	0	–

예를 들어 2013년에 실시한 조사에서 다음 두 가지 사건의 상호 관계를 구하고자 한다. 먼저 첫 번째는 2015년의 휘발유 가격이 2,500원이 되는 사건과 두 번째로는 2020년까지 대중교통 이용자의 수가 두 배로 증가하는 사건이다. 두 사건의 각각 최초발생확률을 델파이 방법을 통해 전문가 집단의 의견을 물은 결과는 다음과 같다.

사건	최초 발생 확률
사건1: 2015년의 휘발유 가격이 2,500원이 됨	0.75
사건2: 2020년까지 대중교통 이용자의 수가 두 배로 증가함	0.5

두 사건의 최초 발생 확률을 구한 후 마찬가지로 전문가 집단을 통해 두 사건의 조건부 확률을 구한다. 그 결과는 다음과 같다.

사건	조건부 확률	
	1	2
사건1: 2015년의 휘발유 가격이 2,500원이 됨	–	0.8
사건2: 2020년까지 대중교통 이용자의 수가 두 배로 증가함	0.4	

결과를 해석하면 만약 사건1이 발생하였다고 가정하면 사건2의 발생 확률은 최초 발생 확률 0.5에서 조건부 확률 0.8로 증가할 것이라고 예측할 수 있다. 즉, 외부 요인이 없다면 2020년까지 대중교통 이용자의 수가 두 배로 증가할 확률이 50%이지만, 2015년까지 휘발유 가격이 2,500원이 된다는 조건이 있다면 대중교통 이용자의 수는 80%로 증가하게 된다는 것이다.

교차영향 분석은 미래의 각 사건의 최초 발생 확률뿐 아니라 각 사건 간의 상호관계를 파악할 수 있으며, 폭넓은 사회적 · 기술적 · 공학적 토대를 바탕으로 여러 사건을 분석하여 풍부한 결론을 끌어낼 수 있다는 장점이 있다. 그러나 교차영향 분석은 분석에 사용되는 도구인 교차영향행렬을 구성하는 데에 시간이 많이 걸리며, 그 구성 요소가 많아져서 규명해야 하는 상호관계가 복잡해질수록 조건부 확률에 대한 판단이 어려운 단점이 있다.

(3) **과거 데이터 유사도 분석**(Historical Analogy)

과거 데이터 유사도 분석 방법은 새로운 서비스를 도입할 때의 성장 패턴은 기존의 서비스 중 이와 유사한 개념을 가지고 있는 서비스의 성장 패턴과 유사할 것이므로, 이의 수요 데이터를 이용하여 새로운 서비스의 수요를 예측할 수 있다는 것에 기초한다. 이 방법은 새로운 서비스의 수명주기예측이나, 시장진출 시 수요예측을 위해 빈번하게 사용된다.

이 방법의 대표적인 사례로는 컬러텔레비전의 시장 도입 시에 그 수요를 예측하기 위해 흑백텔레비전의 수요 데이터를 사용한 예이다. 서비스에서도 이와 다르지 않다. 예를 들어, NHN의 모바일메신저 LINE은 글로벌시장을 주 타깃으로 삼고 있기 때문에, 신규 시장 개척의 필요성이 매우 크다. 때문에 신규 시장에서 예상되는 수요를 파악하는 것이 매우 중요한데, 이를 위해 인접 시장에서의 데이터를 활용한다. 예를 들면, 베트남 모바일메신저 시장을 예측할 때, 그 기초 데이터를 인접한 시장인 태국 등에서 가져온다. 이는 지리 · 사회 · 문화 · 경제적으로 유사한 점이 많은 인접 국가 간의 시장 수요는 비슷할 것이라는 가정에 기초한다.

과거 데이터 유사도 분석은 많은 분야에서 폭넓게 사용되고 있지만, 그 예측이 언제나 정확한 것은 아니다. 과거 패턴의 해석 방법은 매우 다양하기 때문에, 어떻게 그 데이터를 해석하는지에 따라 예측 결과가 상이해질 수 있다. 때문에 이 분석 방법은 여러 해에 걸친 복잡하지 않은 데이터를 바탕으로 장기 수요예측을 하는 데에 주로 사용하게 된다.

2) 인과형 수요예측(Causal Models)

인과형 수요예측 기법을 성공적으로 활용하기 위해서는 원인변수의 파악이 중요하다. 예를 들어, 은행상품서비스의 수요를 예측하고자 할 경우, 원인변수로서 금리, 경제성장률 등을 인식할 수 있어야 한다. 그런 후에 과거 데이터를 기초로 하여 원인변수와 은행서비스 간의 함수관계를 파악하고 함수식에 의해 미래의 수요를 예측하는 것이다.

(1) **회귀모형**(Regression Models)

회귀모형에서는 예측 대상을 종속변수로 정의하고 원인변수를 독립변수로 정의한 후, 이들 사이의 관계를 수식으로 나타낸다. 즉, 종속변수는 독립변수로 구성된 수식으로 표현된다.

간단한 예를 들어 보자. 어떤 기업이 광고비를 늘리면 매출액이 늘어나는지를 궁금해하고 있다. 이미 예상은 했지만 과거 데이터를 기반으로 광고비와 매출액의 관계를 파악한 후에 미래 상황을 예측하고자 한다. 회귀모형을 적용하기 위해 매출액을 종속변수로 정의하고 광고비를 독립변수로 정의한다. 다음으로 과거 데이터, 즉 광고비 지출액과 그에 상응하는 수요(또는 광고에 의한 수요 증가액)를 수집한다.

예를 들어 A사는 새로 개발된 청소기의 수요를 예측하려 한다. 과거 10회의 광고비 투자에 대한 수요는 다음 표와 같이 얻을 수 있다고 가정하자.

광고비(만 원)	8	4	8	3	16	20	17	15	12	25
수요(수)	17	10	12	8	25	32	24	22	25	40

다음 [그림 5–1]에 나타난 점들은 과거 데이터를 표시한다. 다음으로 회귀모형을 만드는데, 독립변수를 X라고 하고 종속변수를 Y라고 정의하면 과거 데이터를 가장 잘 설명하는 수식인 $Y_C = 3.95 + 1.3713X$ 회귀모형을 만들 수 있다고 가정하자. 그러면 미래에 광고비를 10만큼 투자하면 (즉, X=10을 대입하면) $Y = 3.95 + 1.3713 \times 10 = 17.663$(즉, 약 17 또는 18대)라는 수요가 발생할 것이라고 예측된다.

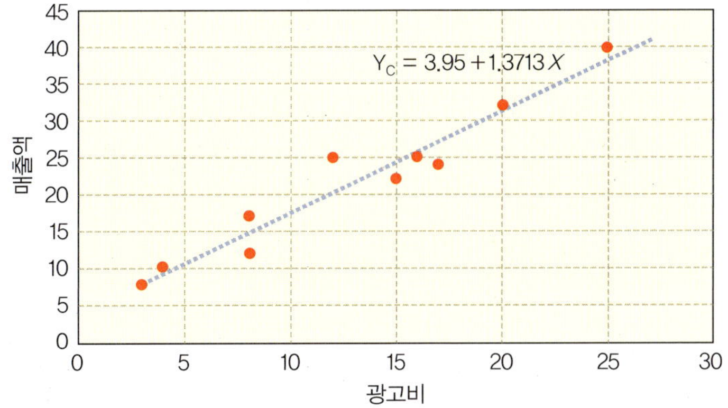

그림 5–1 광고비와 매출액의 회귀식

다음으로 회귀모형을 산출하는 방법을 알아보도록 하자. 회귀모형은 선형의 회귀식을 (즉, 독립변수의 2차항 이상을 사용하지 않음) 통해 접근할 경우 선형회귀모형이라 하며, 독립변수가 하나일 경우에는 단순선형회귀모형, 다수일 경우에는 다중선형회귀모형이라 한다.

단순선형회귀모형을 $Y_C = a + bX$로 놓자. 여기서, 구해야 하는 b는 회귀모형의 기울기이고, a는 $X = 0$일 때의 Y의 절편이다. 과거 데이터는 (X, Y) 좌표로 표현이 가능하다. 그러면 독립변수 X에 대해 과거 데이터로부터 구한 종속변수의 값인 Y가 존재하고, 단순선형회귀모형에 대입하여 구한 $Y_C = a + bX$가 존재한다. 그러면 모든 독립변수 값에 대해 Y와 Y_C의 차이의 제곱합을 최소화하는 a와 b를 구하면 된다. 다시 말하면 하나의 독립변수 값에 대한 오차는 $e = Y - Y_C$가 된다. 이를 제곱하여 모든 독립변수 값에 대해 더한 값인 오차 제곱합은 $\sum(Y - Y_C)^2 = \sum(Y - a - bX)^2$이다.

이 값이 최소가 되기 위한 최소자승법에서는 이 식을 a, b에 관해 편미분하여 얻은 두 개의 방정식을 0으로 놓고 풀어 a, b를 구한다. 과거 데이터 총 수가 n이라고 하자. 그러면 a에 대해서 편미분을 한 후 정리하면 다음과 같다.

$$-2\sum(Y - a - bX) = 0$$
$$\sum Y = \sum a + b\sum X$$
$$\sum Y = na + b\sum X$$

동일한 식을 b에 대해서 편미분을 한 후 정리하면 다음과 같다.

$$-2\sum[(Y - a - bX)X] = 0$$
$$\sum XY = a\sum X + b\sum X^2$$

a에 대해 편미분하여 정리한 식과 b에 대해 편미분하여 정리한 식을 통합하여 연립방적식을 풀면 다음과 같이 a와 b를 구할 수 있다.

$$a = \frac{n\sum XY - \sum X \sum Y}{n\sum X^2 - (\sum x)^2}$$

$$b = \frac{\sum Y - b\sum X}{n}$$

회귀모형을 유도하기 위해 앞에서 정의한 예제를 다음과 같이 계산한다.

	X	Y	XY	X^2	Y
	8	17	136	64	289
	4	10	40	16	100
	8	12	96	64	144
	3	8	24	9	64
	16	25	400	256	624
	20	32	640	400	1024
	17	24	408	289	579
	15	22	330	225	484
	12	25	300	144	625
	25	40	1000	625	1600
합계	128	215	3374	2092	5531

$$b = \frac{n\sum XY - \sum X \sum Y}{n\sum X^2 - (\sum x)^2} = \frac{10(3374) - (128)(215)}{10(2092) - (128)^2} = 1.3713$$

$$a = \frac{\sum Y - b\sum X}{n} = \frac{215 - 1.3713(128)}{10} = 3.95$$

따라서 구하는 회귀식은 $Y_C = 3.95 + 1.3713X$ 이다.

3) 시계열 수요예측(Time Series Models)

시계열 수요예측은 '시계열(시간, 일, 주, 월, 년 등)을 따라 발생한 실적(과거 데이터)을 바탕으로 미래를 예측하는 기법'이다. 정확한 예측을 위해서는 시계열 데이터의 특성을 파악하고 이해하여야 하며, 특성 이외에도 시계열 데이터에 어떠한 인자가 영향을 미치는지 정확히 파악해야 한다.

(1) 서비스업에서의 시계열 수요예측 특성

서비스업에서의 시계열 데이터는 제조업과는 다른 특성을 갖는다.

첫째, 서비스업의 계절변동 주기는 제조업의 그것보다 더 짧은 주기로 변동이 발생할 수 있다. 제조업의 경우, 재고를 쌓아 놓고 판매를 하는 것이기 때문에 특정한 시간대에 어떤 제품이 많이 팔렸는지를 파악하는 것은 무의미하다. 그러나 서비스업의 경우, 특정한 시간대에 서비스의 수요가 급증할 수 있고 수요에 맞추어 공급을 해주지 못한다면 서비스의 소멸성(Perishability)으로 인해 판매기회를 손실하게 된다. 따라서 제조업보다 주기가 짧게 발생하는 특정한 시간대의 서비스 수요에도 집중하여 예측할 필요가 있다.

둘째, 서비스가 과잉공급되었을 때, 수요가 발생하지 않는다면 서비스 공급업체는 과잉공급된 만큼 손해를 보게 된다. 따라서 공급된 서비스를 소진시켜야 할 필요가 있다. 이때, 서비스 제공업체들은 손해를 최소한으로 줄이기 위해 다양한 판매촉진 전략을 활용한다. 따라서 서비스 수요의 변동성이 증가되어 정확한 수요를 예측하기는 더 어려워진다.

기본적인 시계열 데이터의 특성은 크게 추세, 계절변동, 순환변동, 불규칙변동 등이 있다. 각각의 특성을 [그림 5-2]에 표현하였다.

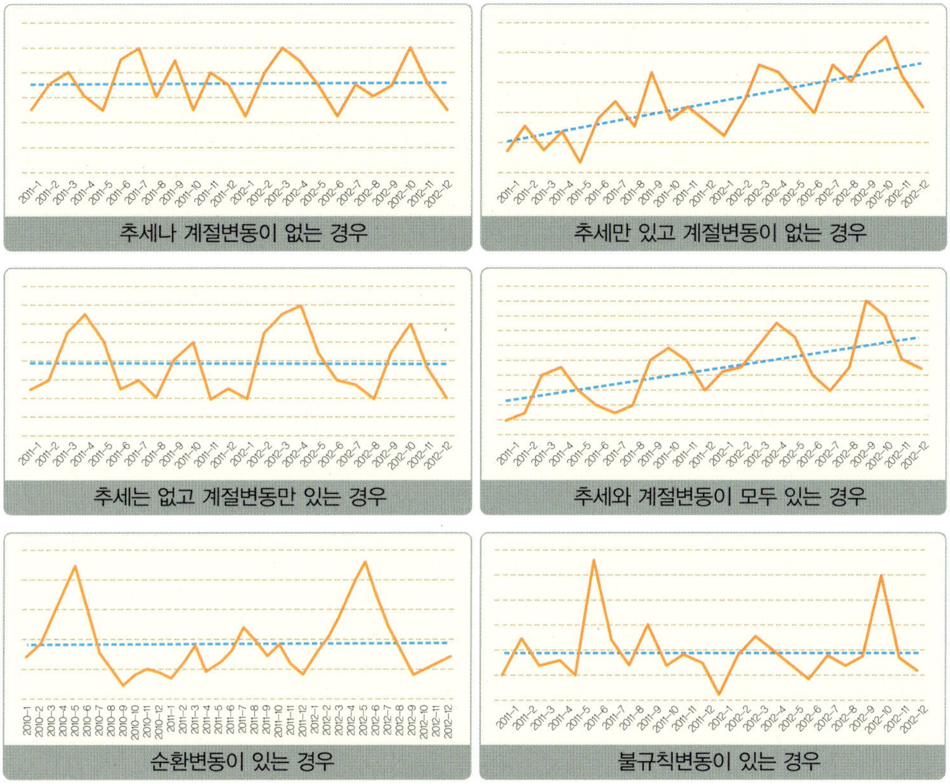

그림 5-2 특성에 따른 시계열 데이터 종류

● 추세나 계절변동이 없는 경우

추세나 계절변동이 모두 없는 경우이며, 일정한 패턴이 없이 불규칙하게 수요가 발생한다.

● 추세만 있고 계절변동이 없는 경우

추세변동이란 시계열 데이터가 갖고 있는 변화의 패턴이다. 추세란 장기간에 걸쳐 지속적으로 증가 혹은 감소하고 있는 성향을 의미하기 때문에 단기간의 시계열 데이터는 추세가 있다고 판단하기 어렵다. 추세곡선은 항상 선형의 형태가 아니라 때로는 비선형 형태로 나타날 수 있다.

● **추세는 없고 계절변동만 있는 경우**

계절변동이란 계절적 영향과 사회의 관습 혹은 특정한 영향에 의해 수요 패턴이 1년 주기 혹은 일정한 주기에 따라 변하는 것을 의미하며 일반적으로는 계절에 따라 유사한 패턴이 발생한다.

● **추세와 계절변동이 모두 있는 경우**

이 경우 계절변동과 추세변동을 모두 보유하고 있는 형태로 대부분의 경제 관련 시계열 데이터들이 이 경우에 해당된다.

● **순환변동이 있는 경우**

순환변동은 계절변동과 비슷하지만 그 주기가 계절 혹은 1년을 주기로 발생하는 것이 아니라 대체로 2년 이상의 일정한 기간을 주기로 변동이 있는 것을 의미한다.

● **불규칙변동이 있는 경우**

불규칙변동은 일정한 규칙이 있지 않으며 특정한 원인에 의해 불규칙하게 발생하는 변동이다. 천재지변, 급격한 사회변화 등이 그 원인에 해당한다.

(2) N-기간 이동평균법(N-Period Moving Average)

시계열 수요예측에서 과거의 실적은 미래를 예측하는 토대가 된다. 시계열 수요예측 기법 중 가장 기초가 되는 것이 이동평균법이다. 이동평균법은 예측하고자 하는 시점을 기준으로 과거 N-기간의 실적 평균을 예측치로 사용하는 기법이다. 과거 여러 기간의 실적에 동일한 가중치를 부여하는 단순이동평균법과 기간에 따라 가중치를 다르게 부여하는 가중이동평균법으로 구분된다.

과거 N−기간을 결정할 때, 기간을 길게 설정할수록 변동이 상쇄되어 예측선은 고르게 되나 수요의 변화에 대응이 늦어진다. 따라서 예측의 안정성과 수요변화 반응도의 상충관계를 적절히 고려하여 기간을 설정해야 한다.

단순이동평균법으로 예측치를 구하는 식은 다음과 같다.

$$MA_t = \frac{A_t + A_{t-1} + A_{t-2} + \cdots + A_{t-N+1}}{N}$$

$MA_t = t$ 시점으로부터 과거 N만큼의 실적평균

$A_t = t$ 시점의 실적(관측치), $N =$ 예측에 반영하고자 하는 기간

앞의 식으로부터 얻어지는 MA_t는 $t+1$시점의 예측치(F_{t+1})가 된다.

$$F_{t+1} = MA_t$$

〈표 5−4〉의 사례에서 3−기간 단순이동평균의 예측치를 앞의 식으로 구하면 다음과 같다.

$$F_{3/4} = MA_{3/3} = \frac{118 + 127 + 85}{3} = 110$$

이 수치는 3/4의 예측치가 된다.

표 5−4 10일간의 서비스 수요 및 예측치

날짜	시기	수요량	3−기간 이동평균	예측치
3/1	1	118		
3/2	2	127		
3/3	3	85	110	

3/4	4	66	93	110
3/5	5	75	75	93
3/6	6	70	70	75
3/7	7	90	78	70
3/8	8	112	91	78
3/9	9	134	112	91
3/10	10	98	115	112

가중이동평균법은 시점별 동일한 가중치를 부여하는 단순이동평균법과는 다르게 시점별 상이한 가중치를 부여할 수 있다.

$$MA_t = W_t A_t + W_{t-1}A_{t-1} + W_{t-2}A_{t-2} + \cdots + W_{t-N+1}A_{t-N+1}$$

$$0 \leq W_t \leq 1,\ \sum_{t=1}^{N} W_t = 1$$

$W_t = t$ 시점의 가중치

앞의 식으로부터 얻어지는 MA_t 는 $t+1$ 시점의 예측치(F_{t+1})가 된다.

$$F_{t+1} = MA_t$$

(2) **지수평활법**(Simple Exponential Smoothing)

이동평균법은 특정한 기간 N만큼의 실적 이외의 과거 데이터는 반영하지 못한다. 그러나 "최근의 데이터일수록 예측치에 큰 영향을 주고, 과거 데이터일수록 예측치에 영향을 덜 미친다"라는 가정이 옳고 과거의 모든 데이터를 반영할 필요가 있을 때, 지수평활법이 가장 논리적인 방법이라고 할 수 있다. 즉, 지수평활법은 현재에 가까운 데이터일수록 큰 비중을 주고, 과거 데이터일수록 지수적으로 비중을 적게 주는 수요예측 기법이다. 시간의 흐름에 따른 가중치 변화는 [그림 5–3]과 같다.

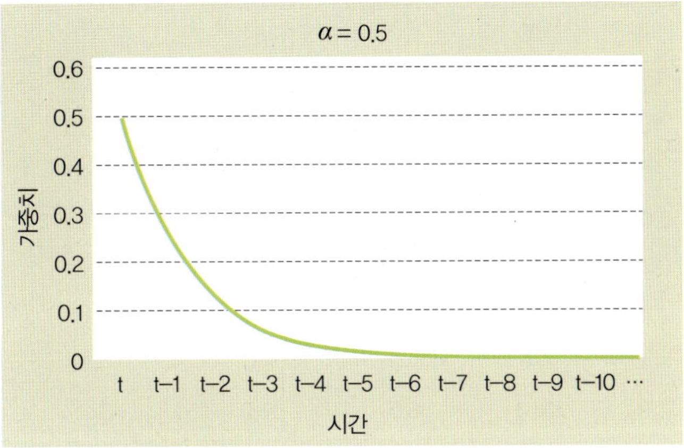

그림 5–3 시간의 흐름에 따른 가중치 변화

지수평활법은 과거 예측오차를 반영하여 수정된 예측치를 구한다. $A_t - F_t$는 t시점의 실적과 예측치의 차이이며 이는 예측오차를 의미한다. 지수평활법의 식은 다음과 같다.

$$F_{t+1} = F_t + \alpha(A_t - F_t)$$

$F_{t+1} = t+1$ 시점의 예측치, $A_t = t$시점의 실적(관측치), α =평활상수

앞의 식을 정리하면 다음의 식과 같다.

$$F_{t+1} = \alpha A_t + (1-\alpha)F_t$$

〈표 5–5〉 사례를 지수평활법을 통하여 예측치를 구할 수 있다.

표 5-5 10일간의 서비스 수요 및 예측치(α=0.5)

날짜	시기	수요량	예측치 F_t	오차 $A_t - F_t$	절대오차 $\lvert A_t - F_t \rvert$	제곱오차 $(A_t - F_t)^2$	퍼센트 오차 $\frac{\lvert A_t - F_t \rvert}{A_t}$
3/1	1	118	118.0				
3/2	2	127	118.0	9.0	9.0	81.0	7.1
3/3	3	110	122.5	−12.5	12.5	156.3	11.4
3/4	4	80	116.3	−36.3	36.3	1314.1	45.3
3/5	5	90	98.1	−8.1	8.1	66.0	9.0
3/6	6	94	94.1	−0.1	0.1	0.0	0.1
3/7	7	104	94.0	10.0	10.0	99.4	9.6
3/8	8	111	99.0	12.0	12.0	143.6	10.8
3/9	9	123	105.0	18.0	18.0	323.7	14.6
3/10	10	107	114.0	−7.0	7.0	49.1	6.5
			합계	−15	112.9	2233.1	114.4

지수평활법에서는 평활상수(α)를 활용하여 가중치를 둘 수 있다. 일반적으로 평활상수의 결정은 서비스의 특성과 잘 부합하는 값으로 결정되는데, 여러 개의 평활상수에 대한 예측치를 구한 다음 그중에서 실적과의 오차를 최소로 하는 값을 선택해야 한다. 평활상수에 따른 예측치의 변화는 [그림 5-4]와 같다. 이는 일정 기간의 서비스 수요곡선을 나타낸 것으로, 실제 수요가 증가하고 감소함에 따라 평활상수에 따른 예측치의 변화를 나타낸다. 예를 들면, 평활상수가 크면 클수록 실측치를 더 크게 반영하게 된다.

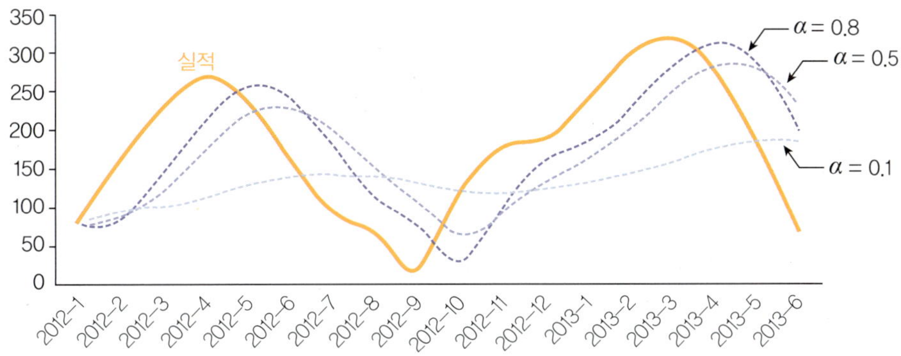

그림 5-4 평활상수에 따른 수요 예측치 변화

(3) 추세조정 지수평활법(Exponential Smoothing with Trend Adjustment)

기본적인 지수평활법은 시점에 따른 가중치를 다르게 준다는 점을 제외하고는 이동평균법과 큰 차이가 없다. 단, 평활상수의 값을 어떻게 산정하는지에 따라 예측치가 변화하는데 단순히 평활상수만 고려해서는 정확한 예측을 하기 어려울 경우가 있다. 따라서 실제수요에 가깝게 예측을 하기 위해서는 추세의 변동도 같이 고려해 주어야 한다. 즉, 추세를 반영한 조정치를 추가함으로써 보다 정확한 예측을 꾀할 수 있다.

추세조정 지수평활법에서의 기본 예측치 S_t는 t시점의 실적과 $t-1$시점에 대한 기본 예측치와 추세 조정치의 합으로 구할 수 있다.

$$S_t = \alpha A_t + (1-\alpha)(S_{t-1} + T_{t-1})$$

$S_{t-1} + T_{t-1}$은 실질적으로 F_t와 같으므로 앞의 식은 다음과 같이 바꾸어 표현할 수 있다.

$$S_t = \alpha A_t + (1-\alpha)F_t$$

추세 조정치 T_t는 t시점에서 과거의 정보를 얼마만큼 반영할 것인지를 의미한다. 추세 평활상수 β를 활용하여 다음과 같이 산출할 수 있다.

$$T_t = \beta(S_t - S_{t-1}) + (1-\beta)T_{t-1}$$

$S_t = t$ 시점의 기본 예측치, $T_t = t$ 시점의 추세 조정치, $\beta =$ 추세 평활상수

최종적인 예측치 F_t는 다음과 같이 기본 예측치와 추세 조정치의 합으로 구할 수 있다.

$$F_{t+1} = S_t + T_t$$

(4) 계절성조정 지수평활법(Exponential Smoothing with Seasonality Adjustment)

추세뿐만 아니라 계절변동이 있는 경우, 계절에 따른 수요변화에도 대응할 수 있어야 한다. 계절변동을 지수평활법에 적용하기 이전에 계절변동의 변동이 무작위변동보다 큰지 확인하고, 계절변동이 무작위변동보다 작다면 계절변동이 아닐 수도 있다는 사실에 명심해야 한다.

기본 예측치는 평활상수를 사용하여 계절지수에 따른 과거 실적과 기본 예측치를 합하여 구한다.

$$S_t = \alpha\left(\frac{A_t}{I_{t-L}}\right) + (1-\alpha)S_{t-1}$$

기본적으로 계절지수 I_t는 주어진 데이터와 계절기간 L을 활용하여 다음과 같이 구할 수 있다. 즉, I_t는 t기간의 실적이 계절기간 내 다른 실적과 얼마만큼 차이가 나는지를 비율로 산정한 것이다.

$$I_t = \frac{A_t}{\overline{A}},\quad \text{단 } \overline{A} = \frac{(A_1 + A_2 + \cdots + A_L)}{L}$$

만약 계절지수가 일정하지 않고 계속 변화한다면 앞의 식을 사용해서는 정확한 계절지수를 구할 수 없다. 따라서 변화하는 실적에 따른 계절지수를 계속 산정해 주기 위하여 시간의 흐름에 따라 계절지수가 변할 수 있는 모델을 활용하였다. 지속적으로 변화하는 계절지수를 반영하기 위한 식은 다음과 같다.

$$I_t = \gamma \frac{A_t}{S_t} + (1-\gamma) I_{t-L}$$

$I_t = t$ 시점의 계절지수, $\gamma =$계절 평활상수, $L =$계절기간

앞에서 구한 기본 예측치인 S_t와 계절지수 I_t를 곱하여 예측치를 구할 수 있다.

$$F_{t+1} = (S_t)(I_{t-L+1})$$

(5) 추세 및 계절성조정 지수평활법(Exponential Smoothing with Trend and Seasonal Adjustment)

시계열 데이터에 추세와 계절변동이 함께 존재하고 각 요소들의 특징이 명확한 경우 두 가지 요소들을 함께 고려하면 더 정확한 예측이 가능하다.

예측치 = (기본 예측치 + 추세 조정치) × (계절지수)

기본 예측치를 구하기 위해 추세와 계절변동을 함께 고려해야 한다.

$$S_t = \alpha\left(\frac{A_{t-1}}{I_{t-L}}\right) + (1-\alpha)(S_{t-1} + T_{t-1})$$

이 모델에서 $S_{t-1}+T_{t-1}$은 F_t와 같은 의미이므로 다음과 같이 바꾸어 표현할 수 있다.

$$S_t = \alpha\left(\frac{A_{t-1}}{I_{t-L}}\right) + (1-\alpha)F_t$$

추세 조정치와 계절지수는 추세만 고려하거나 계절변동만 고려한 모델과 차이가 없으며 추세 조정치와 계절지수를 함께 고려하여 예측치를 다음과 같이 구할 수 있다.

$$F_{t+1} = (S_t + T_t)(I_{t-L+1})$$

〈표 5-6〉은 지수평활법에서 사용된 수식을 정리한 것이다.

표 5-6 지수평활법 수식

기본 예측치 S_t

추세를 고려	계절변동을 고려
$S_t = \alpha A_t + (1-\alpha)(S_{t-1}+T_{t-1})$	$S_t = \alpha\left(\frac{A_t}{I_{t-L}}\right) + (1-\alpha)S_{t-1}$
추세와 계절변동을 동시에 고려	
$S_t = \alpha\left(\frac{A_{t-1}}{I_{t-L}}\right) + (1-\alpha)(S_{t-1}+T_{t-1})$	

추세 조정치 T_t

추세를 고려	계절변동을 고려
$T_t = \beta(S_t - S_{t-1}) + (1-\beta)T_{t-1}$	·
추세와 계절변동을 동시에 고려한 지수평활법	
$T_t = \beta(S_t - S_{t-1}) + (1-\beta)T_{t-1}$	

계절지수 I_t

추세를 고려	계절변동을 고려
•	$I_t = \gamma \frac{A_t}{S_t} + (1-\gamma) I_{t-L}$
추세와 계절변동을 동시에 고려	
$I_t = \gamma \frac{A_t}{S_t} + (1-\gamma) I_{t-L}$	

예측치 F_t

추세를 고려	계절변동을 고려
$F_{t+1} = S_t + T_t$	$F_{t+1} = (S_t)(I_{t-L+1})$
추세와 계절변동을 동시에 고려	
$F_{t+1} = (S_t + T_t)(I_{t-L+1})$	

마무리사례

예측 수요의 8% 승객만 태우고 달리는 인천공항철도

인천공항 철도

수요예측은 대규모 사회간접자본(SOC) 투자의 추진 여부를 판가름하는 첫 관문이다. 인구 증감과 도시 변화의 모습을 예측해 장래 수요층의 두께를 예상하는 '미래 모형'을 제시하는 일이기도 하다. 수요예측을 담당하는 기관은 사실에 가장 근접한 예상을 내놓기 위해 다양한 추정치를 사용한다. 그 가운데 하나는 도시계획과 택지개발계획이다. '상전벽해'에 가까운 도시의 미래를 가정한 뒤, 투입된 사회간접자본이 가까운 장래에 제대로 된 구실을 할 수 있는지 가려내는 것이다. 그러나 종종 수요예측은 장밋빛 도시계획의 향기에 취해, 악취를 풍기는 대재앙을 만들어 내기도 한다.

2005년부터 추진됐다가 전면 재검토된 광명경전철 사례를 보면, 장밋빛 도시계획의 위험성이 두드러졌다. 광명경전철 수요예측 보고서는 2008년 1월 제출됐다. 보고서는 인근 도시로의 출퇴근, 통학, 자동차 등록 대수와 인구의 추이 등 다양한 변수를 통해 경전철 수요층에 대해 분석하고 있다. 그 가운데에는 숭실대 학생들의 통학 수요도 자리 잡고 있었다. 당시 민자사업을 추진하던 ㈜광명경전철의 수요예측 보고서는 2010년부터 숭실대 학생이 하루 982명씩 경전철을 이용해 통학할 것으로 예측하고 있었다. 접근성이 높아진 2015년에는 이 인원수가 하루 1,636명으로 늘고, 2030년 2,681명에 이어, 2040년에는 3,272명이 이용할 것으로 예상됐다. 그러나 숭실대와 광명시는 2006년 제2캠퍼스 건립에 대한 양해각서를 체결했을 뿐, 제2캠퍼스 건축은 지금까지도 첫 삽을 뜨지 못했다. 있지도 않은 대학 캠퍼스의 통학 인구가 고스란히 수요예측에 반영된 셈이다. 감사원의 한 관계자는 "대부분 수요예측은 사업을 되게 해야 한다는 시각이 강하기 때문에, 양해각서건 택지개발계획 초기 승인이건 되는대로 집어넣는 실정"이라고 말했다.

인천공항고속도로와 인천공항철도 역시 장밋빛 도시계획을 통해 수요예측을 마구 부풀린 경우였다. 인천공항고속도로 건설이 논의되던 1994년 당시 건설교통부와 한국도로공사가 발행한 교통영향평가서의 수요예측을 보면, 이들은 인천광역시가 1992년에 수립한 '인천 해안종합관광구역 기본계획'을 수요예측의 전제조건으로 삼고 있었다. 인천 용유도 · 영종도 · 무의도 등지에 디즈니랜드, 유니버설스튜디오, 대규모 민속촌, 스키장, 해상단지 등 10개 관광 및 위락단지를 구성하겠다는 내용이었다. 인천시는 이 관광단지에 한 해 5892만 명의 관광객이 찾아들 것으로 예상했다. 이에 따라 수요예측 보고서는 2011년 8월 한 달에만 660만 명의 관광객 교통수요가 발생할 것으로 예측했다. 관광산업의 성장세를 고려해 2020년 8월에는 영종도 일대 방문수요가 767만 명에 이를 것으로 예측됐다.

1999년 발간된 인천공항철도의 수요예측 보고서도 크게 다를 것이 없었다. 앞서 인천공항고속도로가 수요예측에 포함시켰던 10대 관광지 가운데 현실가능성이 떨어지는 디즈니랜드, 유니버설스튜디오 등 7곳은 제외했지만, 용유 · 무의도에 위치한 용유해변, 왕산해변, 하나개해변 등 3곳에서만 한 해 596만 명의 관광객이 찾을 것으로 예상했다. 마찬가지로 인천광역시의 '인천 해안종합관광구역 기본계획'에 기반한 것이었다. 관광단지의 대표적 성공 사례인 남이섬의 연간 관광객이 250만 명 선인 것과 비교하면 턱없이 부풀려진 전망을 기초로 한 수요예측인 셈이다. 그뿐만 아니라 인천공항철도 수요예측에는 청라지구와 송도새도시 등 경인권의 무분별한 개발계획이 모두 성공할 것으로 전제했다. 수요예측 보고서를 보면, 검단새도시 23만 명, 청라지구 10만 명, 송도새도시 20만 명 등의 계획인구가 모두 교통수요의 대상이었다. 그러나 검단새도시와 송도새도시의 실제 인구는 그 절반 수준에 그치고 있다.

인천공항철도와 고속도로는 대표적인 최소운영수입보장(MRG) 낭비 사례로 꼽힌다. 민주당 문병호 의원실에 따르면, 인천공항철도의 경우 실적이 개통 당시 수요예측의 8.1%에 불과해 6년 동안 사업자한테 1조 904억 원의 세금을 지급했다. 문 의원은 "문제는 향후 30년간 14조 원의 혈세가 더 낭비될 것이라는 점"이라고 말했다. 민자사업으로 시작한 인천공항철도는 결국 최소운영수입보장 부담을 못 이겨 정부가 다시 사들였다. 또 과장된 수요예측으로 감사원 지적을 받은 광명 경전철 사업 역시 재검토 수순에 들어갔다.

이런 상황이 빚어지는 주된 요인은 개발을 원하는 지방자치단체와 수요예측 기관의 '자가발전' 때문이다. 사업을 추진하겠다는 의욕이 강하다 보니, 장밋빛 도시계획을 만들고, 수십 년 뒤를 예상하는 수요예측에서는 큰 폭의 오차로 돌아온다는 것이다. 국회 예산정책처의 안태훈 박사는 "일산이나 분당의 개발 과정을 살펴봐도 대규모 택지개발은 시차를 두고 서서히 완성되는데, 사회간접투자 사업에서는 실시계획 협약만 있어도 계획인구를 100% 반영하는 방식을 이용하는 경우가 많다"며 "사업의 성패를 판단하는 수요예측에서는 이런 방식이 들어가서는 안 된다"고 말했다. 목표지향적인 도시계획이 수요예측의 치명적인 실패 요소로 작용한다는 것이다.

장밋빛 도시계획은 수요예측 실패의 알리바이로 악용되기도 한다. 개발이 지연돼 검토되지 않았던 경쟁 노선이 신설되거나, 도시계획에 따른 예측치가 잘못돼 어쩔 수 없이 차이가 벌어졌을 뿐, 수요예측 자체에는 문제가 없었다는 설명들이다. 실제 인천공항철도 · 용인경전철 등 대표적인 수요예측 실패 사례에 대해 관계기관은 이러한 답변을 내놓았다. 그러나 비겁한 변명이라는 지적이 나온다. 서울대 환경대학원의 장수은 교수(환경계획학)는 "대규모 사회간접자본 투자 사업은 진행 기간이 매우 길기 때문에, 수요예측도 조심스러워야 한다"며 "당시에 알기 힘든 변수들이었다는 이유로 수요예측의 실패를 정당화할 수는 없으며, 도시계획의 진행률을 보수적으로 산정하거나 수요층의 범위를 지정하는 등 보정 수단은 많다"고 지적했다.

문제는 이런 노력을 연구자의 양심에만 기대해야 한다는 것이다. 국토부가 마련한 '교통시설 투자평가지침' 등 관련 규정을 보면, 계획인구 순차 적용 등을 강제하고 있지도 않은 실정이다. 또 수요예측에 실패해도 보고서 작성 당시 적용된 변수와 장래 변동에 대한 복잡한 함수는 공개되지 않는다. 개발계획만 확정되면 연구자 마음먹기에 따라 얼마든지 숫자를 끌어다 쓸 수 있는 환경이라는 뜻이다.

출처: 한겨레신문 (2013. 10. 28).

연습문제

1. 아기용 기저귀의 수요예측과 소아과 방문고객의 수요예측 중에 무엇이 더 어려운가? 그리고 그 이유는 무엇인가?

2. 설문지나 인터뷰를 통해 해당 서비스의 수요를 예측하는 기법은 무엇인가?

3. 교차영향분석 기법이 유효한 서비스 수요예측 사례를 찾아보라.

4. 어느 항공업체는 연봉과 해외여행 빈도수가 서로 상관관계가 있는지 궁금하여 다음과 같이 데이터를 수집하였다. 회귀식을 구하고 연봉 120,000천 원인 사람은 몇 회 정도 해외여행을 한다고 예측되는가?

연봉(단위: 천 원)	연간 해외여행 회수
50,000	4
35,000	5
80,000	6
60,000	4
90,000	7
130,000	8
70,000	5
78,000	8
45,000	3
110,000	7

SERVICE MANAGEMENT

06 CHAPTER

서비스 능력관리 및 수요관리

06 CHAPTER 서비스 능력관리 및 수요관리

도입사례

공급위주서 수요관리로 에너지 정책 확 바꾼다, 정부 전기료 현실화 등 검토

정부가 원자력발전소 공급관리 위주의 에너지 정책을 궤도 수정하고 강력한 수요관리프로그램을 통해 에너지 수요를 획기적으로 감축하는 방안을 오는 9월 2차 국가에너지 기본계획에 담는다. 이에 맞춰 산업용 전기요금 인상, 전기요금 원가산정 체계 개편을 비롯해 에너지 공급자효율향상의무제도(EERS) 등 새 수요관리제도를 도입하는 방안도 다각적으로 검토되고 있다.

정부는 또 3년마다 수립되는 해외자원 개발 기본계획도 5년 또는 10년 주기로 바꾸는 등 자원 개발의 호흡을 길게 가져갈 계획이다.

정부의 한 고위당국자는 10일 "원전이나 대형 송전망 등의 설비에 대한 국민 반감이 높은 만큼 공급비용이 치솟아 이제 수요자원을 활용하는 것이 더 경제적인 상황이 됐다"며 "목표만 높고 시스템이 뒷받침되지 않았던 수요관리 체계를 확 바꿀 것"이라고 밝혔다.

이에 따라 전기요금 현실화 등 가격체계 개편과 함께 새로운 수요관리시스템 도입이 2차 국기본의 주요 내용이 된다. 에너지 공급자에게 매년 일정량의 에너지 감축 의무를 부여하는 미국의 EERS와 백색인증제 등 강제적 수요관리프로그램 도입도 신중히 논의되고 있다.

발전 부문에서는 2030년까지 59%(발전량 기준)를 목표로 했던 원전의 비중이 재검토 대상에 오른다. 일본 후쿠시마 사고로 원전의 수용성이 악화됐고 국내에서도 발전소 건설과 초고압 송전망 구축이 점점 어려워지는 상황을 고려한 것이다. 정부는 석탄 · 가스 · 신재생 에너지를 활용한 새로운 에너지믹스를 제시하되 독일 같은 '탈원전' 정책은 현실성이 떨어지는 것으로 평가하고 있다.

이명박 정부의 트레이드마크였던 해외자원 개발도 수술대에 오른다. 셰일가스 개발로 세계 에너지 가격 지형이 급변하고 있고 성과주의식 해외자원 개발정책의 폐단이 드러났기 때문이다.

서울경제신문은 이 같은 국내외 흐름의 변화에 맞춰 우리 에너지 정책이 나아갈 방향을 제시하는 '에너지, 황금비율 찾아라' 기획 시리즈를 시작한다. 특정 논리에 치우친 에너지 계획의 폐단을 지적하고 균형 있는 대안을 제시하기 위함이다.

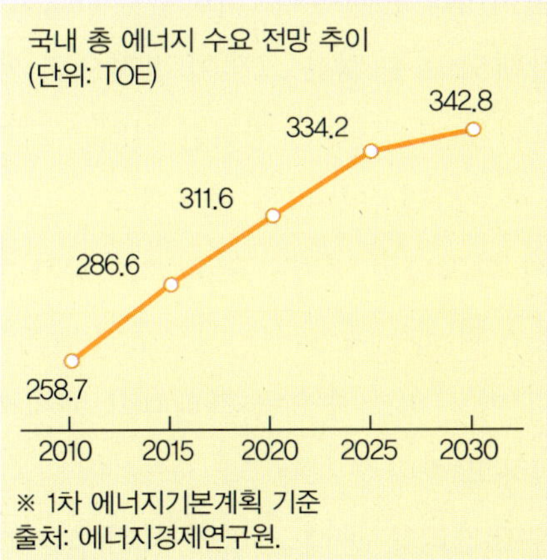

출처: 인터넷 한국일보 (2013. 7. 10).

1. 서비스 능력관리 및 수요관리 개요

제한된 자원으로 투자 대비 최대의 수익을 추구한다는 측면에서 서비스기업도 제조기업과 동일한 목표를 가진다. 그러나 제조기업은 수요예측을 통하여 제품의 재고를 관리하지만 서비스기업은 고객의 요청에 대비해 훈련된 노동력을 얼마나 보유할지를 결정하는 경우가 많다. 서비스업에서는 주로 사람이 고객의 서비스를 처리해 주기 때문이다. 수요예측에 따라서 노동력을 훈련시키고 자격증 취득에 투자한다.

훈련과 자격증 취득은 많은 비용을 필요로 하므로 정확한 수요예측에 따라 준비해야 한다. 은행의 간단한 업무, 즉 잔고정리나 현금인출은 자동화 키오스크를 사용하도록 유도하기도 한다. 물론, 부수적인 자원이나 자금을 준비해야 한다. 이와 같이 고객의 서비스 요청에 대비하여 얼마만큼의 인력과 부수자원이 필요한가를 결정하고 관리하는 것을 서비스 능력관리(Capacity Management)라고 한다.

아무리 능력관리를 잘해도 너무 많은 고객이 밀려오면 서비스 품질은 나빠진다. 이런 품질저하는 충성고객을 잃게 한다. 영리한 기업은 크리스마스 직전에 몰리는 선물 수요를 몇 주 전에 주문하면 운송비를 면제해 줌으로써 피크 수요를 편평하게 만들기도 한다. 한여름과 한겨울의 전력수요 피크는 국가 차원의 대형 정전사태를 일으킬 수 있다. 이럴 경우 피크가 예상되는 시간대의 전기요금을 올려서 수요량을 관리하기도 한다. 이와 같이 서비스 수요를 관리하고 통제하는 것을 서비스 수요관리(Demand Management)라고 한다.

서비스 능력관리와 수요관리를 통해 최고의 서비스를 제공하려는 노력에도 불구하고 고객은 서비스를 기다릴 수 있다. 미국의 타깃(Target) 매장은 계산대에서 기다리는 라인을 최소화하여 월마트(Walmart)와 서비스 차별화를 시도하고 있다. 항공사의 발권 창구는 여러 개지만 기다리는 고객에게 하나의 라인을 만들게 한다. 이는 각 서비스 제공자의 서비스 처리 속도가 서로 다르기 때문에 일부 고객이 더 오랫동안 기다릴 수 있는 리스크를 줄이기 위함이다. 이와 같이 기다리는 고객의 라인을 운영하고 통제하는 것을 대기라인관리(Waiting Lines Management) 또는 대기행렬관리(Queuing Lines Management)라고 한다.

2. 서비스 능력관리

1) 일간 근무 일정계획(Daily Workshift Scheduling)

일간 근무 일정계획은 하루 동안 발생하는 서비스 수요에 대비해 필요한 인력 및 자원 배분을 결정하기 위한 관리방법이다. 이를 위해서는 먼저 하루 동안의 서비스를 예측한 후, 수요에 맞추어 인력 및 자원을 배분하는 것이 일반적이다.

통상적으로 서비스는 평일보다 주말에 더 많은 수요가 발생하거나(미용실, 영화관 등), 명절이나 연휴, 기념일의 경우에 수요가 급증하는 경우도 있으며(택배, 공항, 대중교통 등), 계절이나 유행에 영향을 받는 경우도 있고(숙박업, 여행사 등), 특정 시간 동안 수요가 집중되는 경우도 있다(우체국, 은행, 지하철 등). 그렇기 때문에 과거의 수요 데이터를 분석하여 수요의 변동 패턴을 파악하고 이로부터 대략적인 수요를 예측하는 것이 일간 근무 일정계획의 시작이다.

예측된 수요를 바탕으로, 하루 중 서비스를 제공하는 영업시간 동안 인력 및 자원 분배를 어떻게 할 것인지를 결정하기 위해 먼저 하루를 시간 단위로 나누어 그 단위 시간 동안의 인력 및 자원을 할당하는 것이 용이하다. [그림 6-1]은 직원들의 서비스 업무 수행능력이 큰 차이가 없다는 가정하에, 예측수요가 비교적 적은 7~9시 사이에는 1명의 직원만을, 10시부터 13시까지는 3명의 직원을, 14시부터 17시까지는 5명의 직원을, 18시부터 20시까지는 2명의 직원을 배분하여 예측된 수요에 대응하는 모습을 보여 준다.

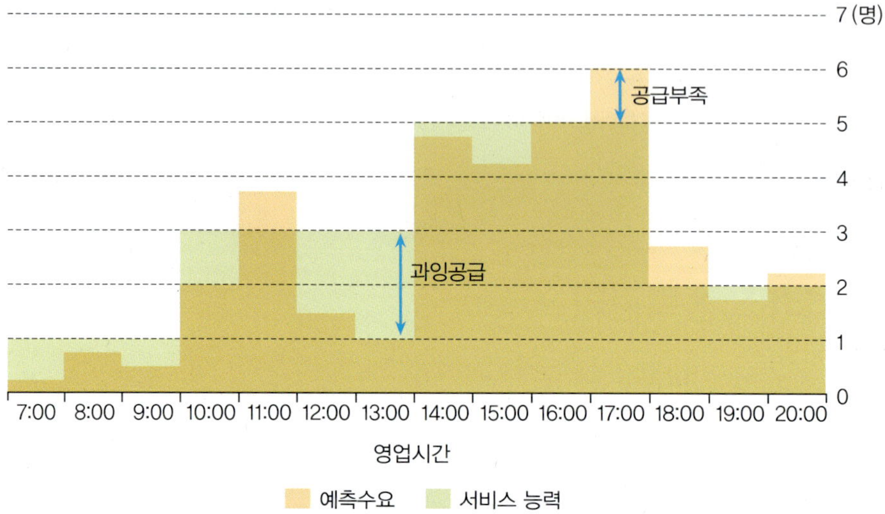

그림 6-1 예측수요에 따른 서비스 능력 비교

이때 일간 근무 일정계획의 목적은 각 시간별로 예측수요와 서비스 공급 능력 사이의 갭(Gap)인 과잉공급이나 공급부족을 줄이는 것이다. 충성고객 확보를 위해 과잉공급이 발생하더라도 공급부족을 허용하지 않을 수 있다. 또한, 미리 결정한 서비스 수준에 따라 과잉공급을 줄이기 위해 의도적으로 공급부족을 감안할 수도 있다. 이때 고려해야 할 것은 각 직원별로 일할 수 있는 최소와 최대 시간의 제약이다. 예를 들면 1시간, 혹은 30분과 같이 짧은 시간만을 근무하려는 직원을 찾기는 어려울 것이며, 이와 반대로 하루에 20시간 이상을 일하려는 직원을 찾기도 어려울 것이다.

만약 고용 가능한 직원들이 최소 4시간에서 최대 8시간까지 서비스를 제공할 수 있다고 가정하였을 때, [그림 6-2]는 [그림 6-1]과 동일한 상황에서 예측 수요에 맞는 서비스 능력을 제공하기 위해 적어도 7명의 직원을 고용해야 한다.

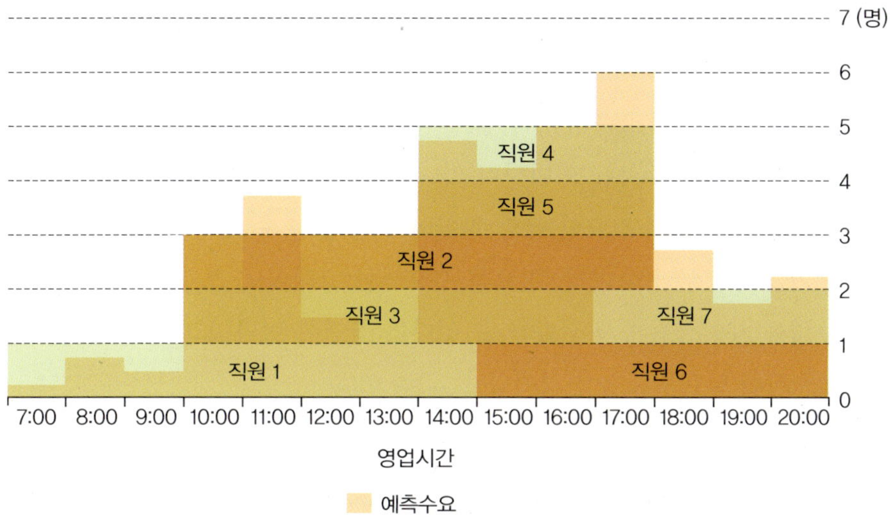

그림 6-2 예측수요 기반 일간 근무 일정계획

2) 휴일을 고려한 주간 근무 일정계획(Weekly Workshift Scheduling with Days-Off Constraint)

주간 근무 일정계획 또한 일간 근무 일정계획과 유사하지만 계획의 대상이 되는 시간이 하루가 아니라 한 주라는 차이점이 있다. 소방서, 응급실, 경비 등 24시간 동안 서비스를 제공해야 하는 상황에서는 각각의 하루 업무 분담인 일간 근무 일정계획뿐만 아니라 주간 근무 일정계획 역시 고려해야 한다. 이때 고려할 사항이 휴일 제약인데, 한 직원을 하루 종일 동원할 수 없는 것처럼, 한 주 내내 일을 하려는 직원을 찾는 것 또한 어렵기 때문이다.

주간 근무 일정계획 역시 일간 근무 일정계획과 마찬가지로 수요예측으로부터 시작한다. 예측수요를 바탕으로 각 요일별로 필요한 직원 수를 결정한다. 가능한 한 적은 수의 직원을 고용해서 필요한 서비스 수준을 유지하는 계획을 만들어야 한다.

3) 고객동참 전략(Customer Participation)

고객동참 전략이란 셀프 주유소나 셀프 샐러드바와 같이 서비스 전달의 일정 부분을 고객에게 맡기는 전략을 의미한다. 고객동참 전략을 사용함으로써 주유나 음식 서빙과 같은 서비스에 필요한 담당 직원의 수를 줄일 수 있을 것이다. 단순히 인건비를 줄이는 측면뿐만 아니라, 필요한 수요만큼 고객이 스스로 참여하기 때문에 서비스 능력을 자연스럽게 최적화할 수 있다는 장점이 있다. [그림 6-3]은 서비스 인력을 최소화한 셀프주요소 전경이다.

그림 6-3 셀프서비스 주요소 전경

고객을 동참시키는 전략을 사용하는 서비스 제공자는 고객으로부터 다양한 혜택을 받을 수 있게 된다.

첫째, 고객이 서비스업체의 직원역할을 하기 때문에 서비스업체의 생산성이 향상될 것이다.

둘째, 고객과 서비스업체 사이의 의사소통이 원활해져서 고객으로부터 다양한 피드백을 받을 수 있게 된다.

셋째, 고객이 서비스 프로세스 시작부터 동참하기 때문에, 지각된 서비스 품질(Perceived Service Quality)이 대폭 향상될 것이다.

넷째, 입소문을 통해 재구매 가능성이 높아질 것이며 다른 고객을 끌어드리는 효과도 클 것이다.

다섯째, CRM(Customer Relationship management)을 통해 충성고객을 확보할 수 있게 된다.

서비스업체뿐만 아니라 동참하는 고객도 많은 혜택을 받을 수 있다.

첫째, 고객만족도가 높아질 것이다. 고객이 직접 서비스 프로세스에 동참하게 되면 그 서비스 결과를 직접 통제할 수 있기 때문이다. 고객이 원하는 방향으로 서비스 결과를 만들 수도 있을 것이다.

둘째, 서비스 프로세스를 쉽게 이해할 수 있어서 미래에 제공될 동일한 서비스를 이용하는데 필요한 스킬이 개선될 것이다.

셋째, 서비스를 설계하고 전달하는 과정에 깊이 관련하기 때문에, 고객의 기대가 충족될 가능성이 매우 높을 것이다.

넷째, 서비스 프로세스 실행을 직접 관련하기 때문에 고객은 참여의 즐거움을 느낄 수 있을 것이다.

다섯째, 할인이나 쿠폰발행 등의 물질적인 혜택을 누릴 수 있게 된다.

물론 고객동참 전략에도 한계점은 존재한다.

첫째, 서비스를 고객에게 부담시킴에 따라 발생하는 서비스 품질 관리의 어려움뿐만 아니라, 서비스 도입 직후, 서비스 이용 방법이나 수칙 등에 대해 고객들이 가진 정보가 부족한 경우, 사고나 혼잡이 발생할 수 있어, 고객들이 자연스럽게 이해하고 있는 서비스 혹은 간단한 서비스 외에는 적용이 어렵다.

둘째, 고객이 서비스를 성공적으로 수행하지 못할 경우에는 간혹 서비스 전달이 불가능해질 수 있게 된다. 예를 들어서, 해외여행을 위해 공항의 키오스크에서 체크인을 스스로 진행할 때, 필요한 문서를 준비하지 못했다면 여행 자체가 불가능해질 수 있을 것이다.

셋째, 고객의 비전문적인 지식으로 인해 발생한 서비스 실패 때문에 서비스업체 직원이 고통을 받을 수 있을 것이다. 이와 같은 일이 종종 발생하면 서비스업체 직원은 사기가 떨어질 가능성이 크다.

넷째, 고객참여가 때로는 서비스업체에게 불필요한 불확실성을 야기할 수도 있다.

고객의 동참 정도는 서비스업체의 특성에 따라 다르다. 개인별 여행일정 만들기 서비스나 카운슬링서비스는 서비스의 생산 및 전달에 고도의 고객참여를 요구한다. 개별 고객은 서로 다른 서비스를 요구하기 때문에 고객이 기대하는 바를 서비스 제공자에게 빈틈없이 전달해 주어야 한다. 그러면 서비스업체는 각 개인에게 특화된 맞춤형 서비스를 제공할 수 있을 것이다. 한편, 세탁소나 자동차수리서비스는 고객의 참여가 극히 제한적이다. 이런 서비스는 많은 부분이 표준화가 되었기 때문에 모든 고객에게 거의 동일하게 전달된다.

4) 유연한 서비스 능력 활용(Creating Adjustable Capacity)

유연한 서비스 능력 활용이란 서비스 디자인 단계에서 서비스 능력을 조정 가능하도록 설계하는 것에서 시작된다. 유연한 서비스 능력 활용의 한 예로, 다음 그림과 같이 식당의 단체석 칸막이를 들 수 있다. 단체석 예약이 있는 날에는 칸막이를 치워 단체석으로 활용하고, 예약이 없는 날에는 칸막이를 이용해 단체석을 분리해 몇 개의 작은 방으로 만들 수 있다. 이를 통해 단체석에 대한 수요와 일반석에 대한 수요를 용이하게 대응할 수 있다.

[그림 6-4]는 칸막이를 활용하여 식당의 서비스 능력을 변화시키는 사례를 보여준다.

그림 6-4 칸막이를 이용한 서비스 능력 활용 예시

5) 직원 교차훈련(Cross-Training Employees)

고객에게 제공되는 서비스는 여러 서비스의 집합일 수 있다. 어떤 서비스를 제공하는 직원이 바쁘더라도, 다른 서비스를 제공하는 직원은 비교적 한가할 수 있다. 가령 우체국의 경우 택배 업무 마감시간이 다가오면 택배를 담당하는 직원은 매우 바쁜 반면 우편을 담당하는 직원은 비교적 한가할 수 있다. 이런 경우 교차훈련을 통해 서비스 능력을 유연하게 만드는 편이 좋다.

교차훈련이란 서비스 직원에게 자신의 업무 외의 다른 업무를 교육하고 훈련시키는 것을 의미한다. 서비스 업체가 사내 직원의 교차훈련을 통해 얻을 수 있는 장점은 다음과 같다.

첫째, 서비스 수요가 갑자기 높아졌을 때, 교차 훈련을 받은 직원은 각자에게 할당된 고유 업무 외의 서비스를 지원함으로써 보다 적은 인력으로 동일한 서비스 수준을 유지할 수 있게 된다. 즉, 외부에서 별도의 인력을 채용하지 않더라도 유연한 서비스 능력을 만들 수 있게 된다. 이는 단순히 인건비를 줄이는 효과 외에도 업무를 공유하는 데서 오는 유대감이나 소속감의 증진, 직원의 휴가나 사고로 인한 부재에 대응하는 역량을 향상시키기도 한다. 특히 중요한 업무를 수행하는 한 직원이 갑자기 사표를 제출하더라도, 교차훈련을 이수한 직원이 해당 업무를 신속하게 이어받을 수 있는 장점이 있다.

둘째, 교차훈련을 받은 직원은 동기의식이 강해지고 책임감이 높아지는 것으로 알려져 있다. 왜냐하면 서비스 직원들은 다양한 교육을 받음으로써 기업에 고마워하게 되고 직업 만족도를 높게 유지하기 때문이다.

이와 같이 직원 교차훈련은 몇 가지의 장점을 제공하지만, 그 의도가 잘못 전달되면 오해를 불러일으킬 수 있다. 이를 방지할 수 있는 몇 가지 방법은 다음과 같다.

첫째, 고유 업무 외의 잠재적 능력을 찾기 위해서는 가능하면 입사 초기에 직원들의 교차훈련을 시작해야 한다. 고유 업무에 고착화 된 후에는 교차훈련의 효과가 미미할 가능성이 높기 때문이다.

둘째, 직원 교차훈련을 시작하기 전에 완벽한 준비가 필요하다. 교차훈련이 시작되었을 때, 기존 업무량이 줄어들었는지를 검토해야 한다. 또한 고유 업무 외에 추가로 익히는 기능을 사전에 공지하고 별도의 인센티브를 부가하여 교차훈련에 참가하는 직원에게 동기의식을 심어 주어야 한다.

셋째, 교차훈련을 받을 직원들에게 교차훈련의 장점을 미리 홍보해야 한다. 예를 들어서, 이력서에 더 많은 기능을 추가할 수도 있고, 미래 새로운 직업을 선택할 때 고려할 수 있는 직업의 다양성이 증가한다는 것 등을 홍보할 수 있을 것이다.

3. 서비스 수요관리

1) 수요 분할(Segmenting Demand)

수요를 분할하기 위해서는 비슷한 특성을 가진 고객들을 집단으로 나누는 것으로부터 시작한다. 이를 통해 고객을 서비스하기 좋은 집단으로 나누고, 집단별로 적절한 서비스 전략을 수립하는 것이 중요하다. 서비스에 대한 수요가 균등하게 발생하는 경우는 거의 없다. 예를 들어, 항공서비스의 경우 평일 비즈니스 여행객과

주말의 레저 여행객이 각기 다른 수요 패턴을 가진다. 호텔서비스의 경우는 장기 투숙객, 레저 여행객, 가족단위 여행객 그리고 단체 여행객 등이 각기 다른 수요 패턴을 가진다. 이와 같이 수요군을 정의하고 각 수요군의 특성을 파악하여 수요군별로 특화된 서비스를 개발할 수 있게 된다.

수요는 무작위로 발생하거나 미리 기약된 시점에 발생하는 두 종류로 나눌 수 있다. 한 의원의 수요를 분석한 결과, 주로 월요일에 비예약고객(Walk-In Customer)이 많으며 이외의 주중에는 급감하였다. 이와 같은 비예약고객의 특성을 고려하여, 예약고객의 방문 일정을 월요일 이외의 주중으로 유도하는 것이 바람직할 것이다. 이를 통해 수요의 패턴을 편평하게 만드는 것이 가능하다.

2) 가격 인센티브 제공(Offering Price Incentives)

서비스는 생산과 동시에 소비되지 않으면 즉시 소멸되는 특성을 가지고 있기 때문에 서비스의 수요와 공급을 일치시키는 노력이 무엇보다도 필요하다. 생산비용이 동일한 서비스일지라도, 서비스를 제공하는 시간이나 장소에 따라 서비스의 가격을 서로 다르게 책정하여 수요 크기를 조정할 수 있다. 서비스의 수요와 공급을 일치시키는 방법 중의 하나로, 수요가 적게 예상되는 서비스에 값싼 가격을 책정하여 수요를 키울 수 있을 것이다.

가격 인센티브 제공의 예시로 영화관의 조조할인제도, 패스트푸드점의 런치타임 할인, 밤 9시 이후 전화요금 할인, 비수기의 호텔 객실이나, 항공표, 여행 패키지의 가격 할인, 심야전기요금 할인 등을 들 수 있다. 공급이 모자라는 시간대와 공급이 충분한 시간대가 서로 다르게 분포할 때, 가격 인센티브를 제공하면 수요를 공급이 충분한 시간대로 이동시키는 효과가 있다.

효과적인 가격 차별화 전략으로 소비력이 낮은 고객군을 공략하는 것도 또 다른 전략이다. 즉, 소비가 적게 일어나는 연령층이나 성별 등에 가격 인센티브를 제공하는 것이다. 성공적인 가격 인센티브 전략은 보통 연관효과로 이어지기도 한다. 예를 들어, 아이들에게 할인 폭이 큰 인센티브를 제공하는 수영장은 부모들의 수요를 이끌 수 있는 기회를 잡을 수 있다.

가격 인센티브 전략은 간혹 기업의 영업이익을 하락시키는 부작용을 낳을 수 있다. 따라서 가격을 할인해 주는 대신에 다음과 같은 몇 가지 대안을 사용할 수도 있다.

첫째, 별도의 토큰이나 할인쿠폰을 발행할 수 있다. 예를 들어, 영화관의 조조할인제도 대신에 조조 관람 고객들에게 보통 시간대에 제공하는 하나의 쿠폰 대신, 두 개 이상의 토큰을 제공한다면 수요를 창출할 수도 있을 것이다.

둘째, 전용 로열티 프로그램을 시행할 수 있다. 예를 들어, 영화관의 조조할인제도 대신에 조조 관람 고객들만 사용할 수 있는 특별한 로열티 카드를 발행하여 가격 외의 인센티브를 제공할 수 있을 것이다.

셋째, 특별한 선물을 증정할 수 있다. 예를 들어, 영화관의 조조할인제도 대신에 조조 관람 고객들에게 해당 영화의 로고가 새겨진 티셔츠나 가방을 제공할 수 있을 것이다.

3) 비수기 수요 창출(Promoting Off-Peak Demand)

비수기 수요 창출의 목표는 새로운 수요를 만들어 기존 설비를 효율적으로 활용하는 것이다. 서비스산업의 특징 중 하나는 수요가 계절별로 편중되기 싶다는 점이다.

삼성에버랜드와 같은 놀이공원은 한여름이나 한겨울이 비수기이기 때문에 계절별 수요 편중 문제를 앓고 있다. 비수기 동안 방문객이 줄어도 설비와 직원을 그대로 유지해야 하기 때문에 기업으로서는 수익은 없고 비용만 발생한다.

이를 해결하기 위해 해변과 계곡 등 물이 있는 장소가 여름철 고객들에게 인기 있다는 점에 착안하여 물을 테마로 한 서비스를 개발할 수 있었다. 고객의 속옷까지 젖을 정도로 강력한 물 폭탄 세례를 퍼붓고, 고객들이 스스로 즐길 수 있도록 물총도 나누어 주었다. 2005년 물을 주제로 한 축제가 처음 시작된 이후 7~8월의 내방객은 전년대비 23만 명이 늘어났고, 자체 평가한 고객만족도 지수도 크게 향상되었다. 같은 방식으로 한겨울 비수기에도 눈을 주제로 한 서비스를 개발하여 계절에 구애받지 않는 수요 창출을 꾀하고 있다. [그림 6-5]는 성수기와 비수기를 동시에 고려하여 설계한 놀이공원의 사례를 보여 준다.

또 다른 예로써 식당은 시간대별로 다른 메뉴를 제공하여 수요를 창출할 수 있다. 보통 식당의 저녁시간은 6시부터 시작하여 9시 정도면 끝난다. 지속적인 영업이익 극대화를 위해 9시 이후에도 계속 영업을 할 수 있다. 그러나 젊은 고객을 대상으로 간단하고 가벼운 메뉴 위주의 음식을 준비한다면 추가 수요도 창출할 수 있을 것이다.

그림 6-5 놀이 기구와 물놀이 기구를 동시에 보유한 Kings Dominion Park 전경

4) 보완서비스의 개발(Developing Complementary Services)

보완서비스는 주 서비스의 대기시간 동안 수익원 혹은 고객만족으로 이어질 수 있는 추가적인 서비스를 말한다. 예를 들면, 레스토랑에 바를 추가하여 대기고객에게 주류나 음료 등을 판매할 수 있는데 이는 대기시간 동안 고객의 불만을 최소화할 뿐만 아니라 추가적인 수익원의 역할도 한다. 마찬가지로, 영화관의 로비에서는 비디오게임 시설을 설치하여 상영시간 이전 고객에게 추가적인 재미를 제공할 뿐만 아니라 수익도 발생시킬 수 있게 된다. [그림 6-6]은 바를 갖춘 식당에서 기다리는 사람들이 바에서 음료수를 마시고 있는 모습을 보여 준다.

그림 6-6 바가 추가된 레스토랑 전경

5) 오버부킹(Overbooking)

호텔의 객실이나 항공기 좌석의 특징은 서비스 시작 시간이 지나면 판매하지 못한 서비스를 재판매할 수가 없다는 것이다. 따라서 예약이 취소되는 경우와 예약 손님이 나타나지 않는 경우에 대비하여 실제 판매가 가능한 좌석이나 객실보다 초과하여 예약하기도 한다.

예약을 취소하는 고객 중에는, 사전에 날짜를 넉넉히 두고 취소하는 고객이 있기도 하지만 체크인 날짜 바로 전날이나 당일에 갑자기 취소하는 고객이 있기도 하다. 또한 예약을 한 상태에서 별도의 언급 없이 그냥 체크인을 하지 않는 경우도 있다. 이런 경우 호텔이나 항공사는 빈 객실 혹은 빈 좌석에 대한 손실을 줄이기 위해 나름대로의 예약 취소율을 계산하여 그만큼의 예약을 초과하여 받기도 한다. 그러나 너무 많은 초과예약은 간혹 고객의 불만이 가중되기도 한다.

〈표 6-1〉은 2010년 1월과 3월 사이에 미국 내 민간 항공사의 오버부킹 상태를 나타낸다. 보통 특정 항공편이 오버부킹 되었을 경우, 자발적으로나(Voluntary) 비자발적으로(Involuntary) 초과예약 수만큼의 고객에게 인센티브를 제공하여 다른 항공편을 이용하도록 유도한다. 그러나 American Eagle Airlines처럼, 오버부킹 비율이 과도하게 클 경우에는 기업의 수익에 악영향을 끼칠 수도 있다.

표 6-1 2010년 1월과 3월 사이 미국 내 민간 항공사의 오버부킹 상황

순위	항공사	탑승하지 못한 인원		탑승인원	10,000명당 비자발적 탑승 거절 인원 비율
		자발적	비자발적		
1	Jetblue Airways	27	7	5,528,333	0.01
2	Hawaiian Airlines	109	28	1,999,172	0.14
3	Airtran Airways	15,285	283	5,526,408	0.51
4	Atlantic Southeast Airlines	7,192	164	3,088,354	0.53
5	Delta Airlines	30,969	1,372	21,884,456	0.63
6	Pinnacle Airlines	8,241	184	2,493,458	0.74
7	Comair	4,148	132	1,315,764	1.00
8	Skywest Airlines	15,730	688	5,402,551	1.27
9	American Airlines	16,124	2,284	17,885,435	1.28
10	Alaska Airlines	2,416	538	3,332,632	1.61

11	United Airlines	15,521	2,142	11,171,323	1.92
12	Mesa Airlines	4,172	503	2,308,909	2.18
13	Frontier Airlines	1,335	476	2,014,717	2.36
14	Southwest Airlines	35,668	6,167	23,772,905	2.59
15	Expressjet Airlines	6,420	870	3,296,038	2.64
16	Continental Airlines	10,013	2,320	8,494,356	2.73
17	Us Airways	19,387	3,593	12,153,896	2.96
18	American Eagle Airlines	3,723	1,629	3,550,434	4.59
	합계	196,480	23,380	135,219,141	1.73

마무리사례

강남구, 녹색 교통실현 위해 '기업체 교통수요관리' 나선다

서울 강북구가 도심 속 교통혼잡을 줄이고 저탄소 녹색교통 실현을 위해 '기업체교통수요관리'를 한다고 22일 밝혔다.

기업체 교통수요관리란, 교통혼잡 완화를 목적으로 기업체에서 자발적으로 교통량 감축 프로그램에 참여하면 이행실적에 따라 교통유발부담금 감면 혜택을 부여하는 제도를 말한다.

참여 대상은 각층 바닥면적의 합계가 1000㎡ 이상인 시설물이며, 적용대상은 해당 기업체의 종사자 및 이용자의 승용차이다.

교통량 감축 프로그램은 승용차요일제, 주차장 유료화, 자전거 이용, 유연근무제, 통근버스 이용 등 총 10개로, 여러 프로그램에 중복 참여 시 최대 100%의 교통유발 부담금을 감면받을 수 있다.

참여 신청은 기업체 교통수요관리 홈페이지(http://s-tdms.seoul.go.kr/) 또는 구 교통행정과로 교통량감축 이행계획서 및 세부이행계획서를 제출하면 된다.

이행기간은 매년 8월 1일부터 다음해 7월 31일까지며 교통량 감축 프로그램을 최소 3개월이상 이행해야 10월에 부과되는 부담금을 감면받을 수 있다.

특히 구는 올해 10월 말까지 집중 가입기간으로 지정해 구민들의 적극적인 참여를 유도할 계획이다.

구는 접수된 기업체를 분기별 1회 이상 방문, 서면 · 현장 점검을 통해 교통량 감축 이행 여부를 평가한다.

이듬해 기업체에서 교통량 감축 경감신청서를 구청과 인터넷을 통해 제출하면 이듬해 9월 구 경감심의위원회에서 교통유발부담금 경감률을 결정하게 된다.

구 교통행정과 관계자는 "최근 교통개발원 연구에 의하면 교통혼잡비용이 수 조원에 달하는 등 매년 천문학적 액수로 증가하는 추세에 있다"며 "교통혼잡으로 인한 사회경제적 피해를 줄이기 위해선 지역사회와 주민들의 적극적인 선행이 필요하다"고 말했다.

출처: 뉴시스 (2013. 8. 22).

연 습 문 제

1. 부부가 모두 직업을 가진 신규 주거 단지의 소아과 병원은 서비스 능력관리를 위해 어떤 방법을 택하는 것이 좋은가?

2. 남성 전용 미장원의 사장은 고객서비스 수준을 낮추지 않으면서 미용사의 인건비를 아끼기 위한 서비스 능력관리 방안을 고민하고 있다. 중고등 학생을 위한 학원이 밀집되어 있는 지역이라면 무슨 방법을 택하는 것이 좋은가?

3. 어떤 항공사는 성수기 시즌에 고객서비스를 높이기 위해 모든 비행기를 가동하기로 하였다. 그러나 수요가 너무 많아 서비스 공급에 한계가 있어 다른 방법을 강구하기로 하였다. 어떤 대안이 있는가?

07 CHAPTER

서비스 공급사슬경영

1. 서비스 공급사슬경영 개념 및 정의
2. 서비스 공급사슬 종류
3. 서비스 공급사슬의 의의

CHAPTER 07 서비스 공급사슬경영

도입사례

대한상의, '서비스 분야 SCM 더 강화해야'

현재 제조업 위주로 적용되고 있는 공급망관리(SCM)를 서비스 부문까지 확대 적용해야 한다는 주장이 제기됐다.

대한상공회의소(회장 손경식)는 30일 발표한 '서비스산업 SCM 추진전략 보고서'를 통해 "글로벌 제조기업들은 제품판매에서 발생하는 수익성이 낮아짐에 따라 서비스 부문 혁신을 통해 고객가치를 높이고 있다"면서 "특히 서비스 부문의 SCM 적용에 많은 관심을 쏟고 있다"고 강조했다.

보고서는 도요타 사례를 들면서 "도요타 대부분의 고객들이 차량 유지 및 수리 등 서비스가 필요할 경우 딜러 들을 통하는 것을 감안, 딜러들이 서비스에 필요한 부품을 신속하고 안정적으로 공급하도록 SCM 환경을 구축하고 있다"고 설명했다.

서비스산업으로서 SCM 도입이 적극 추진되고 있는 의료 분야에서도 공급망을 효율적으로 관리할 경우 병원 운영비용의 2~8% 수준을 절감할 수 있으며 전체 산업으로는 연간 약 10억 달러를 절감할 수 있다는 미국 사례가 소개됐다.

대한상의 관계자는 "서비스산업이 발달함에 따라 의료 · 항공운송 · 금융 · 미디어 등에서의 SCM 적용이 학계와 산업계의 높은 관심을 받고 있지만 아직 관련 연구는 초기 단계"라면서 "이번 보고서가 서비스 부문의 SCM 도입과 관련 연구에 도움이 될 수 있길 바란다"고 말했다.

출처: 디지털타임스 (2011. 12. 30).

1. 서비스 공급사슬경영 개념 및 정의

1) 제조업 공급사슬경영 개념

제조업 공급사슬경영은 원자재 공급자(Supplier)로부터 시작하여 생산자(Manufacturer), 도매업, 소매상을 거쳐 소비자까지 도달하는 제품의 흐름을 공유하고 통제한다. 즉, 눈으로 보고 만질 수 있는 제품을 다룬다.

예를 들어 TV를 조립하는 제조업체는 LCD 모듈과 플라스틱 커버를 서로 다른 공급자로부터 공급받은 후 조립하여 LCD TV를 생산한다. 한편 LCD 모듈 제조업체는 유리를 만드는 공급자로부터 LCD 유리기판을 공급받는다. 또한 플라스틱 커버 제조업체는 플라스틱 화학물질을 만드는 공급자로부터 플라스틱 가루를 공급받는다. 같은 방식으로 최초의 원자재를 공급하는 공급자까지 연결된다.

한편 TV 제조업체는 완성품을 백화점이나 대리점, 전자제품 전문점, 인터넷 쇼핑몰 등에 납품한다. 이렇게 하여 LCD TV는 최종 고객에게 전달된다.

[그림 7-1]은 LCD TV 제조업체가 원자재 구매부터 완제품 판매까지의 공급사슬을 나타낸다.

최초 공급자로부터 시작한 원자재의 흐름은 조립업체를 거쳐 최종 제품으로 완성된다. 고객이 원하는 제품을 원하는 시간에 원하는 장소로 전달하기 위한 고도의 공급사슬경영이 필요한 것이다. 경쟁자의 공급사슬보다 유리한 고지를 점령하기 위해서는 공급사슬에 속한 모든 기업들이 저렴하고 질 좋은 제품을 만들도록 노력해야 한다.

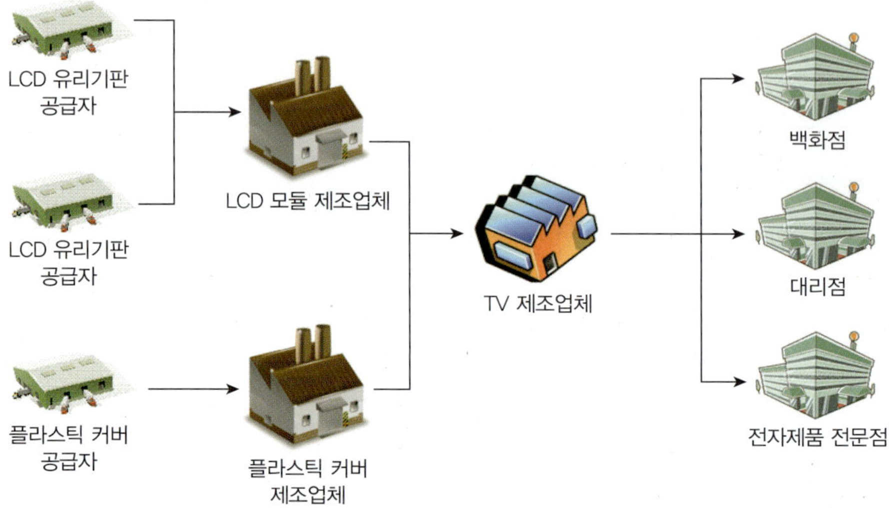

그림 7-1 LCD TV 제조업체의 공급사슬 사례

2) 서비스 공급사슬경영 개념: 고객-공급자 쌍대성(Duality)

구매했던 LCD TV가 고장이 나면 소비자는 고장난 LCD TV를 서비스센터에 수리를 맡긴다. 그러면 서비스 제공자는 필요한 수리를 마친 후, LCD TV를 맡겼던 소비자에게 전달한다. [그림 7-2]에서 볼 수 있듯이, 소비자는 고장난 LCD TV를 서비스 센터에 맡기고, 수리된 LCD TV는 다시 소비자에게 돌아오는 하나의 사슬이 형성됨을 알 수 있다.

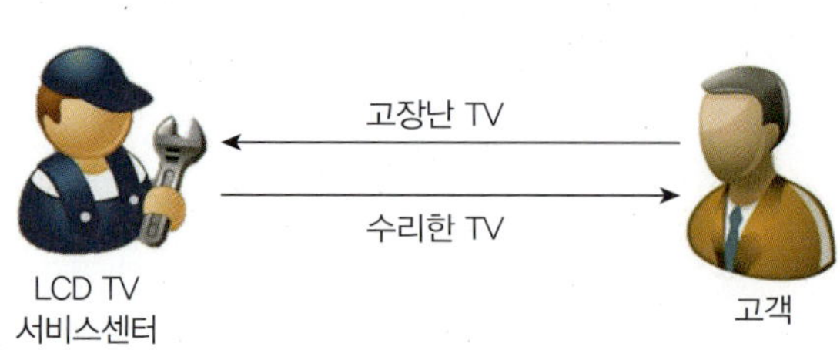

그림 7-2 서비스 공급사슬 예시

여기서 소비자는 최초의 공급자 역할을 한다. 즉, 초기 공급자와 최종 고객이 동일하다는 뜻이다. 이것을 고객-공급자 쌍대성(Duality)이라고 한다. 이 특징이 서비스 공급사슬과 제조업 공급사슬을 구별하게 하는 중요한 요소다. 제조업 공급사슬에서는 공급자가 주로 원자재를 납품하며 고객은 완제품을 구매한다. 제품 대금이나 제품에 대한 피드백은 고객으로부터 시작하여 원자재 공급자에게로 흐른다. 즉, 공급자와 고객은 엄연히 다른 개체다.

서비스 공급사슬에서의 고객-공급자 쌍대성 특징은 서비스 경영에 필요한 몇 가지 의의를 제시한다.

첫째, 고객으로부터 별도의 입력을 받을 때까지 서비스는 시작될 수 없다. 이것은 서비스의 생산과 서비스의 소비가 동시에 일어난다는 서비스의 특징을 나타낸다.

둘째, 고객들이 요청하는 서비스 요구사양이 서로 다르기 때문에 서비스 결과도 고객마다 서로 이질적이다. 즉, 고객이 요청하는 서비스를 표준화하기가 쉽지 않다는 뜻이다. LCD TV의 서비스는 제조사에서 요청하는 리콜이 아닌 이상 고객마다 서로 다른 요청에 대응하는 것이다.

셋째, 서비스는 노동집약적이다. 왜냐하면 고객마다 서로 다른 요구사항은 서비스의 자동화를 어렵게 하기 때문이다. 아무리 기술이 발전하여도 LCD TV 수리는 직접적인 노동력을 요구한다.

넷째, 서비스 센터의 지역적 위치는 고객의 위치와 가까워야 한다.

3) 제조업 공급사슬경영과 서비스 공급사슬경영의 차이점

제조업 공급사슬경영과 서비스 공급사슬경영은 상품과 서비스를 만들어서 고객에게 전달하는 과정을 관련 기관과 협력을 통하여 수행한다. 모두 고객만족을 목표로 한다. 하지만 제조업 공급사슬경영은 눈으로 보고 만질 수 있는 물리적 제품에 초점을 맞추어 다양한 공급자와 협업을 하는 반면, 서비스 공급사슬경영은 복잡한 서비스 내용을 서로 다른 서비스 공급자들이 협력하면서 공급한다. 대체적으로 공급자 규모는 제조업에 비해 작다.

제조업 및 서비스업에서는 모두 노동력(Labor), 공급자(Supplier), 자본출자(Capital Investment)를 필요로 한다. 하지만 제조업의 생산비용은 구매, 운송, 제품 제작 비용으로 이루어진 반면 서비스업의 생산비용은 정보를 제작하고 다른 이해관계자와의 관계를 확장하는 비용이라고 할 수 있다. 이러한 차이로 인해 서비스업의 초기 설비 투자비용은 제조업에 비해 훨씬 적다.

기존의 제조업 공급사슬경영에서는 제품을 운송하는 물류에 주안점을 둔다. 제품의 크기와 무게, 공급자와 생산자와의 물리적 거리 등이 생산비용을 결정하는 데 주요한 역할을 한다. 하지만 서비스업에서는 물리적 제품이 존재하지 않기 때문에 이러한 요소들은 큰 연관이 없다. 또한 제조업에서는 생산비용 감소를 위해 운송요율을 협상하고 컨테이너 용적률을 높이기 위해 노력하는 반면, 서비스업에서는 보다 빠른 커뮤니케이션을 위해 서버를 업그레이드하고 새로운 소프트웨어를 구매하여 생산성 향상을 꾀한다.

제조업의 최종 제품(Finished Goods)은 원자재를 변형하여 고객에게 팔기 위한 물리적 제품을 일컫는다. 이는 조립 · 테스트 · 포장의 과정을 거쳐 선반 위에 전시되어 고객에게 판매된다. 하지만 서비스업의 최종 제품은 서류(Closed File) 형태로 나타난다. 대출 신청이나 교육서비스는 몇 장의 서류를 제외하고 어떠한 물리적 증거도 남지 않는다.

제조업 공급사슬은 운송의 속도를 높이고 가격을 낮추어 최적화한다. 이를 달성하기 위해 병목효과를 유발하는 부분을 없애고, 재고를 줄이고, 원자재를 낮은 가격에 구매하는 활동 등이 수반된다. 하지만 서비스업에서는 이해관계자 간 관계를 견고히 하고, 정보의 흐름을 원활하게 한다. 또한 중복된 프로세스나 보이지 않는 지체요소로 인한 가상의 병목효과를 제거하여 제조업과 같이 저비용의 서비스를 빠르게 고객에게 전달하는 목표를 수행한다.

2. 서비스 공급사슬 종류

제조업 공급사슬에서는 제품의 흐름에 주안점을 두기 때문에 고객의 정보가 필요하지 않을 수 있다. 하지만 서비스 공급사슬에서는 서비스 이용의 주체가 사용자이므로 고객의 정보를 필요로 하고 이를 기반으로 공급사슬이 형성된다.

1) 1단계 양방향 공급사슬

가장 기본적인 서비스 공급사슬 형태는 고객과 서비스 제공자가 쌍으로 이루어진다. 즉, 고객이 고객–공급자 쌍대성 자격으로 서비스를 신청하면 서비스 제공자는 고객에게 서비스를 제공한다. 이와 같이 고객이 어떤 물체를 공급하면서 서비스를 요청하고 서비스 제공자는 동일한 고객에게 서비스를 제공하는 방식을 1단계 양방향 공급사슬(Single–level Bidirectional Supply Chain)이라고 한다. [그림 7–3]은 1단계 양방향 공급사슬의 다이어그램을 나타낸다.

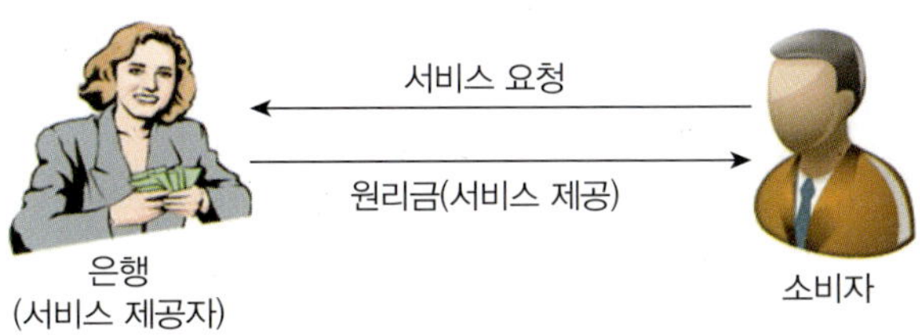

그림 7–3 1단계 양방향 공급사슬의 사례 다이어그램

예를 들면, 항공서비스를 받기 위해서 탑승객은 자신의 몸과 가방을 서비스 제공자인 항공사에 맡긴다. 그러면 항공사는 탑승객과 가방을 원하는 지역으로 운송하는 서비스를 제공한다. 은행서비스에서는 고객이 공급자 자격으로 돈을 맡기면

은행은 원리금을 고객에게 돌려주는 서비스를 제공하게 된다. 〈표 7-1〉은 1단계 양방향 공급사슬의 다양한 사례를 보여 준다.

표 7-1 1단계 양방향 공급사슬의 다양한 사례

고객-공급자	서비스요청	서비스 제공자	서비스결과	고객
탑승객	자신의 몸과 가방	항공사	이동한 승객과 가방	탑승객
건축가	설계 선호 사양	설계사	설계도	건축가
차 소유자	고장 난 차	자동차 수리센터	수리한 차	차 소유자
고객	돈	은행	원리금	고객
기업	비즈니스 문제	컨설팅 업체	분석 및 보고서	기업
고객	설계도	건축가	집	고객
환자	치아	치과의사	스케일링 마친 치아	환자
학생	마음	교육기관	계발된 마음	학생
관중	관심	프로스포츠 팀	흥미	관중
시민	시정 이슈	정부	시정 해결책	시민
민원인	법률 문제	법률 사무소	해결책	피고인
집 소유자	불난 집	소방서	소화된 집	집 소유자
건물 소유자	매물	부동산 중개소	팔린 건물	건물 소유자
고객	배고픔	식당	배부름	고객
고객	상품의 품질에 대한 질문	소매점	대답	고객

2) 다단계 양방향 공급사슬

서비스 제공자가 서비스의 완성도를 높이기 위해 또 다른 서비스 제공자를 사용하는 경우는 더 복잡한 공급사슬을 만들기도 한다. 이와 같은 공급사슬을 다단계 양방향 공급사슬(Multi-level Bidirectional Supply Chain)이라고 한다. 기본적인 다단

계 양방향 공급사슬로 2단계 양방향 공급사슬(Two-level Bidirectional Supply Chain)을 들 수 있다.

예를 들어서, [그림 7-4]에 나타난 바와 같이 감기에 걸린 환자가 내과에서 진료 서비스를 받은 후 의사(1차 서비스 제공자)는 종종 환자가 약을 복용하기를 원한다. 그러면 의사는 약국의 약사(2차 서비스 제공자)에게 서비스를 의뢰하게 된다. 고객-공급자로서 서비스를 의뢰한 환자 고객은 약국으로부터 감기약 조제 서비스를 받게 된다. 선진국에서는 오래된 서비스 형태이지만 우리나라에서는 정부, 의사, 약사 간 몇 년 동안의 불협화음이 있은 후 법제화되었다.

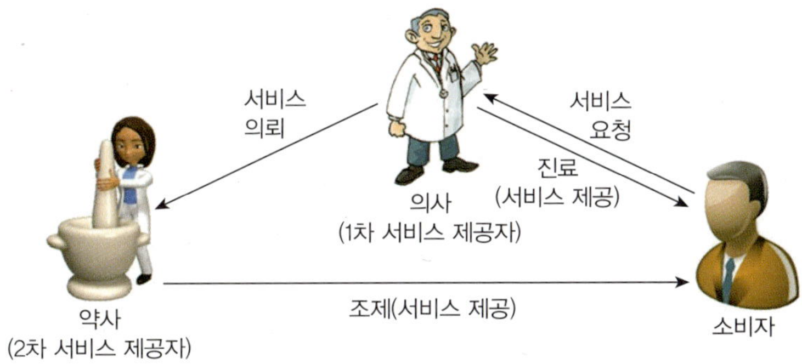

그림 7-4 2단계 양방향 공급사슬의 사례 다이어그램

〈표 7-2〉는 2단계 양방향 공급사슬의 다양한 사례를 보여 준다. [그림 7-4]와 같이, 법적으로 1차 서비스 제공자와 2차 서비스 제공자를 분리해야 하는 경우를 제외하면 1차 서비스 제공자가 2차 서비스 제공자와의 관계를 어떻게 맺을지는 경영전략에 해당된다. 어떤 1차 서비스 제공자는 수많은 2차 서비스 제공자를 지정하여 가격 경쟁력을 높이는 전략을 채택할 수 있다. 또는 하나의 2차 서비스 제공자만을 선정하여 핵심역량을 공동으로 개발하는 파트너십을 맺을 수도 있을 것이다.

표 7-2 2단계 양방향 공급사슬의 다양한 사례들

고객-공급자	서비스요청	1차 서비스 제공자	서비스결과	2차 서비스 제공자
고객	피사체	사진사	필름	현상 전문가
환자	혈액	의원	혈액과 검사요청서	검사실
고객	손상된 의류	세탁소	손상된 의류	재봉사
고객	리스크	보험회사	리스크	재보험 회사

3) 1단계 단방향 공급사슬

세 번째 종류는 [그림 7-5]에 나타난 우편서비스에서 볼 수 있듯이 양방향이 아닌 전통적인 제조기업의 공급사슬 형태다. 제3의 고객에게 소포를 배달하는 형식이다. 그러나 고객-공급자 쌍대성 특징은 지니고 있다. 우체국 입장에서 보면 소포를 보낸 사람이나 소포를 받는 사람은 모두 고객이기 때문이다. 그러나 소포를 보내는 사람은 공급사슬을 작동시키는 공급자 역할만 하게 된다.

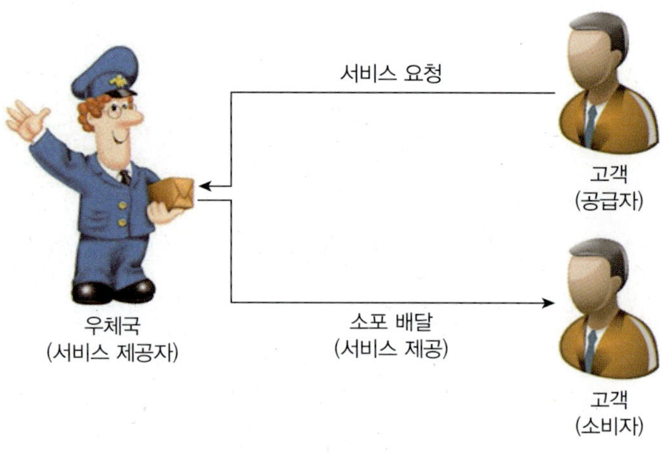

그림 7-5 1단계 단방향 공급사슬 사례 다이어그램

서비스 공급사슬경영은 참여하는 모든 서비스 제공자들에게 최대의 이익과 최소의 비용으로 서비스의 흐름을 제어하게 하고, 서비스조직의 능력을 관리하게 하며, 무엇보다도 고객에게 최고의 서비스가 제공되도록 공급사슬 전체를 유기적으로 통합하고 운영되게 한다.

3. 서비스 공급사슬의 의의

앞에서 설명한 서비스 공급사슬 종류로부터 다음과 같은 몇 가지 의의를 짚어볼 수 있다.

첫째, 양방향 서비스 공급사슬은 보통 그 길이가 짧다. 1단계 양방향 공급사슬은 기껏해야 세 개의 구성원만 존재한다. 즉, 세 개의 구성원은 고객-공급자, 서비스 제공자, 그리고 고객이다. 여기서 고객-공급자와 고객은 동일인이다.

둘째, 서비스 제공자는 비록 고객-공급자로부터 서비스 요청의 하나로 입력을 받더라도 그 입력에 대해 돈을 지급하지 않는다.

예를 들어서, 고객이 고장 난 LCD TV를 서비스센터에 맡긴다고 해서 서비스센터는 고객에게 LCD TV의 대가를 지불하지 않는다. 어차피 고객이 수리된 LCD TV를 돌려받기 때문이다. 이는 제조업 공급사슬의 경우와는 다르다. 제조업에서는 원자재 공급자가 원자재를 공급한 후에 원자재를 공급받은 업체로부터 그 대가를 받게 된다.

또 다른 예를 들면, 탑승객이 여행 가방을 항공사에 맡길 때, 항공사는 그 가방의 대가를 탑승객에게 지불하지 않는다.

셋째, 양방향 서비스 공급사슬은 본질적으로 Just In Time(JIT) 방식과 유사하다. JIT 방식은 필요한 것을, 필요할 때, 필요한 만큼 만드는 도요타 자동차의 생산방식이다. 양방향 서비스 공급사슬에서 서비스 제공자는 고객-공급자가 언제, 무엇을 가져와서 무엇을 요청할지를 예상할 수 없다. 고객이 서비스 제공자에게 요청사항을 전달하자마자 원하는 서비스를 가장 짧은 시간 내에 받기를 원한다. 즉 JIT 방식을 실행하는 것이다.

예를 들어서, 고객이 음식점에 도착하여 빈자리를 기다리고 있다고 가정하자. 만일 고객이 허용된 시간 내에 서비스를 받지 못하면 다른 식당으로 떠나고 말 것이다. 여기에서 허용된 시간이란 얼마 정도일까? 고객마다 다르겠지만, 20분 또는 30분까지 기다리는 고객은 있을지 도 모르나, 분명한 것은 1시간까지 기다리는 고객은 없을 것이다. 따라서 식당은 JIT 방식에 따라 고객을 서비스해야 한다는 의미다.

서비스 제공자가 JIT 방식을 실현하는 것은 쉽지 않다. 왜냐하면 고객이 언제 도착할지 알 수 없기 때문이다. 이를 방지하기 위하여, 수요관리 측면에서 예약 제도를 도입하여 고객의 도착 예정시간을 쉽게 예상하거나 가격 인센티브 제도를 도입하여 원하는 시간에 고객이 도착하도록 유도할 수 있다.

넷째, 양방향 서비스 공급사슬에서 고객은 은연중에 서비스 제공자가 얼마만큼의 가치를 더할 것을 기대한다.

제조업 공급사슬에서 제조업체는 공급자로부터 구매한 원자재에 얼마만큼의 가치를 추가하는 공정을 거친 후 고객에게 판매한다. 고객은 그 가치를 구매하지만, 제조업체가 얼마만큼의 가치를 더했는지를 알 수 없다. 제조업체는 값싸게 가공하기 위해 인건비가 값싼 해외에서 생산할 수도 있다. 그렇게 하여 값싸게 구매한 원자재를 값싸게 가공하여 고객에게는 비싸게 판매할 수도 있다는 의미다. 그러나 고객은 이런 상황을 정확하게 인지할 수가 없다.

한편, 서비스 공급사슬에서는 서비스 제공자가 얼마의 가치를 추가하는지를 고객에 의해 유심히 관찰된다. 고객–공급자가 요청한 입력(예: 고장난 LCD TV)을 고객이 잘 파악하고 있기 때문에 서비스 제공자로부터 얼마만큼의 가치를 받을지를 쉽게 평가할 수 있다는 의미이다.

마무리사례

상암DMC, 서비스 공급사슬 구축으로 2014년까지 한국판 헐리우드로 조성

상암동 DMC

상암동 DMC가 오는 2014년까지 한국판 헐리우드, 동북아 최대 규모 '한류 문화 콘텐츠 허브'로 조성된다. 서울시는 지난 10년간 DMC 1단계 사업이 일관된 컨셉을 유지해 국내외 주요 미디어, IT기업을 집적하는 데 성공했다고 평가하며, DMC 2단계 사업추진의 배경을 밝혔다.

DMC는 서울시가 쓰레기 매립지였던 난지도 부근의 버려진 땅 569,925㎡(약 17만 2000평)를 첨단 문화산업클러스터로 조성하는 곳이다. 서울시는 2001년 DMC기본계획을 수립한 이후 현재 MBC, SBS, KBS 미디어 등 주요 방송사와 국내 유수의 언론사, IT 기업들이 입주예정이며 84%의 용지공급을 달성했다.

현재 569,925㎡(약 17만 평)의 DMC를 넘어 주변 미개발지와 친환경공원을 연계 · 개발해 DMC를 동북아 최고의 '한류 문화콘텐츠' 허브로 조성하는 「DMC 2단계 계획」을 2월 16일 발표하고, 영상문화콤플렉스 조성비 1072억 원 등 2014년까지 총 1700억 원을 투자해 추진할 계획이라고 밝혔다.

서울 시장은 "서울의 일자리와 먹거리 책임질 문화콘텐츠산업 역량 결집시킬 것"이라고 강조했다. 특히 서울 시장은 "문화콘텐츠산업은 앞으로 100년 이상 서울을 먹여 살릴 효자산업"이라며, "특히 저탄소 녹색산업인데다 연관산업과의 동반상승이 가능한 산업으로 서울과 같은 대도시의 성장동력으로 적합하다"며 그 중요성을 강조했다.

실제로 문화콘텐츠산업은 세계시장규모가 1조 7000억 원을 넘어서고 있으며, 연평균 성장률은 6.6%에 달한다. 또한 고용창출효과도 제조업의 경우 10억 원 투자 시 고용유발이 8.39명에 그치는 데 비해 문화콘텐츠의 경우 그보다 1.7배가량 높은 14.68명의 고용유발 효과가 있는 것으로 나타났다.

서울시는 디지털융합으로 방송 · 영화 · 게임 · 애니메이션 등 관련 산업 간 경계가 허물어지는 산업환경 변화 속에서 기획–제작–유통의 문화콘텐츠 산업 가치사슬을 한 장소에 집적하는 것은 문화콘텐츠산업 육성을 위해 필수적인 전략이라며 이번 계획의 수립배경을 밝혔다.

이미 DMC에는 미디어&엔터테인먼트 기업과 영화창작공간, 공동제작센터 등 제작 · 지원 인프라가 구비되어 있을 뿐 아니라 서북권 관문으로 경기도 등 주변 제작시설과 연계할 수 있어 문화콘텐츠 허브로서 조성될 경우 큰 경제적 파급효과를 기대하고 있다.

이번에 발표한 'DMC 2단계 계획'은 문화콘텐츠 기획→제작→유통 전 단계를 원스톱을 해결 가능한 영상문화콤플렉스 구축과 문화콘텐츠산업 지원인프라 확장, 한류문화관광지구 조성을 주 내용으로 하고 있다.

먼저 DMC 인근 옛 마포석유비축기지 자리에 세계 최대 규모의 'CG 제작기지'와 '도심형 세트장'을 보유한 '영상문화 콤플렉스'를 2013년까지 건립한다.

'영상문화콤플렉스'는 영화촬영에 필수적인 도심형 세트장, CG기지, 사전사후제작시설, 한류체험관 등으로 꾸며지며 구축이 완료되면, DMC에 입주해 있는 방송, 제작 배급사들과 연계해 영화, 드라마 등 영상산업의 기획 · 개발에서 제작, 배급까지의 전 과정이 한곳에서 이루어 질 수 있는 인프라가 조성된다. 또한 영상문화콤플렉스 건립으로 월드컵경기장–영상문화콤플렉스–랜드마크빌딩으로 이어지는 문화관광벨트가 형성된다.

'도심형 세트장'은 영화 및 드라마촬영에 자주 활용되지만 대여가 곤란했던 경찰서, 법원, 병원, 호텔 등 5,000㎡(약 1,500평) 규모의 실내세트장으로 구성된다. 이번에 지어지는 도심형 세트장은 제작비용 절감효과로 관련 업계에 큰 도움이 될 뿐 아니라 관람, 체험 가능한 시설들로 이루어져 시민과 관광객들이 영화제작 체험, 한류스타와의 만남이 이루어지는 체험 관광명소로 조성될 계획이다.

세계 최대 규모의 'CG제작시설'도 들어선다. 특수촬영과 세트장 조성이 가능한 3개(3,300㎡, 1,650㎡, 990㎡)의 버츄얼 스튜디오는 세계적인 트렌드에 따라 특수촬영 스튜디오와 3D 스튜디오 등 DMC IT 기업들의 첨단기술을 시연할 수 있는 곳으로 활용된다.

그외에도 DMC에 기 설치된 PD존, 영화감독 존, 프로덕션 오피스 등의 '사전제작 지원시설'을 확대 이전하고, 디지털 편집실, 음향편집실, 공동제작실 등 '사후제작시설'과 유명 한류작품들의 제작과정 및 세트장 공개, 한류 명예의 전당으로 꾸며진 '한류 체험관'과 '한류 전용영화관'도 입주시켜 DMC가 명실상부한 한국판 헐리우드로 조성되는 첫발을 내딛게 된다.

다음으로 영상문화콤플렉스의 기능을 보완하여 DMC의 문화콘텐츠 허브적인 기능을 완결할 수 있는 다양한 문화콘텐츠 기반시설 및 지원프로그램도 대폭 확충할 계획이다. 우선 서울시는 2012년까지 게임 · 애니메이션전용테마파크(Seoul Culture Contents Center: SCC)를 건립해 게임 · 애니메이션 캐릭터 전시, 신작 시현공간 등을 조성한다.

이곳은 실시간으로 게임, 애니메이션 기업들이 신작 게임과 작품을 시현할 수 있고, 시민과 관광객은 언제든 다양한 체험을 할 수 있는 에듀테인먼트 공간으로 만들어진다.

장기적으로 65,967㎡(약 2만 평) 규모의 서부면허시험장에 美유니버셜스튜디오를 축소한 도심형 테마파크를 건립할 계획이다. 이 도심형 테마파크에는 美유니버셜스튜디오처럼 제작과 체험이 가능한 오픈세트장을 설치하고, 세가(Sega)社의 게임테마파크인 조이폴리스와 같은 가상현실과 3D그래픽 게임을 체험할 수 있는 시설을 만든다.

DMC의 관문이자 6호선 · 경의선 · 공항철도 등 3개 노선의 환승역인 DMC역 주변 상업용지는 美 'LA LIVE'를 벤치마킹한 대규모 공연장과 코엑스몰과 같은 복합상업시설로 개발된다. 오세훈 시장은 작년 11월 LA를 시찰한 후 LA의 개발사례를 DMC에 도입하겠다고 밝힌 바 있으며 이번 계획은 그러한 내용이 반영된 것.

20,693㎡(약 6,400평) 규모의 DMC 상업용지(I3, I4, I5필지)는 '지하'는 DMC환승역과 연계한 대형 쇼핑몰로, '저층부'는 공연장과 한류음식점, 스파, 쇼핑센터 등 문화상업시설로, '고층부'는 호텔로 건립해 모든 시설을 원스톱으로 이용할 수 있는 복합 문화상업시설로 개발할 계획이다.

더불어 DMC단지 전체를 '촬영세트장화'하는 계획도 동시에 진행, 각종 영화 · 영상촬영을 위한 인프라를 확보한다. 이를 위해 서울시는 DMC의 모든 시설과 자연경관, 도로시설 자체를 세트장으로 사용 가능하도록 설계 단계부터 반영해 계획을 수립 중이다.

예를 들어 DMC 근린공원(IT-Art Park)은 식당, 카페, 갤러리와 같은 도시문화공간으로 연출해 삼청동과 같은 분위기로 꾸미고, DMC홍보관 앞 부지는 뉴욕 록펠러거리처럼 여름엔 노천카페, 겨울엔 아이스링크로 활용할 수 있도록 공간을 조성한다. 또 도로상황이 좋은 DMC의 특징을 살려 DMC도로와 공개공지 일부분은 차량 추격신 촬영지로 만들 계획이다.

R&D, 인력개발, 마케팅, 유통 등 지원기능을 강화해 문화콘텐츠 허브로서의 기반도 튼튼하게 다진다. 먼저 R&D 기능 강화를 위해 가상현실 분야의 세계적인 권위를 자랑하는 카네기멜론대학의 ETC연구소와 올해 안에 계약을 체결할 예정이며, 글로벌 M&E(Media & Entertainment)센터를 건립해 재능 있는 청년들에게 소규모 창업이 가능한 SOHO 공간을 제공한다.

그외에도 '문화지적재산권보호지원센터'를 설치해 유통기능 지원을 강화하고, 문화콘텐츠 산업 분야에 바로 투입 가능한 인력을 양성하는 전문교육기관인 '문화콘텐츠 아카데미'도 설립한다.

마지막으로 DMC와 주변 친환경공원 등을 연계하여 DMC를 '한류 · 문화관광 중심지'로 조성하는 계획도 본격 가동한다. 특히 지난 12월 공항철도 개통으로 인천공항에서 DMC까지 42분, 서울역에서 8분밖에 소요되지 않아 서울의 대표환승관광지로 조성하기에 적합하다. 이를 위해 대중적이지 못한 DMC(Digital Media City) 명칭을 주변 친환경공원 등 상암지구 전체를 아우르고, '한류'와 '문화콘텐츠' 중심지의 이미지를 포함한 명칭으로 공모를 통해 변경계획이다.

특화된 '관광프로그램'도 연중 운영한다. 서울시는 'IT+미디어+엔터테인먼트+한류+문화'가 결합된 종합관광상품을 개발해 다양한 서울의 관광자원을 직접 체험할 수 있도록 한다. 이와 함께 미래서울의 거리를 체험할 수 있는 디지털미디어스트리트(DMS) 동서815m · 남북325m에는 스타포토존, 핸드프리팅 전시 및 한류드라마 · 영화를 디지털파사드를 통해 상영하는 '한류거리'를 꾸민다.

특히 첨단디지털 · 문화콘텐츠에 세계 최고 높이를 자랑하는 전망대가 있는 랜드마크빌딩과 하늘 · 노을공원 등 주변자연관광자원이 어우러진 독특한 프로그램은 다른 도시에서는 볼 수 없었던 서울을 대표하는 코스로 발전할 것으로 예상하고 있다. 이외에도 서울국제미디어아트 비엔날레와 각종 영화제 및 게임행사 등을 개최해 특화된 디지털콘텐츠 문화축제를 선보일 계획이다.

현재 격년으로 열리고 있는 서울국제미디어아트 비엔날레를 DMC 내에 전시공간이 확보되는 2014년부터는 장소를 서울시립미술관에서 DMC로 옮겨 개최할 계획이다.

DMC와 주변 관광자원들을 연결하는 친환경 교통수단도 도입한다. DMC역-단지 내부-주변 공원-한강 등을 연결하는 친환경교통수단으로 현재 기술개발이 활발히 이루어지고 있는 온라인 전기버스(OLEV)를 시범운영하고 장기적으로는 트램 및 경전철 도입도 검토하고 있다. 또한 부족한 주차공간 확보를 위해 첨단 주차빌딩 건립도 추진한다.

단지가 완성되는 2015년경에는 약 6만 8000여 개의 항구적인 고급일자리가 창출될 것으로 예상하고 있으며, 매출액도 연간 약 35조에 이를 것으로 기대하고 있으며 특히 대부분의 입주 기업들이 M&E, IT 기업임을 고려할 때 그 경제적 파급효과는 더욱 클 것으로 시는 확신하고 있다. 또한 DMC의 한류 문화콘텐츠 관광자원과, 랜드마크 빌딩, 주변 친환경공원이 연계될 경우 DMC는 단지 전체가 하나의 테마파크화 되어 관광객들의 발길이 끊이지 않을 것으로 전망된다.

서울 시장은 "DMC를 미국의 헐리우드, 영국의 세필드처럼 명실상부한 동북아 최고의 한류 문화콘텐츠 허브로 조성해 서울의 100년 먹거리 창출을 책임짐은 물론 글로벌 Top5 도시라는 서울의 비전을 실현하는 데 크게 기여할 것으로 기대하고 있다"고 말했다.

출처: 아크로팬 (2011. 2. 16).

연습문제

1. 다단계 양방향 공급사슬의 사례를 만들어 보라.

2. 치과에서 중요한 치아를 발치할 때는 혈액검사를 해야 한다. 연간 발치 횟수를 고민한 결과, 가까이 위치한 내과병원에 혈액검사를 아웃소싱하기로 하였다. 서비스 공급사슬을 그림으로 그리고 두 병원이 공동으로 이익이 되는 협력전략을 만들라.

3. 우리가 평소 많이 활용하는 택배서비스는 1단계 단방향 공급사슬의 전형적인 예이다. 이와 같은 공급사슬에서는 서비스 요청인과 최종 서비스 수혜자가 서로 다른 사람이기 때문에 서비스 진행상황의 공유가 매우 중요하다. 어떤 방법이 있는가?

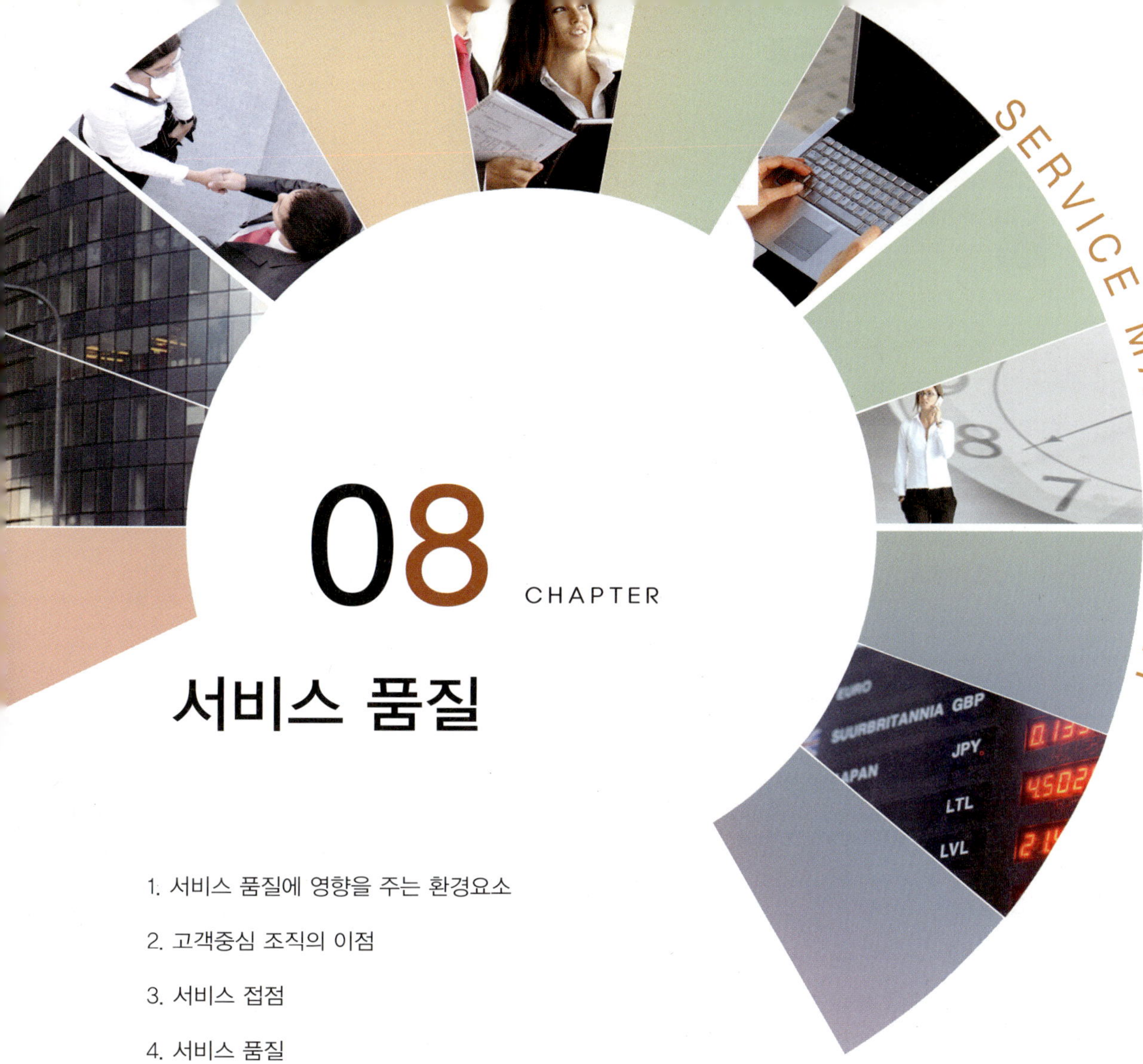

08 CHAPTER

서비스 품질

1. 서비스 품질에 영향을 주는 환경요소
2. 고객중심 조직의 이점
3. 서비스 접점
4. 서비스 품질
5. 서비스 고객효용모델과 서비스 가치
6. 서비스 품질차이모형
7. 서비스 제공자의 역할
8. 종합적 품질경영
9. 식스시그마
10. ISO 9001 : 2008 인증
11. ISO 14001 : 2004 인증
12. 국가품질상

08 CHAPTER 서비스 품질

도입사례

FedEx 개요

- 1973년 4월 사업 시작, 세계 210개국 이상 서비스 제공, 세계 최대 특급운송서비스 회사, 연매출 18조 원(1999)
- 매일 60만 건 이상 통화, 600대 이상 비행기와 39,500대 이상 운송장비 이용, 300만 건 이상의 소포 배달

● 고객과의 약속

고객들은 FedEx 하면 '신속 배달'과 '60초 30분 보장시스템'을 떠올린다. 60초 보장은 "FedEx가 만약 고객의 소포를 약속 시간보다 60초 이상 늦게 배달하는 경우 운송비용을 환불해드리겠습니다"라는 배달시간에 대한 약속이고, 30분 보장은 "소포를 보내신 고객이 전화를 하면 고객의 소포에 대한 운송상황을 파악하여 30분 이내에 이에 대한 정보를 알려드리겠습니다. 만약 30분 내에 알려드리지 못하면 운송비를 전액 환불해드리겠습니다"라는 소포의 종적조회 정보 제공에 대한 약속이다. FedEx는 고객과의 약속을 지키기 위해 고객에게 제공되는 서비스의 품질을 결정하는 내부 고객을 중시하며 서비스 품질 생산 및 제공 과정을 시스템화하여 관리함으로써 고객만족에 성공하고 있다.

● FedEx의 경영철학

사원들을 만족시키라! 그러면 사원들은 고객들이 요구하는 서비스를 완벽히 수행할 것이며, 그 결과 만족한 고객들은 수익으로 우리의 미래를 보장해 주게 된다. '사원–서비스–이익, P-S-P(People-Service-Profit)'은 FedEx의 기본 이념이다. FedEx는 종업원을 회사의 가장 중요한 자산으로 여긴다. FedEx는 설립 초기부터 우수한 사원을 확보하고 자질을 높이기 위해 교육 훈련을 강화하였으며, 공정한 대우 및 무해고정책, 불만해소프로그램, 성과보상시스템 등을 통하여 사원만족도를 높이고 있다.

● 고객만족 노력에 예외란 없다!

FedEx의 본부인 멤피스(Memphis) 공항으로 가는 대로변에는 대형 제설장치들이 준비되어 있는데 이장치는 1988년 25억이나 들여 구입했으나 몇 년에 한 번 사용할지도 모를 상황을 대비하여 마련한 것이다. 이러한 사실에서 FedEx의 고객만족을 위한 노력을 엿볼 수 있다. 신속하고 정확한 배달서비스에 대한 고객과의 약속을 지키기 위해 FedEx는 SQI, Hub and Spoke System, COSMOS 등을 개발하여 활용하고 있다.

● 서비스품질지수(Service Quality Indicator: SQI)

FedEx는 고객의 입장에서 만족하는 서비스를 제공하기 위해 공급자인 FedEx 시각에서의 품질이 아닌 고객의 시각에서 품질을 정의하고 고객 품질을 관리하기 위한 서비스 품질지수를 개발하였다. 서비스품질지수(Service Quality Indicator: SQI)는 고객 입장에서 서비스를 평가하여 중요한 불만사항을 서비스 품질요소로 선정하고 각 요소별로 중요도에 따라 가중치를 두어 품질요소별 점수(요소별 건 수×가중치)를 산출하고 이를 합산한 것으로 고객중심적 서비스품질관리를 위해 개선해야 할 요인과 수준을 이해하기 쉽고 관리할 수 있다는 장점이 있다. SQI 실적치는 품질 개선을 위해 무엇을 먼저 개선해야 하는가를 알려 주기 때문에 서비스 품질 개선에 도움을 준다. 예에서 서비스 품질 개선을 위해서 가장 먼저 개선해야 하는 것은 목표(1500점)와 실적(4000점) 간의 갭(2500점)이 가장 큰 '화물 손상'을 줄이는 것이다.

● Hub and Spoke System

이 시스템에서 Hub는 자전거의 중심축을 의미하는 멤피스공항이며 Spoke는 공항을 중심으로 연결되는 경로를 의미한다. 멤피스공항을 허브로 결정한 것은 물론 고객만족서비스를 제공하는 데 가장 적지였기 때문이다. 멤피스는 미국의 중심부이며 600마일 이내에 전 인구의 65%가 거주하면서도 FedEx가 바쁜 한밤중 시간대에 교통이 원활한 지역이다. 게다가 연중 안개가 끼는 날이 거의 없는 최적지이다.

● COSMOS

COSMOS(Customer, Operations, Service, Master On-line System)는 화물에 관한 운송정보를 처리하는 온라인시스템으로 화물 추적정보 요청 시 30분 내 정보 제공 보장을 뒷받침해 주는 시스템이다. 이 시스템은 물적 흐름에 대한 정보를 정확히 파악하게 해줌으로써 배달시간과 경로를 효율적으로 관리 가능하게 해주고 있다.

출처: http://blog.naver.com/hongjig/140001604174

1. 서비스 품질에 영향을 주는 환경요소

기술의 발전과 고객 요구사항의 다양한 변화로 인하여 우리 모두는 넘쳐 나는 상품, 즉 수많은 제품과 서비스가 쏟아져 나오는 사회 속에서 살고 있다. 기술의 발전과 고객 요구사항의 변화는 기업에게 있어 새로운 사업의 기회를 제공함은 물론 경쟁요소 출연 등 위험요소로 작용하기도 한다.

끝없는 경쟁사회 속에서 살아남기 위한 조직전략으로 대두되어 왔던 품질의 개선 노력, 즉 품질관리, 품질경영, 종합적 품질관리, 종합적 품질경영은 고객만족과 수익극대화와 맞물려 기업에게 있어서는 절대적인 생존전략으로 인식되고 있으며, 기존의 생산자중심의 품질에서 고객중심의 품질로 변모하고 있다. 본문에서는 품질의 정의를 파악함과 동시에 품질의 종류를 나열하고, 최근 들어 더욱 중시되고 있는 고객중점적 품질, 특히 서비스 품질에 대하여 설명하고자 한다.

서비스 환경이란 서비스를 제공하거나 제공받는 환경, 즉 서비스 과정상에 놓인 모든 환경을 의미한다. 서비스 환경은 서비스를 제공하는 제공자중심의 환경일 수도 있고 서비스를 제공받는 고객중심의 환경일수도 있으나, 서비스 환경의 효율적인 측면과 서비스를 제공하는 제공자, 제공받는 고객의 인지도에 따라 그 평가가 달리 해석될 수 있다. 다음은 서비스 품질에 영향을 주는 환경요소에 대한 설명이다.

1) 고객의 인식과 기대

고객은 제품이나 서비스를 구매하기 이전에 기대감을 형성하고, 구매 시 서비스에 대한 지각을 한다. 결국 고객은 기대와 지각을 비교함으로써 서비스 품질을 인식하게 된다. 기대란 제공될 것에 대한 고객의 느낌으로 물리적 환경과 과정, 서비스 제공자와 관련이 있다.

물리적 환경 = 유형적 요소 ⇒ 본질적 요소 + 부수적 요소

특급호텔의 경우, 고객은 특급호텔이라는 것만으로도 물리적인 환경에 대한 기대품질을 형성하게 된다. 만약 특급호텔이 고객의 기대품질에 미치지 못하는 경우 서비스 품질은 저평가받을 수 있다. 예를 들면 호텔 로비의 유리창이 깨져 있는 상태로 방치되어 있는 등의 경우가 해당한다.

서비스 전달과정과 제공자 또한 중요한데 이는 서비스를 전달받은 고객의 서비스에 대한 인식과 직접적인 연관이 있기 때문이다. Gaither는 다음과 같이 서비스 제공자의 중요성을 강조하였다. 형태를 띠고 있지 않다는 특성상 서비스의 품질은 측정하기가 쉽지 않다. 항공사 승무원들의 품질활동이 좋은 예이다. 승무원들이 항공서비스를 통해 고객에게 제공한 품질에 대하여 고객의 인식을 분석하고 측정하기란 어려우며, 대부분의 경우 품질활동에 대한 측정기준조차도 마련되어 있지 않다. 더욱이 고객들은 자신들만의 기준을 책정하고 그들이 기대하는 서비스 수준과 그들이 전달받은 서비스를 비교하게 된다.

또 다른 복잡한 요인은 일부 서비스에 대해 인지된 품질은 주변 환경에 의하여 영향을 받는다는 것이다. 서비스는 노동집약형이기에 종업원과 고객의 직접접촉이 수시로 이루어지고, 고객들은 '서비스 공장'으로 진입하게 된다. 이에 서비스 품질 수준의 상당 부분은 서비스를 제공하는 종업원의 역할에 의하여 채워지게 된다.

2) 기술 발전

기존 기술의 발전과 새로운 기술의 개발은 기업의 고객요구에 대한 해소는 물론 고객의 이해에 커다란 도움이 되고 있다. 최신 기술을 통하여 기업은 고객과 보다 쉽게 의사소통할 수 있으며, 더욱 신속하고 정확하게 고객서비스를 제공할 수 있다. 기술의 발전은 고객만족을 개선시킬 수 있는 요인일 뿐만 아니라 고객의 만족

을 촉진시키는 요인으로 작용해 오고 있다. 결과적으로 기술의 발전을 통하여 기업은 더욱 높은 수준의 서비스 제공이 가능해졌고 동일한 서비스에 대한 과거의 경험보다 고객의 서비스 품질 만족도는 향상되었다고 할 수 있다.

기술을 이용한 고객서비스로는 콜-센터를 통한 신속한 고객응대서비스, VIP고객 전용 핫-라인 운영, 고객 데이터베이스를 통한 고객관리 등이 있다. 최근에는 전문적으로 고객관리만을 위한 시스템들도 등장하였는데, 이는 보다 체계적으로 고객을 관리하여 서비스 품질을 개선함과 동시에 고객만족을 통해 수익을 극대화하는 데 그 목적이 있다. CRM(Customer Relationship Management)은 고객관계관리를 의미함과 동시에 시스템적인 모든 체계를 포함하고 있다. 현대의 고객관리는 기술의 도움 없이는 효율적으로 추진할 수 없다. 가트너 그룹에 의하면 CRM이란 수익, 매출, 고객만족을 최적화하기 위한 고객중심의 비즈니스 전략이라고 정의하고 있다. 메타 그룹은 기업의 프런트오피스 활동을 향상시키는 정보기술을 총칭하는 것으로 영업/서비스/마케팅 운영을 지원하는 운영적 CRM, 운영 중 발생된 데이터를 이용하여 분석을 지원하는 분석적 CRM, CTI로 대표되는 것으로 고객접점관리를 담당하는 협업적 CRM으로 정의하고 있다.

3) 경쟁환경

현대의 경영환경은 고객요구의 다양성 증가와 동시에 경쟁환경 또한 더욱 복잡하고 치열해졌다. 경쟁환경의 변화로 고객의 요구는 그 한계를 판단하기가 쉽지 않고 또한 고객이 원하거나 필요로 하는 것조차도 분별하기가 어려워졌다. 이러한 환경에 적응하기 위해서 기업은 생산·운영과 재무적 효율, 초점화된 제품과 시장전략을 강조하는 것으로 대응하고 있다. 기업은 고객서비스 품질이 중요하다는 것을 인식하고 차별화된 서비스 제공으로 경쟁우위를 달성해야 한다.

2. 고객중심 조직의 이점

기업 경영환경이 생산시스템의 효율성을 강조하는 생산자중심에서 고객의 전반적인 만족을 중시하는 고객중심으로 변환하면서 품질의 필요성은 더욱 더 부각되고 있다. 품질의 개선은 고객만족을 실현 가능하게 할 뿐만 아니라 이를 통해 기업의 수익을 극대화함은 물론 고객과 기업 모두에게 다양한 차원의 상승효과를 제공한다. 기업의 고객만족에 대한 노력, 즉 제품공정 개선, 서비스 개선 등은 제품수명주기 연장, 고객유지율 증가 등으로 연결되어 기업의 존재성을 강화시키고, 고객은 만족활동을 통하여 더욱 신뢰할 수 있는 제품 또는 서비스 창출에 직접 관여할 수 있으며, 이를 통해 더욱 높은 품질의 제품이나 서비스를 제공받을 수 있게 된다. 이렇듯, 품질의 개선노력은 기업과 고객 모두에게 긍정적인 효과를 제공하고 이를 위해 기업과 고객은 함께 공생하고 협력해야 한다.

기업 경영환경은 고객중시 특히 친환경 정책 등 외부적인 요인으로 더욱 복잡해지고 있다. 이에 기업은 제품, 고객, 경쟁자, 기술, 정부, 법과 규제, 환경, 자원 등 경쟁환경을 구성하는 수많은 요소들의 조화로운 활용을 통해 경영환경을 개선하는 노력을 전개하여야 할 것이다.

Ferdows 교수(1990, INSEAD 대학)는 모래성이론(Sand Cone Theory)을 통해 기업의 경쟁력 형성을 위해서는 품질−Delivery−Flexibility−Cost의 성과가 누적되어야 한다고 하였다. 이는 품질의 체계적인 조화 없이는 기업의 경쟁력이 없음을 나타내는 말이기도 하다.

고객만족은 기업경쟁력을 강화시키고, 경쟁력이 강한 기업은 제품이나 서비스 제공에 있어 개선노력의 결과물로 높은 품질의 제품, 서비스를 고객의 기대에 부응하는 가격(비용)에 제공 가능하다. 다음은 서비스 품질의 관리조직에 대한 이점을 나열한 것이다.

• 고객만족을 통한 고객충성도 향상 → 고객만족을 통한 비용 절감 효과
• 대체판매의 기회 증대 → 고객과의 관계 발전으로 매출 증가 효과
• 종업원의 사기 증가, 노사관계 개선, 경영진에 대한 충성도 증대 → 이직률 감소 등
• 기업이미지 향상, 가격경쟁력 확보 가능 → 마케팅비용 감소, 매출 증대 효과

3. 서비스 접점

서비스 접점은 고객이 서비스기업의 시설, 설비 또는 종업원 등 기업의 서비스를 접하는 순간 서비스 품질에 대한 결정적인 인식을 하는 것이다. 따라서 서비스 품질을 설명하기 전에 서비스 접점에 대해 먼저 설명한다.

1) 서비스 접점의 배경 및 특징

진실의 순간(Moments of Truth) 혹은 중요한 순간(Critical Incidents)이라고 불리는 서비스 접점(service encounter)은 스칸디나비아항공의 Jan Carlzon 사장에 의하여 보편화되었다. 서비스 접점이란 서비스 제공자와 고객 간의 직접적인 상호작용(조직, 종업원, 고객)을 말한다. 서비스 접점에서 종업원이 서비스 공동생산자 역할을 수행하고 있는 고객을 향하여 어떻게 대하고 있는지 여부에 따라 고객의 참여행위 정도는 많이 달라질 수 있을 것이다. 즉, 종업원의 고객에 대한 응대행위나 서비스 행위에서 고객이 서비스 품질의 수월성을 인지하게 되면 이는 그들로 하여금 서비스 생산과정에 보다 깊이 몰입하게 하여 다양하고 적극적으로 투입하게 할 것이다.
양질의 종업원 서비스 행위가 고객에게 넘쳐 흘러가게 되고 이를 고객이 지각

하게 되면 고객은 생산과정에 보다 많은 기여를 하게 된다. Parkington과 Schneider(1979), Schneider와 Bowen(1985)을 포함한 여러 선행연구에서 '서비스 종업원(직무) 만족 → 고객만족'과 같은 감정적 이전(emotional transfer)을 발견할 수 있듯이 이들 사이에는 행위적 이전(behavioral transfer) 또한 발생할 수 있다.

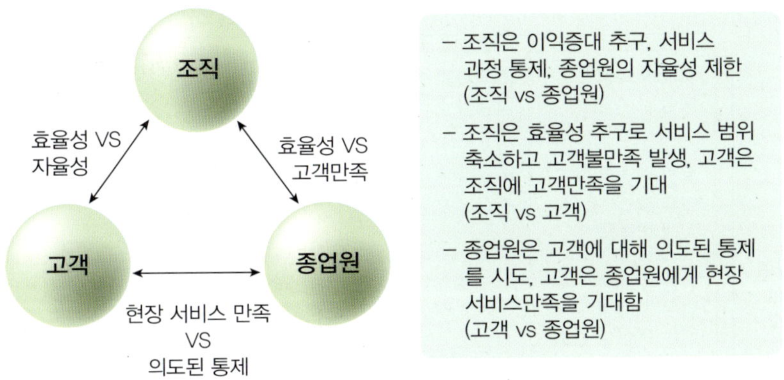

그림 8-1 서비스 접점의 삼각형

Fitzimmons와 Fitzimmons는 부분적으로 종업원의 역할을 수행하면서 서비스 전달과정에 참여하는 고객은 사회적 통념에 의해 정의된 혹은 서비스 설계에 의해 규정된 규칙을 따라야 한다고 하였으며, 만일 고객이 적절한 규칙을 따른다면 고객과 서비스 제공자 모두가 서비스 접점에서 상대방을 존중하는 역할을 수행할 수 있기 때문에 서비스 접점에서 각자의 행동을 예측할 수 있다고 하였다. 또한 고객은 여러 다양한 서비스 제공자들과 더불어 많은 접점을 경험하게 되고 각각의 '진실의 순간'은 곧 서비스 품질에 대한 고객의 인식에 영향을 줄 수 있는 기회가 된다고 하였다.

Krajewski와 Ritzman은 서비스 과정에서의 고객참여에 대하여 제조공정과 달리 서비스 과정에서는 고객이 과정의 일부가 되는 경향이 높다고 하고는 고객은 실체적인 참여 없이도 높은 접촉을 나타낼 수 있다고 하였다(예: 인터넷). 또한 서비스 과정에 고객이 참여하는 빈도가 높을수록 고객접촉도는 높다고 하였고, 고객의 접촉 정도는 서비스 제공단계에서 소요되는 전체 시간 대비 고객이 과정에 참여한 시간을 계산해서 측정 가능하다고 하였다. 이에 고객의 접촉도를 높이기 위해서는 고객의 서비스 전달(제공)과정의 참여를 유도하여야 한다.

고객접촉도, 고객화 정도 낮음 →

복잡성 분산 감소 · 라인 업무 흐름 증가 ↓

서비스 과정 특성	고객과의 상호작용, 고객화 정도 높음	고객과의 일반적 상호작용, 표준화된 서비스	고객과의 상호작용 낮음, 표준화된 서비스
복잡한 흐름, 업무 복잡, 기대치 높음	Front Office 전방 종업원		
유동적 흐름, 업무 지배적, 업무 복잡성 감소		Hybrid Office 혼합 종업원	
라인 업무 흐름, 업무 보편화, 업무 이해도 높음			Back Office 후방 종업원

그림 8-2 서비스 과정의 고객접촉 매트릭스

출처: Krajewski, L. J., & L. Ritzman (2005).

서비스 운영의 관점에서 서비스 시스템을 분류할 때 활용 가능한 기준 중의 하나가 서비스 전달과정에서의 고객과의 접촉 정도(customer contact)라고 할 수 있다. 고객접촉은 시스템에 고객의 존재가 포함됨을 나타내고, 서비스의 전달과정은 서비스 제공 자체에 고객이 관여되는 작업과정을 나타낸다. 여기서 접촉의 정도는 대략 고객에게 서비스가 수행되는 총 시간에서 고객이 시스템에 관여되는 시간의 비율로 정의될 수 있다. 일반적으로 말하면, 서비스 시스템과 고객 간의 접촉시간의 비율은 생산과정에서 둘 사이의 상호작용의 정도를 나타내는 것이다.

이 개념에 따르면, 고객접촉의 정도가 높은 서비스 시스템은 고객과의 접촉이 낮은 시스템보다 제어하기가 어렵고, 합리적으로 업무를 처리하기가 어렵게 된다. 고접촉시스템에서의 고객은 요구시간, 서비스의 품질 또는 지각된 품질에 영향을 미칠 수 있다. 〈표 8-1〉에 고객접촉 정도에 따른 서비스 운영의 주요 차이점이 설명되어 있다.

〈표 8-1〉은 고객과의 접촉 정도에 의한 서비스 운영 시스템의 특징들을 운영 분야의 의사결정에 영향을 주는지 이해할 수 있다. 은행의 경우처럼 대부분의 일이 고객과의 접점이 아닌 후방에서 이루어질 때에는 고객들이 제시하는 소정의 양식(청구서 등)에 따라 이루어짐을 알 수 있다. 그러므로 서비스 시스템을 설계할 경우에도 산출률의 최대화를 목표로 설계가 이루어지는 공장과 동일한 원리를 활용해야 한다.

표 8-1 고객 고접촉 및 저접촉 정도에 따른 운영의 주요 차이점

의사결정 요소	고접촉시스템(지점 등 전방서비스)	저접촉시스템(수표 처리센터 등 후방서비스)
위치	고객과 근접	전문 인력, 원자재 구입 등이 용이함
배치	고객의 물적, 심리적 욕구를 충족시킬 수 있게 배치	생산 효율성 극대화 측면에서 배치
제품 설계	제품 자체뿐만 아니라 주변 환경까지 고려	제품 설계가 중요
전달과정 설계	생산과정은 고객에게 직접 영향을 끼침	고객은 대부분의 전달과정에 참여 안 함
스케줄	고객은 생산 스케줄상에 반드시 포함되어야 함	고객은 생산 스케줄상 완료 단계에서 고려
생산계획	주문은 재고 유지가 불가능	미납주문 및 안정적 생산 가능
작업자 기술 정도	작업집단이 고객과의 직접접촉이 필요하므로 대고객관리 기술이 중요	작업집단은 업무의 기능적 처리 기술만 중요
품질관리	품질 기준도 고객에 따라 다양함	품질 수준은 측정 가능함
표준 시간	서비스 시간은 고객에 따라 다르며 표준이 정해지지 않음	표준 시간 일정함
보수	다양한 고객 작업에 따라 시간 기준 급여제도 선호	산출 기준 급여제도 선호
능력계획	피크타임 수요에 생산능력 계획 적용함	재고가 가능하기 때문에 평균 수요 수준의 생산능력 계획을 적용함

2) 서비스 청사진

Fitzimmons와 Fitzimmons는 서비스 접점이 서비스 청사진의 가시선 위에서 형성된다고 하였다. 제조과정 설계의 경우와 마찬가지로, 서비스 프로세스 설계의 표준 도구는 순서도를 그리는 것이다. 최근, 서비스 전문가들은 과정 설계의 중요성을 강조하기 위해 순서도로 나타내었는데 그것이 바로 서비스 청사진(service blueprint)이다.

서비스 청사진의 특징은 첫째, 가시선으로 서비스의 고객접촉 부분과 고객이 보지 못하는 활동 사이를 구별하는 것이다. 이 구별은 순서도 위에 가시선으로 그려진다. 둘째, 고객의 행동이 나열되고 상호작용선이 나타난다. 셋째, 전방 종업원과 후방 종업원이 나타나며 이의 내부 상호작용선이 그려진다.

[그림 8-3]은 고급호텔의 서비스 청사진이다. 전형적인 서비스 접점을 만드는 각 활동은 순서도 위에 그려진다.

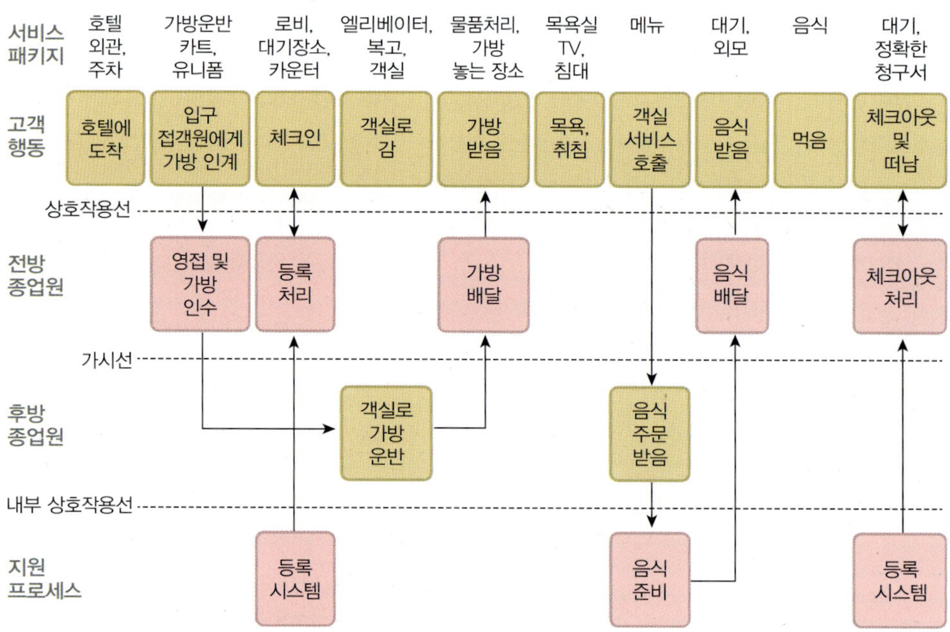

그림 8-3 고급호텔의 서비스 청사진

4. 서비스 품질

Lewis와 Booms(1983)는 서비스 품질이란 인도된 서비스 수준이 고객의 기대(expectation)와 얼마나 잘 일치하는가의 척도(measure)라고 정의하였으며, Gronroos는 서비스 품질은 소비자의 지각된 서비스와 기대한 서비스의 비교평가의 결과이며 기술적 품질, 기능적 품질, 이미지와 같은 제 변수와 함수관계가 있다고 주장하였다.

Parasuraman, Zeithaml와 Berry에 의하면 소비자들이 지각한 서비스 품질이란 서비스기업이 제공해야만 한다고 느끼는 소비자의 기대와 제공된 서비스기업의 성과에 대한 소비자들의 지각의 차이라고 정의하였다. 가장 널리 알려져 있는 서비스 품질의 결정요소는 Parasuraman 등(1985, 1988)이 제시한 모형이다. 그들은 고객의 기대와 서비스 지각을 형성하는 데 중요한 기준을 열 가지 차원으로 제시하였다. 그 차원과 내용이 〈표 8-2〉에 나타나 있다.

표 8-2 서비스 품질의 항목들

차원	내용
유형성(tangibles)	서비스기업이 보유하고 있는 물적 시설(장비, 도구), 종업원의 복장, 용모 등
신뢰성(reliability)	약속된 서비스를 정확하게 이해하는 능력(정확한 계산, 시간 엄수)
반응성(responsiveness)	고객에게 서비스를 신속하게 제공하려는 의지
의사소통(communications)	고객의 말에 귀를 기울이고, 고객들이 이해할 수 있도록 정보를 제공하는 능력
신용도(credibility)	서비스 제공자의 신뢰도, 진실성, 정직성
안전성(security)	고객은 서비스 제공과정이나 서비스 결과로부터 어떤 위험 부담이나 심적 부담이 없어야 함
능력(competence)	서비스 수행에 필요한 종업원들의 기술과 지식의 소유 정도
예의(courtesy)	고객과 만나는 종업원의 친절, 배려, 공손함
고객의 이해(understanding/knowing the customer)	고객과 그들의 요구를 알려고 노력하는 정도
접근성(access)	서비스 시스템에 대한 접근가능성, 접촉의 용이성 등(주차가 편리한 입지, 교통이 편리한 입지)

출처: Parasuraman et al. (1985, 1988).

5. 서비스 고객효용모델과 서비스 가치

서비스는 고객과 서비스 제공자 사이에서의 상호작용에 의해서 발생한다. 그러나 제공된 서비스는 무형성이라는 특징 때문에 서비스 제공자는 효과적인 방법으로 정확한 서비스를 고객에게 제공했는지가 쉽게 측정되지 않는다. 또한 고객은 필요한 서비스가 적정한 가격으로 제공되어 만족할 만한 서비스를 받았는지가 쉽게 측정되지 않는다. 고객이 제공된 서비스에 대해서 얼마나 만족스러운 결과를 얻었는지 객관적으로 평가되고 반영되어야 서비스 제공자는 서비스 품질을 높이기 위해 노력할 것이다. 고객과 서비스 제공자 사이에서 상호작용에 의해 발생하는 서비스 품질은 다양한 속성들이 복잡하게 연결되어 결과로 나타난다.

서비스 품질을 결정하는 다섯 가지 요소는 다음의 〈표 8-3〉과 같이 신뢰성(reliability), 반응성(responsiveness), 확신성(assurance), 공감성(empathy), 유형성(tangibility)이다(김수욱 외, 2006).

서비스 품질을 결정하는 다섯 가지 요소는 서비스를 전달하면서 발생하는 비용인 노동계획비용, 훈련비용, 고용비용, 소비재비용 중에서 최소 한 가지 이상에 영향을 미치며 복합적으로 영향을 미치기도 한다. 서비스 제공자 입장에서는 서비스를 준비하거나 제공할 때 발생하는 비용을 최소화시키려 하고, 고객 입장에서는 서비스를 제공받는 데 필요한 비용을 최소화시키면서 받는 서비스는 최대화시키고자 한다. 그러므로 비용관점에서 바라보면 고객과 서비스 제공자는 서로 반대 방향으로 이동하고 있는 것이기 때문에 적절한 서비스 수준을 결정하는 것이 매우 중요하다.

표 8-3 서비스 품질의 특성과 비용

서비스 품질의 특성	예시	특성을 강하게 만들기 위한 잠재적 행동	증가되는 운영비용
신뢰성	• 정시서비스 • 정확한 기입과 대금 청구 • 예상 가능한 대우	• 서비스 이윤의 감소 • 예방 보수의 증가 • 운영과정 표준화를 위한 훈련 증가 • 서비스 수준의 증가	• 노동계획비용: 요구되는 노동력/기간 • 훈련비용: 종업원 수와 훈련강도의 함수
반응성	• 신속한 서비스 • 운영시간 유용성 • 고객을 돕고자 하는 의지 • 서비스 실패에 대한 보상능력	• 대기시간 감소 • 운영시간 증가 • 훈련 증가 • 선택적 고용의 증가 • 필수품의 무료 지급과 환불의 증가 • 서비스 품질의 보증을 위한 명시된 혜택의 향상	• 노동계획비용: 요구되는 노동력/기간, 이직 프리미엄 • 훈련비용: 종업원 수와 훈련강도의 함수 • 고용비용: 검증된 지원자의 함수 • 소비재비용: 서비스 실패의 수, 실패의 유형, 효과적인 회복 비용의 함수
확신성	• 종업원 지식, 예의, 신뢰 • 종업원 능력	• 훈련 증가 • 선택적 고용의 증가 • 인센티브와 임금 증가	• 훈련비용: 종업원 수와 훈련강도의 함수 • 고용비용: 검증된 지원자의 함수 • 노동계획비용: 높은 임금률
공감성	• 고객에게 서비스하는 태도의 준비 • 종업원 접근 용이성, 고객욕구에 대한 민감성	• 훈련 증가 • 선택적 고용의 증가 • 인센티브와 임금 증가	• 훈련비용: 종업원 수와 훈련강도의 함수 • 고용비용: 검증된 지원자의 함수 • 노동계획비용: 높은 임금률
유형성	• 제품특징 – 설명서 – 포장 • 외형 – 물리적 시설 – 장치 – 직원 – 의사소통도구	• 제품과 포장의 향상 • 예방 보수의 증가 • 훈련 증가 • 향상된 소비재	• 총체적 생산비용 • 노동계획비용: 높은 임금률과 이직자 수 • 훈련비용: 종업원 수의 함수 • 고용비용: 검증된 지원자의 함수 • 소비재비용: 시설의 품질, 제품, 종업원 유니폼

출처: 김수욱 외 공역 (2006).

1) 신뢰성

신뢰성은 서비스 제공자가 고객에게 약속한 시간에 서비스를 제공하고 약속한 시간에 끝내는 것을 의미한다. 고객에게 정시서비스를 제공하기 위해서는 기본적으로 서비스 능력 이상의 서비스 제공자를 확보해야 한다. 또한 서비스 제공자는 지속적인 교육 및 훈련을 통해 언제라도 서비스를 제공할 수 있도록 준비해야 한다. 서비스 제공자가 신뢰성을 확보하기 위해서는 노동계획비용과 훈련비용이 증가되기 때문에 비용과 고객만족도 사이에서의 제공된 서비스에 대한 고객효용모델을 평가해서 적절한 수준의 서비스 설계가 필요하다.

2) 반응성

반응성은 고객의 서비스 요청에 얼마나 빠르게 대응하는가를 의미한다. 반응성을 높이려면 고객이 서비스 요청을 한 후에 기다리는 시간이 최소화되도록 서비스 시스템을 설계해야 한다. 서비스 제공자는 고객이 도착하면 언제든지 서비스를 제공할 수 있도록 모든 준비를 해야 하기 때문에 반응성을 높이기 위해서는 노동계획비용, 훈련비용, 고용비용, 소비재비용이 증가하게 된다.

3) 확신성

확신성은 서비스 제공자의 지식, 예의, 신뢰, 능력 등에 의해 고객이 느끼는 감성적인 느낌을 의미한다. 고객은 서비스 제공자가 보유하고 있는 서비스 능력이나 기술에 의해 제공되는 서비스를 받기 전에 서비스 제공자에게 풍기는 개인적인 인상이나 느낌에 의해 서비스만족도에 많은 차이를 나타낸다. 서비스 제공자가 고객에게 확신성을 높이기 위해서는 훈련비용, 고용비용, 노동계획비용을 투자해야 한다.

4) 공감성

공감성은 고객이 서비스를 받고 있을 때 서비스 제공자가 얼마나 자신의 이야기를 듣고 공감하는가를 의미한다. 고객은 서비스 제공자가 서비스를 제공할 때 얼굴에 웃는 표정 없이 기계적인 상태로 서비스를 제공한다고 느끼면 서비스만족도는 낙제 수준이 될 것이다. 공감성을 높이기 위해서 서비스 제공자는 훈련비용, 고용비용, 노동계획비용을 증가시켜야 한다.

5) 유형성

유형성은 서비스 제공 시에 포함되는 설비, 직원, 제품, 디자인 등을 의미한다. 제공되는 서비스는 무형적인 특징을 가지고 있지만 서비스가 제공될 때는 유형적인 부속물을 통해 고객에게 구체화되는 특징을 가지고 있다. 그러므로 서비스 제공자는 고객에게 서비스를 제공할 때 서비스만족도를 높이기 위해서 다양한 유형의 요소들을 사용하고 있다. 유형성을 높이기 위해서는 노동계획비용, 훈련비용, 소비재비용 등을 포함한 총체적 생산비용을 증가시켜야 한다.

서비스는 무형성을 가진 서비스를 고객에게 제공하고 서비스 품질을 평가하는 다섯 가지 요소를 효과적으로 측정하는 서비스 고객효용모델을 개발하여 서비스 만족도를 측정할 수 있다. 그러므로 성공적인 서비스는 제공하고자 하는 서비스 분야에 맞는 고객효용모델을 통해 고객 이익과 서비스 제공자의 이윤이 상충되지 않는 범위 내에서 상호 이익을 최대화시켜야 한다.

고객관점에서 본 서비스의 가치는 다음의 식으로 표현된다(서비스경영연구회, 2006: 105).

$$\text{가치} = \frac{\text{고객에게 제공된 결과물} + \text{프로세스 품질}}{\text{고객이 지불한 가격} + \text{서비스 획득비용}}$$

앞의 식에서 서비스 가치는 클수록 좋기 때문에 '고객에게 제공된 결과물'과 '프로세스 품질'은 커야 한다. 반대로 '고객이 지불한 가격'과 '서비스 획득비용'은 작을수록 서비스 가치는 증가한다. 그러므로 서비스 가치를 계산할 때는 앞서 〈표 8-3〉에서 제시한 서비스 품질을 평가하기 위한 다섯 가지 요소와 관련되는 비용요소가 포함될 수 있도록 모델을 개발하면 서비스 고객효용모델에 근거한 합리적인 서비스 가치가 평가될 것이고 이는 가격대비 서비스 품질과 직결될 것이다.

6. 서비스 품질차이모형

1) 서비스 품질차이의 결정요인

서비스 품질은 각각의 서비스에 따라 다르게 평가된다. 이는 서비스가 다양하고 서비스를 제공하는 종업원과 고객들 또한 다양하기 때문이다. 각각의 서비스에 따라 고객과 종업원이 지각하는 것이 다르고, 상호작용에 대한 과정상에 관여하고 있는 모든 구성원들의 기대 또한 다르다.

서비스 품질의 평가는 서비스 전달과정 중에 일어난다. 서비스 품질과 관련하여 고객만족은 제공받은 서비스의 인지와 요구한 서비스의 기대를 비교하는 것으로 정의할 수 있다. 인지가 기대를 상회할 때 서비스는 특별한 품질로 인식되며 고객감동으로 이어진다. 새로운 제품과 서비스는 조직에게는 수익성 개선, 신규 고객 유치, 기존 고객의 충성도 개선, 시장기회 구축 등 다양한 혜택을 제공한다. 그럼에도 불구하고 새로운 제품과 서비스를 활용하는 고객의 만족도는 제품, 서비스, 고객별로 다양하게 측정될 수 있다.

서비스 품질차이라는 개념은 Berry와 그의 동료들에 의하여 광범위한 연구가 이루어졌다. 그들에 의하면 서비스 품질은 서비스에 의한 고객의 기대와 서비스 집단에 의한 실제 서비스 제공의 지각들 간의 차이로 나타나는 함수로 보았다. 다음은 Parasuraman 연구팀에 의한 서비스 품질차이모형에 대한 설명이다.

Gap 1: 고객의 기대된 서비스 → 고객의 기대와 고객기대에 대한 서비스 제공자의 지각 차이

- 결정요인
  - 마케팅 조사 지향성: 공식적 혹은 비공식적인 정보 수집을 통해 관리자가 고객의 욕구와 기대를 이해하기 위해서 노력하는 정도
  - 하의상달 의사소통: 최고경영자가 근로자들로부터 정보의 흐름을 촉진하고 자극하여 알아보려고 노력하는 정도
  - 관리의 수준: 위에서 아래로 관리의 단계 수

Gap 2: 고객의 기대에 대한 서비스 제공자의 지각
→ 고객의 기대에 대한 서비스 제공자의 지각과 서비스 표준/명세와의 차이

- 결정요인
  - 서비스 품질에 대한 서비스 제공자의 지시: 경영층이 서비스 품질을 핵심적인 전략 목표로 보는 정도
  - 목표설정: 서비스 품질 목표가 고객의 기준에 맞추어 설정되어 있는 정도
  - 업무의 표준화: 서비스 업무의 표준화에 활용할 수 있는 기술 정도
  - 타당성의 지각: 관리자가 고객의 기대를 충족시킬 수 있다고 믿는 정도

Gap 3: 지각에 기초한 서비스 표준/명세 → 서비스 성과차이

- 결정요인
  - 역할모호성: 관리자가 무엇을 원하며 기대를 어떻게 충족시킬 수 있는지 파악하는 정도
  - 역할갈등: 직원들 간의 역할에 대해서 서로 조정이 잘되어 있는 정도
  - 직원의 직무적합성: 직원들의 기술과 직무 간의 조화
  - 기술과 직무적합성: 장비와 기술의 조화
  - 인식된 통제: 직원들이 직면한 문제에 대해서 융통성을 발휘할 수 있다고 느끼는 정도
  - 팀워크: 직원과 관리자의 공동 목표를 위해 노력하는 정도
  - 감독통제시스템: 평가 및 보상 체계의 적절성

Gap 4: 실제 제공된 서비스 → 실제 제공된 서비스와 고객에 대한 외부 의사소통 불일치

- 결정요인
  - 수평적 의사소통: 한 부서와 다른 부서 간, 부서 내에서의 커뮤니케이션 정도
  - 과대약속의 경향: 외부 의사소통이 실제 고객들이 받는 서비스를 정확하게 반영하지 않는 정도

Gap 5: 기대된 서비스 → 기대된 서비스와 지각된 서비스의 차이

- 결정요인

고객평가, 지각된 서비스가 기대된 서비스와 같거나 클 경우 고객만족

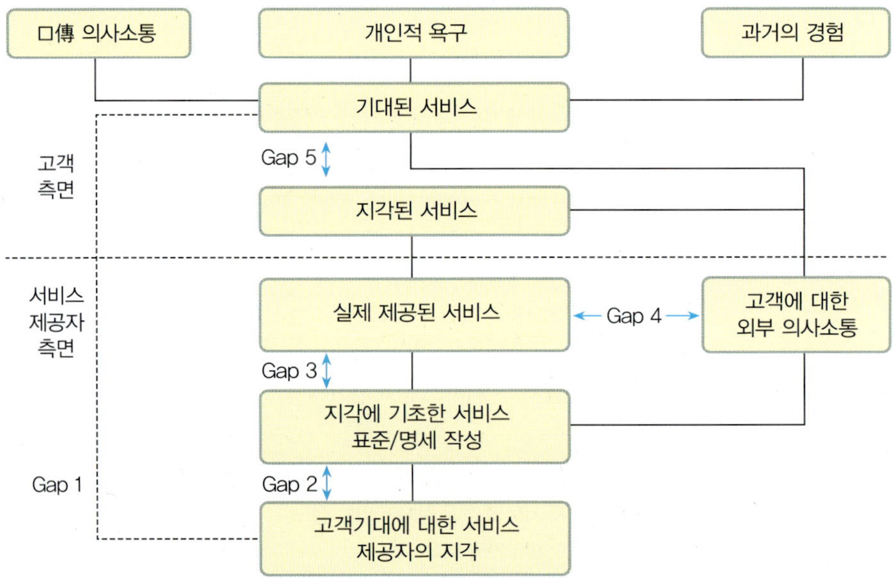

그림 8-4 Parasuraman 연구팀의 서비스 품질차이모형

출처: Zeithaml, V., L. Berry., & A. Parasuraman (1988).

앞의 차이모형에 대한 설명에서 알 수 있듯이, 서비스 품질차이는 서비스 전달 과정상에 속한 모든 구성원들과 관련이 있다. 특히 서비스 접점을 형성하는 종업원(직원)과 고객 간의 관계는 서비스 품질차이에서 가장 중요하다고 할 수 있다. 이는

고객이 서비스를 전달받은 이후 스스로 기대한 서비스 품질과 전달받은 서비스에 대하여 인지한 품질을 비교하여 서비스 품질에 대한 스스로의 정의를 내리기 때문이다. 이에 고객과 종업원(직원) 간의 충돌에 대한 결과는 서비스 집단에게 있어 파급효과가 높은 부정적이거나 긍정적인 효과를 부여 가능하다.

2) 서비스 품질의 항목

앞의 [그림 8-4]에서 이미 Parasuraman과 Berry의 서비스 품질 차원에 대한 설명이 있었으나 여기에서 좀더 구체적으로 이를 설명하고자 한다. 서비스 품질의 차원은 다양하며 기본적인 서비스 상품과 부가서비스 모두와 관련이 있다(Gronroos, 1987). 기본 또는 핵심서비스 상품의 경우 이들 서비스를 소비할 때 필요하고, 부가서비스는 필요한 것은 아니지만 서비스를 향상시킬 수 있고 경쟁자와 차별화될 수 있는 것을 의미한다. 확장된 서비스는 서비스가 제공되는 방법과 기업과 고객 간의 상호작용을 의미하고 서비스 접근성, 서비스 과정에서의 고객참여, 종업원과 고객 간의 상호작용을 포함한다. 고객참여, 종업원과 고객 간의 상호작용에 대해서는 이미 앞에서 언급하였으므로 추가적인 설명은 생략하기로 한다. 앞의 [그림 8-4]에서 포함되지 않은 서비스 품질의 추가적인 결정요소로는 의사소통, 신용도, 안정성, 능력, 예의, 접근성 등이 있다.

서비스 품질을 측정하는 문제에 있어 널리 알려진 모형은 SERVQUAL과 SERVPERF 모형 두 가지이다. Parasuraman, Zeithaml과 Berry(1994)는 기업이 서비스 품질을 평가하는 적절한 접근방법은 소비자의 지각을 측정하는 것이라고 주장하였다. Parasuraman, Zeithaml와 Berry(1988)는 서비스 품질의 개념을 정리한 후, 이것을 측정한 도구로서 SERVQUAL이라고 불리는 다항목 척도를 개발하였으며, 초기에는 서비스 품질의 구성요인을 10개 차원(97개 항목)으로 도출하였으나 이후 5개 차원(22개 항목)으로 축약하였다(김연성 외, 2005; 송광석, 2007).

Gronroos(1988)의 연구에서 다섯 개의 범주에 여섯 번째 특성인 회복성(recovery)을 추가시켰다. SERVQUAL 모형은 설문지를 통해 응답자들이 특정 기업의 어떠한 서비스 특성에 관한 그들의 기대를 몇 개의 차원을 통해 완성하게 된다. 응답자들은 또한 그 기업의 동일한 특성에 대한 성과를 기록하게 된다. 이러한 측정을 통해 기대와 성과의 차이를 비교하게 되며, 여기서 인지된 성과가 기대보다 낮다면 서비스 품질이 낮다는 것이고, 그렇지 않다면 좋은 서비스 품질을 나타낸다. Cronin과 Taylor(1992)는 자신들의 연구에서 SERVQUAL식의 서비스 품질의 개념화와 조작화가 부적절하다는 주장을 하였다. 이들은 '서비스 품질=성과'라는 공식을 수립하고 SERVPERF라고 명명함으로써 서비스 품질을 서비스의 성과로서 측정하고자 하는 노력들을 통합하면서 SERVQUAL가 기존 연구와 개념적으로 상당한 혼란을 야기한다는 것이었다. 즉, 소비자들은 기대와 성과를 비교하여 그 차이를 산술적으로 계산 가능하나 실제로는 불가능하다는 것이다.

Teas(1993)는 SERVQUAL 모형에서 기대에 대한 개념 정의와 측정 타당도에 문제가 있다고 지적하였다. 기대수준은 규범적 기대수준이므로 SERVQUAL은 어떤 이상적 기준과의 비교를 나타내며 예견된 서비스와 제공된 서비스의 차이를 나타내지는 않는다고 주장하며, 평가된 성과를 바탕으로 서비스 품질을 측정하는 EP(Evaluated Performance) 모형과 규범화된 품질(Normed Quality: NQ) 모형을 제시한 후, 실증연구를 통해 EP 모형이 우수하다고 결론을 내렸다. 다음은 SERVQUAL 모형과 SERVPERF 모형을 구분한 것이다.

표 8-4 SERVQUAL, SERVPERF 모형 차이

구분	SERVQUAL	SERVPERF
제안자	Parasuraman, Zeithaml, Berry	Cronin, Taylor
모델의 구성	성과 – 기대	성과
기대의 정의	규범적 기대 – 제공해야만 할 수준	기대측정 안 함
측정차원	5개 차원 22개 항목	5개 차원 22개 항목

출처: http://blog.naver.com/hyoungmo74/42391404

7. 서비스 제공자의 역할

고객중심 조직의 한 가지 특징은 그 조직과 접촉한 사람들이 개인적으로 만족스러웠다고 보고하는 점이다. 고객중심 조직이란 주어진 예산의 범위 내에서 자기들의 고객과 공중의 여러 욕구와 요구를 알아내어, 봉사하고, 또 만족시키기 위해 필요한 노력을 다하는 조직이다.

조직이 고객중심적으로 발전하기 위해서는 고객의 요구를 정확히 파악하고 있어야 한다. 고객의 요구 또는 원하는 바를 정확히 파악한 이후에 고객에게 조금 더 개선된 서비스를 제공 가능하기 때문이다. 기업은 제품이나 서비스를 판매하기 위해서 고객을 분석해야 하며, 이를 위해 고객의 구체적인 행위와 특징을 파악해야 한다. 다음은 조직들이 특히 공공조직에서 고객중심적이지 못한 유형들을 나열한 것이다.

● 조직들이 고객 중심적이지 못한 세 가지 유형

① 필요한 예산이나 직원에 대한 권한이 없음

② 고객만족보다 업무 집중 중시

③ 의도적으로 반응적이지 않음

결국 조직은 종업원에게 권한부여 등 수익극대화를 위한 역할 분담에 있어 책임을 분배하여야 하고, 그 이전에 정책적이고 체계적인 시스템을 통하여 고객을 만족시킬 수 있는 종업원을 양성해야만 한다. 물론 종업원과 조직은 고객이 어떤 서비스를 어떠한 형태로 전달받기를 희망하는지 고객의 기대치가 어떻게 되는지에 대하여 서비스 전달과정의 전개 이전에 충분히 인지하고 있어야 한다.

조직은 고객요구 판단 후 서비스 표준/명세를 수립, 제공된 서비스의 확인을 해야 한다. 서비스 제공자는 고객의 요구충족을 위한 의지가 필요하고 이를 위해 공헌해야 한다. 조직은 제공자(종업원)를 모집, 선발, 교육, 훈련, 동기부여 및 포상에 효율적인 시스템을 구성하고 운영해야 한다.

1) 내부마케팅과 Gap 2의 제거

내부마케팅은 서비스 제공자(종업원)를 내부고객으로 보며, 그들의 직무를 내부생산물로 보는 것으로 내부고객의 요구충족으로 외부고객의 요구를 충족시키는 능력을 증대하는 것을 의미한다. 내부마케팅의 목적은 동기부여, 세일즈 의식, 훈련 · 교육 등을 통해 고객을 의식하고 마케팅 노력에 충실하게 하기 위함이다.

최근에는 내부고객 만족을 위해서 다양한 접근방식을 활용하는데 재택근무, 시간제근무 등이 그 좋은 사례이다.

2) 모집, 훈련과 보상과 Gap 3의 제거

서비스 제공자의 직무 효율성 증대를 위해서는 과정과 기술적 능력, 의사소통기술, 유연성과 적합성, 그리고 고객과의 공감대가 필요하다. 조직은 서비스 제공자를 교육, 훈련하고 복지시스템을 운영하여 제공자(종업원)의 참여의식과 동기부여를 강화해야 한다. 또한 이러한 시스템에 대해서는 감사 및 지속적인 개선으로 서비스 지향문화를 추구해야 한다. 결과적으로 조직은 Gap 3의 제거를 위해서는 철저한 제공자 교육과 훈련이 필요함과 동시에 수시적인 모니터링이 요구된다. 또한 전체 구성원의 참여 확대(의사결정, 의견제시)를 위해 의사결정과 창조적인 서비스 제공활동을 위해 서비스 제공자에 대한 권한부여가 필요하다.

3) 서비스 제공과 Gap 4의 제거

제품 위주의 결함과는 달리 서비스의 결함은 고객에게 서비스를 전달하는 동안 생길 수 있는 서비스 기회의 상실에 의해 발생된다. 예를 들면 고객이 전화를 통하여 호텔예약이나 비행기표 등을 구입하고자 할 때 서비스가 신속히 이루어지지 않거나 대기시간 등이 지나치게 길어지는 경우가 이에 속한다. FedEx는 서비스 품질 측정지표(Service Quality Indicator: SQI)라 불리는 매우 광범위하고 다양한 측정을 할 수 있는 품질측정시스템을 활용하여 기업경영에 그 결과를 반영하고 있다. 이 시스템은 고객에게 서비스를 하는 동안 생길 수 있는 결함들을 사항별로 세부적이고 폭넓게 개발하여 각 항목마다 각각 다른 비중의 점수를 준 것이다.

고객과 사전에 직접 또는 간접, 또는 묵시적으로 약속된 서비스 제공을 실패하는 경우, 서비스 제공 실패에 대한 결과는 매우 혹독할 수 있다. 서비스 제공을 실패하는 경우, 조직의 고객은 더 이상 그 조직과의 연관을 유지하려 하지 않을 수도 있으며, 심지어 실패한 서비스로 인해 추가적인 고객 유출과 잠재고객의 유출이 발생 가능하다는 것이다. 즉 실패한 서비스 제공은 조직의 흥망과 직접적인 연관이 있다고 해도 과언이 아닐 것이다.

이러한 문제를 사전에 해결하기 위해서는 고객의 요구를 정확히 파악해야 하며, 파악된 결과를 토대로 서비스 시스템과 표준/명세를 재수립하고 서비스 제공자를 교육 및 훈련하여 고객과의 약속 유지에 최선의 노력을 다하여야 한다. 또한 적절한 광고와 제공자에 대한 승진 기회는 필요하나, 고객의 기대와 제공된 서비스의 지각에 영향을 미치므로 너무 많은 약속을 하지 않는 것이 중요하다.

중간사례

서비스 품질 향상

"서비스 평가는 지금까지 기업 위주로만 이뤄졌습니다. 하지만 이제는 고객이 서비스를 어떻게 느끼는지도 평가해야 합니다. 서비스는 고객이 받는 것이기 때문입니다."

6일 조선비즈(www.chosunbiz.com)와 솔브릿지 국제경영대학이 함께하는 '서비스 혁신의 딜레마' 포럼에서 서비스 품질 분야의 세계적인 권위자로 꼽히는 Parasuraman 미국 마이애미 주립대학 석좌 교수는 "지금까지는 기업 입장에서 치중한 서비스 품질 평가만 이뤄졌는데, 서비스에 대한 만족도를 높이기 위해서는 고객이 어떻게 느끼는지도 평가해야 한다"고 말했다.

Parasuraman 교수는 "기업은 자원을 얼마나 투입했고 대가로 얻은 것이 무엇인지에만 집중했다"면서 "하지만 고객은 자신이 결과적으로 얻은 것 이외에 어떤 방식으로 서비스가 이뤄졌느냐에 집중하는 경향이 있다"고 말했다.

그는 사례로 입출국할 때 이용하는 항공사에서 자신의 수화물을 찾는 과정을 언급하며 "공항 이용자들은 결과적으로 자신의 수화물을 찾았다는 것만으로 서비스를 평가하지 않고, 어떤 과정을 거쳐 얼마의 시간을 들여 수화물을 찾았는지 종합적으로 평가한다"면서 "기업이 서비스 역량을 강화시키기 위해서는 이런 과정 면에도 신경 써야 한다"고 지적했다.

또 서비스 역량을 강화한다며 본질이 아닌 곁가지에만 치중하는 경우가 많다면서 전날 자신이 묵었던 호텔을 사례로 들었다. Parasuraman 교수는 "어제 묵었던 호텔방은 조명이 화려한 곳이라 매우 인상이 좋았지만, 방에서 조명을 어떻게 작동하는지 몰라 한 30분을 헤매다 겨우 알았다"고 말하며 "서비스의 본질을 비켜 간 사례"라고 말했다.

이어 Parasuraman 교수는 "기업은 매우 정상적인 상황에서 어떻게 서비스할지를 고민하지만 실제로 고객들이 어떤 기업의 서비스를 평가할 때 이런 점은 많이 고려되지 않는다"고 말했다. 아주 평범한 상황에서 어떤 서비스를 받고 있는지를 고객들은 예민하게 생각하지 않는다는 것이다.

Parasuraman 교수는 "평소와는 다른 상황이 펼쳐질 때 고객들은 자신들이 어떤 서비스를 받고 있는지 매우 예민해진다"며 "예를 들어 공항에서 수화물을 잃어버렸을 때 소비자는 어떤 방식으로 문제가 해결되는지 그 과정을 눈여겨볼 것이고 이점이 결국 서비스 점수를 매기는 척도가 된다"고 말했다.

Parasuraman 교수는 미국 품질경영 전문 학술지 '더 퀄리티 리뷰(The Quality Review)'로부터 품질 분야에서 가장 영향력 있는 10인 중 한 명으로 선정된 서비스 생산성 분야의 대가다.

출처: 조선비즈 (2011. 4. 6).

8. 종합적 품질경영

종합적 품질경영(TQM)은 '모든 구성원의 지속적 개선활동을 통하여 가장 저렴한 비용으로 고객의 요구와 기대를 충족시키기 위한 지속적 노력과 기업 전체의 경쟁력을 향상시키는 하나의 철학'이라고 정의할 수 있다. 종합적 품질경영은 다음의 내용이 포함된다. 첫째, 품질은 고객에 의하여 정의되어야 한다는 것이고, 둘째, 고객만족을 창출하는 재화와 서비스를 생산하는 데 과정을 중시하여 인간 위주의 경영시스템을 지향하는 것이다.

1) 종합적 품질경영의 특성

우선 전략적 관점에서 품질을 고려하며 고객우선주의, 종업원의 참여, 최고경영자의 적극적인 지원 등을 통해 종합적 품질경영의 특성을 잘 활용할 수 있다. [그림 8-5]에서 보는 바와 같이 종합적 품질경영의 특성을 통해 성공요인을 볼 수 있다.

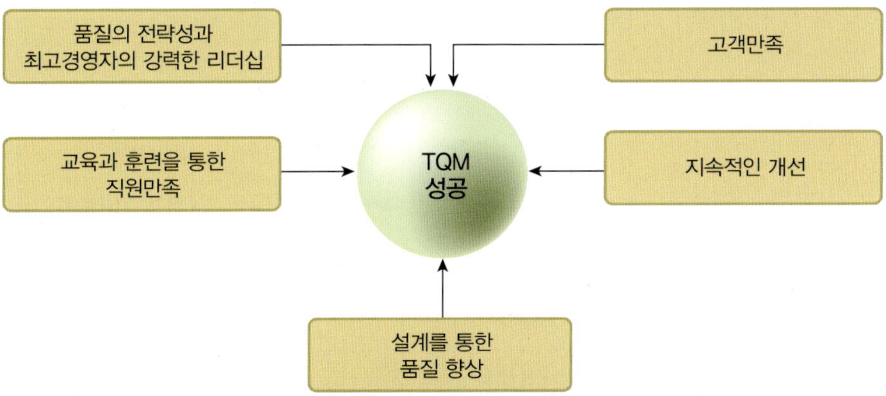

그림 8-5 종합적 품질경영의 특성

그리고 지속적인 개선을 통한 PDCA 사이클 과정은 [그림 8-6]과 같다. PDCA 사이클이란 현상을 검토하고, 자료를 수집 분석, 시정조치를 취하고 새로운 표준을 창출하는 일련의 과정이다.

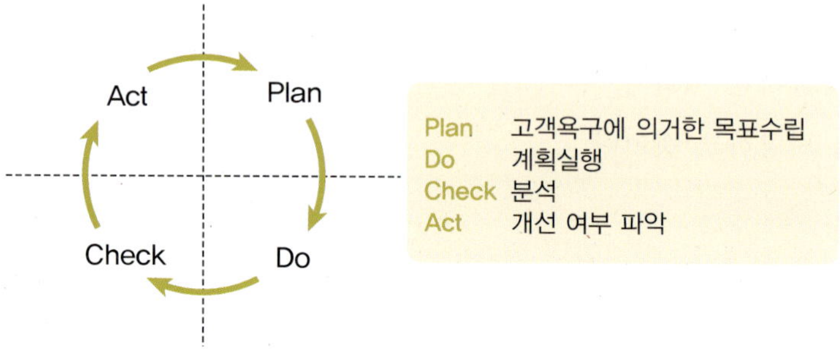

그림 8-6 Deming의 PDCA 사이클

2) 종합적 품질경영의 적용절차

종합적 품질경영의 적용절차는 다음 [그림 8-7]과 같다.

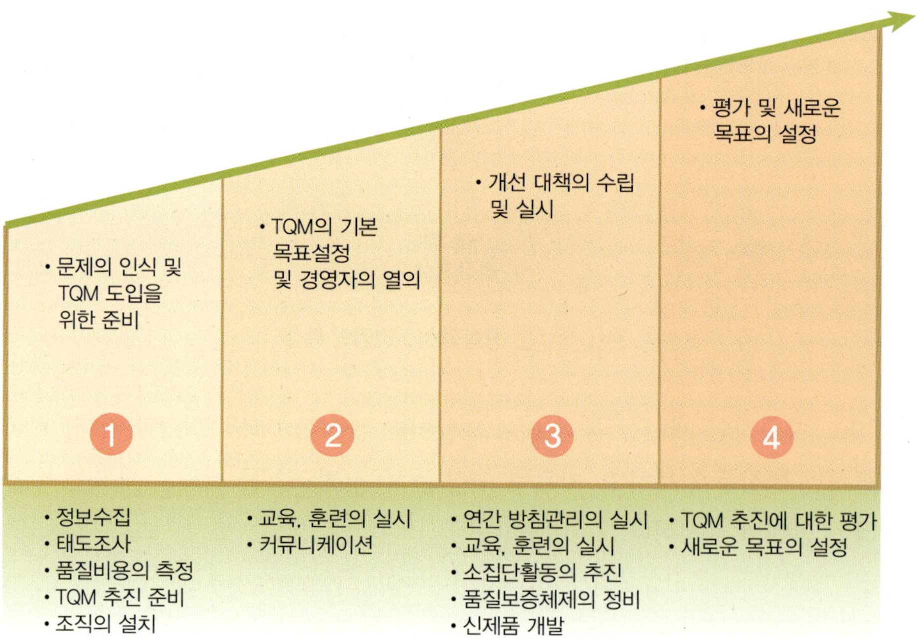

그림 8-7 종합적 품질경영의 적용절차

9. 식스시그마

1) 정의

식스시그마(six sigma)는 '경영에서 발생하는 결함을 통계적으로 측정 · 분석하고 그 원인을 제거함으로써 식스시그마 수준의 품질을 확보하려는 전사 차원의 경영 혁신 활동이다. 프로세스에서 고객의 만족도를 해치는 변동 · 결함(불량품) · 낭비를 객관적인 데이터와 분석을 활용하여 제거하고 예방함으로써 기업의 경영 성과를 향상시킨다. General Electric이나 Motorola 같은 회사들이 그들의 제품이나 진행과정에 있어서의 결점들을 제거하기 위해 사용하기 시작한 철학과 방법들을 말한다. 여기서 결점은 고객들의 취향과 맞지 않는 모든 요소들을 포함한다.

기업이 제품 및 서비스를 창출하는 과정이나 활동에는 결함이 발생하기 마련인데, 식스시그마 프로그램은 이런 결함들로 이어지는 진행과정의 산포를 줄이기 위한 것이다. 식스시그마는 산포를 품질의 적으로 간주하고 이 이론의 대부분이 이러한 문제를 해결하는 것에 초점이 맞추어져 있다. 참고로 식스시그마의 수준은 100만 개 중에 불량이 4개 이하로 발생되는 확률을 의미한다.

식스시그마적 사고의 이점들 중 하나는 경영자들이 프로세스의 성능을 산포 개념을 활용하여 측정할 수 있게 하여 준다는 것이며 또한 동일한 기준을 사용하여 다른 프로세스들과의 비교도 용이하게 하여 준다는 점일 것이다. 여기에서 사용되는 측정기준은 DPMO(Defects per million opportunities)로 100만 기회를 기준으로 했을 경우에 발생 가능한 결함의 수를 나타낸다. 이 공식의 계산을 위하여서는 다음과 같은 세 가지의 데이터가 필요하다.

① 단위(unit): 생산되거나 서비스되는 제품 및 서비스의 측정단위

② 결함 수(defects): 소비자의 요구에 부합되지 않는 결함의 수를 단위기준으로 표현한 것

③ 기회(opportunity): 결함이 생길 수 있는 기회

다음과 같은 공식에 의한 간단한 계산 결과의 도출이 가능하다.

$$\text{DPMO} = \frac{\text{결함 수}}{\text{각 단위마다 일어날 수 있는 오류의 기회 수} \times \text{단위의 수}} \times 1{,}000{,}000$$

예제 1

우리가 관찰한 결과 하루 200,000통 중 200통이 잘못 배달된다. 이러한 상황에서 DPMO는 얼마인가?

풀이

백만 기회당 결함

$$\text{DPMO} = \frac{200}{[1] \times 200{,}000} \times 1{,}000{,}000 = 1{,}000$$

식스시그마 측정표

σ	%양품률
2	69.1%
3	93.32%
4	99.379%
5	99.9767%
6	99.99966%

다른 각도로 보면

σ	PPM
2	308,537
3	66,807
4	6,210
5	233
6	3.4
프로세스 능력	백만 단위당 결함의 수 (DPMO)

이와 같은 식스시그마 프로그램은 두 가지 중요한 요소를 포함하고 있는데 그 중 하나는 방법론적인 것이며 다른 하나는 인적자원과 관련된 조직문화에 관한 것이라고 볼 수 있다.

2) 식스시그마 방법론(로드맵)

식스시그마 방법론은 여러 가지의 통계적 도구들을 포함하지만 식스시그마의 특성은 정의, 측정, 분석, 개선, 그리고 통제의 5단계로 이루어진 DMAIC의 사이클을 활용한다는 점이다. DMAIC 사이클은 지속적인 개선을 위한 PDCA(네 가지 단계로 구성)보다 더 세부적으로 구성된 사이클이다.

식스시그마와 같이 DMAIC는 과학적인 방법, 특히 가설을 통하여 투입과 산출 사이에서의 관계를 실험하는 것을 강조한다. 데이터를 분석하고 나열하는 일을 대신하는 현대의 통계 소프트웨어는 이제 식스시그마의 일부가 되어 버렸다. 무엇보다도 이 방법론의 초점은 고객들이 무엇을 원하는지에 대해 이해하고 고객의 요구를 프로세스를 통하여 개선하는 것이다. 이 중요성을 제대로 인식하기 위해서 어떤 이들은 DMAIC를 "Dumb Managers Always Ignore Customers"(멍청한 경영자들은 언제나 고객들을 무시해 버린다)로 그 약자를 이용하기도 한다. DMAIC의 각 단계는 다음과 같은 내용으로 이어진다.

- **Define 정의**

  고객과 CTQ, 핵심 비즈니스 프로세스를 정의한다.
  - 누가 고객이며, 제품과 서비스에 대한 고객의 요구사항은 무엇인지, 그들의 제품 및 서비스에 거는 기대는 어떠한지 정의한다.
  - 프로젝트의 범위(프로세스의 처음과 끝)를 정의한다.
  - 프로세스 흐름을 파악하여 개선되어야 할 프로세스를 정의한다.

- **Measure 측정**

  프로세스의 측정지표를 정의하고 잠재 원인을 도출한다.
  - 프로세스의 출력변수 Y에 대한 데이터 수집 계획을 수립하고 데이터를 수집한다.
  - Y에 영향을 미치는 잠재적인 X인자들을 도출한다.
  - 도출된 X인자를 우선순위화하고 분석할 X인자를 선정한다.

● Analyze 분석

결함의 근본원인과 개선 기회를 파악하기 위한 핵심적인 X인자를 분석하고 도출한다.

- 잠재인자 X에 대한 데이터를 수집한다.
- X가 Y에 미치는 영향을 정량적, 정성적 분석 기법을 활용하여 분석한다.
- 핵심인자 X를 선정한다.

● Improve 개선

문제를 고치고 미리 예방하기 위해 해결책을 설계하여 목표 프로세스를 개선시킨다.

- 프로세스의 개선안을 도출한다.
- 수행(implementation)계획을 수립하고 실행한다.

● Control 관리

개선 프로세스의 성과를 지속적으로 관리한다.

- 다시 예전의 방식으로 돌아가지 않도록 관리한다.
- 지속적인 관리계획을 수립하고 문서화하여 실행한다.
- 시스템과 구조를 조정함으로써 개선활동을 제도적으로 뒷받침한다.

10. ISO 9001:2008 인증

국제표준화기구인 ISO가 설정한 ISO 9000시리즈는 글로벌시장에서 국제표준의 대명사가 되었다. ISO 9000시리즈는 1987년에 채택되었고 유럽에서 설정한 표준이며, 유럽에 수출하게 위해 필요한 인증이었지만, 이제는 세계 100개국 이상의 국가에서 제품을 수출하기 위한 계약을 하기 위해 ISO 9000시리즈 인증이 필요하게 되었다.

ISO 9000시리즈는 1987년 스위스 제네바에 본부를 둔 국제표준화기구인 ISO(the International Organization for Standardization, www.iso.ch)에 의해 제정되었다. ISO

9000시리즈는 규격에 적합한 제품의 생산을 보증하기 위하여 구매업자와 협력업체들로 하여금 품질시스템의 문서화를 요구하기 위해 제정되었다. ISO 9001 : 2008은 제품의 품질을 보증하는 제도가 아닌 생산과정에 역점을 두는 제도이다.

ISO 9001 : 2008의 주요 항목들은 다음과 같다.

1) 품질경영시스템(Quality Management System)

조직은 조직의 프로세스가 무엇인지, 그 프로세스들이 어떻게 상호연계되어 있는지, 제품을 제공하기 위해 어떤 자원이 필요한지, 그리고 프로세스를 측정하고 개선하는 방법이 수립되었음을 보증할 필요가 있다.

이와 같이 구축된 이후, 품질매뉴얼(Quality Manual)과 더불어 문서관리시스템(Document Management System) 및 기록관리시스템(Record Management System)이 구축되어야 한다.

2) 경영자 책임(Management Responsibility)

조직의 최상위층의 경영자는 조직의 방침, 목표를 설정하고 시스템을 검토하며 또한 시스템의 효과성을 조직 내에서 의사소통할 책임이 있다.

3) 자원관리(Resource Management)

조직은 인적자원뿐만 아니라 장비, 지원 서비스 등의 물적자원을 포함한 모든 자원에 대하여 '고객은 합의된 것을 받는다'라는 것을 보증할 수 있도록, 필요 자원에 더욱 중점을 두어야 한다.

4) 제품실현

제품 · 서비스를 제공하는 데 필요한 모든 프로세스를 포함하여 고객 요구사항 접수, 제품의 설계 및 개발, 구매, 제품 및 서비스 인도의 모든 활동에 대하여 규정한다.

5) 측정, 분석 및 개선

제품, 고객만족, 경영시스템을 측정하는 것, 그리고 시스템의 지속적 개선을 보증하는 것은 시스템 운영에 있어 필수적이다.

ISO 9000시리즈 2008년 개정판의 특징을 살펴보면 다음과 같다.

① 점차 서비스산업의 중요성이 강조되며, 정보화 및 세계화 추세에 맞추어 제조업에서 서비스, 건설, 인터넷, 공공기관으로 활용범위를 확대하여 모든 제품 카테고리, 산업 분야 및 조직에 적용 가능하다.

② 기존의 ISO 9002 및 9003을 제거하면서 요건 서류를 단일화하여 문서화 요구사항을 완화하였다.

③ ISO 9000시리즈 간의 일관된 사용을 돕는 데 초점이 맞춰졌을 뿐 아니라, 고객이 구매하는 제품과 서비스를 생산하는 프로세스로서 조직을 보는 확대된 개념에 바탕을 두고 상호연관된 일련의 프로세스를 정의하여 경영시스템을 조직 프로세스에 연계하였다.

④ 조직이 PDCA(Plan-Do-Check-Act) 원리 및 프로세스 경영을 적용하는 데 융통성을 허용하여, 성과(Performance) 중심의 지속적 개선(Continuous Improvement)을 도모한다.

⑤ 사용자의 다양한 의견을 반영하여 작성되었으며 고객만족(Customer Satisfaction) 실현을 강조하며 최고경영층의 역할을 강조한다.

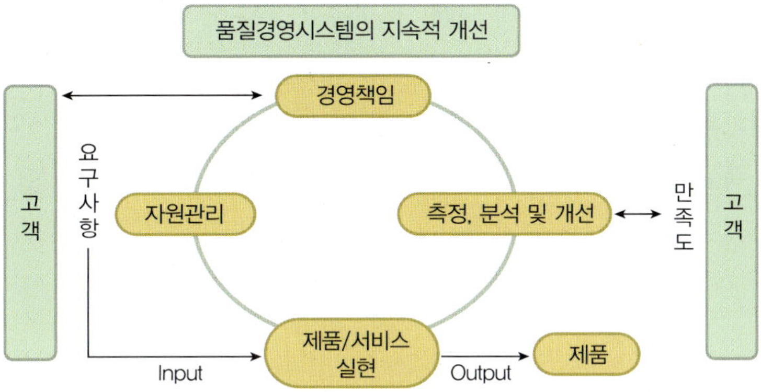

ISO 9001 : 2008 조항	ISO 9001 : 2008 요구사항
4. 품질경영시스템	4.1 일반 요구사항 4.2 문서화 요구사항
5. 경영책임	5.1 경영의지 5.2 고객중심 5.3 품질방침 5.4 기획 5.5 책임과 권한 및 의사소통 5.6 경영검토
6. 자원관리	6.1 자원의 확보 6.2 인적자원 6.3 기반구조 6.4 업무환경
7. 제품실현	7.1 제품실현의 기획 7.2 고객 관련 프로세스 7.3 설계 및 개발 7.4 구매 7.5 생산 및 서비스 제공 7.6 모니터링 및 측정 장치의 관리
8. 측정, 분석 및 개선	8.1 일반사항 8.2 모니터링 및 측정 8.3 부적합 제품의 관리 8.4 데이터의 분석 8.5 개선

그림 8-8 프로세스 접근 모형

⑥ 품질시스템을 운영하는 데 있어 "절차에 초점을 둔 접근방식"(업무활동을 어떻게 하는가를 기술한)으로부터 "프로세스 접근방법"(무엇을 하는가에 더욱 초점)으로 전환되었다. 이러한 프로세스 접근방법은 조직으로 하여금 사업 효과성과 사업 목표를 직접적으로 연계하여 관리할 수 있도록 하는데, 이를 통해 기존의 20개 조항을 5개의 프로세스로 재조정하였다.

⑦ ISO 14001 등 기타 경영시스템과의 호환성이 증대되었다.

11. ISO 14001 : 2004 인증

ISO 14001 : 2004는 각 나라마다 다르게 운영되어 온 환경관리 방법 및 체계를 통일하고 조직체 스스로 환경관리를 위한 체계적 절차를 만들어 지속적인 개선을 해 나가도록 하기 위한 환경경영시스템(Environmental Management System: EMS)에 관한 국제표준이다. 이는 범지구적으로 환경문제가 심화되면서 국내외 환경규제가 강화되고, 환경단체의 압력이 거세지면서 소비자들의 환경에 대한 인식이 변화되어 점차 환경 이미지의 중요성이 증대되는 가운데 1996년 도입되었다.

환경경영이란 기업활동의 전 과정에 걸쳐 환경성과를 개선함으로써 경제적 수익성과 환경지속 가능성을 동시에 추구하는 일련의 경영활동을 말한다. 조직이 환경에 미치는 영향을 최소화하면서 환경적으로 지속적인 발전을 도모하는 것이라 할 수 있는데, 이는 사후관리 기술(End of Pipe Technology) 중점으로 운영되어 오던 기존의 환경관리 방식에서 탈피하여 요람에서 무덤까지(cradle to grave)와 같이 원료의 조달에서부터 생산 · 판매 · 사용 · 폐기에 이르는 제품의 전 과정을 대상으로 전 직원의 참여를 통하여 전사적으로 환경문제를 해결할 수 있는 체계적인 방안을 모색할 것을 추구하고 있다. 이를 위하여 청정생산공정기술(Cleaner Process Technology)의 도입을 촉진한다. 즉 ISO 14001 : 2004시리즈의 도입은 표준화의 개념이 과거 제품규격이라고 하는 공급자의 관점에서 소비자의 이익을 보호한다는 수요자의 관점으로 전환해 가고 있다는 것을 시사하고 있다.

12. 국가품질상

제조기업뿐만 아니라 서비스업체는 이제 서비스 품질을 측정하여야 한다. 이것은 품질을 측정하지 않으면 관리를 제대로 할 수 없기 때문이다. 이것은 각국의 주요 국가품질상을 보면 알 수 있다. 미국의 말콤발드리지상, 한국의 국가품질상, 일본의 데밍상은 제조업체에게만 상을 수여하지 않고, 서비스업체에게도 수여하고 있다. 그리고 말콤발드리지 품질대상은 종합적 품질경영의 확산을 목적으로 미국 연방정부에 의해 제정되었고 데밍상은 일본 산업계에 통계적 품질관리기법을 전파시킨 공적을 기념하기 위해 1951년부터 시행하였다.

1996년에는 미국의 말콤발드리지상을 벤치마킹하여 일본경영품질상(JQA)을 시행하였다. 그에 대한 말콤발드리지 품질상의 목적은 경쟁력의 공유와 이들의 범국가적인 확대를 꾀하고 고객만족, 품질 문제의 예방에 초점을 두고 있으며, 일본경영품질상도 고객만족경영에 초점을 두고 경영의 질을 향상시키는 데에 주안점을 두고 있다. 한국의 경우도 국가품질상을 제정하여 시행하고 있다.

말콤발드리지상의 2010년 평가 기준을 보면 다음과 같다.

표 8-5 말콤발드리지 국가품질상 평가모형의 범주, 항목

범주	항목	세부평가영역
1. 리더십 (120점)	1.1 경영진의 리더십(70점)	a. 비전과 가치 b. 커뮤니케이션, 조직성과의 검토
	1.2 지배구조와 사회적 책임(50점)	a. 지배구조시스템 b. 사회적 책임과 윤리적 행동 c. 사회공헌
2. 전략기획 (85점)	2.1 전략의 개발(40점)	a. 전략기획 수립 프로세스 b. 전략목표와 성과 목표
	2.2 전략의 전개(45점)	a. 실행계획의 개발과 전개 b. 성과예측
3. 고객과 시장 중시 (85점)	3.1 고객과 시장의 지식(40점)	a. 고객과 시장 지식
	3.2 고객관계와 고객만족(45점)	a. 고객관계 형성 b. 고객만족 결정
4. 측정, 분석 및 지식경영(90점)	4.1 측정, 분석 및 조직성과의 개선(45점)	a. 수행능력 측정 b. 수행능력 분석, 검토, 향상
	4.2 정보, 정보기술 및 지식의 관리(45점)	a. 정보원천의 관리 b. 데이터, 정보 및 지식경영
5. 인적자원 중시 (85점)	5.1 인적자원관리 체계(45점)	a. 인적자원의 충실화 b. 인적자원 및 리더 개발 c. 인적자원 헌신 평가
	5.2 인적자원 복지와 근무환경(40점)	a. 인적자원 잠재력과 수용능력 b. 근무환경
6. 프로세스 관리 (85점)	6.1 업무시스템 설계(35점)	a. 핵심 경쟁요소 b. 업무시스템 설계 c. 위기관리
	6.2 업무 프로세스 관리와 개선(50점)	a. 업무 프로세스 관리 b. 업무 프로세스 개선
7. 경영성과 (450점)	7.1 제품과 서비스 성과(100점)	a. 제품과 서비스 성과
	7.2 고객중시 성과(70점)	a. 고객중시 성과
	7.3 재무와 마케팅 성과(70점)	a. 재무와 마케팅 성과
	7.4 인적자원 중시 성과(70점)	a. 인적자원 중시 성과
	7.5 프로세스 성과(70점)	a. 프로세스 성과
	7.6 리더십 성과(70점)	a. 리더십 성과
7	18개 항목	32개 세부 평가영역

출처: NIST (2010).

마무리사례

'2013 국가품질경영대회'

"앞으로 1등의 위기, 자만의 위기와 힘겨운 싸움을 해야 한다." 이건희 삼성전자 회장은 올 6월 임직원에게 전한 '신경영 20주년 기념' 메시지에서 "개인과 조직, 기업을 둘러싼 모든 벽이 사라지고 경쟁과 협력이 자유로운 사회, 발상 하나로 세상이 바뀌는 시대가 됐다"고 진단하며 이렇게 강조했다. 주력 계열사 삼성전자의 분기 영업이익만 10조 원을 돌파할 정도로 글로벌 초일류 기업으로 우뚝 섰지만, 긴장의 끈을 늦춰서는 안 된다는 강력한 주문이자 다짐이었다. "'마누라와 자식만 빼고 다 바꾸라'는 신경영 선언에 담긴 질적 대전환을 넘어 제품과 서비스, 사업의 품격과 가치를 높여 나가야 한다"고도 했다.

지난 9월 '현대제철 당진제철소 제3고로 화입식' 현장. 7년 여의 대장정 끝에 고(故) 정주영 명예회장의 오랜 숙원이었던 일관제철소를 완성한 자리에서 정몽구 현대자동차 회장은 "세계 최고의 철강회사를 향한 끝없는 도전을 계속해 나갈 것"이라고 강조했다. 신형 제네시스 출시를 앞둔 23일에도 당진제철소를 방문, 신형 제네시스에 공급되는 초고장력 강판 생산라인 등을 직접 점검하며 "최고 품질의 강판 생산에 매진해 달라"고 주문했다.

구본무 LG그룹 회장 역시 올해 경영 화두로 "스스로 시장을 창출하는 상품을 많이 만들어 내야 한다"며 틈날 때마다 임원들에게 시장 선도 의지를 강조했다.

역사적인 순간을 기념하며, 또는 바로 그 현장에서 재계 총수들이 강조한 것은 '품질'과 '혁신'이다. 삼성전자가 세계 스마트폰 시장점유율 1위를 차지하고, 현대차가 글로벌 100대 브랜드 조사에서 사상 처음 50위권 내에 진입한 쾌거는 '품질경영'을 바탕으로 끊임없는 혁신을 추구해 온 덕분이다.

산업통상자원부 기술표준원이 주최하고 한국표준협회가 주관하는 '국가품질경영대회'는 선도적인 품질경영으로 탁월한 성과를 창출한 우수기업 사례를 전파하고 새 정부의 최우선 국정과제인 '창조경제' 실현 및 산업경쟁력 강화에 기여한 단체를 표창하기 위해 마련됐다.

올해 국가품질상은 서류 심사와 현지 확인 심사 등을 거쳐 선정됐다. 표준협회는 올 3월 포상운영계획을 공고하고 심사를 했다. 표준협회는 심사를 하면서 매출액과 영업이익, 고객만족도 등 단순히 결과(지표)만 보는 것이 아니라 과정도 중요하게 평가했다고 설명했다. 리더의 역할과 전략수립 과정, 인재 육성 방안, 업무 프로세스 등도 종합적으로 반영했다.

올해 국가품질상을 받은 기업과 기관의 사례를 들여다보면 모두 품질을 제1의 가치로 놓고 성장전략을 세우고 있다는 공통점이 있다. 특히 올해 신설된 품질경쟁력혁신 부문 수상의 영예를 안은 삼성전자 무선사업부는 품질 최우선 경영문화를 정착시킨 뒤 제품(Prod-

KNQA 국가품질경영대회 부문별 수상내역

유공자

훈격	유공자
은탑산업훈장	김량 (주)삼양홀딩스 부회장
은탑산업훈장	박우동 (주)풍산 방산총괄대표
은탑산업훈장	이대영 태영세라믹(주) 대표
홍조근정훈장	유한주 숭실대학교 교수
철탑산업훈장	서병삼 삼성전자(주) 생활가전사업부 부사장
석탑산업훈장	이교성 (주)신흥콘크리트 대표

기업 · 기관

구분		회사명
국가품질대상		LS산전(주)
		한국남동발전(주)
국가품질경영상		한국남부발전(주)
		(주)호텔롯데 롯데월드
국가품질혁신상	생산혁신상	한국엔겔기계(주)
	설비혁신상	한전원자력연료(주)
	6시그마혁신상	신한카드(주)
	고객만족상	롯데쇼핑(주) 롯데백화점
		마스타자동차관리(주)
	인재개발상	국민연금공단
	명품창출상	(주)신원
	품질경쟁력혁신상	삼성전자(주) 무선사업부
	서비스혁신상	(주)리바트
품질경영추진우수지자체상		울산광역시
서비스품질우수상*		광주광역시도시공사

*국무총리표창, 나머지는 대통령표창

uct) · 프로세스(Process) · 사람(Personnel)을 기반으로 한 '3P혁신 활동'을 지속적으로 추진 중이다.

신원이 명품창출 부문에서 수상한 데에는 창업주인 박성철 회장의 몫이 컸다. 박 회장은 수출 및 내수 전체 부분에 직접 관여, 브랜드 론칭부터 전개에 이르기까지 비전과 전략 설정 및 전개과정을 이끌었다.

품질유공자 부문 최고 영예인 은탑산업훈장 수상자로 선정된 김량 삼양홀딩스 부회장은 품질경영과 차별화된 혁신활동으로 연간 700억 원가량의 원가를 절감했다.

표준협회 관계자는 "품질경영과 인재경영 등은 기업의 경영성과 창출의 바탕이 되는 가장 기초적인 과제이지만 그만큼 핵심적인 요소"라며 "경제위기 속에서 갈수록 치열해지는 글로벌 경쟁에서 생존하려면 결국 품질을 통해 시장을 선도해야 한다"고 강조했다.

출처: 조선비즈 (2013. 11. 29).

연습문제

1. 서비스 품질에 영향을 주는 환경요소를 설명하라.

2. 고객중심 조직의 이점을 설명하라.

3. 서비스 접점의 구성요소들을 들고 이들의 관계를 설명하라.

4. 서비스 품질을 서비스 품질을 결정하는 다섯 가지 요소는 신뢰성(reliability), 반응성(responsiveness), 확신성(assurance), 공감성(empathy), 유형성(tangibility)이다. 이들에 대해 설명하라.

5. 고객관점에서 본 서비스의 가치는 어떻게 정의될 수 있는가?

6. 서비스 품질차이 모형을 설명하라.

7. 서비스 제공자의 역할을 갭2, 갭3, 갭4의 관점에서 설명하라.

8. 종합적 품질경영을 설명하라.

9. 식스시그마란 무엇이고 어떤 방법으로 진행되는지 설명하라.

10. ISO 9001 : 2008 인증을 간단히 설명하라.

11. ISO 14001 : 2004 인증은 환경관리 방법 및 체계를 통일하고 조직체 스스로 환경관리를 위한 체계적 절차를 만들어 지속적인 개선해 나가도록 하기 위한 환경경영시스템(EMS)에 관한 국제표준이다. 이에 대해 설명하라.

12. 말콤 발드리지 국가품질상의 평가기준을 설명하라.

09 CHAPTER

서비스 평가

1. 서비스 성과지표
2. 서비스 생산성
3. 서비스 생산성 향상 방안
4. 서비스 개선 지원도구

09 CHAPTER 서비스 평가

도입사례

서비스 사이언스의 대두

서비스산업이 세계경제에서 차지하는 비중은 갈수록 증가하고 있다. 하지만 전 세계는 제조업에 비해 현저히 떨어지는 서비스산업의 노동생산성 때문에 고민이 깊어지고 있다. 서비스산업의 노동생산성은 선진국 제조업이 60~80% 수준이다. 최근 10년간 그 격차는 더 벌어지고 있다. 서비스 사이언스라는 새 분야가 주목받는 이유는 서비스산업 생산성이 낮고, 서비스에 대한 과학적이고 체계적인 분석이 부족하다는 경영계 · 학계의 인식 때문이다.

서비스 사이언스는 서비스산업의 본질을 규명하고 이를 바탕으로 혁신과 생산성 향상을 달성하기 위해 IT · 과학 · 수학 · 경영학 · 경제학 · 마케팅 등 다양한 분야의 지식을 종합하려는 영역이다. 2004년 12월 미국 국가경쟁력위원회가 미국을 혁신에 적합한 사회로 만들기 위해서 서비스 사이언스를 추진해야 한다고 주장했고, 영국 파이낸셜타임스와 하버드 비즈니스 리뷰가 향후 미래를 주도할 새로운 학문 영역으로 지목하면서 주목받기 시작했다.

이에 맞춰 최근 미국, 영국, 독일, 핀란드 등 선진국도 서비스 분야 혁신을 지원하는 정책을 강화하기 시작했다. 자금 지원 확대와 전문 연구기관 설립 및 인재 육성 강화에 초점을 맞추고 있다.

독일은 서비스 부문에도 제조업과 같이 연구개발 기능을 도입해 국제적인 경쟁우위를 확보하겠다는 국가전략을 세우고 2008년부터 5년간 7000만 유로를 투입했다. 핀란드는 2006년부터 7년간 2억 유로를 투자해 서비스 분야를 지원하는 산관학(産官學) 프로그램을 시행하고 있다. 지금 세계 각국은 서비스산업을 혁신해 경제성장을 견인하고자 발 빠르게 움직이고 있는 것이다.

과거 컴퓨터공학 발전은 IT산업의 비약적인 발전을 촉진했다. 서비스 사이언스의 등장도 서비스산업의 새로운 기회와 가치를 확대할 것으로 기대된다. 우리나라는 선진국보다 서비스산업 비중과 생산성이 낮은 만큼 기회가 더 크다. 서비스 사이언스에 대해 더 많은 관심과 지원이 필요한 시점이다.

출처: 조선비즈 (2013. 2. 3).

1. 서비스 성과지표

고객들은 서비스기업을 기대하고 지각한 후 고객만족을 느낀다. 서비스기업이 고객서비스 수준 목표치와 수익성 목표를 달성하기 위해서는 다음 세 가지의 성과영역에 대해 평가하는 것이 필수적이다.

1) 품질

서비스를 구매함에 있어서 고객은 품질을 최우선순위에 놓는다. 품질의 기본적 측정치는 서비스 상품의 기능성 혹은 서비스의 안정성이다. 가장 널리 사용되고 있는 품질 측정 기준은 고객만족도이다. 높은 서비스 품질 성과를 달성하기 위해서 서비스 상품은 반드시 품질에 많은 신경을 기울여서 설계되어야 하고, 프로세스는 품질과 안정성을 갖추도록 설계되어야 한다.

유통에 있어 품질은 서비스 안정성에 반영된다. 주문을 올바르게 입력했는가? 제품은 정확히 인출되었는가? 문서는 정확히 작성되었는가? 제품이 손상 혹은 하자 없이 배송되었는가? 대부분의 경우 품질은 수행된 모든 활동 건수에서 올바르게 수행된 활동 건수의 비율로 측정된다.

품질에 대한 마지막 이슈로는 정보의 가용성과 정확성을 들 수 있다. 필요한 정보가 제공되는가? 그렇다면 그것은 정확한 것인가? 관리자들은 제공되지 못하는 정보의 유형을 분류하여, 이를 내부 관리자와 외부 고객에게 정확한 정보를 제공할 수 있도록 시스템을 변경하는 데에 활용해야 할 것이다.

2) 원가

원가 관련 성과는 매우 중요하게 취급되며 다른 성과지표들에 비해 훨씬 더 세심하고 포괄적인 방법으로 추적된다. 이러한 현상은 종종 비용 발생 기능으로 다루어지는 구매·생산·유통과 같은 공급사슬 기능들에서 더욱 뚜렷이 나타난다. 경쟁사의 도전 혹은 경제적인 도전에 직면하게 되었을 때, 많은 경영자들은 본능적으로 원가를 절감하려 한다.

그러나 경영자들이 반드시 기억해야 할 것은 만약 원가절감이 기업의 필수적인 기능을 해칠 경우 매우 위험한 것이 될 수 있다는 점이다. 기업은 원가절감보다는 새로운 경쟁우위를 만들어 낼 때 번영하게 된다. 위대한 기업이 되기 위해 원가절감에만 매달리는 기업은 거의 없다. 많은 경영자들이 이 사실을 망각한다. 서비스에서 원가절감은 수준 낮은 서비스로 이어지는 경우가 많다.

3) 납기 등 고객서비스

고객서비스는 고객이 필요로 하는 제품을 필요로 하는 장소로 적시에 제공하는 것이다. 서비스 측정 기준은 가용성, 시간, 만족도에 관한 이슈들에 초점을 맞추는 것이 일반적이다. 가용성을 측정하기 위한 주요 기준들로는 충족률, 완성주문, 품질, 미납주문이 있다. 충족률은 고객이 주문한 상품의 수를 고객에게 배송된 상품의 수로 나누면 되는데, 서비스를 측정하는 데에는 완성주문비율(고객의 주문 수/배송이 완료된 주문 수)이 더 낫다. 궁극적으로 고객은 자신의 주문에서 충족되지 않은 품목을 추적하느라 혼란스러워하기를 원하지 않는다.

시간기준은 정시 배송과 사이클 시간을 강조하는 것이다. 정시 배송되는 제품의 비율은 구매 · 생산 · 유통에 있어 매우 중요한 측정기준이 된다. 가치 창출 프로세스상의 그 어느 단계에서라도 정시 배송이 되지 않는다면 이는 전반적인 고객서비스를 위협하고 비용을 증가시킬 수 있다.

사이클 시간은 반응성의 척도로서, 고객의 주문에서 배송까지 걸리는 시간을 말한다. 사이클 시간이 짧을수록 유연성을 높일 수 있을 뿐 아니라, 높은 기대수준을 가진 다양한 고객들의 수요도 충족시킬 수 있기 때문에 사이클 시간은 신상품 개발에서 생산, 고객주문 처리에 이르는 프로세스에 있어 가장 중요한 목표가 된다. 많은 서비스기업들이 고객과의 시간 약속을 준수하는 데 온 힘을 기울이고 있다. 특히 피자배달은 잘 알려져 있다. 피자헛은 자사의 전체 부가가치 프로세스에서 사이클 시간을 줄이는 데에 모든 노력을 기울이고 있다.

또한 고객서비스를 측정하는 기준들 중 널리 사용되는 것으로 고객불만을 들 수 있다. 제품 · 서비스에 불만을 품은 고객이 불만을 제기할 때까지 기다리는 것은 고객만족의 측정기준으로 좋지 않은 기준이다. 그러나 많은 기업들이 고객만족도를 측정할 때 고객의 불만 건수를 자주 사용한다. 고객 서베이가 좀더 진보된 방법이지만, 여전히 서비스수준과 만족수준을 측정하기에는 약한 방법이다. 이에 많은 기업들이 포커스 그룹, 분기별 경영점검, 고객 자문위원회를 운영하고 있으며, 서비스 수준에 대한 고객인지도를 더 잘 이해하기 위하여 최고경영진이 직접 현장을 방문하기도 한다.

표 9-1 서비스 성과지표

능력 분야		성과지표
품질		1. 서비스 실패 숫자 2. 고객불만족률 3. 품질 관련 심사에 신청한 횟수; 상을 받은 횟수
원가		1. 서비스센터당 폐기물로 인한 손실 2. 평균 재고회전 3. 종업원 이직률
고객서비스	유연성	1. 이용 가능한 고객화된 서비스 개수 2. 특별 및 긴급 주문을 처리하는 데 걸리는 시간(일)
	신뢰성	1. 평균 서비스 대응시간 또는 제품 리드타임 2. 약속기일 충족률 3. 보증수리 요구를 처리하는 데 걸리는 시간(일) 4. 종업원이 고객과 같이 보낸 평균 시간
	혁신	1. 연간 R&D 투자액 2. 자동화된 프로세스의 비율 3. 신서비스 출시 숫자 4. 서비스당 프로세스 단계의 숫자

2. 서비스 생산성

1) 서비스 생산성의 정의

생산성(productivity)은 국가, 산업 또는 사업 단위가 자원(또는 생산요소)을 얼마나 잘 활용하는가를 측정하는 일반적인 척도이다. 생산관리는 기업에서 가용한 자원을 최고로 잘 이용하는 데 초점을 두기 때문에, 생산성 척도는 생산 관련 성과를 이해하는 데 기본적으로 중요하다.

가장 광범위한 생산성의 정의는 투입 대비 산출이다. 생산성을 높이기 위해서는 다음의 비율을 높이기를 원한다.

$$생산성 = \frac{산출(Outputs)}{투입(Inputs)}$$

2) 서비스 생산성의 비교

생산성은 상대적인 척도이다. 다른 말로 하면, 뭔가 다른 것과 비교하여야 의미가 있는 척도이다. 예를 들면, 레스토랑에서 지난주에 한 시간에 8.4명의 고객이 식사를 하고 갔다는 생산성을 측정하였다면, 그 의미는 무엇인가?

생산성의 비교는 다음과 같은 두 가지 방식으로 이루어진다. 첫째, 동업계 유사기업과 비교를 하거나 업계 평균 자료가 사용될 수 있다면 이를 이용하여 비교하는 것이다. 예를 들면, 프랜차이즈 내의 다른 점포에서 시간을 두고 반복적으로 생산성을 측정하여 비교하는 것이다.

둘째, 동일한 조직 내에서 시간을 두고 반복적으로 생산성을 측정하여 비교하는 것이다. 한 기간의 생산성과 다음 기간의 생산성을 비교하는 경우가 여기에 해당한다.

3. 서비스 생산성 향상 방안

생산성은 기업이 사용한 자원을 투입요소로 하고 기업에 산출한 서비스의 비율로 표현된다. 서비스의 경우 투입요소 중에서 인건비가 차지하는 비중이 훨씬 큰 것이 일반적이다. 따라서 서비스기업의 경우 생산성을 높이기 위해서는 여러 가지 방법이 존재한다. 다음은 서비스기업의 생산성을 향상시킬 수 있는 여러 가지 방안을 소개하고 있다.

첫째, 대체이다. 서비스기업에서의 대체는 여러 방법을 통해 이루어진다. ① 노동력을 자본으로 대체하는 것이다. ② 자본을 자본으로 대체하는 것이다. 오래되고 낡은 기계를 새것으로 대체하는 경우로서 서비스시설의 전산화는 자본을 자본으로 대체하는 한 예이다. ③ 노동력을 노동력으로 대체하는 것이다. 많은 서비스 업체들이 비용을 절감하기 위하여 업무를 임금이 적은 사람으로 대체하는 경우가 있다. ④ 노동력을 고객의 노동력으로 대체하는 것이다. 이는 고객을 직접 서비스 창출과정에 참여시키는 것이다. ⑤ 앞에서 제시한 방법을 모두 동원하는 것이다. 예컨대 은행에 ATM(automatic teller machine)을 설치하는 것이다. 이는 서비스에서 새로운 기술로 창구 직원이 필요 없으며 고객이 직접 서비스 창출과정에 참여하게 된다.

둘째, 낭비제거이다. 낭비제거에는 여러 방법이 있다. ① 서비스 방법의 개선이다. 제조기업에서 오랫동안 사용하여 왔던 시간연구와 동작연구를 통해 서비스를 수행하는 방법에 대해 과학적인 분석을 통해 서비스 방법을 개선하는 것이다. ② 품질 향상이다. 서비스 품질의 향상은 생산성의 향상으로 이어진다. 이 방법은 단기보다는 장기적으로 효과가 발생하는데, 특히 실수방지장치와 같은 기법은 서비스 품질을 향상시키는 데 좋은 효과가 있다. ③ 시간관리이다. 서비스의 설계에서부터 고객에게 서비스를 제공할 때까지 발생하는 모든 요소들에 대한 시간을 분석하고 감소시키는 것이 시간관리의 목적이다. ④ 과업을 분리하지 않고 한 사람이 모두 수행하는 것이다. 이는 여러 사람이 서비스를 수행할 때 발생하는 변경시간을 없애줄 뿐만 아니라 과업 전체에 대한 책임감을 높여 준다.

셋째, 변동과 다양성의 감축이다. 수요와 서비스에서 발생하는 변동을 제거하거나 감소시키는 것은 생산성을 향상시키는 데 기여한다. 또 서비스의 다양성 증대는 서비스 공급능력을 제한한다. 변동과 다양성을 감축시켜 생산성을 높이는 방법은 다음과 같은 것들이 있다. ① 표준화이다. 표준화는 생산성을 높이지만 고객에게 다양한 서비스를 제한하여 고객요구의 다양성을 충족시키지 못할 수도 있으므로 이 점에 유의하여야 한다. ② 고객과의 접촉을 가능한 범위 내에서 줄이게끔 서비스를 설계하여, 서비스에서 발생하는 변동을 감소시키는 것이다.

넷째, 수요관리이다. 서비스는 재고가 없으므로 효율적인 수요관리를 통해 생산성을 향상시킬 수 있다. 서비스업체는 성수기의 수요를 비수기로 이동시켜야 한다. 이는 주로 가격을 통해 이루어진다. 또한 기존 설비에 대한 고정비를 감소시키기 위해 새로운 업무를 추가시킬 수도 있을 것이다.

다섯째, 규모의 경제와 집중력의 경제이다. 어떤 서비스업체들은 설비 규모를 증대시킴으로써 생산성을 향상시킬 수 있다. 이 경우 커뮤니케이션이나 수송과 같은 자본집약적인 서비스업에 적용된다. 그리고 고객을 오게 함으로써 집중력의 경제효과를 얻을 수도 있다.

4. 서비스 개선 지원도구

서비스 개선을 위한 분석도구는 오랜 기간 동안 품질개선 프로그램에 사용되어 왔다. 서비스를 개선하기 위해 식스시그마를 포함한 모든 품질개선 노력을 위해 필요한 도구들은 런차트, 파레토 분석, 체크시트, 막대그래프, 원인결과 분석도, 기회흐름도, 프로세스 관리도, 실패모드영향 분석이 있다. 막대그래프는 간단하므로 설명을 생략한다.

1) 런차트

런차트는 지속되는 데이터의 변화를 그래프에 나타내므로 정의 단계에서 문제의 중요성을 이해하는 데 도움을 준다. 장비 또는 프로세스가 규격에 적합하게 운영되는지를 파악하려 할 때 사용될 수 있다. 그래프를 그릴 때 일반적으로 평균보다는 중위수 값을 사용하는 것이 특징이다.

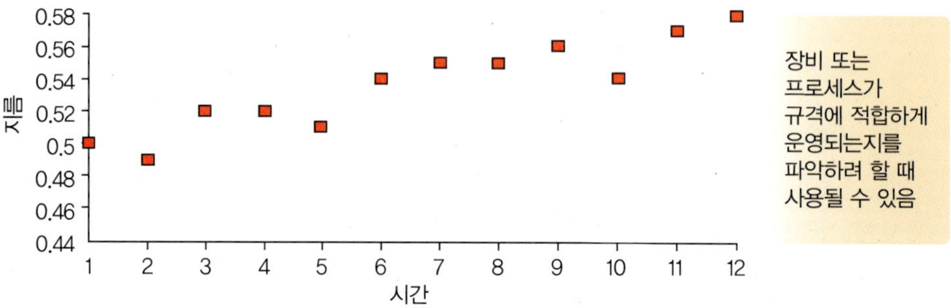

그림 9-1 런차트

2) 파레토 분석

파레토 분석은 발생원인을 발생빈도가 큰 순으로 정리한 그래프이다. 이 차트의 기본 개념은 전체적으로 볼 때 전체의 20%에 해당하는 원인이 문제점의 원인 중 80%를 차지한다는 경험적 통계가 있다. 이는 대개 품질 불량의 20%만이 제조과정에서 기인하고, 나머지 80%는 설계 단계 또는 지나치게 낮은 가격의 부품을 구입하는 데 기인한다는 것이다.

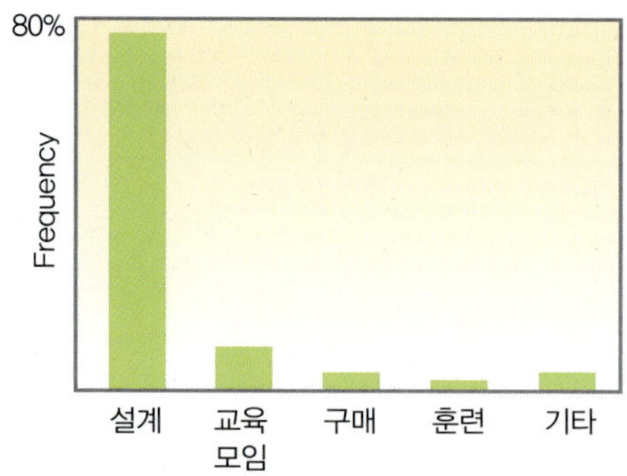

그림 9-2 파레토 분석

3) 체크시트

이것은 프로세스에서 발생하는 품질과 관련된 정보를 서술적으로 기록하기 위한 하나의 양식이다. 이것은 파레토 분석의 근간이 되는 히스토그램을 작성하는 데 기초 자료로 활용된다.

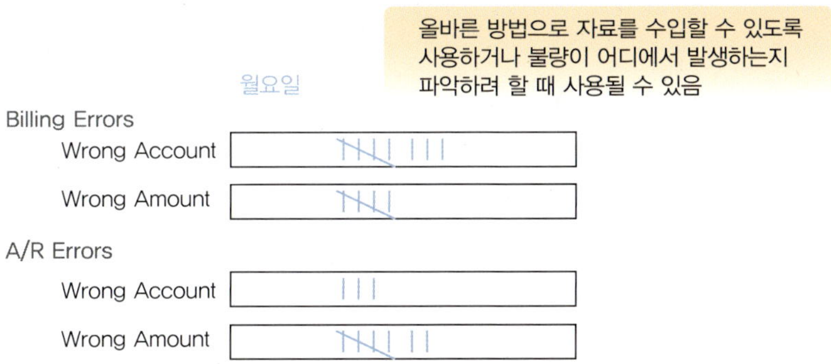

그림 9-3 체크시트

4) 원인결과 분석도

생선뼈 분석(이시카와 도표)으로도 불리는데, 품질의 원인이 되는 잠재적인 요인들을 체계적으로 표현한 보기이다. 즉, 잠재적인 원인들과 결과에 관한 가설적인 관계를 보여 준다. 이 보기는 문제를 야기하는 잠재적인 원인이 무엇인지를 세부적으로 분석하는 데 가이드라인 역할을 하게 된다.

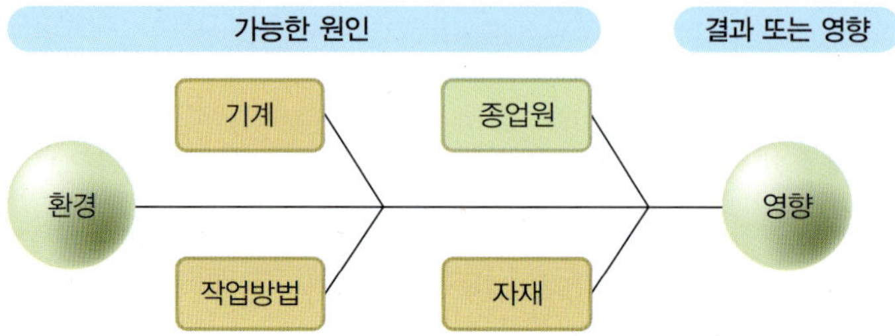

그림 9-4 원인결과 분석도

5) 기회흐름도

이것은 가치부가 창출활동과 그렇지 못한 활동을 구분하는 데 활용된다.

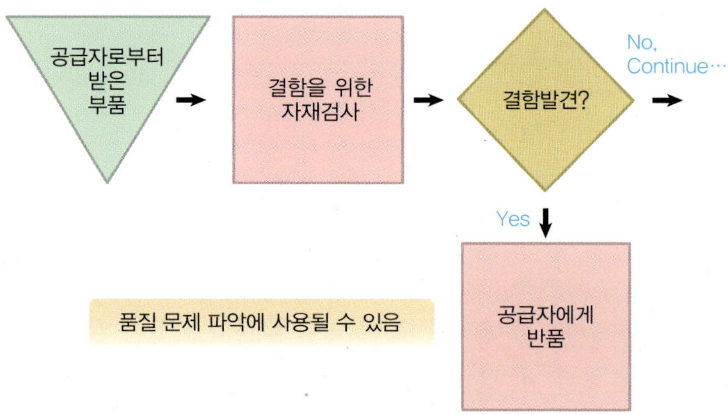

그림 9-5 기회흐름도

6) 프로세스 관리도

프로세스 관리도는 공정 상태를 시간 축에 따라 그래프로 나타낸 것으로, 중앙선과 관리한계로 구분된다.

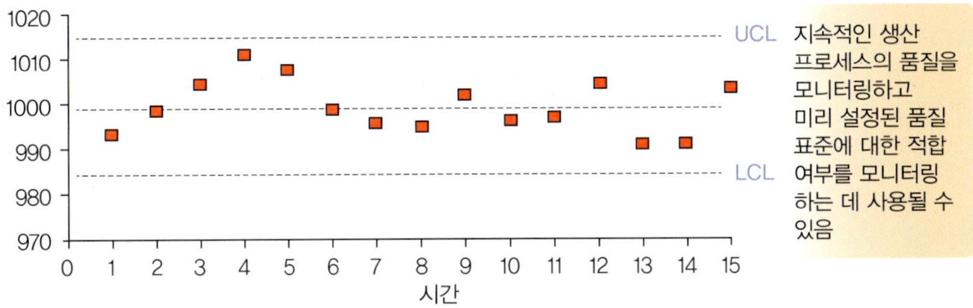

그림 9-6 프로세스 관리도

7) 실패모드영향 분석

서비스 개선을 위한 프로젝트에 활용되는 도구들은 이외에도 많으나 가장 대표적인 도구로는 FMEA를 들 수 있다.

실패모드영향 분석(Failure mode and effect analysis: FMEA)은 프로세스의 각 단계에서 일어날 만한 실패들을 발견하고 평가하며, 이들의 우선순위를 정하는 데 활용되는 기법이다. 이는 프로세스의 세부과정들을 정의하고 각 세부과정에서 발생할 수 있는 잠재적인 실패의 유형과 각 실패 유형의 원인에 대한 목록을 작성하는 것으로 시작된다. 그리고 난 후, 각 실패 유형에 대한 위험우선순위(risk priority number: RPN)가 계산된다.

RPN은 FMEA 차트에 있는 항목들의 중요도를 평가하는 데 쓰이는 색인과도 같다. 이 조건들은 실패가 생기는 경우(occurrence), 실패로 인한 손실(severity), 그리고 조직 내에서 실패가 발견될 확률(detection)을 포함한다. 높은 수치의 RPN을 가지고 있는 항목들은 먼저 개선할 대상이 되어야 할 것이다. FMEA는 실패의 원인을 제거하기 위해 책임자를 별도로 선정하여 시스템을 운영할 것을 강력히 추천하고 있는데, 책임자의 역할은 시스템, 디자인 혹은 프로세스를 다시 설계하고 RPN을 재계산하는 반복과정을 통해 실패를 해결하는 것이다.

마무리사례

**'10분 내에 방문 약속 잡기' '현장 도착 100분 내에 업무 처리하기'
'서비스 양질을 높여 고객의 사랑(4) 받기'.**

캐논코리아비즈니스솔루션(CKBS) 직원들의 모토다. 프린터 복합기 · 스캐너 · 팩스를 주로 생산하는 CKBS는 '10분×100분+사랑(4)'이라는 공식을 바탕으로 만든 '천사(1004)=엔젤서비스'를 모토로 삼고 있다. 엔젤서비스는 고객들이 사용하는 복합기, 복사기 등 제품에 문제가 발생하면 담당 사원들이 자발적으로, 유연하게, 또 적극적으로 핑계를 대지 않는 서비스를 제공하자는 뜻을 담고 있다.

엔젤(Angel)은 가장 까다로운 아시아 시장에서 최고가 되면 저절로 세계 최고의 명품 서비스 리더가 된다는 뜻이 담긴 'Asia No.1 Global Excellent Service Leader'의 줄임말이기도 하다. CKBS는 국가품질 경영대회에서 엔젤서비스의 공로를 인정받아 서비스혁신상을 받았다.

CKBS는 고객을 위해서라면 과감히 규정도 넘어서는 서비스를 해야 한다는 각오로 핑계 대지 않는 서비스, 가족 같은 서비스, 고객정보보호 등을 행동 강령으로 삼고 있다. CKBS는 이같이 최고의 서비스를 제공하기 위해선 직원들의 기술력을 높여야 한다고 보고 '서비스 마이스터' 제도를 도입했다. 사내 필기평가와 실기평가에서 최우수 평가를 받은 서비스 사원은 서비스 마이스터로 인증을 받을 수 있다. 서비스 마이스터로 인증받은 사원들은 인사평가에서 추가 점수를 받고 전 세계 캐논의 각 판매회사와 기술력을 겨루는 캐논 월드컵에 대표 선수로 나가게 된다.

CKBS는 사후 서비스 품질관리도 철저히 하고 있다. 서비스 이후 이틀 안에 해피콜을 통해 고객만족도를 측정하고 추가 조사에 동의한 고객을 대상으로 2차 고객만족도를 실시한다. 이렇게 측정된 고객만족도는 각 서비스를 시행한 사원별로 관리되어 평가에 반영된다.

이러한 서비스 정신으로 인해 고객만족도와 국내 매출액은 꾸준히 증가하고 있다.

캐논에 따르면 고객만족도는 2010년 85.1%에서 작년 87.2%로 올랐고 2012년은 90.8%로 추정되고 있다. 불만발생률도 눈에 띄게 줄었다. 2010년 0.3%이던 불만발생률은 작년 0.2%로 줄었고, 부품부족률은 3.1%에서 3%로 줄어들었다.

CKBS 관계자는 "이번 서비스혁신상 수상을 계기로 서비스 품질과 개선에 더욱 매진하겠다"며 "'사무기기 최고의 기업'이라는 위상을 유지하기 위해 최선을 다하겠다"고 말했다.

출처: 조선비즈 (2013. 2. 4).

연습문제

1. 서비스 성과지표를 품질, 원가, 대고객서비스의 관점에서 설명하라.

2. 서비스 생산성의 정의, 생산성 비교를 설명하라.

3. 서비스기업의 생산성 향상 방안을 설명하라.

4. 서비스의 지속적 개선활동을 위한 분석도구들은 런차트, 파레토 분석, 체크시트, 막대그래프, 원인결과 분석도, 기회흐름도, 프로세스 관리도, 실패모드영향 분석이 있다. 이들을 하나씩 설명하라.

SERVICE MANAGEMENT

04 서비스 마케팅

SERVICE MANAGEMENT

10 CHAPTER

서비스 마케팅 개념과 상품설계

1. 서비스 마케팅 개념과 중요성
2. 서비스 마케팅믹스
3. 고객관점의 서비스 상품개발
4. 서비스 브랜드

CHAPTER 10 서비스 마케팅 개념과 상품설계

도입사례

KB금융, 고령층 재취업까지 지원한다… '新 은퇴설계서비스' 출시

신개념 노후설계시스템 'KB골든라이프' 론칭

각 금융사들이 경쟁적으로 노후설계 상품 및 서비스를 출시하고 있는 가운데 KB금융그룹이 고령층의 재취업까지 지원하는 신개념 노후설계시스템을 출시해 주목받고 있다. 고령층에게 가장 절실하면서도 현실적인 노후설계라 할 수 있는 구직 및 창업을 위해 금융사가 직접 나섰다는 점에서 높게 평가된다.

KB금융은 26일 서울 명동 롯데호텔에서 'KB골든라이프' 시연회 및 설명회를 개최했다. 'KB골든라이프'는 고객별 노후준비수준을 진단하고 KB골든라이프연구센터에서 추천하는 맞춤형 자산관리 방안 등 노후설계 컨설팅과 재취업 · 창업지원서비스를 제공하는 노후준비지원 종합서비스이다.

우선 눈에 띄는 부분은 'KB노후준비 지수'이다. KB금융이 개인별 노후준비수준을 진단하기 위해 ▲재무준비 지수 ▲건강 ▲사회적 관계 ▲심리적 안정 등 4개 지표를 토대로 지수를 산출한 것이다.

또 KB금융은 최적화된 노후설계 컨설팅을 위해 KB골든라이프연구센터도 설립했다. 연구센터는 한국부자연구, 부동산시장 전망 등 금융 트렌드 및 부동산 관련 KB경영연구소의 핵심 연구를 활용하면서 국민은행, KB생명 등 계열사의 신상품 방향을 조율하는 등 KB금융의 노후 상품 및 서비스 경쟁력 강화를 진두 지휘하게 된다.

재취업 및 창업지원서비스 역시 특화된 부분이다. KB금융 고객 누구든 전국 영업점에서 재무 · 비재무 상태에 대한 상담을 통해 개인별 노후준비수준을 진단받을 수 있을 뿐만 아니라 재취업 및 창업에 대한 컨설팅을 받을 수 있다.

재취업서비스의 경우 KB금융의 일자리 연결 프로젝트인 'KB굿잡'과 연계돼 마련된다. 어윤대 KB금융 회장은 "비금융 서비스도 확대하려 노력했고 KB굿잡을 통해 은퇴 고객들의 재취업과 창업도 적극 직원하겠다"며 "골든시니어 PB센터를 설치해 은행 업무 외에 여행, 문화 등 다양한 생활서비스도 제공할 방침"이라고 밝혔다.

이어 "KB골든라이프서비스는 고령사회를 준비해 나가는 데 실질적인 도움을 주는 최적의 노후 설계 솔루션이 될 것"이라며 "행복한 노후를 준비하려는 고객들에게 보다 많은 도움이 될 수 있도록 더욱 노력하겠다"고 덧붙였다.

한편 이날 행사에서는 어윤대 회장을 비롯해 임영록 KB금융 사장, 민병덕 국민은행장, 윤창현 한국금융연구원장 등이 참석해 KB골든라이프 출시를 기념했으며, 별도로 마련된 상담창구에서는 고객 대표들이 서비스를 직접 이용해 보는 시연회도 펼쳐졌다.

출처: 아주경제 (2012. 9. 26).

1. 서비스 마케팅 개념과 중요성

1) 서비스 마케팅의 개념

서비스 경영에서 서비스 마케팅은 아주 중요한 개념이다. 서비스 마케팅(Service Marketing)이란 서비스의 특성에 맞추어 상품설계하고 이것을 잠재고객들에게 커뮤니케이션하여 알린 결과로, 소비자들이 서비스가 제공되는 물리적 환경에 도착하여 서비스를 제공받고 그 대가를 서비스업체에 지불하는 것과 관련된 전반적인 활동을 말한다.

서비스는 크게 네 가지 특성이 있다. 첫째, 서비스는 제품과 달리 눈에 보이지 않는다. 제품은 물리적 실체가 있으나, 서비스는 본질적으로 눈에 보이지 않는 모든 것들을 포함한다. 금융서비스, 통신서비스, 배송서비스, 문화서비스, 교육서비스 들이 전부 인간의 눈으로는 볼 수 없는 무형재이다. 둘째, 서비스는 서비스 제공자(Service Provider)와 서비스 자체(Service Itself)가 구분되지 않는다. 예를 들어, 미용실에 미용서비스를 받으러 가면, 미용사는 가위를 들고 머리를 다듬어 준다. 이

때 미용사와 미용사가 하는 서비스행위가 구분되지 않는다는 것이다. 셋째, 제품은 일관된 생산시스템을 통해 만들어지고 엄격한 품질관리를 거치기 때문에 대부분의 제품 품질이 균일하다. 그러나 서비스는 서비스를 제공하는 사람에 따라 품질이 달라진다. 동일한 서비스 제공자가 서비스를 제공한다고 하더라도 제공자의 상황이나 노력의 정도에 따라 품질이 이질적(Heterogeneity)이다. 유명한 오페라 가수의 노래라도 컨디션이 좋을 때와 나쁠 때의 차이가 상당한 것과 같은 이치이다. 넷째, 제품은 재고가 있으나 서비스는 재고가 없다. 서비스는 생산되는 순간 소비되므로 사용되지 않은 서비스를 재고화한다는 개념은 이 세상에 존재하지 않는다.

서비스의 이와 같은 네 가지 특성(무형성, 비분리성, 이질성, 소멸성)이 제품과는 크게 다른, 서비스 마케팅의 기본적인 성격을 규정한다.

2) 서비스 마케팅의 중요성

서비스 마케팅은 왜 중요한가? 영국의 산업혁명이 폭발적인 제품의 대량생산을 유발했고, 정보통신기술과 대량수송기술이 발전하면서 전 세계가 하나의 시장으로 변모하고 있다. 그러나 과거의 제조업 위주의 생산기술들이 서비스업 위주의 새로운 시장으로 성격이 변화하고 있다. 1900년대 후반에 폭발적으로 발전한 금융서비스와 통신서비스 같은 새로운 서비스가 과거의 제품 규모를 압도하는 상황을 만들었다.

2000년대 넘어서서 전 세계도 서비스가 급증하는 추세에 있고, 특히 우리나라의 경우에도 서비스가 제품을 초과한 지 오래되었다. GDP의 절반 이상을 서비스가 차지하고 있고, 그 발전 속도가 제품을 훨씬 추월하고 있다. 우후죽순 격으로 새로운 서비스들이 시장에 마구 생겨나고 있다. 노래방서비스는 노래 부르기를 좋아하는 민족성과 합일하면서 새로운 시장을 형성했다. 찜질방서비스나 PC방서비스도 새로운 문화를 창출하였고, 심지어는 골프존서비스와 같은 것도 대세에 동참했다.

서비스는 창조적인 아이디어만 가지고 인간의 몸과 마음으로 수행할 수 있다. 교육서비스는 축적된 지식을 타인에게 전달하고 돈을 받는 것이고, 통신서비스는 구축한 통신망을 이용하여 원거리 통화가 가능하게 하고 이에 따른 요금을 받는 것이며, 퀵서비스는 짧은 시간에 먼 거리로 제품을 보낼 수 있는 것이다. 유흥업과 게임업이 많은 인기를 끌면서 좋은 아이디어만 있으면 얼마든지 새로운 서비스 상품 개발이 성공할 수 있는 상황에 도달했다.

미래 전문가들의 예견으로는 앞으로도 서비스의 중요성이 점점 더 증가할 것으로 판단된다. 유한한 물질자원에 의존했던 제품 개발은 어느 정도 한계에 다다르고 있으나, 무형적 창조성에 근거한 서비스는 무한할 정도로 지속적으로 개발될 것으로 추정한다.

그러나 이와 같이 개발된 모든 서비스가 성공하는 것은 아니다. 노래방의 경쟁이 심해지자 술을 판매하면서 부진한 매출 지원을 향하는 이상한 형태들이 출몰하고 있다. 원천적으로 새로운 서비스를 개발하는 것은 어렵지만, 타인이 개발한 새로운 서비스를 복사하는 것은 쉽다. 대리운전서비스는 운전면허증을 가진 사람이 술을 마신 사람의 차를 대신 몰아주는 것이다. 진입장벽이 낮아지자 누구나 뛰어들어 금방 시장포화상태에 이른 것이다. 대리운전서비스 제공자 대부분의 월수입이 극도로 적다는 지적은 서비스 마케팅의 중요성을 부각시키는 것이다.

'살아남을 수 있는 서비스 상품을 개발하고, 비교적 적은 비용으로 새로운 고객에게 신규 개발된 서비스의 독특한 매력을 알리고, 서비스 제공 장소에 고객들이 스스로 찾아와 기꺼이 자신의 돈을 지불하려고 하는 상태'를 만드는 것은 철저하게 서비스 마케팅의 수준에 달려 있다. 성공하는 서비스 마케팅 전략을 개발하기 위해서는 서비스 마케팅에 대한 폭넓은 이해가 필수적이다.

2. 서비스 마케팅믹스

1) 서비스 마케팅믹스의 개념

일반 마케팅에서 마케팅믹스(Marketing Mix)라고 하는 것은 4P로서 분류된다. 4P란 Product, Price, Promotion, Place의 첫 대문자를 따서 1960년대 미국의 마케팅 교수인 McCarthy가 만든 용어이다. 마케팅활동을 직접 수행하는 마케터(Marketer)가 통제할 수 있는 수단들을 마케팅믹스 혹은 마케팅도구(Marketing Tool), 마케팅요소(Marketing Element)라고 부른다. 핵심은 마케팅 업무 수행자가 자기가 바라는 대로 관리할 수 있는 것들이다.

과거에는 마케팅이 제품에 초점을 맞추어서 개발되었다. 많은 마케팅이론들이 제품 마케팅의 관점에서 수행되었다. 그러나 1900년대 후반에 정보기술이 발전하고 전 세계적인 서비스 발전이 눈에 띄게 되면서 서비스가 마케팅의 새로운 초점으로 급부상하고 있다.

우리나라에서도 2000년대를 넘어서면서부터 국가경제에서 서비스가 70%를 넘어가, 제품이 상당히 위축되고 있다. 서비스 시대를 맞으면서 기존의 4P의 개념에 두 가지 P가 추가되었다. 2P는 Process와 Physical Evidence이다. 이것을 서비스 마케팅믹스라고 부르며, 통상 6P라고 부른다. 그러나 이 책에서는 6P를 크게 다음과 같이 세 가지로 재분류하였다.

- Product와 Process
- Price와 Place, 그리고 Physical Evidence
- Promotion

이 세 가지가 과거의 제품 마케팅믹스와 비슷하게 서비스 마케팅믹스의 세 가지로 분류될 수 있을 것이다.

2) 서비스 마케팅믹스의 종류

이 책에서는 세 가지의 서비스 마케팅믹스를 차례대로 설명하고자 한다.

(1) 상품과 프로세스

상품이란 서비스 마케터가 판매하려고 하는 것이다. 제품과 달리 서비스 상품은 눈에 보이지 않고, 재고가 없는 것이 특징이다. 이러한 서비스 상품은 기본적으로 형체가 없기 때문에 프로세스를 통해서 사용된다. 보험서비스 상품을 예로 들어 설명하면 다음과 같다. 보험은 그 필요성을 느끼게 되면 가입한다. 보험 약관을 읽고 서명을 하고 보험료를 납부하면 보험가입이 된다. 그후 보험과 관련된 어떠한 사건이 일어나면(자동차보험에서는 자동차사고, 암보험에서는 암의 발생) 보험사의 확인 후 미리 약정된 보험료가 지불된다. 이와 같은 과정을 거치면서 차례차례 발생한다. 그래서 서비스 상품 그 자체가 프로세스와 상당히 밀접한 관련이 있다.

(2) 가격과 유통과 물리적 증거관리

제품과 마찬가지로 서비스를 구매하는 소비자는 가격을 지불해야 한다. CGV에서 영화를 보면 정해진 대금을 지불해야 하고, 영어학원에서 영어를 배워도 수강료를 내야 한다. 서비스는 제품과 다르게 눈에 보이지 않으므로 가격이 적절한지 아닌지를 명확하게 알기가 쉽지 않다. 서비스 구매 후 상당한 기간이 흘렀음에도 "가격이 비싸서 다 지불하지 못하겠다"는 고객의 불평이 나오는 경우가 종종 있다. 예를 들어, 장기간의 컨설팅서비스를 구매할 때 이와 같은 경우가 나타난다. 계약 시 절반의 대금을 지불하고, 나머지 절반은 계약이 완료된 이후에 지불하기로 약정하였다고 가정해 보자. 계약하기 전에는 부푼 기대감을 가지고 컨설팅업체와 협의하여 절반의 대금을 미리 지불하였지만, 실제 컨설팅을 받아 보니 기대보다 수준이 떨어져 계약된 나머지 대금을 지불할 수 없다고 항거하는 것이다. 이는 서비스 제품 품질에 대한 정확한 인지를 사전에 하기란 쉽지 않기 때문에 가격결정이 어려워지는 것이다.

서비스 유통이란 서비스가 제공되는 장소를 의미한다. 병원 건물은 의료서비스의 유통장소가 된다. 교통사고가 나서 인근 병원의 응급실로 119에 의해 실려 온 응급환자에 대한 의료서비스는 응급실에서 발생한다. 혹은 교통사고가 심각하고 환자가 이동이 불가능하여 의사와 간호사가 현장으로 출동하게 되면, 그 현장이 바로 유통경로가 된다. 서비스가 발생하는 공간의 각종 물리적 시설들이 서비스 평가에 직접적인 영향을 준다. 이것을 물리적 증거관리라고 부른다. 가을에 조용한 북카페에서 책을 읽는데 실내 온도가 높아 덥다면 독서하는 사람은 졸음이 올 것이다. 이때는 무작정 온도를 높이기보다 독서에 적절한 온도관리를 하며 은은한 음악을 나지막하게 틀어 주는 것이 좋은 서비스 마케팅이 될 수 있다. 서비스 현장의 여러 가지 물리적 요소들이 서비스 소비자에게 영향을 주게 되는 것이다.

(3) 촉진

서비스 촉진 혹은 커뮤니케이션이란 눈에 보이지 않는 서비스의 예상효용을 잠재고객들에게 정보 제공하면서 설득하는 과정이다. 커뮤니케이션은 서비스 마케터와 서비스 구매자 양자 간의 의사소통(Two-Way Communication)을 하는 것을 의미한다. 정확한 형체가 없는 것을 소비자에게 "우리 서비스가 최고이니 구매하십시오"라고 설득하는 것은 쉽지 않다. 반면 서비스 브랜드 이미지가 높을 경우에는 설득이 비교적 쉽다. 대한민국에서 직영 헤어살롱 70여 개를 가진 준오헤어는 서울 강남에 연예인들을 위한 특별 매장이 있다. 유명 연예인들이 이용하는 헤어살롱이라는 서비스 브랜드가 많은 고객들에게 어필하는 것이다. 서비스기업들이 유명인을 광고모델로 쓰는 이유가 여기에 있다.

3. 고객관점의 서비스 상품개발

1) 고객관점의 중요성

고객관점(Customer Orientation)이란 고객의 시각에서 마케팅활동을 바라보는 것을 의미한다. 그렇다면 고객관점은 왜 필요한가? 가장 큰 이유는 "돈을 소비자가 내기 때문이다." 서비스 마케팅의 목적은 좋은 서비스를 개발해서 고객들에게 판매하여 정당한 이득을 올리는 것이다. 서비스 마케팅은 '이윤창출'을 위해서 수행되는 영리추구 기업의 핵심 활동이다.

고객이 자신에게 필요하지 않은 서비스를 돈을 주고 구매할 이유가 있는가? 보고 싶지 않은 영화를 보러 가는 고객들이 있는가? 영화 〈도둑들〉은 대한민국 영화 관객 기록을 만들었다. 그렇다면 이 영화가 성공한 비결은 무엇인가? 사람들은 무엇인가를 훔치고 싶은 은근한 감정을 가지고 있으며, 실제 범죄자가 어떻게 하는지에 대한 궁금증이 있다. 이것을 최고의 톱스타들(김윤석, 김혜수, 이정재, 전지현)을 통해서 비주얼적으로 보여 주는 것이 범죄와 어울릴 것 같지 않은 여성관객들(50% 이상)과 30~40대 젊은이들을 끌어들이면서 서비스 성공신화를 만든 것이다.

고객이 원하는 것을 찾아서 그것에 맞추어 서비스 제품을 개발하는 것은 중요하고도 중요하다. 그러나 실제 서비스 현장에서는 고객관점을 너무도 쉽게 잊어버린다. 말로는 고객관점이라고 하지만, 대부분의 경우에는 마케터관점에서 움직인다. 그래서 서비스 실패가 많은 것이다.

2) 고객관점 서비스 상품개발의 성공전략

서비스 상품은 눈에 보이지 않는다. 그러면 어떻게 개발할 것인가? 눈에 보이지 않기 때문에 잠재고객의 욕구에 적합할 것으로 예측되는 것을 서비스 제공자가 만들어 준비해야 한다. 서비스 잠재고객이란 기본적으로는 서비스를 사려고 하는 모든 사람들을 말한다. 우리나라 전체 인구를 서비스 잠재고객이라고 생각하면 된다.

서비스 잠재고객의 욕구는 어떻게 알 수 있는가? 이것은 서비스 마케팅 조사를 통해 알 수 있다. 초점집단면접(Focus Group Interview)과 같은 정성적인 조사 또는 설문지를 활용한 서베이조사(Survey Research)도 가능하다. 소비자들의 내면에 숨어 있는 욕구를 완전히 파악하는 것은 거의 불가능하나 그들이 대략 어떤 서비스를 좋아할지를 유추하는 것은 어렵지 않다.

추정한 소비자 욕구를 실제 많은 소비자들이 함께 느끼는지는 대규모 설문조사를 통해 어느 정도 파악 가능하다.

경우에 따라서는 소비자의 욕구가 없음에도 서비스 제품이 만들어질 수 있다. 고 Steve Jobs의 마지막 유물인 스마트폰은 통신과 인터넷을 결합한 새로운 서비스를 탄생시켜 많은 이들을 열광시켰다.

성공하는 서비스 상품은 소비자들의 지갑을 열 수 있도록 하는 다른 무언가가 확실히 존재해야 한다. 창조적인 아이디어 큐가 서비스 상품 개발자의 머리에 섬광처럼 떠오른 뒤에 이것을 상품화하는 과정에 돌입해야 한다. 그런데 순수한 서비스의 경우에는 복사가 너무나 쉽다. 퀵서비스나 대리운전서비스는 서비스 상품이 세상에 나온 이후 경쟁업자들이 마구 진입하여 금방 시장포화 상태가 되었다. 서비스 자체는 특허를 내기 힘들기 때문이다. 그러나 서비스가 제품과 결합하여 개발될 때에는 이를 복사하기가 쉽지 않다. 이와 관련한 예로 골프존서비스를 들 수 있는데, 이는 실내에서 필드의 감각처럼 느낄 수 있게 하겠다는 상품 아이디어를 현실화한 것이다. 이 서비스는 골프존 특유의 컴퓨터프로그램을 만들어, 그것으로 서비스를 특화시켰기 때문에 경쟁자가 나타나기 어렵다.

이와 같은 여러 가지 성공전략들 중 중요하다고 판단되는 것들을 제시하면 다음과 같다.

① 고객의 눈높이보다 한 단계 정도 높아야 한다

1980년대, 국내 경제수준이 그렇게 높지 않을 때 고급서비스 상품들을 개발해서 판매했던 것들은 대부분 실패했다. 재벌 집안을 위한 가문컨설팅이 부잣집에서 예절교육, 재산에 대한 생각, 가족 간의 유대관계, 가문브랜드관리 등을 도왔는데, 당시에는 시기상조였기 때문에 이를 찾는 고객이 거의 없었다. 대부분 실패했다. 경제상황에 비추어서 너무 앞선 것을 개발한 것이다. 그후 2000년대가 넘어서면서 부자의 수도 늘고 부자에 대한 반감도 과거보다 줄어들면서, 해외의 부자문화가 국내에 유입되기 시작하였다. 2010년대를 넘어서면서는 재벌급 부자들과 중견 부자들의 가문컨설팅에 대한 수요가 상당히 높아지면서 독특한 서비스 상품들이 시장 확대에 나서고 있다.

고객은 웬만큼 필요하지 않아서는 지갑을 열지 않는다. 자신에게 반드시 필요하다고 판단되는 생활필수품형 서비스들은 너무도 많다. 고객의 입장에서 매월 필요한 서비스 상품을 열거해 보면 꽤 많다는 것을 알 수 있다. 내가 살고 있는 아파트 관리서비스, 마을버스 · 시내버스 · 지하철서비스, 영어학원서비스, 취업 관련 학원 서비스, 알바를 소개받을 수 있는 서비스, 여자 친구와 남자 친구를 소개받을 수 있는 서비스, 미장원과 이발소, 정부와 학교의 각종 서비스들이 있다. 이 중에서 자신에게 꼭 필요하다고 생각되는 경우에만 돈을 지불하고 서비스를 구매하는 것이다.

그런데 이렇게도 많은 서비스 중에 고객이 생각하는 것보다 수준이 너무 앞서, 무엇인지조차 감을 잡을 수 없다면 구매할 의욕이 생기겠는가? 서비스는 대중의 수준과 비슷하면서도 앞으로 끌고 갈 수 있는 한 단계의 높은 수준이어야 한다.

싸이의 강남스타일은 전 세계적으로 선풍적인 인기를 끈 '무료서비스'이다. 말춤을 보고 따라 하고 즐길 수 있지만 돈을 낼 필요는 없다. 갓난아이부터 젊은이와 중년층까지 전 국민이 강남스타일에 빠지게 된 이유는 누구나 제약 없이 쉽게 따라 할 수 있기 때문이다. 춤을 추는 데 하루에 세 시간씩 한 달 동안 책을 보고 연습해야 하며, 그렇게 하여도 남들이 비웃는다면 누구도 따라 하지 않을 것이다. 4분짜리 비디오를 한 번 보면 따라 할 수 있다는 것은 '대중의 눈높이에 맞는 서비스 무료

상품'이라는 것이다. 물론 싸이는 무료서비스를 제공했지만 다른 측면에서 경제적인 이득을 본 것이다.

SK텔레콤의 싸이월드는 '싸이월드는 아이스크림이다'라는 TV광고까지 했던, 젊은이들에게는 아주 매력적인 서비스였다. 그러나 도토리를 사야 하고, 좁은 화면 구성이 답답하여 우리나라에서만 인기를 끌었다. 그러나 싸이월드보다 사용자들과 더 친숙하게 다가온 페이스북은 생긴 지 얼마 되지 않아 전 세계를 휩쓸었다. 넓은 화면에 내가 찾고 싶은 사람들을 알아서 추천해 주니 이 얼마나 고마운 것인가. 나와 같은 학교를 다녔던 친구들을 찾아 주는 아이러브스쿨보다 더 폭넓게 찾아 준다. 학교 인맥이 아니라, 이래저래 알던 오래된 친구들까지도 추천해 주는 것이다. 이처럼 페이스북은 우리가 원하는 것보다 한 단계 더 앞서 나갔기 때문에 성공했다. 페이스북이 사용하기 불편하고, 특별한 요청에 응해야 했다면 현재와 같은 인기는 누리지 못했을 것이다. 반면 페이스북에게는 '아주 불행이 될 전망'도 있다. '향후 몇 년 내에 페이스북이 없어지고, 새로운 것이 나올 것이다'라는 말에 페이스북의 주가가 곤두박질쳤다는 이야기도 있다. 그러나 이는 페이스북보다 더 사용자의 눈높이에 맞는 서비스가 나온다는 전제하의 예견일 것이다.

② 서비스 상품은 독특하면서도 창의적이어야 한다

'새로운 것만 팔린다.' 이는 마케팅 명언 중의 명언이다. 남과 다르고 독특하여 눈에 띄는 것만이 소비자의 관찰욕구를 불러일으킨다. 그리고 그 새로움이 나에게 얼마나 신선한 흥미를 줄 것인가가 소비자의 판단근거로 작용한다. 전 세계에서 대박을 터트린 것들은 대부분 새로운 것이다. 그냥 새로운 것이 아니라, 독특하면서도 창의적인 것이어야 한다.

이발 가격이 비싸다는 인식이 퍼져 있을 때 값을 대폭 낮추는 대신 머리만 깎아 주고 감겨 주지 않는 새로운 저가이발소가 오랫동안 성공했었다. '이발소에서 머리도 감겨 주지 않느냐?'는 소비자들의 고정관념을 바꾸면서 가격인하에 성공한 것이다. 마케터에게 이 세상에서 절대적인 것은 아무 것도 없다. 살아서 생각하고 행동하는 자신만이 항존이고 나머지는 모두 바꾸어도 된다. 바꾸는 것이 새로움을 만든다.

인터넷과 전반적인 정보기술이 급속하게 발전하면서 새로운 서비스들이 우후죽순으로 생겨나고 있다. 특히 사이버공간에서의 생활 시간이 늘어 가는 학생층과 젊은 층에게는 보이지 않는 공간에서의 새로운 것이 필요해졌다. 이러한 상황에서 전 세계적으로 엄청나게 퍼져 나가고 있는 것이 '게임문화'이다. PC 하나만 있으면 얼마든지 흥미롭고 진전된 게임으로 무료한 시간을 보낼 수 있게 된 것이다. 이제는 PC에서 스마트폰으로 게임문화가 확산되고 있으며 페이스북으로도 가능하게 되었다. 경기가 침체되고 하루 종일 돈 때문에 피곤한 삶에서 '신선한 사이다와 같은 게임에 폭 빠져 들 수 있다는 것'은 어린 학생들과 젊은이들에게 폭발적인 인기를 끌었다. 게임은 점점 더 진화하고 있다.

소비자행동이론 중 '선택적 지각(Selective Perception)'이란 개념이 있다. 선택적 지각이란 소비자는 자신이 보고 싶은 것만 보는 경향이 있다는 것이다. 매력적인 것은 바로 보고, 불행한 것이나 처참한 것은 피하는 것이다. 수백 개의 경쟁게임들 모두 인터넷 접속이 가능하지만 No.1 게임에만 몰리는 것은 당연하다. 맨 처음 시도했고, 가장 매력적인 것에 소비자들의 눈길과 손길이 가는 것이다.

1등이 새로운 서비스 시장을 만들면서 서비스 시장 주도자(Service Market Initiator)가 된다. 그는 시장을 개척하는 최초의 사람이다. 시장이 점점 더 커지면 서비스 시장 모방자(Service Market Imitator)가 나타나게 된다. 그들은 시장 주도자가 하는 모든 것들을 그대로 모방하려는 경향이 있다. 그러나 대부분 1등만큼 성과를 내지 못한다. 소비자들은 시장 개척자의 이름을 가장 먼저 기억하고 있으며, 1등의 시장 개척자 혼자서 노력하는 동안, 그들에게서 선명한 이미지를 받았기 때문이다.

3) 고객관점에서 만드는 서비스 상품들

서비스 상품은 핵심서비스(Core Service)를 확실하게 소비자들이 인식할 수 있도록 포지셔닝(Positioning)해야 한다. 가장 중요한 두 가지 개념을 설명하면 다음과 같다.

(1) 핵심서비스

① 제품 평가와 서비스 평가의 다른 점

제품은 아주 쉽다. 서비스는 아주 어렵다. 이유는 간단하다. 제품은 제품 평가기준을 가지고 구체적으로 평가하는 것이 쉬우나 서비스는 평가기준을 비교하기가 쉽지 않다. 눈에 보이지 않으므로 구체적이지 않고 추상적이기 때문이다.

제품은 크게 고몰입(High Involvement, 소비자가 제품에 대해서 신경을 많이 쓰고 중요하다고 판단하는 상황)하에서는 다속성 평가기준(Multi-Attribute Evaluation Criteria)을 쓰고, 저몰입(Low Involvement, 소비자가 제품을 별로 중요하게 생각하지 않고 그냥 쉽게 사는 상황)에서는 사전편찬식 평가기준(Lexicographic Evaluation Criteria)을 사용한다.

다속성 평가기준이란 제품의 다양한 속성(가격, 품질, 디자인, 색상, 내구성)에 각각의 가중치를 두고, 각각의 기준으로 선택하려는 제품들을 비교하는 것이다.

예를 들면, 스마트폰의 구매를 어느 대학생이 하려고 한다. 현재 4개의 브랜드를 비교해서 선택하려고 하는데, 제품 평가의 기준으로 본인이 정한 것은 가격, 통화품질, 디자인이다. 학생이기 때문에 가격에 민감하여 가격은 0.5의 비중으로 두고, 통화품질은 0.3, 디자인은 0.2라고 한다. 이를 기준으로 하여 4개 브랜드별로 자신이 5점 만점의 척도로서 평가한 점수는 다음과 같다(1점: 전혀 고려하고 싶지 않다. 2점: 거의 고려하고 싶지 않다. 3점: 그저 그렇게 생각한다. 4점: 좋게 생각한다. 5점: 아주 좋게 생각한다).

	가격(0.5)	통화품질(0.3)	디자인(0.2)	총점
GALAXY	4	3	4	3.7
Optimus	5	2	2	3.5
VEGA	3	5	3	3.6
iPhone	4	2	5	3.6

이렇게 되면 이 대학생은 GALAXY를 1순위로 고려하고, VEGA와 iPhone을 2순위로 동등하게 생각할 것이다. 이것이 가장 많이 쓰이는 고몰입하의 의사결정 방식이다.

이와 다르게, 이 대학생이 공강시간에 김밥을 하나 사 먹으려고 한다. 김밥은 위와 같은 방식으로 고려하지 않고, 보통 하나의 기준으로 가장 좋은 대안을 선택한다. 혹 그 기준으로 비슷비슷하면 다른 두 번째 기준으로 최적의 대안을 선택한다. 이것을 사전편찬식 의사결정이라고 부른다. 예를 들어 김밥은 빨리 먹어야 하므로 가격이 저렴하면 되는 것이다.

	가격
A 김밥	800원
B 김밥	1000원
C 김밥	1100원

이 학생은 바로 가격이 가장 저렴한 A 김밥을 선택한다. 이것이 보통 간단히 구매할 때 가장 많이 쓰는 의사결정 기준이다.

제품은 이와 같은 방식으로 비교하여 구매하기 쉽다. 그러나 서비스는 각종 속성들을 이와 같이 분석하기 쉽지 않다. 비행기 예약을 하려고 할 때, 비행기 표 값 외에 좌석의 넓은 정도, 기내서비스의 수준, 비행기 안전성 등을 비행기 회사별로 분석하기가 쉽지 않다.

제품은 고몰입하에서는 다속성 평가기준, 저몰입하에서는 사전편찬식 평가기준으로 구분해서 비교할 수 있으나 서비스는 고몰입과 저몰입의 상황을 분류하기가 쉽지 않다. 서비스는 "그 서비스가 무엇이냐?"를 가장 중요한 것으로 평가하는 것이 보통이다. 이런 면에서 서비스는 핵심서비스를 제1기준으로 정한 사전편찬식 의사결정이 많이 사용된다고 볼 수도 있다.

② 서비스 평가 시의 핵심서비스의 중요성

앞에서 설명한 것처럼 서비스가 핵심서비스를 중심으로 평가된다고 하자. 그렇다면 도대체 핵심서비스가 무엇인가?

핵심서비스란 '서비스 수요자가 한두 가지의 간단한 단어들로 느껴지는 서비스의 요체'를 말한다. 영화의 핵심서비스는 "잘 보았다"라는 것이고, 항공기의 핵심서비스는 "잘 나른다"라는 것이다. "맞아. 그거야"하며 다른 사람들과 이야기할 때 느껴지는 바로 그것이 핵심서비스이다. '음감이 좋은, 탁월한 노래를 들으면서 가만히 눈물을 흘리는 경우'에 우리는 핵심서비스를 제공받았다라고 느끼게 된다.

물론 핵심서비스는 주관적인 평가이다. 인간은 자신이 원하는 바를 자신이 추구하는 주관적인 존재이다. 주관이 강하면 우리는 그것을 개성이라고 한다. 어떤 사람의 주관이 새롭고 흥미로우면 우리는 그것을 독특한 창의라고 부른다. 핵심서비스는 주관적인 개성을 가진 소비자들이 서로 특이하게 느끼는 것으로서 결국에는 많은 사람들이 '공유하는 주관적인 느낌'이 될 수 있다.

(2) 포지셔닝

핵심서비스를 고객에게 명확하게 제시하는 것을 포지셔닝(Positioning)이라고 부른다. 제품의 경우에는 포지셔닝이 비교적 쉽다. 눈에 확 들어오므로 금방 이 제품과 저 제품이 어떻게 다른지 느껴진다. 그러나 서비스의 경우에는 포지셔닝이 상당히 어렵다. 이것이 저것과 어떻게 다른지를 우리가 쉽게 식별할 수가 없는 것이 기본적인 이유이다.

핵심서비스의 포지셔닝을 확실하게 하는 방법들이 있다. 첫째는 아주 크고 특이한 서비스를 개발하는 것이다. 보통 실내의 영화관들은 제한되어 있어 답답하게 느끼는 경우가 종종 생긴다. 실외의 옥외 영화관을 만들어, 자동차 안에서 영화를 볼 수 있게 되면 '자연과 어우러진 서비스'를 느끼게 될 수 있다. 다르다는 느낌이 오면 포지셔닝이 잘된 것이라고 할 수 있다.

둘째는 가격이 아주 비싼 서비스를 개발하는 것이다. 보통의 영어학원 수강료에 비해 열 배 정도 비싼 초고가 영어 스페셜 클래스를 만들면 고객 입장에서는 무엇인가 확실히 다를 것이라는 새로운 느낌을 가지게 된다.

셋째는 유명인을 통해 광고하는 것이다. 소비자들은 유명한 사람들이 나와서 광고하는 서비스를 다르게 인식하게 된다. '유명한 영화배우나 가수가 강력하게 추천하는 서비스'는 색다르게 받아들이는 것이다. "무료, 무료. 저희 장례서비스는 3일간 무료로 해드립니다"라고 유명 배우가 케이블TV에서 하루에도 수십 번씩 반복 광고를 하면 시청자들은 그것을 새롭게 받아들이는 것이다.

실제 수행되는 포지셔닝 전략은 서비스 수명주기(Service Life Cycle)와 관련된다. 서비스 수명주기란 제품 수명주기(Product Life Cycle)와 비슷한 개념이다. 1900년대 중반에 서로 친구 사이인 미국의 생물학 교수와 마케팅 교수가 같이 이야기하다가 생물학 교수가 "이 세상의 모든 것들은 수명이 있다"라는 말에 마케팅 교수가 영감을 받아서는 "그러면 제품도 결국은 수명이 있겠다"라고 한 데서 제품 수명주기라는 개념이 탄생하였다. 그 이후 1900년대 후반에 서비스가 급속하게 발전하면서 제품 수명주기의 개념을 원용해서 서비스 수명주기라는 개념이 알려졌다.

서비스 수명주기란 서비스가 탄생한 이후에 시간이 가면서 세상에 알려지고 확산되면서 최고점에 올랐다가 언젠가는 서비스가 종결된다는 것을 알려 주는 개념이다. 우리는 서비스 수명주기라는 개념을 받아들이면서 우리가 언제 무슨 전략을 사용해야 하는지에 착안하고 이에 맞는 적절한 행동을 수행해야 한다.

서비스 상품은 개발된 후, 세상에 나와 어느 정도 성공하다가 언젠가는 다시 소멸된다. 이것을 서비스 상품 수명주기(Service Product Life Cycle)라고 부른다. 이는 도입기, 성장기, 성숙기, 쇠퇴기, 크게 4단계로 구성된다.

첫째, 도입기(Introductory Stage)는 서비스가 세상에 알려지는 단계이다. 기존에 있었던 서비스를 새롭게 개량하거나 신용도를 개척하는 경우, 혹은 완전히 새로운 서비스를 개발해서 시장에 내놓으면 이것이 서비스의 도입기가 된다. 기존 서비스를 바꾸는 것이 가장 많은 반면, 세상에 존재하지 않던 신규서비스를 만들어서 선보이는 것은 그렇게 쉽지 않다.

서비스는 특허를 내기 쉽지 않다. 그래서 서비스는 경쟁에서부터 보호받기 어렵다. 그렇기 때문에 우선 먼저 만들어서 이것을 세상에 알리고, 반응이 좋으면 이를 확산시키는 노력을 하는 것이 필요하다.

둘째, 성장기(Growing Stage)는 서비스가 소비자들의 사랑을 받으면서 점점 더 시장 속으로 파고 들어가는 단계이다. 100개의 새로운 서비스가 시장에 선보이면 그들 중 아주 소수가 성장기로 넘어가게 된다. 소비자들은 많은 서비스에 노출되기 때문에 쉽게 어느 특정 서비스에 매혹되지 않기 때문이다.

소비자의 서비스 선택적 지각(Service Selective Perception)이 되는 확률은 지극히 낮다. 그러나 특정 서비스가 도입기에서 성장기로 진입하게 되면 서비스 시장 자체가 확산되면서 점점 더 세상의 주목을 받게 된다. 2000년대 넘어서면서부터 우리나라는 국산영화와 한국 프로야구 모두 성장기에 접어들었다. 1945년 대한민국 건국 이후부터 만들어진 국산영화들 대부분이 100만 관객을 동원하지 못하다가 1990년대와 2000년대를 넘어서면서 1000만 관객을 넘는 경우가 나타나고 있다. 우리나라 성인이 3000만에서 4000만 명을 넘어서는 순간에 1000만이라는 것은 상당한 수치이다. 국산영화의 성인점유율이 수십 퍼센트가 되면서 성장기 전반을 넘어서서 후반으로 가고 있다고 볼 수 있다. 반면 1980년대에 처음으로 국내에 도입된 프로야구의 1년 관중이 300만 명에서 600만 명을 넘어섰다. 영화를 보는 사람과 야구를 보는 사람의 연령이나 성별이 크게 차이 나지 않는다고 보면 영화에 비해서는 약간 뒤처지나 프로야구도 성장기에 도입했다고 볼 수 있다. 영화시장과 야구시장이 경쟁이 강화되면서 점점 더 커지고 있는 것이다.

셋째, 성숙기(Maturity Stage)란 서비스가 최고점에 달하는 순간을 말한다. 특정 서비스에 대한 소비자들의 애호도가 지속 증대하면서 제한된 시장 내에서 최고가 된 것이다. 국산영화와 프로야구도 언젠가는 성숙기에 도달하면서 수천만 명이 관람하게 될 것이다. 물론 그전에 국산영화는 외제영화에 밀리거나 프로야구는 다른 스포츠에 뒤처지면서 성숙기가 일찍 올 수도 있을 것이다.

성숙기에 도달하면 서비스 제공업자들은 최고의 수익률을 기대하면서 더 이상의 시장확대 전략보다는 시장유지 전략을 강하게 펼친다. "우리의 시장을 이대로 영원히 유지하자"라는 슬로건 아래에서 지속적인 전략을 수행하는 것이다.

넷째, 쇠퇴기(Declining Stage)란 성숙기를 넘어서서 서비스가 줄어들어 시장에서의 퇴장을 준비하는 단계이다. 이 세상에 등장했다가 사라져 간 서비스는 수없이 많다. 무성영화나 서커스는 대부분 사라졌다(물론 태양의 서커스처럼 활발한 경우가 전 세계에 소수 있다). 소비자의 마음은 휙휙 하면서 변해 가는 경우가 많다. 그들은 새로운 것에 빠지면 과거의 것은 잊어버린다.

쇠퇴기에 진입한 것을 인지한 서비스 제공업자는 서비스를 없애 버리거나 혹은 다시 불러일으키려고 노력한다. 현실적으로는 한번 쇠퇴기에 진입한 서비스는 그대로 사라지는 것이 보통이다. 만 개의 서비스 중 한두 개가 다시 살아 올라 불타면서 제2의 서비스 수명주기에 돌입하는 경우도 있으나 그 성공확률은 지극히 낮다.

(3) 서비스 보증

서비스 보증이란 고객에게 "우리 서비스는 확실하니까 믿고 구매하십시오"라는 것이다. 서비스의 품질 평가는 어렵다. 따라서 믿고 샀는데 나중에 별 볼일 없다면 문제가 되고, 환불을 요구해도 잘 들어주지 않는다. 제품은 구매한 제품의 원형이 보존되었으면 그것을 반품하고 일정 액수를 환불받을 수 있다. 또한 제품의 판매처는 돌려받은 제품을 다시 포장하여 재판매가 어느 정도 가능하다.

그러나 서비스는 무형이므로 환불이라는 개념이 없다고 해도 무방하다. 예를 들어, 학원에서 수강한 영어수업이 수준 이하였다며 환불을 요구한다 할지라도 이미 끝난 강의이기 때문에 이를 거부한다면 소비자 입장에서는 계속해서 환불을 주장하기도 쉽지 않다. 그렇기 때문에 서비스 보증은 상당히 중요하다. 보증 약속을 확실하게 제시하면 소비자들의 구매가능성을 확실하게 높일 수 있다. 좋은 서비스 보증의 조건들은 다음과 같다.

첫째, 확실한 믿음을 주어야 한다.

"저희 서비스는 귀하의 집에 무단침입이 있으면 언제든지 5분 이내에 도착합니다"라고 서비스를 약속했는데, 교통체증으로 5분이 넘어서 현장에 도착하면 문제가 된다. 하지만 교통상황은 서비스 회사가 통제하기 힘든 변수이기 때문에 이럴 때는 확실한 보증 약속을 해야 한다. "저희가 약속한 대로 5분 이내에 도착하지 못하면 받은 금액을 전액 돌려 드리겠습니다"라고 하면 고객은 믿을 것이다.

둘째, 서비스의 강점이 확실해야 한다.

소비자 입장에서는 서비스가 비슷비슷하다 보니 무엇이 어떻게 다른지를 잘 모를 수 있다. "다 그게 그거 아니야? 뭐가 달라"라고 반응할 수도 있는 것이다. 자사가 제공하는 서비스의 강점은 다른 어떠한 경쟁업체들에 비해서 확실하게 다르다고 자신 있게 말할 수 있는 것이어야 한다. "손님이 저희가 확실하게 다르다는 것을 믿지 못하신다면 서비스 요금의 절반을 돌려드리겠습니다"라고 한다면 소비자는 "아니. 뭘 그렇게까지 할 필요가 있나요?"라고 웃으며 이야기할지라도 불안감은 상당히 줄어들 것이다.

4. 서비스 브랜드

중간사례

현대카드

현대카드(대표 정태영) '다이렉트(DIRECT)'는 카드업계 최초로 다이렉트 금융상품의 개념을 담아 출시한 신용카드 상품이다.

이 카드는 신청과 가입, 이용 등의 전 과정에서 고객과 카드상품을 직접 연결하는 혁신을 통해 복잡하고 불필요한 절차를 과감히 없앴다. 우선 카드 신청 시 복잡한 절차를 대폭 축소, 현대카드 홈페이지(www.hyundaicard.com)와 카드 신청 전용번호(1577-0100)를 통해 빠르고 편리하게 카드를 신청할 수 있다. 또 불필요한 종이 신청서와 청구서, 안내물(DM) 등을 없애고, 관련 내용은 고객이 원할 때 온라인을 통해 자유롭게 확인할 수 있도록 했다.

현대카드 다이렉트는 전월 이용실적은 물론이고 적립한도 및 횟수 등의 제한조건 없이 어디서나 카드 사용액의 기본 1%를 캐시백으로 적립해 준다. 또 모든 온라인 가맹점에서는 '현대카드 안심클릭' 창을 통해 결제할 경우 1.5% 적립 혜택이 제공된다. 단 무이자할부 및 현금서비스, 카드론, 세금 납부 등에 이용한 금액은 캐시백 적립 대상에서 제외된다.

적립한 캐시백 금액은 카드 이용대금을 차감하는 데 활용할 수 있다. 캐시백 적립 금액으로 카드 이용대금 결제를 원하는 고객은 현대카드 홈페이지와 스마트폰 애플리케이션, 고객센터(1577-6000)를 통해 신청하면 된다.

현대카드 다이렉트는 일반형과 경제형 두 가지 형태로 발급된다. 일반형은 연회비가 국내 전용은 2만 원, 국내외 겸용(MASTER)은 2만 5,000원이다. 경제형은 통신비 자동이체와 교통카드 기능 탑재가 필수 사항이며, 연회비는 국내 전용이 1만 원, 국내외 겸용(MASTER)이 1만 5,000원으로 저렴하다. 일반형과 경제형 모두 청구서는 이메일로만 제공된다.

정태영 현대카드 사장은 "현대카드 다이렉트는 고객과 상품을 바로 연결시키는 판매채널의 혁신과 고객의 스트레스를 최소화하는 조건 없는 혜택이라는 또 다른 혁신적 서비스가 결합된 상품"이라며 "고객의 관점에서 최고의 서비스를 개발하기 위한 혁신적인 시도를 계속해 나갈 것"이라고 말했다.

출처: 전자신문 (2012. 4. 25).

1) 서비스 브랜드자산의 정의

브랜드자산(Brand Equity)이란 쉽게 말해서 브랜드의 가치를 기업의 무형자산으로 표현한 것이다. 미국의 브랜드 마케팅의 가장 뛰어난 대가인 Aaker 교수가 무형의 브랜드가 유형의 재고처럼 기업의 자산이 될 수 있을 것이라는 뛰어난 발상을 한 데에서 출발했다.

브랜드 자체가 기업의 중요한 보배라는 인식이 브랜드 마케팅 전문가들에게 확산되자 브랜드자산에 대한 수많은 연구들이 쏟아져 나왔다. 대부분의 브랜드 연구들이 브랜드자산의 개념화와 관련된 변수들과의 관계를 선험적으로 규명하고, 그러고 나서 실증적으로 분석해서 입증하는 과정을 거치고 있다.

원래 우리말로는 'Equity'는 '자본'으로 번역하고, 'Asset'을 '자산'으로 번역하는 것이 보통이다. 하지만 우리나라에 도입될 때부터 'Brand Equity'를 '브랜드자본'이 아닌 '브랜드자산'으로 번역하여 현재는 그대로 사용하고 있다.

원래 자산이란 자본과 부채를 합한 것이고, 자본은 자기자본과 타인자본을 합한 것이다. 이것은 회계학적인 분류이고, 마케팅적으로는 브랜드와 관련해서 자산과 부채를 구분할 수도 없으며 브랜드는 자기자본의 일종이므로 타인자본의 의미도 크게 가질 수가 없다. 그래서 미국에서 Aaker 교수가 Brand Equity라는 용어를 마케팅적인 관점에서 그냥 사용한 것을 우리나라의 학자들이 자본이 아닌 자산으로 번역하는 바람에 현재는 그대로 사용되고 있다. 이와 같은 것들은 개념상의 문제이고 실질적으로 브랜드를 이해하거나 실무에 활용하는 데에는 큰 문제가 없다.

2) 서비스 브랜드자산의 중요성

브랜드자산의 중요성은 크게 기업 측면과 소비자 측면에서 분류되어 지적되고 있다. 첫째, 기업 측면에서는 브랜드가 자산화되면 기업으로서는 다른 물적자산들과 비슷하게, 아니 동등하게, 소중하게 다루어야 한다. 브랜드자산을 높이면 높일수록 기업에게는 계량적인 수익이 증대하기 때문이다. 한때 최고의 브랜드가치를 기록했던 코카콜라는 100년 이상을 전 세계에서 사랑을 받으면서 엄청난 수익을 기업체에 안겨 주었다. 최근에는 마이크로소프트의 브랜드가치가 상승하였고, 한때는 애플과 구글도 최고의 브랜드가치를 평가받으면서 주식시장에서도 우량주로 손꼽혔다.

높은 브랜드자산을 가진 경우에는 브랜드를 타 기업에게 양도할 때 매각대금을 상당히 많이 받게 된다. 신규 브랜드가 기존의 유명 브랜드를 매입해서 자사의 브랜드로 활용하려고 할 때에는 막대한 금액을 지불해야 한다. 브랜드 자체가 기업의 발전에 상당한 영향을 미치게 되면서부터 브랜드를 올바르게 이해하고 관리해야 한다는 개념들이 현실의 브랜드 전문가들에게도 인식되었다.

둘째, 소비자 측면에서 느껴지는 브랜드 인지도와 브랜드 충성도는 브랜드자산의 효과이다. 브랜드를 전략적으로 관리해서 독특하면서도 일관성 있는 브랜드 포지셔닝이 소비자들에게 각인되면서 결과변수로 나타나는 것이 브랜드 인지도와 브랜드 충성도이다. 브랜드 인지도란 브랜드를 얼마나 많은 소비자들이 알고 있느냐를 측정한 것이고, 브랜드 충성도는 특정한 브랜드를 지속적으로 매입하는 소비자의 성향을 측정한 것이다.

또한 소비자가 서비스의 기본적인 품질을 완전하게 파악할 수 있는 지식이 부족할 수도 있고, 시장에 출시되는 서비스들의 품질이 거의 균질화되어 가면서 소비자들이 느끼는 지각된 품질(Perceived Quality)이 중요해지게 되었다. 형체가 없는 서비스의 경우에는 내적 품질에 대한 명확한 준거기준이 없기 때문에 많은 소비자들이 브랜드의 유명도를 가지고 품질 추산을 하게 된다.

따라서 높은 브랜드자산을 가지고 있는 기업은 수익적으로도 효과를 볼 뿐만 아니라, 소비자들에게 좋은 브랜드 이미지를 제공함으로써 광고비 절감과 지속적인 구매효과를 누리게 될 수 있다.

마무리사례

신한은행, 자산관리 전문화 · 은퇴시장 상품 차별화

신한은행은 2013년 전략목표를 '창의와 혁신, 새로운 신한 스탠더드 확립'으로 정했다. 이를 위해 ▶근본적인 체질 개선을 통한 생존 역량 강화 및 내실 성장 ▶고객과 사회의 강한 신뢰관계 구축을 통한 새로운 금융문화 선도 ▶창의와 혁신을 위한 인재 육성과 조직 활력 제고를 새로운 신한 스탠더드로 제시하였다. 근본적인 체질 개선을 위해 선제적인 리스크 관리로 위기대응 역량을 보다 견고히 해 건전성 선도 은행의 위상을 지켜 가면서 이를 바탕으로 위기를 새로운 도약의 기회를 잡는다는 계획이다. 특히 단순한 가격경쟁을 지양하고 과거와는 다른 시각으로 신규시장과 틈새시장을 발굴해 효과적으로 새로운 수익을 창출하는 진화된 영업을 전개해 간다는 전략이다. 이와 함께 채널 최적화와 경영시스템 · 프로세스 혁신을 통해 낭비와 비효율의 근본 원인을 없애고 조직의 미래 성장 잠재력을 높이는 조직 운영 효율성 제고에도 역량을 집중한다.

새로운 금융문화 선도를 위해선 원칙과 법규 준수, 경영투명성 제고에 모든 정성을 기울여서 금융 소비자 보호 및 권익 제고에 앞장서고 차별화된 업무 역량을 키워 고객가치 제고에 힘써 나간다. 또 우리 사회 곳곳에 용기를 전하는 따뜻한 금융을 보다 적극적으로 실천하여 사회와의 상생에 초점을 맞추고 있다. 나아가 따뜻한 금융을 사회적 가치와 경제적 성과를 함께 창출할 수 있는 비즈니스모델로 한 단계 더 발전시키고 조직문화로 내재시킬 계획이다.

결국 신한 스탠더드를 성공적으로 만들어 가기 위해서는 열정 넘치는 직원들이 마음껏 역량을 발휘하고 키워 갈 수 있는 조직문화가 바탕되어야 한다. 이런 차원에서 다양한 인재들이 전문가로 성장할 수 있도록 지원하고 직원 모두가 스스로의 가치를 발견하고 더 크게 키워 갈 수 있도록 건강하고 활기찬 조직문화를 확산시켜 나가야 한다.

이러한 신한스탠더드를 바탕으로 2013년에는 WM · CIB 사업모델 업그레이드, 스마트 금융시장 경쟁력 확보, Youth 및 은퇴시장 공략 가속화, 확고한 글로벌 위상 확립 등의 사업에 역점을 두고 추진한다. 이를 위해 우선 차원 높은 고객가치 제공과 미래 성장 동력 육성 차원에서 WM · CIB 사업모델을 업그레이드하고 콘텐츠 차별화를 통해 경쟁력을 확보한다. 지난해 신한 PWM 센터를 오픈(13개)하고 전문화된 자산관리 통합 솔루션을 제공하는 IPS 조직을 신설했다. 이를 통해 은행과 증권 상품 · 서비스를 원스톱으로 제공했다. 이로 인해 우수고객 유치 및 자산 증대에 주목할 만한 성과를 실현하여 10억 이상 및 1억 이상 자산고객 수 연간 증가율도 경쟁 은행 대비 우수한 실적을 보였다. CIB 부문도 신한은행과 신한금융투자 각사 중심 사업모델의 한계를 극복하고 양사의 역량을 결집한 기업고객

통합 금융솔루션을 제공한다는 기치 아래 여의도 신한금융투자 본사에서 코로케이션(co-location)을 시작, CIB 사업부문을 출범시켰다. 출범 1년을 앞둔 신한 CIB 양사 간 협업에 의한 딜 규모는 2012년 말을 기준으로 5조 3000억 원으로 전년 동기 대비 2배 가까이 늘어났다. 또 장래 추정손익도 3.5배 이상 신장되는 등, '신한스타일 매트릭스' 체제는 작년 한 해 IB시장이 극심한 침체를 겪었음을 감안할 때 의미 있는 성과를 내고 있다. 결국 CIB 사업부문 시스템의 도입이 '양사 간 시너지 증진'에 가시적 성과를 기여하고 있다고 평가를 내리고 있다.

올해에는 상품 · 서비스 등 고객에게 제공되는 콘텐츠의 질을 업그레이드하고, 그룹사 간 협업체계를 보다 강화한다. WM · CIB 사업모델에 있어 차별적인 경쟁력을 확보하여 새로운 비즈니스 기회를 잡을 계획이다. 또 비대면 Full-Banking서비스 제공을 통해 스마트금융시장에서의 경쟁력을 확보한다. 2012년 12월 예금센터 및 외환센터 오픈으로 비대면 채널을 통한 Full-Banking서비스 체계를 구축 완료하였다. 올해는 고객편의성과 차별적인 콘텐츠를 제공함으로써 고객 신규 유입경로를 다변화하고 대면 · 비대면 연계영업을 강화하여 스마트금융시장에서 확고한 마켓 리더십을 확보할 수 있을 것으로 예상된다.

또 Youth 및 은퇴시장에서 경쟁력 확보 및 브랜드 강화를 위해, 젊은 세대를 체계적으로 공략하기 위한 'S20 브랜드'를 출시한다.

S20 클럽을 통해 대학생 고객에게 인지도를 제고하고, 각종 온 · 오프라인 채널 확대를 통한 다양한 Youth 고객 감성마케팅을 추진할 계획이다. 이와 더불어 은퇴시장을 핵심시장으로 재분류하여 고객 니즈에 부합하는 차별화된 상품을 선제적으로 출시하고, 은퇴자산을 효율적으로 관리할 수 있도록 은퇴설계 상담 전문인력 양성과 맞춤형 서비스를 개발한다.

마지막으로 아시아 금융벨트 구축 및 현지화를 통한 확고한 글로벌 위상 확립을 목표로 핵심지역에서의 사업역량을 강화하고, 인도네시아 Bank Metro Express 지분 인수와 같은 신흥시장 M&A 및 이머징 마켓 유망지역 선점을 통해 아시아 금융벨트 구축을 완성시켜 나갈 계획이다.

이를 위해 국가별 성장전략에 맞춘 상품서비스 개발 및 현지 인력 양성을 통한 현지화를 지속 추진해 나가고, 비대면 채널 강화를 통해 현지의 물리적 네트워크 열세를 극복해 나간다는 복안을 가지고 있다.

출처: 중앙일보 (2013. 1. 29).

연습문제

1. 서비스 마케팅과 제품 마케팅의 차이점을 상술하라.

2. 서비스 마케팅이 2000년대 들어서 전 세계적으로 중요하게 된 이유들을 열거하라.

3. 서비스 브랜드자산의 개념과 중요성을 설명하라.

4. 무형성인 서비스를 전략적으로 포지셔닝할 수 있는 창의적인 방법들을 제시하라.

11 CHAPTER 서비스 가격결정, 유통과 물리적 환경

1. 서비스 가격결정 중요성
2. 서비스 가격결정 방법
3. 가격과 서비스 마케팅 변수와의 관계
4. 서비스 준거가격
5. 서비스 가격 포지셔닝 전략과 현실적 가격정책
6. 서비스 입지 선정
7. 서비스 물리적 환경과 매장관리

SERVICE MANAGEMENT

11 CHAPTER 서비스 가격결정, 유통과 물리적 환경

도입사례

음식점 등 외부가격표시제 정착 요원
본격 시행 이틀 앞두고 있지만 아직 준비하지 않은 업소 태반

식품 및 공중위생에 관련된 법령 개정에 따라 31일부터 음식점 및 이·미용업소 외부가격표시제가 시행되지만 정착까지는 상당한 시일이 걸릴 전망이다.

29일 대전시에 따르면 지난 연말 식품 및 공중위생 관련 법령이 각각 개정됨에 따라 31일부터 음식점 및 이·미용업소에 대한 가격을 외부에 게시하는 가격표시제를 전면 시행에 들어간다.

이에 따라 신고면적 150㎡(45평) 이상 일반·휴게음식점과 66㎡(20평) 이상의 이·미용업소는 손님이 내야 하는 가격을 이달부터 미리 업소 외부에 게시해야 한다.

외부가격표의 의무게시 서비스 품목은 음식점 및 미용업소는 5개 품목 이상, 이용업은 3개 품목 이상을 표시해야 한다.

또 봉사료 및 부가가치세 등을 포함해 소비자가 지불해야 하는 최종가격을 서비스별로 실내뿐 아니라 출입문, 창문, 벽면 등 소비자가 알아보기 쉬운 장소에 게시해야 한다.

대전시는 이번 제도 시행으로 음식점은 총 2만여 업소 가운데 12%인 2,517곳, 이·미용업소는 3,900여 개 업소 중 13%인 521곳이 해당된다.

그러나 시행을 불과 이틀 앞둔 29일에도 아직 준비를 하지 않은 업소들이 상당수에 달하고 있는 것으로 파악됐다.

실제 대형 음식점들이 밀집돼 있는 시청 인근의 경우에도 아직 외부에 가격을 표시하지 않는 음식점들이 대부분을 차지했다.

서구 둔산동 A음식점 관계자는 "시 및 구청 공무원, 외식업협회 등에서 공문 및 방문 등을 통해 알려줘 제도 시행은 잘 알고 있다"라며 "4월 말까지는 계도기간인 만큼 천천히 준비할 생각"이라고 밝혔다.

또 둔산동 B음식점 관계자는 "정부 방침이라 어쩔 수 없이 따를 수밖에 없지만 불황으로 가뜩이나 장사가 안 되는데 손님들이 외부에서 가격을 보고 발길을 돌릴까봐 계도기간 동안은 외부에 가격을 표시하지 않을 생각"이라며 4월 말까지는 그대로 영업을 하겠다는 속내를 솔직하게 드러냈다.

외부가격표시제로 인해 업체 간 출혈경쟁 등 부작용을 우려하는 업주들의 목소리도 있다.

서구 갈마동 C음식점 대표는 "외부에 가격을 표시하게 되면 조금이라도 더 싼 곳으로 가려는 게 소비자들의 심리"라며 "가뜩이나 어려운데다 손님을 빼앗기지 않기 위해 가격을 내려야 하는 등 업주들 입장에서는 이중고"라고 하소연했다.

중구 태평동 D미용실 대표는 "사용 재료와 미용사의 기술에 따라 가격이 달라질 수밖에 없는데 고객의 입장에서는 단순히 가격만 비교하기 마련"이라며 "제도 시행 취지는 이해하지만 당장 매출에 영향을 받을 수밖에 없다"고 토로했다.

시는 음식점의 경우 보건복지부 지침에 따라 오는 4월 30일까지 계도기간을 운영해 제도 정착을 유도하고, 5월 1일부터는 본격 지도 단속을 펼칠 계획이다.

옥외 가격게시 의무를 지키지 않을 경우 시정명령이 내려지고, 이 명령도 지키지 않으면 영업정지(음식점) 또는 과태료(이 · 미용업소)가 부과된다.

시 식품안전과 관계자는 "시 및 자치구, 협회직원 등이 일일이 방문 지속적인 홍보활동을 펼치고 있지만 제도정착을 위해서는 무엇보다 업주들의 적극적인 협조가 필요하다"며 "다소 힘들겠지만 소비자의 합리적인 선택권을 보장하고 편의를 제공할 수 있도록 반드시 이행해 줄 것"을 당부했다.

출처: 뉴스1 (2013. 1. 29).

1. 서비스 가격결정 중요성

1) 가격의 중요성

서비스 상품이 개발되고 세상에 알려지면 서비스 상품의 가격을 결정하는 것은 중요한 일이다. 얼마를 받을 것인가? 제품은 원자재를 구매하고 가공하는 데 드는 원가라는 개념이 있다. 일반적으로 원가보다 3배 정도의 가격을 매기면 된다. 그러나 순수서비스는 대부분 원가가 없다. 교육서비스 제공자는 스스로 공부하면 돈이 거의 들지 않는다. 물론 제품과 결합된 서비스는 어느 정도 원가가 파악 가능한데, 서비스가 제품보다는 원가의 의미가 약한 것은 사실이다. 그러면 우리는 어떻게 서비스의 가격을 결정할 것인가?

CGV와 롯데시네마에서 보는 한 편의 영화 가격은 어떻게 결정되었을까? 영화 판권 값과 극장 시설비용과 인건비 정도에 이익을 붙였을 것이다. 토익 영어학원의 수강료는 어떻게 책정했는가. 또한 국가가 마케팅하는 수도요금과 전기요금은 어떻게 결정했는가.

서비스 가격을 제대로 결정하지 않으면 서비스 경영의 생산성을 올리기 쉽지 않다. 서비스 경영의 경쟁력은 최적가격을 통해서 최대의 소비자 반응을 이끌어 내야 하므로 가격결정은 중요하다고 할 수 있다.

2) 가격이 서비스활동에 미치는 영향

서비스 가격 결정은 경영활동에 상당한 영향을 미친다. 여러 가지 측면에서 가격이 경영활동에 미치는 영향을 분석할 수 있다. 첫째, 서비스를 개발하여서 만들려면 여러 가지 원가들이 발생한다. 이 비용들은 단일서비스 원가의 산정에 전체가 반영된다. 생산활동의 모든 결과에 마케팅 부서에서 적절한 이윤을 붙여 최종가격을 결정한다. 따라서 마케팅할 가격을 산정하기 위해서는 서비스활동의 모든 측면들과 이에 지원해 주는 인사 측면, 재무 측면, 회계 측면들이 보완되어야 수행이 가능하다. 이러한 면에서는 기업의 최종성적표인 서비스 가격의 결정은 기업의 거의 모든 현재 활동영역에 영향을 미친다고 볼 수 있다.

둘째, 기업의 경영활동은 미래와의 연속성을 가져야 한다. 계속기업(Going Concern)으로서 기업이 생존하고 발전하기 위해서는 판매 후 성과를 경영의 거의 모든 측면에 다시 배분하여야 한다. 현재의 서비스 가격이 지속적으로 유지되면서 기업이 예측하였던 가격에 지속적으로 판매되어야 기업이 발전할 수 있다. 이러한 측면에서는 현재의 서비스 가격의 결정은 미래의 경영활동의 지속수행에 상당한 영향을 준다고 볼 수 있다.

셋째, 현재의 서비스 가격은 미래에 개발할 서비스들의 준거기준이 된다는 측면에서 중요하다고 볼 수 있다. 기업은 한 가지의 서비스를 판매하여서 상당한 성과를 내게 되면 이것과 유사하면서도 더 발전된 서비스를 지속 개발하려는 속성을 지니고 있다.

넷째, 기업이 돈을 벌 수 있는 유일한 길은 소비자에게 서비스를 팔아서 돈을 받는 것이다. 기업의 현재 주주나 미래에 투자를 고려하고 있는 잠재적 투자자들의 입장에서 기업의 성적표를 검토할 때에 기본이 되는 것이 얼마의 서비스를 몇 개를 팔았냐 하는 것이다. 이러한 측면에서 적정하게 결정된 가격에 따라서 기업의 성적표가 평가되고, 그리고 외부 투자자들이 기업에 추가투자 혹은 신규투자를 고려하는 중요한 평가의 밑바탕이 되는 것이 현재의 판매가격이다.

3) 가격과 소비자 반응

이 세상의 거의 모든 소비자들은 저렴한 서비스를 구매하려는 본질적인 속성을 가지고 있다. 동일한 서비스를 비싸게 파는 점포는 손님의 그림자를 보기 힘들게 된다. '누구나 다 싸다'는 반응을 보이는 곳으로 달려가게 된다.

보통 가격과 광고의 효과를 비교하는 경우가 있는데, 가격 1%를 인하하는 것과 광고비 1%를 인상하는 것의 효과를 비교하면 가격 인하가 광고비 인상보다 훨씬 더 기업에 도움이 된다고 한다. 가격은 왜 이렇게 강한 것일까?

소비자가 기업으로부터 받을 수 있는 것은 수없이 많다. 그러나 소비자가 내는 것은 딱 한 가지이다. 따라서 자신의 주머니에서 돈이 나가는 것에 민감한 소비자는 되도록 낮은 가격을 찾게 되는 것이다. 그러나 재미있는 것은 의외로 가격이 쌀 경우에 소비자들은 서비스에 대하여 여러 가지 의심을 하게 된다. '이 서비스에 심각한 하자가 있는 것은 아닌가?'라는 소비자들의 의심은 서비스에 나쁜 영향을 주기도 한다.

2. 서비스 가격결정 방법

가격결정은 크게 세 가지 방법으로 정해진다. 원가가산(cost-plus) 방법은 가장 대표적이면서 거의 모든 가격 관련 의사결정에서 사용되는 방법이다. 95% 이상의 가격결정이 원가가산으로 책정된다고 할 수 있다. 다른 두 가지 방법으로는 수요지향(demand-oriented) 방법과 경쟁의존(competition-based) 방법이 있다. 이 두 가지 방법은 원가가산 방법에 밀려서 특수한 경우에 주로 사용된다.

1) 원가가산 방법

기업 현장에 있는 사람들을 만나면 대부분 원가가산을 언급한다. 현장에 있는 사람 중 경영학을 전공한 사람은 그렇게 많지 않아서 원가가산 가격책정이라는 용어로 정확하게 표현하는 경우는 드물다. 그러나 그들의 이야기를 자세히 들어 보면 "원가에다가 이윤을 조금 남겼다"라는 동일한 개념을 대부분이 이야기한다는 것이다. 이것이 원가가산의 기본 개념이다.

원가가산이 전 세계 마케팅 활동에서 가장 많이 쓰이는 이유는 '쉽다'는 것이다. 원가는 기업이 내부활동에 소요되는 모든 비용을 분석하면 쉽게 파악할 수 있다.

기업이 알고 있는 원가에다가 기업이 남기고 싶은 이윤을 붙이는 것이다. 다시 말해, 원가 파악은 과거 현상에 대한 분석이고, 이윤 부가는 미래활동에 대한 추산이다. 원가가산 방법이 쉬우면서도 어렵게 느껴지는 것은 '얼마만큼의 적정한 이윤'을 붙일 것인가 하는 것이다.

이윤책정의 정확한 기법이 있는가? 불행하게도 이윤을 얼마로 정할 것인가에 대한 적정한 기준은 별로 알려지지 않았다. 그냥 적절하게 붙인다는 것뿐이다. 보통 현장 이야기를 감안하면 적으면 20~30%대에서 많으면 80~90%대까지 붙이고 있다. 동일한 서비스를 많은 기업들이 판매하는 경우에는 상당히 낮은 이윤을 붙이고 있다. 원가가 하방경직성이 있는 것처럼, 이윤도 상방경직성이 있기 때문이다. 원가는 혁신을 통하여서 가격을 대규모로 낮추었다고 하더라도 더 이상 가격이 내려가지 않는 경우가 보통이다. 이윤도 많이 붙이면 붙일수록 다른 기업에 비하여서 경쟁력이 떨어진다. 따라서 우리가 원하는 대로 마음대로만 붙일 수는 없는 것이다. 그래서 보통 20~30% 정도의 상당히 저가의 이윤을 붙이는 것이다.

많은 학생들이 20~30%면 많은 것이 아니냐고 의아해하는 경우가 있는데, 그 정도의 마진으로는 대부분의 기업들은 운영이 힘들다.

이윤을 많이 붙이는 경우에는 80~90%까지 올라가는데, 90%대의 마진을 학생들에게 이야기하면 대부분의 학생들은 '설마' 하는 표정을 짓는다. 이는 기업들이 독점을 하고 있는 경우나 신기술에 근거한 신서비스를 개발하였을 경우에 종종 나타난다. 타 기업이 모방할 수 없는 경우에 기업들은 독점적 이윤을 확보하기 위하여서 최고마진을 붙이는 것이다. 보통 소비자들은 기업이 저마진을 붙이거나 상상하기 힘들 정도의 고마진을 붙이는 경우의 내부사정을 알 수 없다.

중요한 것은 이미지와 판매가격의 관계이다. 서비스에 대한 이미지가 고급이라고 소비자들이 인정하는 경우에는 상대적으로 고가의 마진을 붙여도 가능하다. 반대로 서비스 이미지가 중저급일 경우에는 고마진을 붙이는 것은 위험하다.

2) 수요지향 방법

가격결정 방식으로는 원가가산 방식이 압도적이나, 수요지향 방법도 가끔 쓰이는 방법이다. 경제학원론의 기본 개념은 수요공급의 원리에서 출발한 것으로, 수요가 오르면 가격이 오른다는 것이다. 수요는 서비스에 대한 소비자들의 내적 욕구의 반영일 수 있다. 따라서 욕구가 많은 서비스는 높은 가격을 붙일 수 있다는 관점에서는 상당히 매력적이라고 할 수 있다.

3) 경쟁의존 방법

경쟁의존 방법도 수요지향과 비슷하게 주로 쓰이지는 않는다. 경쟁의존 방법은 경쟁이 강해지면 가격이 내려가고, 경쟁이 약해지면 가격이 올라가는 것이다. 새로운 서비스가 시장에 출시되었을 때에는 경쟁자가 별로 없기 때문에 시장선도자가 비교적 높은 가격을 매긴다. 그러나 그 서비스가 소비자들의 인기를 끌면 경쟁업체들이 등장하면서 서로 강력한 경쟁에 돌입한다.

이 세상에서 가장 강력한 경쟁무기는 저가격이다. 남보다 저렴한 가격이 손님들을 끌어당길 수 있는 것이다. 후발주자들이 시장선도자에 비하여 낮은 가격으로 진입할 경우에는 전체 시장가격이 무겁게 된다. 대부분의 경쟁업체들이 비슷한 가격을 매기게 되는 것이다. 어느 업체가 가격을 3분의 1 혹은 반값으로 대폭 인하하는 동시에 가격변화가 야기된다.

경쟁이 낮으면 가격이 높고, 경쟁이 세면 가격이 낮은 것이 세상의 이치이다. 경쟁의존 방식은 이것에 따라서 가격을 산출하는 방법이다. 그러나 경쟁이 아무리 세더라도 적자를 보면서 팔기는 힘들기 때문에 가격 하한 폭이 어느 정도 결정된다. 또한 경쟁이 거의 없다고 하여서 무턱대고 가격을 올리기도 힘들다. 어느 정도 가격대 내에서 가격이 결정된다는 의미에서 경쟁의존 방식은 효과적이라고 볼 수 있다.

3. 가격과 서비스 마케팅 변수와의 관계

마케팅 변수들 중 가장 효과가 강력한 것이 가격이다. 소비자가 주머니에 민감해지면 질수록, 가격의 파괴력은 강대하다. 이러한 가격이 마케팅의 다른 변수(제품, 유통, 촉진)와 어떠한 연관관계하에서 역할을 하는지를 살펴보는 것이 중요하다. 이유는 마케팅이란 관련 변수들의 최적조합(Optimal Combination)으로 판매증대를 하는 것이기 때문이다.

서비스란 눈에 보이지 않고, 만져 볼 수도 없으나 판매가 되는 것이다. 현대사회에서 판매되는 것들 중 60~70%가 서비스이다. 우리 주위에는 너무도 많은 서비스들(웹, 연극이나 영화, 토익학원, Social Network Dating, 이발이나 미장원 등)이 점점 늘어가고 있다. 트위터나 페이스북과 같은 가상혁명이 일어나면서부터 새로 개발되어 시장에 나오는 서비스의 종류와 규모는 엄청나다.

품질을 직접 알기가 힘든 경우에는 가격을 통해 품질의 내부를 추정해 보는 것이 일반적이다. 서비스란 아예 만져 볼 수가 없기 때문에 가격의 결정이 판매자도 어렵고, 구매자도 어려운 것이 사실이다.

이를 뽑고 난 후에 치과의 간호사가 '얼마냐?'는 질문에 '20만 원 정도'라고 답변한 적이 있다. 왜 '20만 원'이 아닌 '정도'일까? 이것은 치료한 의사도 정확하게 가격을 산정하기 힘들었을 것이고, 의사의 지시를 받는 간호사도 마찬가지였다는 것을 의미한다.

서비스의 대중화가 많아지는 현대사회에서는 서비스 판매자가 서비스 원가를 제대로 산출해 내는 것이 중요하다. 서비스는 대부분의 경우에 재료비는 별로 들지 않고, 인건비가 많이 든다. 연구개발(Research and Development)의 경우에는 거의 대부분이 인건비이다. 따라서 서비스 개발에 직접 관여한 사람들의 인건비를 비교적 정확하게 추산한 이후에 이것을 가지고 서비스 가격을 신중하게 결정하는 것이 중요하다.

서비스 가격을 정확하게 파악하기 힘들다고 하여서 무턱대고 가격을 높게 부른다면 언젠가는 소비자들의 냉담한 반응을 불러올 것이다. "소비자들이 다 알더라고요." 어느 실패한 서비스 판매자의 후회이다. 소비자들이 모를 것 같다고 꾀를 내어서 잠시 속이는 행위는 언젠가는 들통이 난다는 것을 명심하는 현명한 마케터가 되는 것이 중요하다.

1) 가격과 서비스 상품

기업에서 신서비스 도입은 새로운 수익원을 만드는 아주 중요한 활동이다. 신서비스의 정의가 시장에 없거나 혹은 있었던 기존 서비스의 신용도 개척이나 개량이라는 측면에서는 새로운 서비스는 모두 새로운 가격이 책정되는 것이 일반적이다. 이때 새로운 서비스의 가격을 얼마로 할 것인가 하는 것은 경영자에게는 아주 골치 아픈 주제이다. 앞에서 살펴본 가격결정의 세 가지 방법을 통해서도 알 수 있듯이 가격은 원가, 수요, 경쟁을 모두 고려하면서 결정해야 한다. 또한 새로운 서비스의 시장반응도 미지수인 상태에서는 이것 또한 중요한 변수가 될 수 있다.

서비스 수명주기의 초기 도입 단계에서는 광고나 홍보가 많아지면서 시장에 서비스를 알리는 것이 중요한 목적이다. 이때에는 홍보 샘플을 무료로 배포하거나 초기 도입된 서비스의 할인도 쉽게 하게 된다. 서비스의 성능이 아무리 좋다고 하더라도 소비자가 모르면 아예 판매가 되지 않으므로 빨리 그리고 넓게 알릴 수 있는 방법을 강구하는데, 광고와 더불어서 그때 중요한 변수가 '초기 가격할인'이다.

서비스의 의도된 성능을 소비자들이 인식하게 되면 시장반응이 점차 뜨거워진다. 성장기로 도입하게 되면 유통활동이 강화되면서 가격이 안정화된다. 초기에는 수많은 전단을 시장에 흘리게 되나, 일정 시점이 지나서 성장기에 달하면 더 이상 뿌리지 않는 것이 원칙이다.

성숙기에 도입하면 기업체로서는 그때까지 들였던 비용을 모두 뽑아내기 위하여서 가격정찰제를 강력하게 고수한다. 그리고 슬슬 경쟁제품들이 나오기 시작하거나 자사의 제품의 인기도가 올라가면 동일한 가격에 서비스 제공물을 줄여서 실제로는 가격 인상이 되는 전략을 사용하게 된다.

다른 중요한 것으로는 가격품질연상(Price-Quality Association)이라는 개념이 있다. 소비자들은 가격이 낮으면 서비스 품질이 떨어지고, 가격이 높으면 서비스 품질이 높다고 인식한다는 것이다. 품질이 좋다고 소비자가 인식하게 될 때에는 이 서비스의 가격은 높은 것이 상식이다. "싼 게 비지떡이야"라고 어떤 사람이 불평할 때에는 저가격의 제품은 다시는 사지 말아야겠다고 생각하게 된다.

가격품질연상은 소비자들이 직접 확인하기 쉽지 않은 품질을 평가할 때 가격을 중요한 기준으로 사용한다는 데에서 출발한 개념이다. 우리가 아주 쉽게 품질을 알 수 있는 서비스들은 가격의 변동이 거의 없다.

그러나 자동차 엔진오일서비스처럼 소비자들이 품질을 쉽게 알기 어려운 경우에는 가격이 품질의 대용지표(Proxy Indicator)가 되는 경우가 자주 있다. 가격이 높으면 믿을 만하다고 거꾸로 품질을 스스로 인정해 주는 것이다. 그러나 장기간의 시간이 흐르면, 자동차의 엔진오일이 어느 정도 영향을 주었는지를 감지해 낼 수 있고 혹은 자동차 전문가들의 조언에서 확인해 낼 가능성이 높아진다. 이때 높은 가격에 구입한 서비스의 품질이 높으면 스스로 결정을 잘했다고 자인하게 되지만, 반대로 높은 가격의 서비스 품질이 추후 그 가격에 못 미치는 것으로 판정되면 가격배신감을 어느 정도 맛보게 되는 것이 소비자의 심리다.

2) 가격과 유통

소비자들이 서비스 가격에 가장 민감한 때는 결제 직전이다. 현재 우리나라에는 대부분의 서비스들이 많은 곳에서 팔리고 있다. 이러한 서비스 점포들에 소비자들이 발을 들여놓고서 가장 중요하게 보는 것이 서비스 가격이다.

정찰가격제를 유지하고 있는 대기업체가 운영하는 서비스 점포들의 경우에는 가격할인의 경우가 그렇게 많지 않다.

3) 가격과 촉진

촉진활동이란 기업이 새롭게 내놓은 서비스를 소개하거나 직접 판매하는 활동이다. 대부분 TV나 잡지광고의 경우에는 서비스 가격을 명확하게 제시하지 않는다. 서비스의 새로움을 소개하는 이미지 광고들이 주류이므로 가격까지 함께 제시하면 소비자들에게 비교할 수 있는 기회를 줄 수도 있다. 일단 서비스의 신기함을 소비자들에게 매력적인 방식으로 보여 주는 것에 치중한다. 먼저 상품에 매혹된 소비자가 스스로 최종 결정을 할 때에 가격을 알게 만드는 것이 더 효율적이기 때문이다. 가격을 먼저 제시하면 가격이 비싸니 사지 말아야겠다는 의식을 먼저 형성할 수도 있기 때문이다.

광고와 비슷하게 인적 판매도 서비스의 중요성을 소비자들에게 인지시키려는 노력을 집중하는 것이 보통이다. "이 보험을 10년 이상 들면 세금혜택을 받으실 수 있습니다"라고 소비자가 받게 될 혜택에 포인트를 두고 설득한다. 소비자가 마음이 동하게 되면 그때에 보험료를 제시한다.

소비자가 현장에서 구매하기 직전에 마음을 확 당기게 하는 판촉활동의 경우도 가격과는 분리하여서 진행된다. "이것 한 번 해보세요" 하면서 소비자가 알지 못했던 서비스에 노출되게 하는 순간이다. 괜찮다는 반응이 나오면 그때서야 가격이 얼마라고 알리는 것이다.

촉진활동이란 말 그대로 소비자들이 서비스를 구매하고자 하는 마음이 생기도록 서비스의 존재를 알리거나 강한 권유를 하는 것이다. 촉진활동을 하면서 소비자가 일단 서비스에 대한 호기심을 가지거나 구매의욕을 일부 내보이면 판매종결(Sales Closure)을 위하여 가격을 내보인다. 소비자가 가격이 의외로 비싸다는 반응이 오면 즉각적으로 내려 주거나(일부 서비스 제품의 경우), 장기적으로 가격할인(일부 공산품의 경우)을 고려한다.

4. 서비스 준거가격

1) 서비스 마케팅에서 준거가격

준거가격(Reference Price)이란 소비자가 기준점으로 삼는 가격을 의미한다. 가격의 비교대상이 되는 기준점으로서 소비자들이 '싸다' 혹은 '비싸다'를 결정하는 판단기준이 되는 것이다.

구매한 경험이 없는 서비스의 경우에는 가족이나 친구 혹은 준거집단에서 들은 정보가격이 준거가격이 된다. "'태양의 서커스'를 얼마에 보았다", "준오헤어에서 얼마에 머리를 했다", "부자학 특강을 얼마에 들었다"라는 것이 전부 구매 전 준거가격이 된다. 자신이 경험해 본 적이 없으나 신뢰할 만한 정보원에게서 들은 것을 가지고 판단하는 것이다.

직접 구매해 본 적이 있는 경우에는 자신이 구매한 가격대가 준거가격으로 작용한다. "영어강의를 내가 얼마에 들었다", "KTX 특실을 처음 이용했는데 얼마를 내었다". 이와 같은 자신의 경험에서 기인하는 준거가격은 타인의 경험에서부터 알게 된 것보다 훨씬 더 강한 준거가격으로 작용한다.

그렇다면 준거가격은 서비스 구매에 어떠한 영향을 미칠 것인가?

준거가격에 비해서 할인 폭이 높으면 서비스 소비자들은 저렴하다고 판단한다. 예를 들어, 이발소가 커트 정가를 만오천 원이라고 하고선 할인하여 만 원이라고 표현한 것과 그냥 만 원이라고 표시한 것의 차이이다. 처음의 경우는 만오천 원이 준거가격이 되면서 실제는 만 원을 지불하므로 "오천 원 할인 혜택을 보았다"고 인식하는 것이다. 그러나 후자의 경우에는 "만 원짜리 커트를 제값을 내고 했다"라는 인식을 가진다.

서비스 소비자들은 전자의 경우를 더 선호하는 경향이 있다.

2) 서비스 마케팅에서 가격대

서비스를 구매하는 소비자들은 크게 서비스 가격범위(Price Range)를 활용해서 결정하는 경향이 있다. 보통 눈에 보이지 않는 서비스의 적정한 가격은 얼마일까에 대해서 소비자들이 의구심을 가지는 것이 사실이다. 내가 고려하는 서비스가 실제로 얼마 만한 가치를 지니고 있고, 내가 얼마를 지불해야 하는 것인가 생각한다. 서비스의 정확한 가격을 하나의 수치로 결정하는 것(Point Determination)은 상당히 어렵다.

'이 서비스는 얼마짜리이다.' 이렇게 정확하게 서비스의 가격을 책정하는 것은 서비스 마케터의 입장에서도 쉽지 않고 소비자의 입장에서도 표시된 가격의 적절성의 의문을 가질 수가 있다. 그러나 이와 달리 하나의 구간으로서 서비스 가격을 결정하는 것은 의외로 쉽다.

'이 서비스는 대강 얼마에서 얼마짜리일 것이다.'

이것은 서비스를 하나의 구간으로 결정하는 것(Interval Determination)이 되는 것이다. 중요한 것은 구간 내에 있을 때에는 서비스 가격이 차이가 나도 비슷하다고 느끼는데, 반대로 구간을 벗어나게 되면 어느 서비스는 비싸다 혹은 어느 서비스는 싸다라고 생각하는 경향이 있다는 것이다.

예를 들어서, 어느 헤어살롱의 일반적인 커트 가격구간이 대체로 다음과 같다고 가정해 보자.

- 5,000원~7,000원까지
- 7,100원~10,000원까지

- 10,100원~20,000원까지
- 20,100원~50,000원까지

우리나라에서 헤어살롱을 이용하는 사람들이 대체로 생머리 커트에 대충 이와 같은 네 가지의 가격구간을 가지고 있다고 하자.

이 가정에 따르면 5,000원과 6,000원은 사람들이 동일하게 느낀다는 것이다. 그리고 2만 원과 4만 원도 거의 비슷하게 느낀다. 따라서 3만 원짜리를 할인해서 2만 원으로 제공해도 사람들은 가격할인이라고 느끼지 않는다. 만 원이나 할인해 주어도 그렇게 느낀다. 반면 22,000원짜리를 19,000원으로 내리면 사람들은 저렴하다고 느낀다. 3,000원만 깎아 주어도 가격할인이 대폭되었다고 느끼는 것이다.

따라서 서비스 마케터는 가격구간 내에서 할인하는 정책을 사용하기보다, 가격구간 외부에서 다른 가격구간으로 할인하는 정책을 사용하는 것이 바람직하다.

5. 서비스 가격 포지셔닝 전략과 현실적 가격정책

1) 서비스 가격 포지셔닝 전략

(1) 포지셔닝의 필요성

서비스 가격 포지셔닝(Price Positioning)은 소비자들이 서비스의 가격에 대해서 명확한 인상을 가지게 만드는 것을 의미한다. 포지셔닝은 소비자의 인식 속에 특정한 인상을 심어 주면서 소비자들이 확고한 서비스 가격 이미지를 형성하게 하는 것이다. 포지셔닝은 아주 강하게 실행되어야 한다.

서비스 가격의 포지셔닝 정책은 크게 세 가지 방향으로 진행된다. 하나는 대중을 상대로 하는 중저가 서비스 포지셔닝이다. 일반적인 대부분의 서비스의 가격 포지셔닝이다. 명확한 서비스 특징이 있으나 대부분의 중산층들이 비교적 쉽게 구매할 수 있고 빈곤층도 약간의 무리를 하면 살 수 있는, 경우에 따라서는 절약형 부유층도 구매하는 것이다. 가장 수요가 많고 일반적인 서비스 포지셔닝이다. 노래방, 찜질방, PC방, 영화관과 스포츠경기장의 가격대가 이렇게 결정된다.

다른 하나는 고가로 서비스 포지셔닝을 하는 것이다. 서비스 구매성향이 강한 부유층들을 상대로 하거나 혹은 부유층이 아니더라도 무리를 해서 부유층의 서비스 구매행동을 모방하는 경우이다. 부유층이 자신들끼리 즐거움을 추구하는 서비스이다. 고급사교장에서 제한된 소수의 사람들을 불러서 하는 파티나 러시아 사슴사냥이나 지중해 크루즈여행서비스이다. 부유층들이 주로 하고 중산층들의 일부가 부유층을 모방하는 형태이다.

마지막은 특정한 목적으로 구성된 서비스의 가격대로서 고가와 무료를 병행하는 형태이다. 일반적으로 부유층 소비자들을 상대로 하거나 많은 대중들을 상대로 하면서는 서비스 가격을 높게 받으나 저소득층을 위해서는 무료로 제공하는 복합형태이다. 유명한 오페라 가수를 예술의 전당이나 세종문화회관에서 초청하여 티켓 금액을 비싸게 받고 일부 특정한 사람들(독거노인이나 소년소녀가장)에게는 별도 공연에서 무료로 초청하는 형태이다. 흔하지는 않으나 고가서비스에 대한 사회적 반감을 축소하려는 계산된 포지셔닝이라고 할 수 있다.

(2) 포지셔닝 포인트

서비스 마케터는 일반적으로 서비스 포지셔닝 전략을 중저가와 고가에 맞추어서 진행한다. 포지셔닝이란 서비스 소비자들의 머릿속에 떠오르는 서비스 이미지를 말한다. 이미지는 명확하고 일관적인 것이 강한 인상을 준다. 전 세계 서비스 소비자들의 90% 이상이 일반 대중이거나 서민층이다. 따라서 가격 포지셔닝은 중저가로 하는 것이 일반적이다. 우리나라의 대중미장원, 영화관, 지자체가 운영 중인 각종 서비스 시설이 중저가로 포지셔닝되어 있다.

그러나 중저가서비스의 경우에는 많은 판매를 해야 일정의 수익을 낼 수 있다. 대량생산이 가능한 제품과는 달리 서비스는 개별생산이 되는 것이 일반적이다. 고객에게 맞추어 머리를 깍아 주어야 한다. 물론 영화관의 경우에는 어느 정도 한 번 만든 필름으로 상영이 가능하나, 영화관이라는 장소가 제약요인으로 작용한다. 따라서 가격을 고가로 올리면서 중저가 소비자들에게 더 많은 단가를 납부하도록 요구하는 것이 포지셔닝의 새로운 전략이다. CGV영화관의 골드는 일인당 3만 원의 입장료를 받으면서 수준 높은 서비스를 제공하고 있다. 비행기의 비즈니스 클래스도 고가 포지셔닝의 전략이라고 할 수 있다.

또한 가격차별화 포지셔닝 전략도 서비스 마케팅에서 간혹 사용된다. 가격차별화는 시간, 구매량, 특수욕구 등에 따라서 시행된다. 소비자가 많이 몰리는 시간에는 가격을 올리고, 소비자가 적게 몰리는 시간에는 가격을 상대적으로 내려 손님들의 대기행렬을 평준화할 수 있다. 또한 많은 서비스를 구매하는 사람들에게는 가격을 할인해 주는 것도 가능하다. 혹은 특별한 욕구를 채워 주는 대가로 높은 가격을 받을 수도 있다. 대형 극장식 노래방의 경우, 혼자서 마음껏 노래를 부르고 싶다며 전체를 빌리는 손님에게 높은 대관료를 받으며 전체 대관을 해주는 경우도 있다.

2) 현실적 가격정책

(1) 단일가격유지 전략

하나의 가격으로 장기간 동안 마케팅을 하게 되면 손님에게 확실한 메시지를 전할 수 있다는 장점이 있다. '저 서비스는 얼마짜리야'라고 손님들이 명확하게 기억하고, 그 값이 비슷한 류의 서비스들보다 확실하게 경쟁력이 있다면 매출이 증대하게 된다.

단일가격 서비스 유지 전략을 장기간 동안 쓰게 되면 손님들이 습성화되면서 무의식중에 방문하는 경향이 늘어나게 된다. 원재료 값이 올라감에도 몇 년째 동일하면서 저렴한 가격을 유지하는 서비스 점포에 약간의 고마움과 신기함을 느끼게 된다. '기름이 치솟는데도 항상 똑같은 가격이네, 인건비도 오를 텐데' 하는 경이로움이 손님들의 마음속에 자리 잡히면서 가격저항력이라는 단어가 거의 사라지게 된다.

(2) 묶음가격 전략

여러 개를 묶어서 가격을 비교적 높게 책정하여 판매하는 경우가 종종 사용된다. 하나의 제품에 부속품이 여러 개 있을 때나, 서비스 세트메뉴와 같이 한꺼번에 사용할 것의 가격을 정하는 것을 말한다. 복수의 다양한 것들이 묶여 있어 소비자들은 어느 정도 가격의 상한성을 인정하는데, 묶음가격 전략의 매력 포인트는 한눈에는 꽤 비싸 보이지만 개별적으로 보면 비교적 싼 가격이라고 설득할 수 있게 되는 것이다. 각각이 경쟁력이 있는 제품들을 한꺼번에 묶어서 제시하는 경우는 상당히 매출이 늘어나게 된다..

그러나 의외로 소비자들이 까다로워 서비스 묶음보따리를 하나씩 풀어서 개별가격의 높고 낮음을 평가하는 과정에 몰입하게 되면, 큰 효과를 볼 수 없다. '이것은 다른 점포에서는 얼마이고, 저것은 그냥 주는 것인데'라는 인식이 퍼지면 '돈 벌려고 묶어서 판다'는 오해를 받을 수도 있다.

묶음가격 전략을 성공시키려면 아주 매력적이고 매력적인 하나의 서비스 가격을 비교적 높게 책정하고, 그것과 관련이 되지만 그다지 경쟁력이 없는 서비스를 끼워 파는 것이다.

(3) 최고가 전략

명품서비스의 경우에 아주 공을 들여서 만들고 그것에 상상을 초월하는 가격을 매기는 경우가 종종 있다. 일반인들은 그냥 입만 벌어지면서 '어떻게 저렇게 비싼 서비스가 있는가?'라는 의구심과 호기심을 가지게 된다.

실제로 이러한 서비스의 타깃소비층은 일반인이 아니다. 부유층 중에서도 소수의 특정 브랜드 마니아를 공략하는 기법이다. 천만 원이 넘는 양복은 한 달에 한 점포에서 서너 벌 팔리는 경우가 보통이며, 그것도 정규 영업시간에는 오지 않다가 폐점이 거의 된 시간에 경호원들과 함께 점포로 찾아봐 한 번에 몇 벌씩 구입하는 경우도 있다. 아무리 천만 원이 넘어도 한 달에 서너 벌 팔아서는 점포가 유지되기 힘들다. 그러면 비싼 것을 파는데, 실제는 속빈 강정이라는 비아냥거리가 될 수 있다.

(4) 초저가할인 전략

일반 점포보다 매우 저렴한 서비스를 판매하는 점포들이 있다. 심지어는 싸다는 할인점보다 더 싸게 파는 초저가할인 전략이 가끔 선을 보인다. '세종대왕께서 다시 태어나셔도 이보다 더 쌀 수는 없다'는 현수막을 걸거나, '눈물의 금융위기에 밑지고 팝니다'라는 읍소전단을 뿌리곤 한다.

실제로 가보면 정말로 저렴한 것은 맞다. 그러나 얼마나 저렴한지는 일일이 점포들과 비교해 보기가 힘들기 때문에 확실하게 알 수는 없다. 그러나 일반점포보다는 적어도 10%, 다른 점포들과는 수십여 %가 저렴한 것은 사실로 보인다.

중간사례

심심한 부자를 위한 '납치서비스' 회사 탄생

아드레날린을 갈망하는 사람들이 있다. 이들은 번지점프, 베이스 점핑, 스카이다이빙 등 자신의 목숨을 건 익스트림 스포츠를 즐긴다. 무료한 일상을 아드레날린으로 견디기 위해서다.

생활이 심심하고 스릴이 더 필요하고 돈도 많은 이들을 위한 '아이디어 체험 상품'이 나왔다. 프랑스의 한 회사가 내놓은 이 서비스의 내용은 '고객 납치'다. 갑자기 고객을 납치, 감금해 주는 스릴 넘치는 서비스를 제공한다는 것이 회사 측의 말이다. 헬기 추격 상황 등도 옵션으로 선택할 수 있다. 하루 동안 마약 딜러가 되어 경찰의 추격을 받거나 인질이 되는 극한 상황을 체험할 수 있다는 것이다.

'납치서비스'의 기본 가격은 900유로(약 130만 원)다. 한편 프랑스 경찰은 법적으로 이 사업에 반대할 이유가 없다고 밝혔다. 별 희한한 사업도 다 있다는 평가다.

출처: 팝뉴스 (2013. 1. 29).

6. 서비스 입지선정

1) 입지를 개략적으로 파악할 때의 고려요소

서비스 입지를 개략적으로 파악할 때는 다양한 요소들을 고려해야 한다. 서비스 점포를 내려고 하는 지역의 지도를 구해서 도로의 방향을 검토해야 한다. 또한 버스정류장, 마을버스정류장, 지하철이 점포 위치와 가까운지 먼지를 검토해야 하며, 서비스 점포 뒤편의 배후상권에 주거가 밀집되어 있는지 아닌지를 검토해야 한다.

오피스 빌딩들이 있는 곳이라면 저녁에 유동인구가 얼마나 되는지를 검토해야 하며, 서비스 점포의 형태에 따라서 달라지나 대체로 점포 위치의 반경 1km 내에 있는 전체 인구수도 검토해야 한다. 그리고 거주민과 비주거 이동인구의 비율은 물론, 몇 년 이내에 도시계획이나 건물 철거의 계획이 있는지를 지자체에서 검토해야 한다.

2) 구체적으로 입지를 파악하라

첫째, 주거지역이란 잠재소비자들이 모여 있는 곳이다. 우리나라는 엄밀한 도시계획하에서 개발된 지역들이 그다지 많지 않다. 대부분의 지역들은 집이 있는 근처에 공장도 건설하고 오피스 빌딩도 만들어, 섞여 있는 경우가 많다. 그러나 최근에 들어서서는 전국적으로 대규모 주거지역만을 개발하는 곳들이 있다. 새로 만든 세종시에 아파트들이 대규모로 들어서는 것을 보면서 새로운 주거지역이 생겼다는 것을 알 수 있다.

대단지 지역이 서비스 입지로서는 최적이다. 대단지란 아파트들이 밀집해 있는 지역을 의미한다. 우리나라는 과거에는 단독주택이 대다수를 차지했으나 전국적으로 아파트 개발붐이 불면서 아파트가 현재 절반 이상을 차지하고 있다. 재개발이 진행되는 거의 전국의 모든 기존 도시나 새로 시를 개발하는 경우에는 아파트가 가장 보편적인 주거형태이다. 작은 단위 면적 내에 위로 높은 층을 지을수록 건설회사와 토지소유자들이 이득을 볼 수 있는 구조이므로 아파트를 많이 짓는 것이다. 과거에는 중대형 아파트를 건설회사들이 선호했으나 2008년도의 전 세계 금융위기 이후에는 중소형 아파트 개발붐이 일고 있다.

아파트 천 세대 이상이 들어가 있는 단지는 전국적으로 수천 개가 넘는 것으로 추산되고 있다. 많으면 거의 만 세대 가까운 아파트가 있으며, 보통이 수천 세대의 아파트 단지이다. 이와 같은 곳들은 아파트의 주민들만을 가지고도 충분히 판매할 수 있다. 보호된 상권이라고 할 수 있다. 단지 내 상가에 서비스업체를 내는 것이다. 이와 같이 보호된 상권 내에 서비스 점포를 내려고 하면 신축인 경우 이외에는 거의 대부분 상당한 금액의 권리금을 지불해야 한다. 권리금은 건물주와는 상관없이 바로 직전에 영업을 한 서비스 점주가 쌓아오는 점포이미지와 확보한 고객 수에 대해서 입점을 원하는 사람이 대가로 들이는 금전을 말한다. 권리금이란 일 년 동안 벌어들일 순수익으로 평가한다.

둘째, 상업지역은 주거지역과 달리 회사들이 밀집해 있는 지역을 의미한다. 각종 빌딩들이 들어서 있는 지역은 아침과 저녁에 출퇴근하는 사람들로 북적인다. 상업지역은 새벽이나 늦은 저녁 모두 별로 통행객이 많지 않다. 주5일근무제가 대부분 확립된 우리나라에서 상업지역은 주말에는 쥐 죽은 듯이 조용한 것이 보통이다.

입지는 자동차 교통량과 사람들의 보행 정도에 따라서 평가된다. 좋은 입지는 대도시의 교차로나 대규모 단지에 있는 지역이다. 서울 광화문 사거리는 대한민국에서 가장 좋은 서비스 입지 중 하나이다. 이순신 장군 동상이 있는 지역 사거리의 서비스 점포들은 손님들이 이동하면서 눈에 가장 잘 띄는 곳이다. 전국의 부산직할시와 각종 광역시(인천, 대전, 대구, 광주, 울산)의 사거리는 가장 좋은 입지로 분류된다. 지하철이 교차하는 환승역도 좋은 입지로 손꼽힌다.

셋째, 주거 및 상업지역도 상당히 많다. 우리나라에는 완전한 주거지역도 많지 않으며, 완전한 상업지역도 별로 없다. 대부분의 지역들이 부분적으로 주거지역이면서 군데군데 개발을 하여 상업용 건물들이 혼재되어 있다. 길거리의 전면에는 몇 층짜리의 빌딩들이 들어서 있고, 바로 그 뒤 지역에는 단독주택이나 낮은 아파트가 밀집해 있는 것을 전국 어디에서나 쉽게 볼 수 있다.

3) 한 번 정해진 입지를 바꿀 수 있는가

서비스 입지는 한 번 결정되면 인위적으로 바꿀 수 있는 가능성이 거의 없다. 입지란 땅의 위치를 의미한다. 개울이 흐르거나 다리를 건너야 하는 입지를, 개울을 막거나 다리를 더 놓을 수는 없다. 입지는 정해진 대로 서비스업체가 적응을 해야 한다. 5천 세대 이상의 아파트 주민들이 거주하고 있는 대규모 아파트는 중소형 서비스업체(예: 학원, PC방)를 위해서는 좋은 입지이다. 이러한 경우에는 재개발을 해서 아파트 단지가 형성되고 나면 적어도 수십 년 이상 그대로 유지된다. 이러한 아파트 단지를 다시 부수고 새로 건축하는 경우는 상당기간 나타나지 않는다. 단지 내 상가에 입점한 PC방은 보호된 상권 내에서 상당한 매출을 기대할 수 있다.

이와 반대로 사람들이 거의 살지 않는 외진 곳에다 달랑 서비스 점포를 내어 놓으면 손님이 오지 않는다. 대도시에서 외곽으로 빠져나가는 도로의 한편에 서비스 점포를 내놓는 경우가 이에 해당한다. 이와 같이 사람들이 많은 지역에서 외곽으로 흘러 나가는 지역은 사람들이 모이지 않는 곳이다. 우리가 수도관을 틀어서 물을 받을 때 흘러가는 물은 아무리 많아도 별로 도움이 되지 않는다. 수도꼭지에서 나오는 물을 틀어서 받을 때만 물이 쌓이는 것이다. 이와 같이 입지란 사람들이 한쪽으로 몰려들거나 혹은 아침에는 왔다가 저녁에는 나가더라도 반복해서 통행이 있어야 한다. 고속도로 변의 서비스 점포들이 대부분 공실률이 높고 적자인 것은 지나가는 차량은 많을지라도 대부분 주정차하지는 않아서이다.

사람들이 다니지 않는 지역에 서비스 점포를 세워 놓고 지나가는 사람들이 적음을 한탄해 보았자 효과가 없다. 이유는 사람들의 발길을 인위적으로 바꾸는 것은 민간 서비스업체로서는 거의 불가능하기 때문이다. 국가나 지방자치단체의 도로 공사가 있어야 통행객들의 이동경로가 바뀔 수 있다. 그러나 그것도 공사가 끝나고 나면 원위치로 되는 것이 보통이다.

한 번 정해진 입지를 바꿀 수 없다는 것이 처음에 서비스업체를 출점할 때에 꼭 명심해야 할 기본이다. 잘못 정해진 입지 때문에 중간에 문을 닫은 서비스업체는 우리나라에 부지기수로 많았다.

4) 서비스 입지와 취급 서비스의 조화

서비스 점포의 입지와 서비스 점포가 취급하는 제품은 밀접한 관계가 있다. 서비스 점포의 입지특성에 적합하지 않은 제품을 서비스 점포가 판매하게 되면 소매 점포의 이미지에 직접적인 악영향을 미친다. 입지는 크게 부유층, 중산층, 서민층이 사는 지역으로 크게 대별된다. 부유층에서는 비싼 서비스를, 중산층은 일반 서비스를, 서민층은 가격이 저렴한 서비스를 구매하는 것이 보통이다.

7. 서비스 물리적 환경과 매장관리

1) 서비스 물리적 환경의 개념

서비스는 어디에서 구매하는가? 서비스를 판매하는 장소를 서비스 유통시설이라고 부른다. 미장원, 찜질방, 노래방, PC방이 전부 서비스 유통시설이다. 오프라인서비스는 서비스 유통시설을 잘 꾸며야 한다. 이를 서비스의 물리적 환경(Physical Environment)이라고 한다.

왜 서비스의 물리적 환경이 중요한가? 서비스의 품질이 균일하지 않으므로 소비자는 서비스를 구매하기 전에 어떤 서비스가 더 좋은지를 모른다. 따라서 소비자들은 좋은 장소나 이름난 곳은 좋은 서비스를 제공할 것이라고 지레 속단하고 결정한다. 대형예술센터에서 하는 뮤지컬의 질은 높을 것이고, 동네 소극장에서 하는 공연은 별 볼일 없을 것이라고 짐작하는 것이다.

따라서 서비스를 제공하는 장소는 크고, 화려하고, 좋은 시설을 갖추어야 한다. 별이 다섯 개인 호텔서비스보다 별이 여섯 개인 호텔서비스가 더 좋을 것이라고 믿는 것이다. 서비스가 제공되는 장소의 질적 환경을 예쁘고, 멋있고, 빼어나게 만드는 작업에 서비스 마케터들은 치중하고 있다.

서비스 마케터들은 색채를 자주 활용한다. 녹색 계통의 색채는 사람들에게 잔잔하면서 오래가는 흥미를 끈다고 한다. 반면 붉은색 계통의 색채는 사람들을 흥분시켜 서비스 시설로 확 끌어들이는데, 금방 싫증이 나게 한다. 도서관이나 미술관은 주로 녹색 계통으로 인테리어하여 사람들이 오랫동안 차분한 감정으로 머물 수 있게 만들고, 반면 나이트클럽이나 캬바레는 붉은색으로 인테리어하여 모인 사람들이 감정적으로 흥분하게 만든다는 것이다.

온라인서비스는 오프라인과 달리 물리적 환경의 중요성이 떨어진다. 대신 온라인서비스를 제공하는 시스템(TV, 모바일, 컴퓨터)의 배경화면이 시각적인 물리적 환경의 역할을 한다. 자극적인 스튜디오나 홈페이지를 만들어서 온라인으로 유도하는 물리적 환경이 있다.

2) 서비스 매장관리

(1) 매장관리의 개념

서비스 점포의 전면부와 입구, 그리고 점포 내의 매장 전체와 후면의 백 스토어까지를 전부 포함한다. 손님들이 방문하고 싶어 하는 깜찍하면서 산뜻한 인테리어로 매장을 꾸미고 어느 정도 시간이 흐르면 제품진열을 바꾸어 가면서 신선감을 제공해야 지속적으로 경쟁력을 갖출 수 있다.

우리나라의 대기업 서비스업체들은 매장을 전문적으로 관리하기 위해서 산업디자인 전공이나 인테리어를 전공한 사람들을 전문 인력으로 채용하는 추세이다. 소매매장의 손님 대부분이 여성이고, 여성들의 우아한 취향이나 산뜻한 개성에 맞추어서 점포 내외부의 매장관리를 위해서는 다른 점포들과 차별화된 경쟁력을 강화하겠다는 것이다.

매장관리의 효율적 차별화 자체로 매출액이 얼마나 더 증대되었는지를 확인하는 것은 쉽지 않다. 이것은 매출액 증대에는 여러 가지의 요소들이 결합해서 작용하는데 점포 내외부의 매장이 산뜻하고 보기 좋다고 해서 손님들이 얼마를 더 지출했는지에 대한 데이터를 구하는 것이 쉽지 않기 때문이다.

그러나 매장 디스플레이가 허술하면 손님들이 싫어하고 장기적으로는 고객의 숫자가 줄어든다는 현장 실무자들의 이야기를 종합해 보면 매장관리가 중요한 것은 사실이라고 할 수 있다.

(2) 매장 배치

매장 바로 앞의 전면부는 통행하는 고객들의 시선을 끌도록 만들어야 한다. 간판은 크고 눈에 잘 띄게 만들어야 한다. 눈에 가장 잘 띄는 색깔은 빨간색이다. 서울 시내의 많은 소매 점포들이 손님의 눈길을 끌기 위해 빨간색으로 만든 경우가 많다. 그런데 과거에는 빨간색 간판이 문제 된 적도 있었다. 공산주의를 붉은 혁명으로 일컫는데 빨간색 간판을 소매 점포에서 많이 부착하면 시민 전체에 위화감을 조성하면서 공산화를 연상시킨다고 하여 빨간색 간판을 규제하려는 시도가 있었던 것이다. 그러나 많은 사람들이 빨간색은 일상생활에 많이 쓰이는 색인데 그것을 간판에서만 규제하는 것은 문제가 있다는 반론을 제기하여 규제시도가 없어졌다.

매장 앞에는 입간판을 놓아서 지나가는 사람들이 볼 수 있게 만들고, 매장 전면부 통로에는 충동성이 있는 제품들을 진열한다. 중소형 점포들은 매장 전면부를 적극적으로 활용하고 있으나, 대형 소매업체들은 지저분하다는 느낌을 피하기 위해 매장 전면부를 대부분 활용하지 않는다.

손님이 서비스 매장 내에 들어와 카운터를 중심으로 매장을 보면서 자신이 구매하려고 하는 제품이 진열되어 있는 곳을 찾아간다. 매장 내 배치의 기본 원칙은 손님들이 되도록 쉽게 자신이 원하는 물건을 찾을 수 있게 하는 동시에, 매장 전체를 돌아볼 수 있도록 동선을 만드는 것이다. 고객이 자신이 필요한 것만 계산하고 나간다면 큰 매장의 경우 비효율적이기 때문에 고객이 매장의 구석구석을 돌아볼 수 있도록 배열하는 것이 기본 원칙이다.

(3) 매장이미지

서비스 매장의 이미지는 크게 세 가지로 나뉜다. 화려한 매장, 깨끗한 매장, 편리한 매장이다. 배경음악은 매장에 영향을 준다. 배경음악이 빠르면 손님들이 빠르게 움직이고, 느리면 느긋하게 쇼핑한다. 세일을 할 때는 빠른 음악을 틀어서 회전율을 높이고, 오후 시간대에는 느린 배경음악을 트는 것이 보통이다. 고급매장들은 느린 음악을 많이 애용한다.

매장 내 진열 색상도 매장에 영향을 준다. 매장 내부의 색상이 빨간색이면 소비자가 자극을 받아 충동구매하는 측면이 있다고 한다. 그러나 빨간색의 내부 인테리어는 비교적 빨리 식상감을 느낀다고 한다. 반면 파란색 계통의 색상은 소비자를 자극하지는 않으나 오랫동안 고객들이 좋아한다고 알려져 있다.

종업원의 옷차림새도 매장이미지에 영향을 준다. 종업원들의 차림새가 볼품없을 때보다 깔끔하게 옷맵시를 갖추고 있을 때 고객들은 종업원을 정중하게 대한다고 한다. 쇼핑할 때 종업원이 손님과 눈을 직접적으로 마주치면 고객이 불편감을 느낄 수 있다. 따라서 멀리서 고객의 행동을 주시하되, 필요한 것이 있으면 달려가서 도와주는 것이 좋다고 현장 실무자들은 언급한다.

3) 서비스 소비자에게의 판매과정

우리나라 대부분의 오프라인서비스 현장에서는 보통 4단계를 거쳐서 팔고 있다. 4단계는 관찰 → 접근 → 판매설득 → 판매종결이다. 4단계를 효율적으로 수행하는 서비스업체들이 발전할 수 있다. 각각의 단계별 고객관리 방법을 설명하면 다음과 같다.

첫째는 관찰 단계이다. 서비스 점포 내로 걸어 들어오는 고객을 면밀하게 관찰해야 한다. 우리 서비스 점포를 이용하려고 온 고객인지, 아니면 구경 삼아 들어온 사람인지를 판단하는 것이 필요하다.

둘째는 접근 단계이다. 고객이 지나가다가 점원의 앞에서 멈추는 경우는 찬스가 될 수도 있다. 일단 고객에게 서서히 발길을 향한다. 고객이 살펴보다가 도움이 필요할 것 같으면 점원 쪽으로 고개를 돌리게 된다. 그때에는 살며시 접근을 하면 고객이 말을 걸어오는 것이 보통이다.

고객의 학력이 낮거나 고객의 제품평가 경험이 적은 경우에는 일방적으로 서비스의 장점만을 설명하는 접근(One-Way Communication)이 성공할 수도 있다. 그러나 최근 젊은 층은 서비스를 신중하게 고르는 편이다. 따라서 서비스의 장점과 단점을 솔직하게 밝히는 접근(Two-Way Communication)이 더 효과적 일 수 있다.

셋째는 판매설득 단계이다. 고객이 일단 서비스가 마음에 들면 그 다음에는 가격표를 보고 자신의 구매력과 비교해 보게 된다. 구매를 하고 싶은 마음이 굴뚝같아도 서비스의 가격이 소비자의 지불수준을 넘어서게 되면 구매를 못하는 것이 정상이다. 전 세계에서 신용카드의 보급이 가장 많은 우리나라에서는 성인의 대부분이 신용카드를 가지고 있다. 신용카드 결제는 현찰보다 고객에게 덜 부담이 되며 할부가 된다는 장점도 있다. 이를 잘 활용하는 것도 방법이다.

넷째는 판매종결 단계이다. 판매종결은 소비자에게 서비스를 제공해 주고 대금을 받는 것이다.

마무리사례

코레일관광개발, KTX 승무서비스 노하우 공항철도에 선봬

KTX 승무운영기관인 코레일관광개발(대표이사 이건태)은 승무서비스 노하우를 지하철(공항철도)에 접목한다.

이에 따라 서울역에서 인천국제공항역까지 탑승객 편의 증대를 위해 이용서비스, 안전관리, 열차환경 등이 개선 발전될 전망이다.

코레일관광개발은 지난 1일부터 공항철도 직통열차의 승무 업무, 승차권발매 업무 등 열차 내에서 이뤄지는 전 분야에 대해 3년간 위탁운영에 들어갔다.

음료판매서비스는 다음 달부터 생수를 첫 품목으로 시작하며 차후 확대될 예정이다.

코레일공항철도㈜와 코레일관광개발은 지난해 12월 '직통열차 객실승무 위탁' 계약을 했다.

코레일관광개발은 열차 내 서비스를 하고 있는 유일한 회사로 승무인력운영 경험, 최고의 고객만족을 실현하는 토털서비스, 교육훈련시스템 등 우수성이 인정돼 승무위탁 경쟁입찰에서 선정됐다.

이번 위탁에 따라 양 기관은 코레일관광개발 KTX 승무서비스와 친환경 교통수단인 공항철도의 만남으로 이용객에게 업그레이드된 고객만족서비스를 제공, 편의 증대를 기여할 것으로 기대된다.

아울러 서울역에는 도심공항터미널이 운영돼 탑승수속, 수하물탁송에 이어 출국심사까지 원스톱 출국서비스로 철도와 항공의 편리한 환승시스템을 갖추고 있으며 서울역 주차장 할인혜택도 받을 수 있다.

이건태 대표이사는 "지하철에도 철도종합서비스(승무사업, 철도관광) 노하우를 제공, 고객에게 신뢰받고 사랑받는 문화공간으로 만들겠다"며 "이를 바탕으로 서울역과 인천국제공항의 허브역할에 기여하겠다"고 밝혔다.

출처: 뉴시스 (2013. 1. 18).

연 습 문 제

1. 눈에 보이지 않는 서비스의 가격결정 어려움을 회피하는 방법들을 제시하라.

2. 일반적인 서비스 가격결정 방법들을 기술하라.

3. 서비스 가격 의사결정에서 준거가격의 개념과 활용방법을 설명하라.

4. 서비스 물리적 환경의 개념을 설명하라.

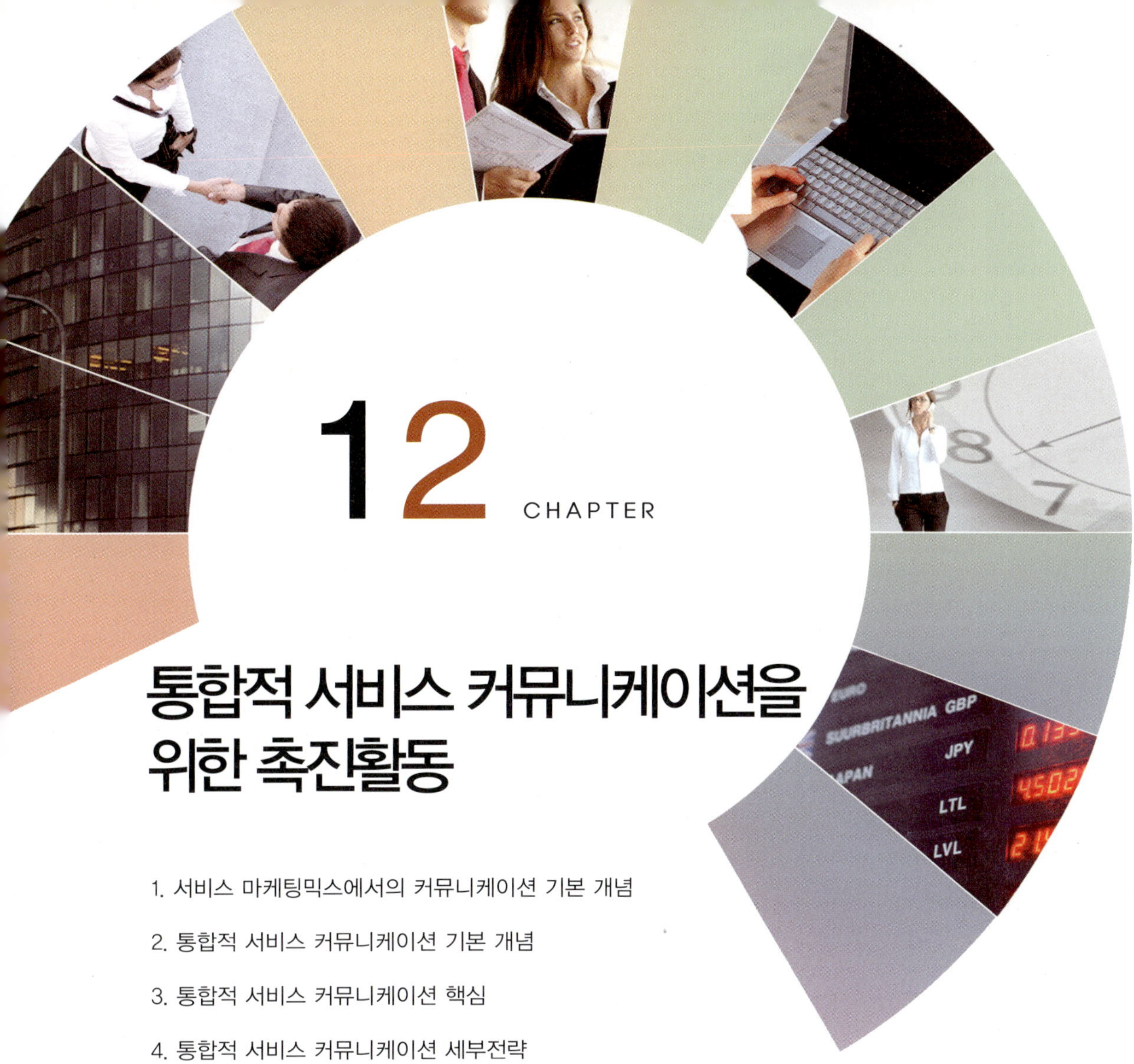

12 CHAPTER

통합적 서비스 커뮤니케이션을 위한 촉진활동

1. 서비스 마케팅믹스에서의 커뮤니케이션 기본 개념
2. 통합적 서비스 커뮤니케이션 기본 개념
3. 통합적 서비스 커뮤니케이션 핵심
4. 통합적 서비스 커뮤니케이션 세부전략

CHAPTER 12 통합적 서비스 커뮤니케이션을 위한 촉진활동

도입사례

앞서는 포털, 쫓는 이통사… 치열한 주도권 경쟁

모바일광고시장을 잡아라/ 전략 뜯어 보니…

AD@m(아담-다음) 150억 〉 Cauly(카울리-퓨처스트림네트웍스) 120억 〉 Admob(애드몹-구글) 80억 〉 m.Nate&T-ad(티애드-SK플래닛) 50억 〉U+ AD(유플러스 애드-LG유플러스) 17억.

지난 7월 기준 국내 모바일광고 플랫폼 트래픽 순위다. 현재 각 사업자의 국내시장에서의 영향력을 가늠할 수 있는 지표인 셈이다.

글로벌OS, 포털, 모바일광고 전문업체, 이동통신사 등 다양한 사업자들이 이 시장에 뛰어들며 치열한 주도권 경쟁을 벌이고 있다. 그중에서도 눈여겨볼 만한 것이 포털과 통신사업자다. 온라인 광고주를 탄탄하게 확보하고 있는 포털사업자들이 빠르게 시장을 치고 나가는 중이지만, 다양한 앱 개발자의 네트워크를 갖추고 있는 이동통신사업자들의 추격전도 만만치 않다. 모바일 광고시장의 주도권을 잡기 위한 팽팽한 기싸움의 승자는 누가 될까.

● 광고주 네트워크 탄탄 vs 통합적 매체 접근

현재의 상황만 보자면 먼저 승기를 잡은 쪽은 포털이다. 지난해 12월 서비스를 출시하며 현재 이 시장에 가장 적극적인 행보를 이어가고 있는 곳은 다음의 '아담'. PV(페이지뷰)만 150억 건을 넘어서는데다, 제휴를 맺고 있는 업체들의 네트워크도 탄탄하다. 다음 관계자에 따르면 6,000여 개의 앱이 광고매체로서 제휴를 맺고 있다.

이보다 먼저 국내시장에 진입한 구글의 '애드몹' 등 쟁쟁한 경쟁자들 틈바구니에서 '아담'이 이토록 빠른 성장을 보일 수 있었던 동력은 분명하다. 기존 온라인 웹광고를 기반으로 한 광고주들과의 탄탄한 네트워크가 큰 역할을 한 것이다.

한상경 다음커뮤니케이션 DA상품기획팀장은 "특히 모바일광고는 규격화돼 있는 특징 때문에 누구나 쉽게 광고를 진행할 수 있어 광고주들의 관심이 많다"며 "최근에는 처음부터 모바일만 따로 광고를 집행하는 비율이 50%를 넘어가고 있다"고 밝혔다.

그러나 이통사의 반격이 만만치 않다. 이통사의 강점은 각 통신사 앱 장터를 중심으로 한 개발자들과의 네트워크다. 광고주 입장에서는 다양한 매체를 통해 광고를 노출시킬 창구가 풍부하다는 얘기다. 한상경 팀장은 "이통사 플랫폼들은 통합적으로 접근할 수 있는 것이 강점"이라며 "오케이캐쉬백과 같은 의외의 창구들이 많기 때문에 매체 포트폴리오가 강하다"고 말했다.

한 팀장은 이어 "하지만 다음의 경우 다음 카페 앱이나 검색 앱에만 광고를 노출시키는 시스템이 아니다"라며 "현재 아담의 경우만 하더라도 6,000개의 매체와 제휴를 맺고 광고를 노출하고 있다"고 설명했다. 그는 "특히나 최근 들어서는 앱이 하나 생성되면 트래픽을 끌어들이는 기간이 3개월에서 1개월 정도로 주기가 짧아지고 있다"며 "때문에 중요한 것은 확실한 킬러 앱을 얼마나 확보하느냐"고 강조했다.

김욱 SK플래닛 T애드사업팀 매니저는 "초창기 포털사이트의 광고주가 모바일에도 그대로 넘어가면서 지금 모바일광고시장의 강자는 다음의 아담과 같은 포털사업자들인 것은 확실하다"며 "하지만 기존의 온라인광고 수요가 빠지면서 모바일로 그대로 옮겨지는 상황인 만큼 향후 시장 판도는 누구도 섣불리 짐작할 수 없다"고 말했다.

그는 "광고주들이 모바일광고를 단 한 번만 노출하고 마는 것이 아니기 때문에 결국 중요한 것은 광고주들이 얼마나 쉽게 광고를 노출할 수 있는 플랫폼을 만드느냐"라며 "결국에는 광고주나 소비자에게 더 접근하기 좋고 창조적인 생태계를 어떻게 제공해 주느냐가 쟁점이 될 것"이라고 전망했다.

디지털광고 전문업체 DMC미디어 임동빈 실장은 "포털은 기존 웹시장을 기반으로 모바일로의 매출 전이에 집중하는 형태를 띠며 광고상품을 판매하는 것도 웹판매 방식과 유사하게 진행하고 있다"며 "반면 통신사는 정확한 타킷팅으로 차별화하는 데 중점을 두고 접근하는 중"이라고 전략 차이를 분석했다.

● 포털 플랫폼 강점은?

다음커뮤니케이션은 지난 2010년부터 모바일 네트워크 디스플레이 광고인 '아담'을 운영해 오고 있다. '아담'의 가장 큰 강점은 PC웹과 모바일을 통합한 플랫폼. 광고주들은 기존 PC웹 온라인광고와 함께 모바일광고의 다양한 매체를 손쉽게 활용할 수 있다.

다음 관계자는 "광고주는 상품 특성과 타깃에 따라 매체를 선택, 조합해 광고를 집행할 수 있다"며 "단계별로 초기에는 광고주와 파트너사들의 불편이 없도록 시스템을 안정화하고, 이어서 광고 효율성을 극대화하는 통합네트워크 광고 플랫폼을 구축할 것"이라고 설명했다.

NHN은 자회사 NHN비즈니스플랫폼을 통해 지난 6월 NBP를 론칭 이후 현재 시범서비스 중이다. 뒤늦게 시장에 뛰어들었지만 국내 온라인광고시장에서 최대의 네트워크를 보유하고 있는 사업자인 만큼 향후 파급력을 무시하지 못한다는 전망이 우세하다.

NHN 측이 강조하는 부분은 광고주와 개발사들에게 실질적인 이익이 돌아갈 수 있도록 모바일 생태계를 구축하는 것. 광고주에게는 보다 다양한 매체에 효율적으로 광고를 진행할 수 있도록 하고, 개발사에게는 광고노출 창구를 제공해 수익을 얻을 수 있도록 한다는 것이다.

NHN 관계자는 '하우스 애드'를 대표적인 예로 들었다. '하우스 애드'란 광고매체로 이용되는 앱 개발사가 자사의 상품을 광고로 노출시키는 것을 말한다. NHN 관계자는 "내 광고를 내 집 창에 띄우는 하우스 애드는 기본적으로 수익이 나는 시스템이 아니다"며 "대부분의 플랫폼 사업자들이 수익광고를 우선적으로 노출하고 남은 부분에 하우스 애드를 노출시키는 것과 비교해 NBP는 광고주가 원할 경우 하우스 애드를 우선적으로 진행한다"고 차이를 설명했다. 수익에 연연하기보다는 광고주들이 먼저 성장할 수 있도록 하는 데 중점을 두고 있다는 얘기다.

● 이통사 플랫폼 강점은?

지난 2010년 이통사 중 가장 먼저 서비스를 시작한 곳은 LG유플러스. 개방형 광고 플랫폼인 U+ AD를 통해 모바일 광고사업을 운영 중이다. 초기에는 스마트폰에만 플랫폼을 지원했지만 최근에는 태블릿PC, 와이파이존, IPTV, 스마트TV 등 스크린을 다양하게 확장해 매체력을 높여 나가는 중이다.

LG유플러스 관계자는 "매체 스크린이 다양한 만큼 광고주와 대행사들은 타깃고객에 맞춘 효과적인 마케팅 채널을 통한 광고 집행이 가능하다"며 "특히 U+ AD 홈페이지를 통해 광고의 실시간 노출 수 등 통계정보와 함께 마케팅 분석 자료를 제공함으로써 광고주들이 광고를 집행하는 데 효과적인 도움을 받을 수 있도록 했다"고 설명했다. 이와 함께 광고수익의 약 90%를 배분하는 시스템을 통해 앱 기획·개발사들이 안정적으로 수익을 확보할 수 있도록 한 점도 강점으로 내세운다.

LG유플러스 관계자는 "광고주들이 보다 간편하고 최적화된 매체활용과 광고 집행 프로세스를 이용할 수 있도록 앞으로도 지속적으로 광고측정시스템을 강화할 계획"이라고 밝혔다.

SK플래닛의 'T 애드'는 지난해 7월 공식서비스를 시작했다. 'T 애드'는 SK커뮤니케이션즈의 싸이월드·네이트 등 기존의 다양한 서비스와 마케팅 인프라를 십분 활용하며 이통사 중에서도 발빠른 행보를 보이고 있다.

올해부터는 광고주 유형과 특성에 맞게 광고상품을 다양화하는 데 중점을 두고 있다. 모바일 웹으로 광고영역을 확장하고 동영상, 확장배너 등 다양한 기술을 활용한 광고를 선보이고 있다.

SK플래닛 관계자는 "수시로 화면을 보는 개인화 기기의 특성에 맞춰 부가기능이 가미된 광고서비스로 단순광고와 차별화하고 있다"며 "위치기반 · 시간대별 · 사용자별 특성에 맞는 타깃팅 광고를 통해 최신 커뮤니케이션 기술을 응집한 맞춤형 광고를 제공할 계획"이라고 설명했다.

SK플래닛 역시 'T 애드' 홈페이지를 통해 광고주들에게 도움이 될 만한 다양한 서비스를 제공 중이다. 광고주는 광고물의 등록 · 집행 · 리포트관리 등 모바일광고를 위한 모든 서비스를 제공받을 수 있다. 개발자들은 자신이 만든 앱에 'T 애드' 광고를 게재하고 광고 리포트 및 정산자료를 제공받을 수 있다.

KT는 지난해 6월부터 '올레 애드'의 시범서비스를 시작했다. 스마트폰 앱과 모바일 웹을 통해 배너광고 등을 제공하는 스마트 마케팅 플랫폼이다. KT 관계자가 가장 먼저 꼽은 '올레 애드'의 강점은 미디어렙 자회사인 '나스미디어'와 'KT엠하우스' 등을 활용한 광고주 네트워킹 협력체계다.

KT 관계자는 "그동안 모바일 등 온라인 마케팅 분야에 노하우와 네트워크를 가진 KT엠하우스의 기술력을 바탕으로 한국형 광고주에 적합한 안정성 있는 플랫폼을 구축할 것"이라며 "특히 KTH의 '푸딩' 등 킬러 앱을 통해 효과적인 광고활동이 가능한 것이 장점이다"고 설명했다. 이와 함께 광고매체로서 앱 개발자들에게도 실시간으로 투명한 매출의 발생경로를 공개하고 애플리케이션 간 교환광고를 통해 상생시스템을 구축할 계획이다.

출처: 머니투데이 (2012. 11. 7).

1. 서비스 마케팅믹스에서의 커뮤니케이션 기본 개념

1) 서비스 커뮤니케이션의 중요성

서비스 마케팅에서 경쟁력 있고 창의적인 커뮤니케이션은 매우 중요하다. 서비스는 눈에 보이지 않기 때문에 잠재적인 소비자들에게 서비스의 실체를 구매 이전에 보여 주는 것이 어렵다. 서비스 샘플이 없는 상황에서 소비자들에게 서비스를 말로만 설명한다는 것은 힘들다.

"우리 서비스는 이런 면에서 최고입니다." 서비스 실연 없이 어떻게 서비스의 강점을 보여 줄 수 있는가? 서비스 실연과정을 동영상에 담아서 제공해 주는 것도 가능하다. 가격이 높은 경우에는 CD에 서비스 동영상을 촬영해서 제공할 수도 있다. 그러나 서비스의 판매단가가 낮은 경우에는 별도의 서비스 실연 지원도구를 만든다는 것이 비용부담이 될 수 있다.

서비스 커뮤니케이션은 서비스 제공자의 의도를 확실하게 서비스 소비자들에게 보여 줄 수 있는 차별적인 방법들을 개발해야 한다는 점에서 중요하다.

2) 서비스 커뮤니케이션의 구조

서비스 커뮤니케이션은 서비스메시지 발신자와 서비스메시지 접수자와 중간의 전달과정으로 구성된다.

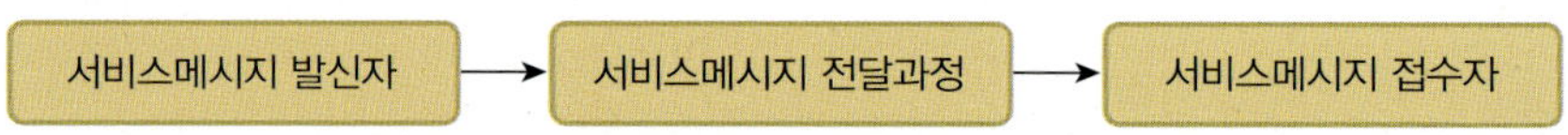

그림 12-1 서비스 커뮤니케이션의 구조

서비스메시지 발신자(Service Message Sender)는 서비스를 판매하는 기업체의 커뮤니케이션 담당자라고 할 수 있다. 러시아에서 사슴사냥을 하는 독특한 서비스를 개발해서 부유층에게 판매할 때는 부유층 고객이 많이 읽는 잡지(예: 럭셔리, 네이버, 오뜨 등)에 러시아 사냥의 서비스를 광고하는 것이 좋다. 이 광고 문안이 서비스메시지가 된다.

광고 잡지들이 서비스메시지를 서비스메시지 접수자(Service Message Receiver)에게 제공하는 것이다. 부유층 대상의 잡지는 부유층 고객들이 자주 가는 유명 호텔의 레스토랑이나 헬스클럽 혹은 유명 골프장에 비치되는 경우가 많다. 부유층 고객의 눈에 자연스럽게 띄도록 하는 것이다.

3) 서비스 커뮤니케이션의 구성 요소

서비스 커뮤니케이션은 크게 네 가지로 구성되어 있다. 광고, 인적판매, 판매촉진, 홍보이다. 이중에서 가장 중요한 것은 서비스 광고라고 할 수 있다. 이는 서비스 커뮤니케이션 대부분의 비중을 차지하고 있다. 서비스 인적판매란 서비스 현장에서 판매를 하는 행위를 말한다. 미용실 종업원이나 영화관 종업원들이 서비스 인적판매원이라고 볼 수 있다. 서비스 판매촉진은 상당히 다양한 종류가 있으나 서비스 광고에 비해서는 비중이 떨어진다. 서비스 홍보란 대중매체가 서비스 마케팅과 상관없이 서비스에 대한 것을 신문이나 방송에서 취급하는 것을 말한다.

최근에는 이와 같은 다양한 형태의 서비스 커뮤니케이션 구성 요소들을 전부 합하여 통합적 서비스 커뮤니케이션(Integrated Service Communication)을 하는 경향이 늘고 있다. 과거에는 앞서 제시한 서비스 커뮤니케이션 구성 요소들을 분리해서 개별적으로 마케팅하였다. 그러나 소비자의 관점에서 보면 어떠한 방식을 사용하든지 간에 동일한 서비스를 커뮤니케이션하는 것이기 때문에 전부 통합하여 하는 것이 개별적으로 하는 것보다 더 서비스 마케팅에 이득이 될 것이라는 것을 서비스 마케팅 전문가들은 이해하게 되었다. 그후에는 통합적 서비스 커뮤니케이션이 활발하게 활용되고 있다.

4) 서비스 커뮤니케이션의 목적

서비스 커뮤니케이션의 목적은 크게 기본목적(Basic Goals)과 파생목적(Derived

Goals)으로 구분할 수 있다. 기본목적이란 서비스 커뮤니케이션을 통해서 서비스 잠재소비자들에게 서비스 정보전달을 하면서 동시에 서비스 구매설득을 하는 것을 말한다. 반면에 파생목적이란 서비스를 한 번 이상 구매한 고객들에게 서비스 브랜드를 환기시키고 동시에 서비스 재구매를 유도하려는 것이다. 이를 하나씩 설명하면 다음과 같다.

첫째, 서비스 커뮤니케이션의 기본목적은 잠재적인 서비스 소비자들을 현재적인 서비스 구매자로 전환시키려는 것이다. 새롭게 출시한 서비스에 흥미를 가지고 구매할 확률이 있는 잠재소비자들에게 새로운 서비스의 장점을 알리는 정보전달 과정을 수행하는 것이다.

"새로운 개념의 우주여행을 하십시오."

이것은 우주에서 지구를 바라보고 싶은 고객들에게 신서비스의 정보전달을 한 것이다. 이와 동시에 서비스를 실제로 구매하도록 설득하는 과정도 필요하다.

"전 세계 유명인사 100여 명이 벌써 예약했습니다. 금세기 최고의 쇼를 보실 수 있을 것입니다."

'이름만 대면 알 만한 유명인들이 벌써 대금을 지불했으니 당신도 하십시오'라는 것이다. 그들과 같이 우주여행을 하는 쾌감을 느껴 보라는 설득 메시지를 반복해서 던져 서비스 신규 구매를 유도하는 것이다.

둘째, 한 번 구매한 적 있는 서비스 고객들에게 재구매를 유도하는 커뮤니케이션도 진행될 필요가 있다. 몇 년 전에 다녀온 적이 있는 우주여행을 망각하지 않도록 상기광고를 하고, 그후에는 '이번 기회에 다시 과거의 추억을 느껴 보십시오'라는 추가 설득 메시지를 던질 수도 있다.

보통 2주 정도가 지나면 대부분의 것들은 망각된다고 한다. 서비스 소비자들은 자신이 구매한 것도 망각하게 되는 것이다. 이때 상당한 기간이 흐르면 서비스 구매자들은 비구매자로 변한다. 그렇기 때문에 이들에게 과거의 서비스를 상기시키거나 재인시키는 커뮤니케이션은 중요하다. 또한 그들에게 다시 한 번 더 구매를 요청하는 것도 서비스 커뮤니케이션의 파생목적이 될 수 있다.

2. 통합적 서비스 커뮤니케이션 기본 개념

1) 정의

ICC란 Integrated Service Communication의 약자로서 우리말로는 보통 통합적 서비스 커뮤니케이션이라고 부른다. 기업이 최종소비자에게 판매하려고 하는 서비스를 알리는 방식을 모두 통합해서 하나의 전체적인 틀로서 활용하자는 것이다. 다시 말해, 기업이 최종소비자를 타깃으로 해서 수행하는 모든 활동들을 사전에 잘 고안된 하나의 일관성 있는 메시지로 통합하여 제공하는 것이 바람직하다는 것이다.

그러면 통합적 서비스 커뮤니케이션의 개념이 세상에 알려지기 전에는 어떻게 기업은 최종소비자에게 커뮤니케이션 활동을 해왔을까? 과거에는 하나의 기업이 수행하는 대부분의 활동들이 제 각각으로 수행되어, 기업은 상당한 노력을 기울이는 데 반해 소비자는 동일한 기업의 상이한 메시지들을 받게 됨으로써 혼란을 느끼게 되었다는 것이다. 통합적 서비스 커뮤니케이션의 반대용어로서 과거에는 분파적 서비스 커뮤니케이션이 이루어졌다는 것을 암시한다.

2) 중요성

기업의 활동에 관련된 새로운 개념이나 이론이 창안되는 것은 모두 이유가 있기 때문에 나타나는 것이다. ICC는 왜 등장하였을까? 1980년대부터 불기 시작한 관계마케팅(Relationship Marketing)의 확산이 ICC 등장의 주요한 배경이 되었을 것이다.

관계마케팅이란 과거의 거래마케팅(Transaction Marketing)을 뛰어넘어서 기업의 서비스 판매활동과 관련된 거의 모든 객체들(유통업체들, 기업지원업체들, 최종소비자, 지역사회 등)과 함께 장기적인 관계를 유지하는 것이 바람직하다는 생각에서 개발된 것이다. 과거에는 거래마케팅이 주요한 개념이었는데, 거래마케팅이란 기업이 소비자에게 한 번 서비스를 판매하고 나면 거래가 종결되는 것이었다. 물론 한 번 구매했던 고객이 재구매를 할 수 있는데, 거래마케팅에서는 이것을 새로운 거래로 보았다. 쉽게 말해서 단골고객도 매번 처음 오는 고객으로 인식했다는 것이다.

관계마케팅은 거래마케팅에 비해 상당한 효과가 있는 것으로 알려지고 있다. 관계마케팅에 대한 자세한 것은 다음에서 다시 설명하고자 한다. 관계마케팅의 틀은 마케팅의 거의 모든 측면들에 도입되어서 다양한 새로운 개념들과 기법들을 탄생시켰다. 관계마케팅이 서비스 생산과 판매에 도입되면서 '서비스 관계마케팅(Service Relationship Marketing)'이라는 개념이 생겼다.

다음에서는 통합적 서비스 커뮤니케이션의 핵심적인 내용을 관계마케팅의 측면에서 살펴보고, 통합적 서비스 커뮤니케이션이 실제로 기업활동에서 어떻게 수행되는지를 설명하고자 한다.

3) 관계마케팅

(1) 관계마케팅의 개념

관계마케팅은 세상에 흩어져 있는 다양한 활동요소들을 관계의 강도에 따라 분류해서 강한 관계는 지속하고, 약한 관계는 강한 관계로 유도하겠다는 마케팅이론이다.

그렇다면 관계는 왜 중요한가? 이 세상에 있는 모든 활동들은 '관계'와 '차이'라는 두 가지의 큰 틀로서 구분이 가능하다. 인간의 모든 활동을 숫자적으로 분석해서 이해하려는 조사방법론의 핵심도 개념과 실체의 관계와 차이를 분석하는 것이다. 더욱 더 쉽게 이야기하면, 이 세상에 있는 모든 것들은 관계라는 개념과 차이라는 개념으로 이해될 수 있다는 것이다.

서비스 마케팅의 성공과 관계가 있는 것들은 무엇인가? 그것이 보통 이야기하는 서비스믹스라는 개념이다. 서비스 개발, 가격설정, 유통활동, 촉진활동이 모두 서비스 마케팅의 성공에 관계가 있으므로 우리는 활용하는 것이다.

우수한 서비스 마케팅업체와 열등한 서비스 마케팅업체와의 차이는 무엇인가? 창조적인 서비스 이미지를 발안하고 적절한 브랜드를 붙이고, 기업이 활용 가능한 모든 촉진수단을 이용해서 소비자들에게 알리는 것을 잘하는 업체와 못하는 업체는 무엇인가에 차이가 있다.

서비스 마케팅 활동들과 관련 되는 것은 세상에 많은데 1970년대까지는 많은 학자들이 그것의 중요성을 간과하고 있었다. 그러다가 1980년대에 관계마케팅이라는 개념이 등장하면서 서비스 관계마케팅이 도입되었다.

(2) 관계마케팅의 효과와 비용

관계마케팅은 비용 대비해서 효과가 있는가? 관계마케팅의 기본 생산성은 얼마나 되는가? 많은 서비스 마케팅이론가들이 수많은 논문들을 작성하면서 공통적으로 내놓는 결론은 바로 관계마케팅이 상당한 효과가 있다는 것이다.

관계마케팅은 기업과 소비자와의 관계를 강화시키면서 한 번 고객이 된 사람이 지속적으로 그 기업의 서비스를 구매한다는 것이다. 이는 기업체로서는 상당한 이득이 된다. 단골고객은 서비스 충성도가 높고, 브랜드가치가 높아지며 이탈 성향이 적어진다고 한다.

물론 관계마케팅을 수행하는 데에는 많은 비용이 든다. 특정한 고객을 관리하는데 드는 자료수집 및 관리비용, 그리고 그 고객에게 제공하는 각종 서비스 마케팅 인센티브가 막대하다. 그러나 전체적으로는 관계마케팅의 비용이 급증하더라도 고객 개별적으로는 관계마케팅의 효과가 관계마케팅의 비용보다 크다는 것이 서비스 마케팅학계의 정설이다.

3. 통합적 서비스 커뮤니케이션 핵심

통합적 서비스 커뮤니케이션은 소비자관점에서 소비자의 생각을 읽고서 서비스 마케팅 담당자가 이에 최적으로 적응하는 방식으로 사용 가능한 모든 커뮤니케이션 도구들을 활용해서 최고의 성과를 올리도록 하는 것이라고 정의할 수 있다.

1) 소비자관점의 커뮤니케이션

통합적 서비스 커뮤니케이션의 정의에서 살펴본 것처럼 핵심은 '소비자의 생각을 읽는 것'이다. 이것은 1900년대 초반에 마케팅이 학문화되면서 1950년대에 확립되었던 소비자 지향주의(Consumer Orientation)가 1980년에 들어서면서 세련화된 것으로 볼 수 있다.

소비자 지향주의란 마케팅은 소비자의 욕구에서 출발해서 소비자의 욕구를 충족시키는 것으로 종결된다는 소비자 위주의 핵심 개념이다. 소비자 없이는 마케팅 활동이 성공을 이룩할 수 없다는 것이다.

통합적 서비스 커뮤니케이션은 소비자관점을 명확하게 하면서 소비자가 쌍방향적(Dyadic)으로 소비자를 이해하고 접근하고 서비스를 제공하고 만족을 평가해 가는 전체적인 커뮤니케이션 활동을 말한다.

소비자와 일대일 커뮤니케이션이 가능한 모든 매체들은 통합적 서비스 커뮤니케이션의 도구가 될 수 있다.

- 고객데이터를 근간으로 한 문자메시지나 이메일 발송, 편지로 보내는 카탈로그
- 쌍방향 송수신이 가능한 TV, 라디오, 잡지를 통한 접촉
- 소비자 반응을 알 수 있는 기업PR이나 홍보메시지를 통한 고객과의 관계 강화 노력

2) 소비자가치-관계가치-브랜드가치의 삼각형

통합적 서비스 커뮤니케이션에서는 세 가지 종류의 가치를 개념화할 수 있다. 바로 소비자가치(Consumer Value), 관계가치(Relationship Value), 브랜드가치(Brand Value)이다.

(1) 소비자가치

소비자가치란 소비자가 느끼기에 기업이 제공하는 서비스가 다른 경쟁서비스들에 비해 확실하게 좋은 것이 있어야 한다. 기업의 메시지가 명확하거나 독특한 유형의 디자인을 개발했거나 혹은 과거의 품질을 한 단계 업그레이드한 것이어야 한다.

과거의 거래마케팅에서는 소비자에게 서비스를 한 번 제공한 것으로 모든 거래가 종결되었다. 물론 다른 기회에 소비자가 재구매할 수는 있으나, 그것은 별개의 새로운 거래로 인식되었다. 거래마케팅은 이와 같은 단속적인 형태들의 총합으로 운영되어 온 것이 사실이다. 기업으로서는 소비자들을 위해 지속적인 노력을 기울일 필요가 별로 없어진 것이다. 기본적인 서비스를 제공하는 것 이외의 별다른 문제를 인식하지 못하였다.

그런데 새로운 패러다임으로 등장한 관계마케팅에서는 모든 거래는 한 번으로 끝나는 것이 아니라, 가능한 한 오랫동안 지속되는 것을 기업목표로 삼게 되었다. 새로운 신규고객을 확보하는 데 엄청난 노력이 필요하므로 한 번 자사의 고객이 된 사람들은 지속적으로 장기적인 고객으로 유도하려는 것이다. 이와 같이 장기적인 관점에서 소비자를 관리하려면 소비자의 초기 욕구를 충족시켜 주고 지속적인 욕구도 민첩하게 파악하여 충족시켜 주어야 한다.

소비자가치를 높이기 위해 기업의 커뮤니케이션 메시지는 참신하고 지속적이며 포괄적이어야 한다. 메시지를 변경하는 것에는 신중을 기하고 소비자들이 '항상 신뢰를 가질 수 있는 개념'을 확고하게 심어 주는 것에 모든 초점을 맞추어야 한다.

(2) **관계가치**

관계가치란 소비자와 기업이 지속적인 관계를 맺으면서 관계의 품질을 올리는 것을 말한다. 소비자가 만족한 경우에는 소비자와 기업의 관계에 큰 변화가 없으나, 소비자가 불만족한 경우에는 소비자와 기업의 관계가 어긋나게 된다. 소비자가 별말 없이 스스로 기업과의 관계를 끊는 경우도 많으며, 노골적으로 불만을 표시하는 경우도 있다.

소비자와 좋은 관계를 지속화하기 위해 기업은 노력해야 한다. 기업이 통제 가능한 요인들에 소비자가 불만족을 보여 관계가 끝나는 경우에는 문제를 인지하는 즉시 반응해야 한다.

그러나 실제 문제는 기업이 인지했더라도 통제 불가능한 경우이거나 기업이 인지하지 못한 경우이다. 예를 들어 서비스기업이 제공한 서비스를 소비자 관점에서 지난번보다 품질이 확연히 떨어졌다고 인지하여 불만을 표시하는 경우가 있다. 서비스는 형체가 없으므로 품질균일성(Quality Uniformity)을 유지하는 것이 어렵다. 아무리 실력이 뛰어난 헤어드레서라도 어떤 때는 소비자가 만족할 만한 서비스를 제공하지만, 본인의 컨디션에 따라 동일한 소비자의 머리일지라도 만족스럽지 못한 헤어스타일을 연출할 때도 있다. 이때 소비자는 지난번과 동일한 가액을 지불하였음에도 낮은 품질의 서비스 구매를 하게 된 것에 대해 불만을 표시하면 기업으로서는 별 도리가 없는 것이다. 서비스를 잘하라는 말만 서비스 제공자에게 할 수 있을 뿐이다.

더욱 심각한 문제는 불만소비자의 실제 불만을 기업이 인지하지 못하는 경우이다. 미국이나 한국 대부분 소비자들은 불만이 있으면 그저 말없이 떠난다. 물론 미국의 경우에는 불만제기를 하는 비율이 한국보다 좀더 높으나, 기본적으로 불만소비자들은 불평을 하지 않는다. 불평을 해보았자 그다지 개선될 것 같지 않다는 것이다. 일부의 젊은 소비층은 적극적으로 불만표시행동에 나서고, 심지어는 정부나 소비자단체에 고발하는 공적불평(Public Complaints)에 나선다. 그러나 연령 있는 소비자는 대부분 속으로 삭이거나 친한 사람들에게 말로 하는 사적불평(Private Complaints)으로 마무리하고 만다.

고객불만의 원인에 대한 근본적인 해결이 되지 않으면 불만은 수면 아래로 사라지는 것이지, 없어지는 것은 아니다. 기업에 직접적으로 전해지는 고객불만의 비율이 조금 줄었다고 해서 기업이 제공하는 관계품질이 좋다고 오인하는 것은 엄청난 문제가 될 수 있다.

따라서 소비자와 기업의 관계가치를 지속적으로 증대시키려는 양방향 커뮤니케이션(Two-Way Communication)이 필요하다.

(3) 브랜드가치

브랜드가치란 소비자가 좋은 관계를 유지하고 있는 기업체의 서비스에 대한 브랜드에 대해서 어떻게 반응하느냐를 평가한 것이다. 브랜드가치가 높다는 것은 소비자가 서비스 브랜드를 좋아하고, 이에 충실하게 반응하고, 좋은 연상을 많이 하며 일관적으로 선호하려는 것을 말한다.

브랜드가치를 높이는 것은 기업의 가장 큰 목적 중 하나가 될 수 있다. 과거에는 기업들 간의 기술개발 수준이 확연하게 차이가 났다. 그러나 최근에는 기술개발 속도가 워낙 빨라서 선두기업이 서비스 개발에 나서면 판매되는 서비스를 복사하는 수준이 급속하게 늘어가면서 격차가 거의 없어지게 되었다.

소비자들의 눈에 비치는 서비스 품질의 차이가 별로 나지 않게 되면서 '현재 서비스가 어떠냐?' 하는 것보다는 '누가 그 서비스를 만들었느냐?'하는 것이 훨씬 더 소비자들에게 쉽게 어필할 수 있게 되었다. 눈에 보이지 않는 서비스의 경우에는 원래부터 품질격차(Quality Gap)를 인식하기가 힘들어지면서 소비자들이 서비스 제공업자의 신뢰성에 비중을 두게 되었다.

여기에서 품질격차란 실제적인 서비스의 품질격차를 의미하는 것이 아니라, 소비자가 인식하는 수준에서 기대했던 품질과 실제 경험한 품질 간의 차이를 의미한다. 기대한 품질에 비해서 제공된 품질이 비슷하다고 소비자가 주관적으로 느끼면 그것은 소비자만족을 유발하고, 반대로 기대한 품질에 비해서 경험한 품질이 훨씬 더 낮다는 것은 소비자불만족의 원인이 된다.

브랜드가치란 소비자만족이 지속되면서 소비자가 브랜드에 대해 확고하게 가지는 신뢰이다. 이것을 높이는 방식의 커뮤니케이션이 좋다고 말할 수 있다.

중간사례

'카드고릴라' 다양한 카드 한눈에 '쏙'

"주유 할인도 되고 영화 볼 때도 혜택받고 여행도 저렴하게 즐길 수 있는 그런 카드 없나요?"

신용카드포털 '카드고릴라' 고승훈 대표는 다소 무리로 보이는 소비자들의 요구에도 친절하게 상담해 준다. 만능 할인카드를 원하는 고객에서부터 각 카드의 혜택내용과 사용방법을 모르는 사용자까지 꼼꼼하게 체크하며 고객관리를 하고 있다.

카드고릴라는 재미와 친근감을 연상케 하는 '고릴라' 캐릭터를 내세우며 2010년 3월에 창업해 그해 6월에 사이트를 오픈한 벤처회사다. 자본금 5억으로 시작한 소규모 회사지만 지금은 800만 명을 독점적으로 보유하고 있는 중국업체와 MOU를 체결해 누적인원 220만 명, 하루 평균 5천 명이 드나드는 국내 유일의 카드포털 사이트로 우뚝 섰다.

고 대표는 "카드고릴라는 사실 카드사용자만을 위한 곳은 아니다. 카드회사를 위한 정보창구이기도 하다"며 "카드회사에 갖는 소비자들의 오해를 대신 설명해 줌으로써 카드회사와 소비자들의 사이를 원만하게 이끄는 가교역할을 톡톡히 해내고 있다"고 자부했다.

실제로 카드회사들은 말 못 할 고민을 안고 있다. 현실적으로 결제망을 통해 서비스하는 카드사 입장에서는 수수료로 수익을 내는 것이 당연하다. 하지만 1년에 수천억 원을 벌어들이는 카드사들에게 수수료까지 지불해야 하는 자영업자나 일반인들의 시선은 곱지 않다. 결제망을 구축하고 서비스하는 데 비용이 들기 마련이지만, 소비자들은 이를 모르고 무료로 혜택을 받아야 한다고 생각하기 때문이다. 또 수수료를 낮추고 현금서비스, 카드론 등 다른 통로로 수익을 대신 내려고 하면 신용불량자를 양산하는 고리대금업자라며 비판하기 일쑤다.

이 때문에 카드사들은 줄곧 커뮤니케이션 루트를 차단해 왔었다. 게시판을 해놓으면 문의 글이 쇄도해 콜서비스 빼고는 소통 창구를 두지 않았다. 이 때문에 카드 사용자들이 회사와 접촉하기란 여간 힘든 일이 아니었다. 또 카드사가 처한 상황도 소비자가 모르는 게 당연했다. 하지만 카드고릴라는 1대1 컨설팅을 통해 대신 문제를 해결해 주고 있다. 고객당 2~3시간 반 정도의 상담시간을 투자해 소비자들의 니즈를 듣고 카드사에 아이디어를 제안하는 등 모두가 윈윈할 수 있는 전략을 세우고 있는 것이다.

카드사용자들은 사용자대로 복잡 다양한 카드 혜택을 따지지 못해 손해 보는 일이 많았다. 고 대표는 "카드고릴라는 회원가입 필요 없이 통합적인 카드 혜택을 한눈에 볼 수 있도록 돼있어 편리하다"며 "처음 카드를 사용하는 경우에는 사이트에 소개된 카드순위를 참고하고, 6개월마다 자신이 어느 항목을 가장 많이 사용했는지 파악해 게시판을 통해 문의하면 우리 직원이 안내해 줄 것"이라고 소개했다.

한편 카드고릴라는 신용카드포털 사업을 확장해 올 하반기에는 체크카드서비스도 함께 제공할 계획이다.

출처: 한국경제TV (2012. 6. 1).

4. 통합적 서비스 커뮤니케이션 세부전략

1) 광고목표를 제시하고 효율적인 광고예산을 집행

(1) 광고목표의 중요성

광고목표는 광고전략의 수립과 실행에서 상당히 중요하다. 광고주가 생각하고 있는 광고가 어떠한 방향으로 기획되어서 실제 실행이 되는가를 이끌어 가는 핵심이 광고목표이다. 광고목표를 소홀히 하게 되면 광고의 전체적인 틀이 흔들리게 되고 예상하는 광고효과가 발생하지 않아 큰 낭패를 볼 수도 있다.

광고는 기업체의 제품과 서비스에 대한 각종 정보를 알리고 호의적인 감정을 유발해서 긍정적인 태도를 형성하려는 것이다. 광고의 실행에는 기업에 막대한 자금이 투입되기 때문에 광고가 눈에 보이지 않는 다양한 목표를 충실하게 달성하지 못한다면 광고실행의 의미가 없어진다고 볼 수 있다.

광고주가 원하는 것을 구체적이고 실행 가능한 방향으로 입안하는 실무의 근거로서 광고목표를 수립하는 것이 중요하다.

(2) 광고목표의 종류

광고목표는 크게 두 가지로 분류 가능하다. 하나는 커뮤니케이션 목표이고, 다른 하나는 매출액 관련 목표이다. 대부분의 광고는 첫 번째의 커뮤니케이션 목표에 집중하고 있다. 지속적이고 일관성 있는 장기적인 광고를 하다 보면 두 번째의 매출액 목표도 달성할 수 있다. 차례로 설명하면 다음과 같다.

첫째, 광고의 목표는 광고메시지 발신자인 기업체가 광고메시지 수신자인 잠재 소비자들에게 커뮤니케이션하는 것이다. 기존 제품에 대한 지속적인 애호도를 유지하면서 상표충성도를 높이려는 것과 신제품에 대한 인지도를 증대시키면서 총괄적인 선호감정을 야기하려는 것이다.

커뮤니케이션 목표는 브랜드에 대한 인지도를 증대시키고, 그 결과로서 호의적인 태도를 형성하면서 선호도를 증대하는 것이다. 지속적인 광고와 다른 마케팅 정책(유통, 인적판매, 서비스)을 통해서 우호적인 고객의 선호도가 직접적인 매출로 연결되는 과정까지를 목표로 하고 있다.

둘째, 광고의 장기적인 목표는 매출 증대가 될 것이지만, 단발성인 광고나 지속적인 광고라 할지라도 광고와 매출을 바로 연결시키는 것은 무리가 있다. 보통 소비자들은 오프라인 매장에서 구매를 하는 경우가 많기 때문에 유통현장인 백화점, 할인점, 슈퍼마켓, 전문점, 편의점에서의 고객행동이 중요하다. 광고를 지속적으로 하면 고객의 감각기억에서 단기기억으로 이전되고, 혹은 단기기억에서 장기기억으로 이전되면 망각은 없다는 것이 학계의 정설이다. 장기기억에 저장된 기억을 통해 매장에서 브랜드를 보고 생각하게 되는 재인이나, 브랜드를 보지 않아도 스스로 브랜드를 회상하게 되면 소비자 선택에 직접적으로 연결이 된다. 그런데 유통현장에서 재인과 회상이 일어나는 것이 초기 광고의 효과인 동시에 유통현장의 판매노력의 효과이기도 하다.

광고를 매출과 직접 연결시키는 것보다는 광고를 지속적으로 하다 보면 매출액이 증대한다고 이해하는 것이 바람직하다. 광고노출과 소비자 선택과의 연결관계에는 수많은 변수들이 관여하기 때문에 우리가 분리해서 각각의 변수들의 효과를 추출해서 파악하는 것은 쉽지 않다. 광고는 장기적으로는 매출에 도움이 된다. 문제는 투입한 광고비에 대비해서 매출증대 효과가 일어났느냐는 것은 의문이 될 수 있다. 적은 광고비로 많은 매출이 발생하면 바람직한 것이고, 많은 광고비로도 적은 매출이 나타난다면 문제가 있다고 할 수 있다.

광고의 커뮤니케이션 목표와 매출증대 목표가 동시에 달성되게 하려면 통합적 마케팅 커뮤니케이션을 기업 전체적으로 추진해서 장기적인 브랜드자산을 높여 나가야 한다.

(3) 광고계획의 필요성

광고목표를 달성하려면 구체적이고 실행 가능한 광고계획이 수립되어야 한다. 광고목표는 보통 포괄적이거나 추상적일 수 있다. '고객인지도를 높이라', '브랜드자산을 키우라'. 이러한 광고목표를 세분화해서 실제로 수립이 가능하게 하는 것이 광고계획이다.

기업 전체의 입장에서는 판매하는 기존 서비스와 개발 중인 신서비스의 수와 각각의 개별 서비스들의 예상판매에 맞추어서 구체적인 광고계획을 입안하게 된다. 광고계획은 보통 연말에 다음 해의 기업전략이나 매출과 이익목표에 준해서 수립한다.

(4) 광고계획의 종류

광고계획은 오랫동안 하향식 접근(Top-Down Approach)이 진행되어 왔다. 미국이나 우리나라 모두 CEO가 제시한 것에 따라 광고의 전반적인 틀을 구성한 상태에서 하부계획들이 수립된다. 광고는 대기업체들이 주로 하고, 중소기업체들은 보통 엄두를 내기가 힘들다. 워낙 대중광고의 비용이 많이 들고 있어서, 중소기업체들은 우수한 제품을 개발해서 대기업에 하청납품하거나 대리점을 통한 위탁판매를 하는 경우가 보통이다. 때문에 광고 집행을 하는 경우가 많지 않다.

그러나 대기업은 선제적인 광고가 장기적인 매출에 도움이 된다는 것을 인식하고 있기 때문에 광고비를 기업 전체 예산에서 일정 부분 할당하고 있다. 대기업체는 최고경영층의 지시사항을 충실히 이행한다. 따라서 기업체 최고위층의 지시사항을 받는 하향식 계획수립이 된다.

일부 중소기업체나 역량 있는 벤처형 업체에서는 상향식 접근(Bottom-Up Approach)을 하는 경우도 있으나 이는 아주 드물다. 특히 기업경영권을 우선시하는 우리나라 대부분의 최고경영층은 부하직원의 보고를 받아서 결정하기보다 지시하는 것을 선호한다.

이처럼 하향식 접근을 하는 것이 대부분이나 기업 전체의 관점에서 광고 부서와 다른 부서들이 일사분란하게 통합적 마케팅 커뮤니케이션을 수립해서 실행하는 것이 최근의 추세이다.

(5) 광고예산의 역할

광고예산은 수립된 광고목표를 달성 가능한 하위의 광고계획으로 수립한 것을 실행하기 위한 비용이다. 유통비용은 물건을 판매하는 것과 직결되기 때문에(백화점 수수료는 백화점에 입점한 업체가 판매하고 고객에게서 돈을 받은 후에 일정 비율을 백화점에 납입하므로 판매와 직결) 투자의 성격이 거의 없다. 그러나 광고비용은 제품을 판매하는 것과 직결되지 않을 수도 있기 때문에(장기적으로는 어느 정도 판매와 직결되나 그 관련성이 모호하기 때문에) 선투자의 성격이 강하다. 먼저 광고비를 집행한다는 것은 기업체가 소비자를 둘러싸고 있는 대중매체와 개별매체 환경에 투자한다는 것이다.

광고예산의 규모가 많든 적든 그것이 판매와 직결된다는 보장이 확실하지 않은 상태에서는 예산 수립과 집행에는 책임이 따른다. 따라서 최고경영층의 의사가 반영되지 않고 광고 부서의 중간경영층이나 하위경영층이 스스로 결정할 수가 없다. 광고비 투입에 대비해서 기대했던 매출이 나오지 않으면 인사조치가 일어나기도 한다.

(6) 광고예산의 결정방법

광고의 커뮤니케이션 목표를 위해서 수립된 구체적인 광고계획을 달성하는 데 필요한 광고예산은 최고경영층의 결단의 성격이 강하다. 최고경영층도 광고와 매출이 직접 연결되지 않는다는 것을 이해하나, 장기적으로는 자신도 책임져야 하므로(오너라도 다른 주주들에 대한 책임이 있으며, 오너가 아닌 전문경영인이라면 오너의 책임 추궁을 당해야 하고) 매출액과 연결시킨다. 광고예산의 결정방법은 크게 다음과 같다.

매출액 비례법은 매출액의 일부를 광고비로 책정하는 것이다. 우리나라의 대기업들은 보통 마케팅비용을 크게 세 가지로 구분하고 있다. 신서비스 개발비용, 광고비용, 유통비용이다. 마케팅비용은 기업 전체의 비용 중에서 적으면 수십 퍼센트에서 아무리 많아도 오십 퍼센트를 상회하는 정도이다. 기업에는 마케팅 말고도 회계, 재무, 생산, 인사, 사회관계비용이 들기 때문이다.

마케팅비용 중에서 서비스 개발비용이나 유통비용을 제외하면 보통 광고비는 5~20% 정도라고 볼 수 있다. 매출액 기준으로 계산하면 우리나라에서 1조 원 정도를 소비자에게 판매하는 모 기업체는 광고비용이 약 500억 정도 들고, 매출액이 천억 원인 어느 기업체는 인터넷광고에 투입하는 비용이 많아 약 100억 정도를 들이고 있다. 매출액에 대비하여 적으면 2~3%에서, 많으면 10%를 넘는 정도이다. 명품 업체는 명품 잡지에 투입하는 비용이 예상 외로 매출액과 대비하여 크게 높지 않다.

매출액(혹은 매출액에서 비용을 차감한 수익)에 비례해서 어느 정도를 사용하는 것은 광고의 순수한 의미에서는 그다지 좋은 방법이 아니나, 대부분의 기업체들은 이러한 방식으로 하고 있다. 쉽게 말해 광고도 '팔기 위해' 한다는 인식이 우리나라의 많은 기업체에 뿌리 깊이 박혀 있기 때문이다. 단점으로는 매출액에 대비하여 광고예산을 투입한 것이 세밀한 광고목표와는 잘 연결되지 않을 수도 있다는 것이다.

경쟁업체와의 시장점유율 비례법은 경쟁업체들이 얼마를 쓰니 우리도 얼마를 써야겠다는 것이다. 우리나라의 대부분 산업들은 대기업체들이 2~3개로 시장을 점유하고 있다. 비행기산업은 대한항공과 아시아나항공이, 텔레콤도 SK텔레콤, LG텔레콤, KT가 차지하고 있다. 이와 같은 형태에서는 서로 경쟁인 관계의 업체들이 얼마를 광고비에 투입하느냐 하는 것에 관련해서 광고예산을 짜는 것이 보통이다.

시장점유율은 그 산업 전체의 기업체들이 판매하는 것 중에서 자신의 기업체가 판매하는 비율이다. 3개의 업체가 해당 산업의 대부분을 차지하고 있을 때에는 1등 기업이 투자하는 광고비에 맞춰 2등과 3등은 적절하게 광고예산을 설정하는 것이다.

이 방법도 앞의 매출액 비례법처럼 이용하기 쉬운 방법이나 이렇게 해서는 산업 내의 등수가 그대로 고착화된다는 측면에서 좋은 광고전략이라고 부르기는 힘들다.

순수한 의미에서는 커뮤니케이션 목표수행법이 가장 좋은 광고예산의 결정방법이다. 회사가 정한 목표(예: 작년의 우리 브랜드 인지도 10%를 올해는 20%로 끌어올리겠다)에 맞추어서 필요한 모든 통합적 마케팅 커뮤니케이션 전략을 수립하고 그 안에서 순수한 광고예산을 설정하는 것이 바람직하다.

그러나 현실은 그렇지 않은 경우가 많다. 이유는 브랜드 인지도를 늘렸다고 해서 바로 그것이 매출과 연결되지는 않기 때문이다. 작년보다 인지도를 3배 올렸으나 매출은 작년과 비슷하다면 광고비를 투입하고도 매출이 늘지 않아 최고경영층이 문책을 당하게 된다.

2) 쌍방향 송수신이 가능한 인터넷을 통한 접촉

광고매체 한 개를 활용하는 매체단일화와 광고매체를 복수로 활용하는 매체복합화가 있다. 대부분의 경우에는 매체복합화를 활용한다. 사용 가능한 거의 모든 매체들을 활용해서 광고집행을 한다.

매체단일화를 하는 경우는 광고예산이 아주 제한되어 있거나 혹은 우리나라 사정에 적합하지 않을 수도 있는 외국의 특이한 제품의 경우, 가장 효과가 높을 것으로 판단되는 단일의 매체를 선정해서 일정기간 광고를 하는 것이다.

그러나 대부분의 광고 집행자들은 다수의 광고매체를 동시에 활용하는 성향이 강하다. 기업의 제품이나 서비스는 항상 경쟁관계에 놓이게 되는데, 일부 경쟁업체들이 매체복합화 전략을 사용하면 다른 경쟁업체도 할 수 없이 매체복합화를 해야 할 필요성에 놓인다.

설정된 광고예산하에서 통합적 마케팅 커뮤니케이션을 인식을 가지고서 활용 가능한 모든 매체들을 복합적으로 사용해야 한다. 강력한 대중매체들인 TV, 신문, 잡지, 라디오는 물론이고 마이크로매체인 DM이나 POP도 활용하며, 쌍방향 형태의 인터넷도 적극적으로 활용할 필요가 있다.

매체복합화를 집중적으로 수행하면 어느 매체가 얼마만큼의 효과를 내었는지를 분간하는 것이 쉽지 않다. 매체들이 서로 상호작용하면서 광고의 커뮤니케이션 목표에 다양하게 영향을 줄 수 있기 때문이다.

(1) 쌍방향매체의 개념

전통적인 광고매체는 대부분 일방향(One-Way Media)이었다. 인쇄매체와 방송매체가 모두 일방향이었다. 그러나 2000년대에 들어서면서 인터넷과 모바일의 급속한 확산으로 쌍방향매체들이 늘고 있다. 쌍방향매체는 광고메시지 제작자와 광고메시지 수용자가 양방향적인 의사소통이 가능한 형태이다.

광고메시지에 대한 인터넷 댓글과 같은 소극적인 대응에서부터 자기에게 적합하다고 판정되는 바이럴마케팅(Viral Marketing)처럼 네티즌 스스로 광고를 해주는 자발적이고 적극적인 대응까지 나타나고 있다.

모바일 스마트폰의 전국적인 확산은 앞으로 모바일 인터넷이 확산되면서 순식간에 광고물이 번질 수 있다는 측면에서 쌍방향매체의 중요성이 늘고 있다. 아직까지는 전통적인 인쇄매체나 방송매체에 비해 열악하지만, 앞으로는 폭발적으로 증가할 것으로 판단된다.

(2) 쌍방향매체의 성격

쌍방향매체는 인쇄매체나 방송매체에 비해 다른 측면들이 있다. 쌍방향매체의 장점과 단점을 상술하면 다음과 같다.

첫째, 쌍방향매체는 인쇄매체처럼 종이에 인쇄할 필요가 없다는 것이 장점이다. 종이에 인쇄해서 출판하는 비용을 줄이면서도 종이 인쇄처럼 디지털 활자화된 효과를 일부 볼 수 있다. 쌍방향매체의 광고비는 아직은 저렴한 편이다. 쌍방향매체의 광고지면이나 공간을 확보하는 것은 비용이 별로 들지 않기 때문에 포털에서 저렴한 광고비를 책정한 상태이다. 전 세계적으로 7억 명이 넘는 회원들을 확보한 것으로 알려진 SNS(Social Networking Service)의 선두주자인 페이스북에 광고를 게재할 경우에 많은 노출을 확보할 수 있다. 아직까지는 SNS의 광고효과가 검증되지 않았다는 측면에서 광고주들이 멈칫하는 상황이나, 오프라인매체들에 대한 대중의 시선이 줄고, 앞으로 점차 온라인매체에 대해 대중이 흥미를 더 가지게 된다면 언젠가는 쌍방향매체의 광고효과는 증가할 것으로 보인다.

둘째, 쌍방향매체에 대한 네티즌들의 즉각적인 반응을 볼 수 있다는 측면에서는 예상한 것보다 더 큰 효과를 볼 수도 있다. 인쇄매체나 방송매체와 같은 일방향매체는 응답자들의 반응을 직접적으로 파악하기가 힘들다. 그러나 쌍방향매체는 관심을 가진 사람들의 반응이 다른 사람들의 판단에 영향을 미칠 수 있다. 호감이라는 반응을 보이는 사람이 많아지면 이것은 광고주와 상관없이 자발적인 네티즌들의 평판으로서 제3의 위치에 있는 사람들(광고의 직접반응자들이나 광고를 보고 물건을 구매한 사람들 이외)이 판단할 수 있는 데 영향을 미칠 수 있다.

물론 알바를 시켜서 무조건 긍정적인 댓글을 달도록 하는 것의 폐해가 가끔 세상에 알려지면서 댓글의 유용성에 흠집이 간 것은 사실이다. 그러나 같은 잠재소비자로서 나 이외의 다른 사람들이 특정 광고물에 대해서 자발적이면서 호의적인 반응을 보였다는 것은 광고메시지에 대한 사회적 신뢰도가 늘어 가는 데 도움이 될 수 있다.

쌍방향매체의 단점도 지적될 필요가 있다. 이 세상의 어떠한 것이든 장점과 단점을 함께 공유하고 있기 때문에 쌍방향매체도 단점을 보완해 나갈 필요가 있다.

첫째, 쌍방향매체에 게재된 광고는 웬만해서는 네티즌들의 이목을 끌기 쉽지 않다. 신문 전면에 광고가 된 것은 커다란 지면을 통해서 차근차근히 접근할 수 있다는 특징이 있다. 또한 방송광고의 경우, 연달아 두 번 방영하는 CM은 소비자들의 눈길을 끌 수 있다. 또한 시청률이 높은 프로그램의 전후에 지속적인 반복광고를 하면 상당한 효과가 있다.

그러나 인터넷광고의 경우에는 수많은 뉴스거리가 실시간으로 등장하기 때문에 네티즌에 대한 자극강도가 약해질 수밖에 없다. 다시 말해, 인터넷 서핑을 하는 동안 네티즌에게 무차별적으로 노출되는 광고는 수없이 많다. 통제되지 않은 상태에서 지속적으로 노출되는 광고 중 일부에 네티즌들이 특정한 집중을 하기란 쉽지 않다. 물론 사회 전체적으로 폭발적인 뉴스거리와 연결되는 광고는 인쇄매체나 방송매체만큼 순간적으로는 효과가 있을 수 있다. 하지만 그렇게 쇼킹한 뉴스거리가 매일 나타나는 것은 아니다. 또한 그러한 뉴스거리를 게제하는 것과 연결되어서 광고를 하기도 쉽지 않다.

둘째, 인터넷의 속성이 순간변화를 추구함으로써 인쇄매체나 방송매체에 비해 오랫동안 소비자들의 시선을 집중시키는 것이 어렵다. 인터넷은 쉽게 즐기는 도구라는 쾌락적 기능이 네티즌들에게 강하게 주입되어 있어서 단순한 제품명의 정보

전달은 쉽게 할 수 있으나, 섬세하게 감동을 일으켜서 구매호감을 형성할 수 있을 정도의 설득기능은 쉽지 않을 것으로 보인다.

(3) 쌍방향매체의 종류와 광고전략

쌍방향매체의 종류로 거론될 수 있는 것들은 수없이 많다. 대표적인 것은 인터넷이고, 앞으로 효과가 늘어날 것으로 보이는 것은 모바일 스마트폰이다. 그외에 상품판매보다는 광고 전형의 TV홈쇼핑도 일종의 쌍방향매체로서 작용할 수 있다. 이를 하나씩 구체적으로 살펴보면 다음과 같다.

첫째, 대표적인 쌍방향매체인 인터넷은 1960년대에 군사용으로 개발된 인터넷이 1990년대에 상업용으로 변화하면서 새로운 광고매체로서 등장했다. 기존의 인쇄매체에 익숙했던 중년층이나 방송매체에 많은 시간을 빼앗기는 중년층, 그리고 일부 장년층에는 인터넷이 강하게 작용하지 않았다. 더블클릭을 할 줄 모르는 중장년층이 있을 정도이다. 그러나 새로 성장하는 초 · 중 · 고등학교 학생이나 대학생들, 20~30대의 젊은이들에게는 인터넷이 생활필수품이 된 것이 사실이다. 인터넷을 통해서 연락하고 정보를 찾고 다양한 즐거움을 추구하는 젊은 세대들의 공간에서 노출되는 광고들은 그 효과를 늘려 가고 있다.

둘째, 모바일 스마트폰이 점점 더 생활밀착형이 되면서 모바일 쇼핑의 중요성이 늘고 있다. 2010년도 기준으로는 몇백 억 매출에 불과하지만 매년 폭발적으로 성장세를 늘려 가고 있다. 2020~2030년 정도에는 모바일 관련 쇼핑의 매출이 수조에서 수십조에 달할 것으로 긍정적으로 추산되고 있다. 모바일 쇼핑이 활성화되면 모바일광고시장도 급속하게 늘 것으로 보여진다. 아직은 페이스북과 같은 초대형 SNS가 모바일광고에 적극적으로 대응을 하지 못하는 상황이지만, 앞으로 점증적인 기술 개발을 통해서 SNS 모바일광고가 활성화되면 상당한 광고효과를 누릴 것으로 추산된다.

셋째, 공중파나 케이블방송과 달리 서비스를 전문적으로 판매하는 TV홈쇼핑들은 잠재구매자가 전화를 걸어서 구매상담을 할 수 있다는 측면에서는 쌍방향매체라고 할 수 있다. 대부분의 TV홈쇼핑은 직접적인 판매를 목적으로 한다. 그러나 간혹 TV홈쇼핑에서 한 시간 정도의 방송을 통해서 판매보다는 광고만을 목적으로 하는 경우가 있다. 자동차나 아파트를 TV홈쇼핑에서 방송을 하는 것이 그러한 예이다. TV를 통해서 자동차를 바로 구매하거나(시승 없이) 혹은 TV를 통해서 아파트를 바로 구매하는 경우(아파트를 직접 방문하지 않고)는 거의 없다. 그런데도 TV홈쇼핑에서 자동차나 아파트를 방송하는 것은 한 시간 정도 TV홈쇼핑 채널을 활용해서 광고를 하겠다는 의미이다. 억대가 넘는 방송대금에 비해서 얼마만큼의 효과가 있는지는 정확하게 알려지지 않고 있으나 직접 판매를 하지 않을 제품을 온라인광고를 지속적으로 하는 경우가 늘고 있다.

또한 주문형 비디오(Video On Demand)가 보편화되고 있다. 케이블TV를 설치한 대부분의 가정들과 사무실에는 VOD가 접근 가능하다. VOD 단말기를 가지고 케이블선이나 인공위성을 통해서 소비자가 선택한 비디오를 언제든지 시청 가능하게 되었다. VOP를 반복해서 구매하는 시청자의 습성을 비교적 쉽게 파악할 수 있다. 코미디 영화를 지속해서 보는 사람들은 유쾌하면서 쉽게 즐기는 라이프스타일을 가졌다고 볼 수 있다. VOD를 다시 시청할 때에 이러한 소비자의 특성에 적합한 광고를 보여 주거나 혹은 새로운 코미디 영화를 제안하는 것이 가능하다.

특정 기업이 후원하는 라디오 음악프로그램에 향수 어린 노래를 신청한 이들의 문자메시지 번호를 기업이 합법적으로 확보해서는 복고풍서비스를 커뮤니케이션하는 경우도 있다. 추억 어린 서울 인사동 술집으로 소비자를 오게 하는 광고이다.

3) 서비스 종업원의 인적판매

서비스 종업원들은 서비스 소비자를 직접 만나면서 서비스 제공을 한다. 서비스 소비자는 서비스 종업원들의 서비스를 보고서 서비스 품질을 평가한다. 따라서 서비스 종업원이 최선을 다해서 소비자에게 서비스를 하는 것은 아주 중요하다.

서비스 소비자를 만나는 서비스 종업원의 중요한 순간을 '진실의 순간(Moment Of Truth)'이라고 부른다. 종업원의 말 한마디, 행동 하나가 서비스 소비자들에게 서비스 품질의 진실을 평가하는 호기로 인식되는 것이다.

서비스 종업원들이 최선의 서비스를 제공하려면 자신이 무엇을 해야 하는지에 대한 명확한 구조(Structure)를 가져야 하고 서비스 소비자들을 정성껏 대하는 배려(Consideration)가 필요하다.

서비스 종업원이 자신이 할 일을 순차적으로 그리고 구체적으로 이해하게 되면 그들은 그것에 맞추어서 표준화된 서비스를 소비자에게 제공한다. 그러나 종업원들이 표준화된 서비스를 제공하는 상황에서도 소비자들은 표준화되어 있지 않다. 그들은 모두 다르다. 따라서 비표준화된 소비자들의 요구를 종업원들이 정확하게 파악하고 그에 배려하는 마음으로 대응하는 것이 필요하다.

서비스 광고를 보고 서비스 현장을 찾은 소비자가 서비스 광고에서 인식한 이미지와 일치하는 종업원의 서비스를 받으면 호감을 가진다. 그러나 서비스 광고와는 다른 서비스를 현장 종업원들에게서 받으면 서비스 인식에 부정적인 영향을 준다.

4) 소비자 데이터를 근간으로 한 문자메시지나 이메일 발송, 편지로 보내는 카탈로그

한 번 소비자가 되면 보통의 경우에 기업체가 내미는 소비자카드에 자신의 개인정보들을 입력하게 된다. 이름, 집 주소, 직장 주소, 핸드폰 번호, 생년월일과 각종 취미나 기타 정보를 제공하게 되는 것이다. 일반적으로 소비자카드를 작성할 때에는 기업체가 위의 정보들을 정당한 소비자 커뮤니케이션 활동에 사용할 수 있다는 허락 요구사항에 사인을 한다. 이를 통해 기업체는 합법적으로 소비자에게 지속적으로 접촉할 수 있는 커뮤니케이션 통로를 확보하게 되는 것이다. 간혹 기업이 지속 반복해서 커뮤니케이션을 하여 소비자가 더 이상의 커뮤니케이션은 중단해 달라는 요청을 하는 경우도 있다. 이때 대부분의 경우 기업체는 중단요구가 들어오는 즉시 중지하나, 일부 기업체는 이를 계속 지속해서 사후에 문제가 되는 경우도 있다.

우리나라는 소비자의 동의를 얻어서 획득한 정보만을 활용해서 정상적인 커뮤니케이션을 할 수 있도록 법제화되어 있다. 불법적으로 획득한 정보를 사용하는 경우에는 법적인 제제를 받을 수 있게 되어 있으나, 현실에서는 소비자들이 불법정보에 심각하게 반응하지 않는 경향이 있다. 미국에서는 소비자 데이터를 사고파는 행위가 합법화되어 있어 기업체들이 얼마든지 마음만 먹으면 획득이 가능하다. 그러나 미국에서도 소비자가 자신이 선호하는 기업체의 고객카드에만 정보를 입력하는 것이 일반적이어서 소비자의 취향을 알지 못한 상태에서 접촉하는 것은 대부분 실패로 끝난다.

미국에서는 자신의 기업과 사전에 접촉한 적이 없는 낯선 소비자들에게 전화를 거는 것을 콜드콜(Cold Call)이라고 부른다. 낯선 전화를 무작위로 거는 강압적 마케팅은 대부분 별로 효과가 없다. 이것은 우리나라에서도 비슷하다. 금융기관들이 공격적 대출 확대를 위해 무더기로 많은 소비자들의 데이터베이스를 확보해서 콜드콜을 해도, 만 건 중 몇 건 정도만 반응이 올 뿐이다.

그러나 합법적으로 획득한 소비자정보를 활용해서 소비자가 잊을 때쯤 연락을 하는 것은 상당한 효과가 있다. 그렇기 때문에 기업이 판매하는 서비스의 구매주기를 파악해서 적절한 시점에 잠재소비자에게 접촉하는 것이 필요하다.

이와 같이 데이터를 근거로 하는 마케팅에서 가장 많이 쓰이는 것은 RFM이다. R은 Recency의 약자로서 최근에 많이 오는 사람에게 비중을 두고, F는 Frequency의 약자로서 자주 오는 소비자들에게 관심을 가지고, M은 Monetary의 약자로서 많은 돈을 소비하는 사람에게 신경을 쓰라는 것이다. 많은 현실에서, RFM에 근거해서 통합적 서비스 커뮤니케이션이 이루어진다.

과거에는 이메일이 비용이 거의 들지 않으며 상당한 효과가 있었다. 그러나 2000년대를 넘어서면서 인터넷 확산이 보편화된 현재에는 이메일 커뮤니케이션의 효과는 상당히 낮은 것으로 알려져 있다. 만 개의 이메일을 발송하여도 수신 확인되는 것은 몇백 건에 그친다. 이메일 발송에 비해서 문자 발송은 상당한 효과가 있다. 문자 발송은 일반 핸드폰이나 스마트폰에서 거의 강제적으로 읽어야 하는 상황에 달했다. 통화나 검색을 하기 위한 과정의 일부로 문자를 읽어야 하는 상황에 자주 처하게 된다. 카카오톡과 같은 무료문자 발송은 중소기업의 소규모 커뮤니케이션에서 활용 가능하고, 대용량으로 문자를 발송할 때는 별도의 비용이 든다.

소비자가 기입한 집이나 직장으로 우편을 통한 카탈로그를 발송하는 것은 상당한 비용이 든다. 카탈로그 제작과 봉투 준비, 우체국에서 발송하기까지 관련된 지불비용이 많다. 보통 카탈로그는 100명당 적으면 2명에서 많으면 8명 정도가 개봉하는 것으로 알려지고 있다.

5) 소비자 반응을 알 수 있는 기업PR이나 홍보메시지를 통한 고객과의 관계 강화 노력

우리나라는 기업의 오너 회장이나 전문가 사장이 상을 수상하면 대대적으로 기업PR이나 홍보에 나선다. 기업 자체의 이미지를 제고시켜 기업이 판매하는 모든 서비스에 우산효과를 주겠다는 것이다.

우산효과(Umbrella Effect)란 우산을 폈을 때, 맨 위에 떨어지는 빗방울로 인해 근방의 땅이 모두 적셔지는 것처럼, 기업 전체의 이미지를 향상시키면 기업이 판매하는 모든 서비스의 이미지 상승효과가 있다는 것이다.

기업PR은 기업체의 현시적인 광고에 비해서 소비자들의 신뢰를 더 얻을 수 있다. 소비자는 기업이 의도적으로 하는 광고 커뮤니케이션의 메시지는 그대로 받아들이지 않는다. '기업이 이득을 보려고 하는 것'이라는 인식이 강하다.

그러나 기업PR은 언론사나 방송국이 같이하거나 혹은 간접협찬을 통해 하게 되므로 소비자들은 메시지에 상당히 호의적으로 반응한다.

6) 판매촉진

(1) 판매촉진의 중요성

서비스 판매촉진은 현장에서 소비자들에게 서비스를 구매하도록 유도하는 것이다. 직접적인 효과가 강하다. 그러나 판매촉진은 장기적으로는 서비스 점포에 부정적인 영향을 준다. 지나치게 달착지근한 판매촉진을 지속하게 되면, 그러한 판매촉진이 제공될 때는 과도하게 서비스를 구매하지만 그렇지 않은 경우에는 서비스를 구매하지 않게 되는 것이다.

서비스 현장에서 가장 많이 쓰이는 판매촉진은 적립금이다. 소비자카드를 가진 서비스 고객들에게, 구매하면 구매대금의 일정 액수를 적립금으로 주고 다음에 구매할 때 효과를 주는 것이다. 또한 최근에는 쿠폰도 많이 활용되고 있다.

고객이 서비스 매장에 스스로 들어온 경우에는 어떻게든 고객이 서비스를 구매하게 하는 것이 필요하다. 그러려면 고객의 마음을 확실하게 움직여야 한다. 앞에서 설명했던 것처럼 보통 소매매장에 들어오는 고객 중 약 절반 정도는 계획구매를 하고(미리 어떤 물건을 사겠다고 점포에 들어오기 전에 마음을 먹고), 나머지 절반 정도는 충동구매를 한다(점포 내에서 마음이 생겨 사는 것)고 한다. 계획구매를 하려고 온 사람도 막상 사려는 순간 가격이 마음에 걸리면 머뭇거린다. 이럴 때 손님에게 가격할인이 가능한 것을 제시하면 확실한 구매를 보장할 수 있다. 그리고 대부분의 충동구매는 점포의 직원들이 어떻게 하느냐에 따라서 결정된다. 충동구매를 잘 유도하려면 아무래도 고객에게 확실한 미끼를 던지는 것이 필요하다.

판매촉진(Sales Promotion)이란 서비스업체가 서비스를 확실하게 판매하기 위해 고객에게 제공하는 다양한 것들을 의미한다. 소비자가 서비스를 구매하는 것은 서비스에 대해서 기본적으로 긍정적인 태도를 가지고 있어야 한다. 태도란 서비스를 좋아하느냐 싫어하느냐와 같은 것이다. 판매촉진은 소비자의 태도에는 영향을 주지 않는다. 다시 말해, 판매촉진을 통해 일시적으로 그 서비스를 구매했다고 해서 소비자의 그 제품에 대한 부정적인 인식이 긍정적인 인식으로 변하지는 않는다는 것이다. 판매촉진은 단기적인 목적하에서 소비자들이 충동적으로 구매하게끔 하는 도구이다.

(2) 판매촉진 방법

판매촉진에는 여러 가지 방법들이 사용되고 있다. 첫째, 할인쿠폰을 손님에게 지급하는 것이 가장 많이 쓰이는 판매촉진 방법이다. 신문에 할인쿠폰을 넣어 돌리는 서비스업체도 있고, 이메일로 할인쿠폰을 보내기도 하며, 스마트폰으로 다운받을 수 있게도 한다. 서비스 점포 내의 입구에 할인쿠폰을 비치해 둔 경우도 있고 혹은 진열되어 있는 제품에 할인쿠폰을 붙인 경우도 있다. 손님이 할인쿠폰을 사용할 수 있게 하여 손님들이 구매하게끔 유도하는 것이다. 할인쿠폰이란 가격할인과 동일한 효과이다. 그러면 왜 귀찮게 할인쿠폰을 만들어서 손님에게 주고 손님이 계산대에서 내게 하는가? 할인쿠폰만큼의 동일한 가격을 인하해 주면 되지 않는가?

가격인하를 함부로 하게 되면 다음에 가격인상을 하기가 쉽지 않다. 10,000원짜리 서비스를 8,000원으로 가격인하하고 나서, 다음에 12,000원으로 가격을 올리려고 하면 소비자의 가격저항이 심하게 나타난다. 가격은 인하했다가 올리는 것이 매우 어렵다. 가격을 인하하지 않고 그대로 유지하지만 실제로는 가격인하의 효과를 소비자에게 제공하는 것이 바로 할인쿠폰의 매력이다.

둘째, 우리나라에서 CRM이 활성화되면서 거의 모든 서비스 점포들이 구매한 고객에게 적립금을 주고 있다. 적으면 구매액수의 1% 정도에서 많으면 구매액수의 10% 정도를 적립금으로 고객에게 제공한다. 적립금도 효율적인 매장 내의 판매촉진 중 한 가지 방법이다. 물건을 구매하고 매출액에 비례한 일정 부분의 적립금을 받은 후, 그 적립금을 다른 물건을 구매할 때 사용할 수 있다는 것은 상당한 매력이다. 그러나 전국 대부분의 서비스업체들이 적립금제도를 활용하므로 손님들이 적립금 과포화 상태에 빠지면서 무감각해지는 경우도 종종 나타나고 있다.

셋째, 서비스업체에서 경품을 내거는 경우도 종종 있다. 일정 금액 이상을 구매한 고객들에 한해서 추첨을 하여 아파트나 자동차를 주는 경품 안내멘트는 소비자를 들뜨게 만든다. "아파트라…. 그럼 50만 원 어치를 다 사서 경품 신청해볼까?"라는 기대심리가 작용한다. 고급 경품에 당첨될 확률은 0.1%가 되지 않음에도 구매 소비자들은 기대를 가진다. 일반적으로, 10만 원짜리 상품에 5천 원짜리 사은품을 제공하는 간단한 경품을 활용한 판매촉진이 많이 사용되고 있다.

마무리사례

'소셜' 고객센터, 본격 확산 조짐. SNS 확산 타고 솔루션 출시 잇따라

'소셜' 고객센터가 본격 확산 조짐을 보이고 있다.

소셜 고객센터(CRM) 솔루션 기업들이 소셜네트워크서비스(SNS)를 수집 · 분석할 수 있는 솔루션을 앞다투어 선보이며 시장 선점에 열을 올리고 있기 때문이다.

SNS 고객센터 솔루션은 기업이 트위터 등의 SNS에서 발생한 트윗 중 회사와 관련된 내용을 모아 분석한 후 이를 전담 부서에 전달, 고객이 적합한 피드백을 받을 수 있도록 하는 것으로 차세대 고객센터 솔루션으로 주목받고 있다.

시장경쟁에 가장 먼저 불을 당긴 곳은 한국알카텔루슨트에서 올해 초에 분사한 제네시스코리아다. 이 회사는 최근 국민권익위원회(ACRC)가 운영하는 '110 정부민원안내콜센터'에 SNS 분석 기능이 붙은 '소셜인게이지먼트'를 제공했다.

소셜미디어가 새로운 커뮤니케이션 채널로 떠오르면서, 실시간 SNS상담에 대한 고객의 요구에 부응하고자 이번 솔루션을 도입했다는 게 110 정부민원안내콜센터 측의 설명이다.

제네시스코리아 관계자는 "고객센터는 기업 내 여러 조직을 연결하는 고리"라면서 "소셜인게이지먼트는 기존 고객센터와 연계해 고객접점을 통일하고, 전화 · 이메일 · 채팅 · 소셜네트워크를 하나로 묶어서 처리하는 것"이라고 설명했다.

시스코코리아도 한층 강화된 솔루션으로 소셜 고객센터 시장을 공략할 예정이다.

시스코코리아는 올 여름 자사의 소셜 고객센터 솔루션인 '소셜마이너'와 이 회사의 통합 커뮤니케이션(UC) 솔루션을 통합시킨 새로운 제품 패키지로 시장 공략에 나선다는 전략이다.

소셜마이너는 트위터와 페이스북 등 소셜미디어에 게시되는 각종 콘텐츠들을 실시간으로 모니터링하고 분석해 신속하고 정확하게 고객에 대응할 수 있도록 하는 것이 특징.

시스코 관계자는 "국내에서 소셜마이너의 반응이 미지근했던 건 솔루션이 단순히 SNS만을 분석하는 데 머물렀기 때문"이라며 "다른 채널들과의 통합적 관리가 가능해진다면 시장 반응도 달라질 것"이라고 주장했다. SNS와 전화응대서비스를 한꺼번에 관리한다면 고객응대와 마케팅 분석 기능이 더욱 강력해져 시장에서도 큰 호응을 이끌어낼 것이라는 설명이다.

어바이어는 주로 소비재기업을 대상으로 '소셜매니지드 서비스'를 적용해 나가겠다는 전략이다.

어바이어 관계자는 "소셜매니지드 서비스는 분석을 넘어 부서 분류, 피드백 자동화까지 가능한 솔루션"이라며 "올해 상반기 중 한국에서 의미 있는 도입사례를 만들어 낼 수 있을 것"이라고 말했다.

이밖에 국내기업 중에서는 엠피씨가 SK텔레콤 SNS 분석시스템인 '스마트인사이트'와 자체 고객센터 솔루션을 합쳐 시장을 공략하고 있다. 한국어 분석에 강하다는 점이 국내기업들이 내세우는 경쟁력이다.

출처: 아이뉴스24 (2012. 5. 28).

연 습 문 제

1. 서비스 마케팅 커뮤니케이션을 산발적으로 하는 것과 통합적으로 하는 것을 비교해서 설명하라.

2. 통합적 서비스 커뮤니케이션의 개념을 제시하라.

3. 통합적 서비스 커뮤니케이션의 세부전략을 기술하라.

4. 우리나라의 현실적인 서비스를 하나 선택하고 이것을 귀하가 창조적으로 통합적 커뮤니케이션할 수 있는 전술적인 포인트들을 제시하라.

SERVICE MANAGEMENT

05

서비스화 및 서비스 혁신

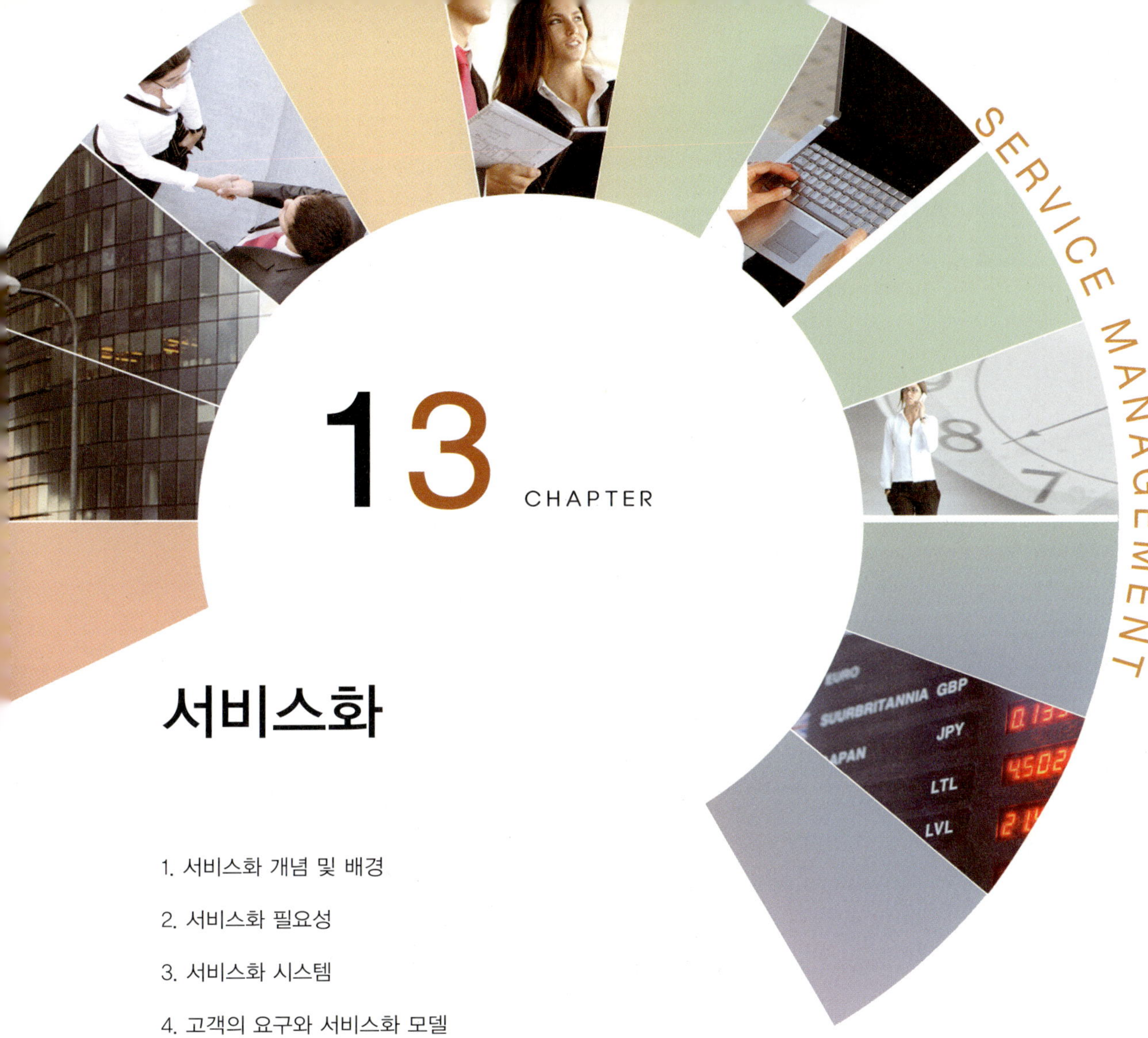

13 CHAPTER

서비스화

1. 서비스화 개념 및 배경

2. 서비스화 필요성

3. 서비스화 시스템

4. 고객의 요구와 서비스화 모델

CHAPTER 13 서비스화

SERVICE MANAGEMENT

도입사례

시간제 차량대여 서비스 집카

택시보다 싼 '시간제 렌터카' 집카… 시간을 쪼개니 시장이 커졌다. "사지 말고 나눠 타자" 집카의 성공. 스마트폰으로 예약 후 원하는 곳에서 픽업・반납. 1시간 차 빌리는 데 주유비 포함 8달러. 한 달 내내 빌려 써도 車유지비의 절반도 안 들어

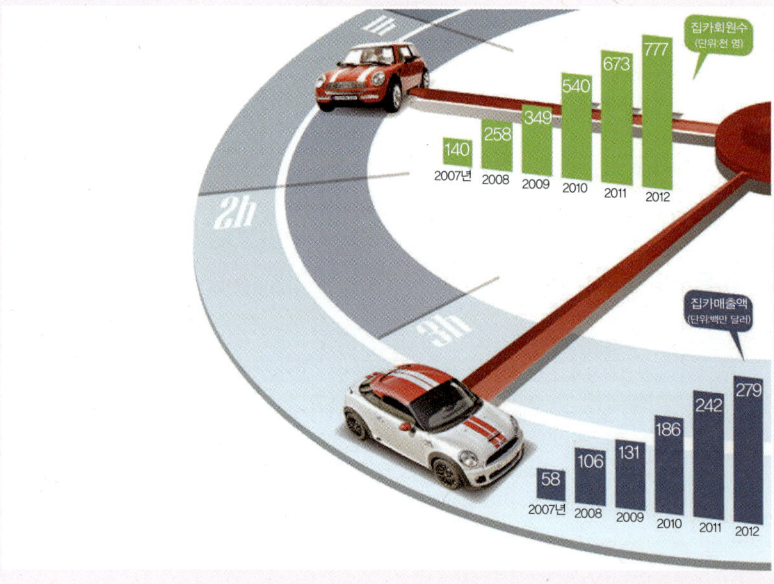

'렌터카는 꼭 하루 이상 빌려야 하나', '영업소 방문과 번거로운 서류 서명 절차를 없앨 수는 없을까'.

렌터카산업의 패러다임을 바꿔 놓은 '집카(Zipcar)'는 두 명의 여성 창업주 로빈 체이스와 안처 다니엘슨의 아이디어에서 출발했다. 유치원의 학부모로 만난 두 사람은 환경보호와 함께 비용 절감을 위해 시간단위로 차를 빌려 주고, 원하는 곳에서 픽업 및 반납할 수 있는 카셰어링(차량 공유)사업을 구상했다. 2000년 미국 보스턴 케임브리지의 대학가에서 12대의 차로 시작한 집카는 연평균 40%의 고속성장을 하면서 렌터카업계의 게임 체인저가 됐다.

● 시간을 쪼개 파는 신시장 개척

치솟는 기름값, 만만찮은 보험료와 세금, 도심의 비좁은 주차장…. 차량 소유주들의 고민은 많다. 집카는 차량 소유에 대한 개념을 바꿔 놓았다. 렌터카산업에서 기존에는 없었던 카셰어링이라는 새로운 시장을 개척했다.

집카는 대도시에 사는 사람들이 높은 유지비를 부담하며 차를 소유하는 대신 필요할 때마다 시간제로 빌려 쓸 수 있도록 했다. 이용방법은 간단하다. 연회비(60달러)와 가입비(25달러)를 내고 집카에 등록한 회원은 웹사이트나 모바일 앱(응용프로그램)을 이용해 가장 편리한 곳에 주차된 차량을 검색, 원하는 이용 시간을 예약한다. 예약 정보는 차량에 설치된 블랙박스로 전송돼 회원이 예약한 시간에 정해 둔 차량 앞 유리의 인식기(전파식별 송수신기)에 회원카드를 대면 차 문이 열린다. 예약한 시간만큼 차를 이용하고 지정한 장소에 갖다 놓으면 된다. 차량에 장착된 기기에서 회원이 차를 이용한 시간과 거리 데이터를 본사로 자동 전송하고 사용한 시간에 따라 결제가 이루어진다.

2000년 첫 번째 집카가 보스턴의 도로를 달렸고 2013년 1만 1천 대가량이 미국, 캐나다, 영국, 스페인, 오스트리아의 주요 도시와 300개 대학에서 운행되고 있다. 집카는 성장을 거듭하며 연매출 2억 7900만 달러(2012년 기준) 규모로 컸다. 2007년 14만 명이었던 회원 수는 2012년 말 77만여 명으로 늘었다.

● 시장이 놓친 새 고객 발굴

집카는 기존 렌터카업체들이 놓치고 있던 신규 고객층을 발굴 · 공략했다. 대도시에 사는 사람들은 보험료, 주차비 등으로 차량 유지비가 많이 들지만 정작 자신의 차를 운행하는 시간은 길지 않다는 점에 착안했다. 출장이나 여행, 차량 수리기간 중 며칠씩 쓸 대체 차량이 필요한 사람들이 아니라 차가 없거나 굳이 보유할 필요가 없는 고객에 주목했다.

집카의 주요 고객은 시내에서 조금 떨어진 쇼핑몰에 가서 짐을 싣고 온다거나 면접이나 모임 등 길어야 몇 시간 정도 차를 이용하려는 사람들이었다. 렌터카업체가 보지 못한 틈새를 파고든 것이다. 집카가 자체 조사한 결과 미국 대도시 거주자들이 연간 자신의 차량을 운행하는 거리는 9,600킬로미터(6,000마일) 미만이었다. 상당수 사람들이 혼잡을 피해 출퇴근은 대중교통을 이용하고 주로 주말에만 자신들의 차를 이용하기 때문이다.

새로운 고객층을 발굴한 집카는 렌터카업체들이 주지 못했던 경제성과 편리성이라는 차별화된 무기를 앞세웠다. 차종에 따라 다르지만 집카의 시간당 이용 가격은 8달러에서 시작한다. 렌터카업체의 가격은 보통 하루 80달러(보험료 등 포함)다. 렌터카업체가 차량을 빌려 주는 기간은 하루 단위가 기본이지만, 집카는 최소 한 시간이다. 집카의 분석에 따르면 기본형 4도어 쿠페를 구입하고 유지하는 데 들어가는 비용은 매달 807달러가량이다. 이에 비해 집카의 이용 요금은 많이 쓰는 고객이더라도 매달 318달러 정도면 충분하다.

집카는 렌터카서비스의 불편함도 개선했다. 웹사이트나 모바일 앱을 통해 손쉽게 예약하고 가까운 지정 주차장에서 픽업·반납할 수 있는 편리함이 매력이다. 보스턴에 있는 렌터카업체 허츠는 공항점, 터미널점 등 5개의 영업소를 운영하는 데 비해 집카 지정 주차장은 200곳이 넘는다.

● IT 활용·가격체계 단순화로 경쟁우위 확보

집카는 다른 렌터카업체와 달리 별도의 영업소를 두지 않는다. 온라인 인프라가 영업소를 대신한다. 회원이 직접 예약하고 스스로 차량을 픽업·반납하도록 했기 때문에 영업소 운영에 들어가는 비용이 발생하지 않는다. 첨단 정보기술(IT)을 활용, 직원들이 원격으로 차량을 모니터링하고 운행 정보 및 연료탱크 상태 등을 점검할 수 있는 시스템을 만들었다. 집카는 이를 셀프 오퍼레이팅 모델(Self operating model)이라고 부른다. 미국 타임지는 2009년, 가까운 곳의 차를 찾도록 도와주는 집카의 아이폰 앱을 '최고의 여행 안내도구'로 선정했다.

집카의 비즈니스모델에서는 고객(컨슈머 오퍼레이터)들이 직원들이 할 일을 대신하게 된다. 렌터카업체에선 각 영업소 직원이 차량에 연료를 채우고 상태를 확인하며, 예약·반납 업무를 처리하지만 집카에서는 고객들이 이런 일을 한다. 인건비 부담을 줄일 수 있는 것은 이런 독특한 사업구조 덕분이다.

복잡하고 번거로운 것을 싫어하는 고객 성향을 감안, 단순화를 추구한 점도 성공요인 중

하나로 꼽힌다. 집카는 브랜드 이미지에 맞는 일부 차종만 제공한다. 주요 고객인 젊은 층이 선호하는 폭스바겐 뉴비틀, BMW 미니, 아우디 A3와 환경친화적인 하이브리드차량인 도요타 프리우스, 혼다 인사이트 등 20종의 차량만 빌려 준다.

가격 체계도 고객이 알기 쉽게 만들었다. 기존 렌터카서비스는 보험 종류가 너무 많은데다 21~25세 운전자에게는 추가 비용을 요구하는 등 복잡하다. 집카는 보험료와 기름값 등 모든 비용이 포함돼 있는 단순 명확한 가격 체계를 갖고 있다.

출처: 한국경제신문 (2013. 3. 19).

1. 서비스화 개념 및 배경

1) 제품의 서비스화 등장 배경

애플의 스마트폰 아이폰(iPhone)과 엠피쓰리(Mp3) 플레이어인 아이팟(iPod)이 세계시장을 석권하고 있다. 이로 인해 노키아, 모토로라 등 전통적으로 휴대폰 시장을 지배해 온 기업들의 순이익이 급감하거나 본사를 처분하며 기업 자체가 매각되었고, 한때 세계 엠피쓰리(Mp3) 플레이어 시장의 강자였던 아이리버는 국내외 시장에서 외면받고 있다. 애플 아이폰과 아이팟의 경쟁력은 무엇인가? 단순 명료한 디자인에, 하드웨어 제품인 아이폰, 아이팟과 함께 '서비스'인 아이튠즈(iTunes)가 통합되어 음악 · 애플리케이션 · 책 · 게임 등의 상품을 효과적으로 구입하고 저장하고 즐길 수 있는 새로운 상품을 만들어 낸 것에 기인하고 있다. 이로 인해 하드웨어 스펙중심의 제품중심의 경쟁에서 제품과 서비스가 통합된 새로운 경쟁환경이 대두되고 있다.

2) 경제의 서비스화

제품 자체의 경쟁력보다 서비스의 중요성이 커지는 이러한 현상은 경제의 서비스화가 진행되면서 더욱 가팔라지고 있다. 경제의 서비스화란 경제에서 차지하는 서비스의 비중이 점차적으로 높아지는 것을 뜻하는데, 현재 선진국 대부분은 GDP 및 고용에서 차지하는 서비스의 비중이 70~80% 선을 나타내는 반면에 제조업의 비중은 지속적으로 낮아지고 있다.

3) 서비스화 패러다임 전환

특히, 대량생산(Mass production)에 의한 규모의 경제, 소유(Ownership)중심, 유형자산(Tangible asset) 중심의 산업화(Industrialization) 사회에서 롱테일 경제, 사용 중심(Use-oriented), 무형자산(Intangible asset) 중심의 탈산업화(Deindustrialization) 사회로의 변화는 제품의 서비스화에 영향을 미치고 있다.

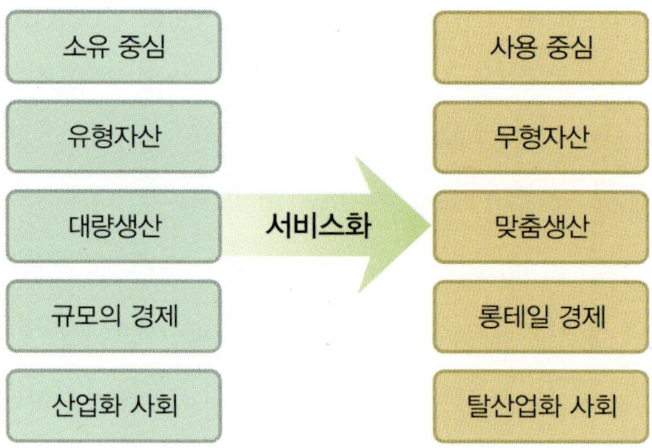

그림 13-1 서비스화 패러다임의 전환

이러한 현상에 따라 과거 메인프레임과 PC 등 하드웨어 중심의 기업이었던 IBM

은 더 이상 하드웨어 제품을 판매하는 제조기업이 아닌, 서비스를 판매하는 서비스기업임을 스스로 선언하고 있다. 이외 많은 글로벌기업들도 스스로 제조기업이 아닌 서비스기업임을 표명하고 있으며, 자동차 · 전자 · 조선 등 전통적 제조기업들도 새로운 서비스를 제품에 접목하는 등 제품의 서비스화 현상이 가속화되고 있다.

4) 제품의 서비스화(Servitization) 개념

제품의 서비스화(Servitization)란 제품(Product)에 서비스(Service)가 가진 기능, 속성, 특성 등이 부가되어 제품과 서비스가 융합되는 현상을 말한다. 제품의 서비스화가 진행되면, 제품이 가진 기능 및 특성은 점차적으로 사라지며 서비스가 가진 기능 및 특성이 더욱 중요해지며 부각된다.

2. 서비스화 필요성

제품의 서비스화가 근래 주목받고 폭발적으로 증가하는 이유는 무엇인가? 이러한 요인으로는 경제적 요인, 경영전략적 요인, 사회 및 환경적 요인으로 구분해 볼 수 있다.

1) 경제적 요인

(1) 제품의 범용상품화

제품의 수요는 과거 항상 공급을 초과하였고 경쟁기업의 수는 제한적이었다. 현재는 동일한 성능을 내는 제품을 생산하는 기업의 수가 폭발적으로 증가함에 따라, 새로운 파괴적 기술혁신을 이룬 소수의 하이테크 제품을 제외한 대부분의 제품은 차별화되지 않고 손쉽게 접근할 수 있는 범용상품화(Commodity)되고 있다.

예를 들어 최근에 나온 스마트폰을 보자. 제품의 브랜드를 가린다면, 대부분 비슷한 외관을 가지고 있다. 대화면, 둥근 모서리, 내장 카메라, 얇은 두께 등을 놓고 본다면 어떤 제품이 삼성인지 애플인지 LG인지 팬택인지 일반인들은 대번에 구분할 수가 없다. 또한 배터리 성능, 화면 화질, 통신 수신감도 등 제품의 스펙은 휴대폰 제조기업 간에 점점 평준화되고 있다. 다음 그림은 2013년 국내에서 가장 판매고가 높은 4개 제품이다. 제품별 특징과 차별점이 한눈에 들어오는가?

그림 13-2 스마트폰 외형의 범용상품화

주: 왼쪽부터 애플 iPhone5, 팬택 베가 IM-A850S(VEGA R3), 삼성전자 애니콜 SHV-E300S(Galaxy S4), 삼성전자 애니콜 SHV-E250K 32G(Galaxy Note II), LG전자 LG모바일 LG-F240L(G Pro).
출처: 네이버 인기상품 순 (2013).

이로 인해 범용상품만으로는 차별적인 제품 판매의 경쟁력을 가지기가 어려워지고 있으며 제품의 경쟁력과 함께 서비스의 경쟁력을 함께 가진 제품이 소비자의 선택을 받게 되었다.

(2) 개발도상국의 부상

기존 제품을 생산하는 선진국과 함께 브릭스(BRICs)를 포함한 개도국의 부상에 따라, 대량생산 중심의 제조업이 고도로 발달하고 이로 인해 시장이 필요로 하는 제품보다 더 많은 제품이 과잉공급되는 현상이 발생하였다. 과잉공급된 제품으로 말미암아 이로 인해 제한된 시장을 차지하기 위한 가격중심의 경쟁이 격화되고 있다. 이러한 가격중심 경쟁에서 탈피해 새로운 시장을 창출하고 이익을 확보하기 위해서 기존의 제품에 서비스를 통합하여 새로운 가치를 창조하는 서비스화의 중요성이 강조되고 있다.

(3) 기존 판매된 제품 시장

일반적으로 기업에서 매년 신제품을 판매하는 양에 비해 이미 판매한 제품의 양이 훨씬 많다.

예를 들어 일반적으로 새로운 차량이 1대 판매될 때 기존 운행 중인 차량의 수는 판매 차량의 13배에 이르며, 항공기는 1대 판매될때 기존 운항 중인 항공기의 수가 판매 항공기의 15배, 기차는 22배에 이른다.

이로 인해 제조기업의 입장에서 볼 때 제품을 많이 판매하는 것도 중요하지만, 판매된 제품을 활용해 새로운 부가가치를 가진 서비스를 제공한다면, 더 큰 시장을 개척할 기회가 주어지는 것이다.

자동차 판매 회사가 자동차를 판매하는 것과 함께 판매된 자사 자동차에 새로운 고객서비스를 접목해 판매하는 경우 새로운 부가가치가 창출되는 것이다. 실제 현대자동차는 자동차 판매 및 전통적인 의미의 자동차 수리(AS)서비스 외에도 모젠(Mosen)서비스를 도입하였다.

모젠서비스는 차량 도난 시 찾아 주는 서비스, 타이어 펑크, 에어백이 작동하는 사고 주행 중 긴급상황 발생 시 구조서비스, 교통정보가 반영된 길 안내, 차량의 이상 유무에 대한 원격진단, 비서서비스 등 복합적인 서비스를 제공하고 있다. 기본 서비스는 2년 동안 무료 제공 후 유료로 전환하고 고급서비스는 서비스별로 별도 요금체계를 구성하는 등 서비스 비즈니스모델을 개발해 수익으로 연결시키고 있다.

표 13-1 현대자동차 모젠서비스 구성 및 요금체계

모젠스페셜			서비스 구성	
기본서비스	2년 무료 (신차 구매 후 서비스 가입 시 2년 무료 제공)		안전(Safety)	에어백 전개 자동통보, SOS, 도난추적, 도난경보알림
			카 케어(Car Care)	원격진단, 원격문열림, 주차 위치 알림, 내 차 위치 전송 (※MTS W350은 주차 위치 알림 제공 안 됨)
			상담원(CS)연결	
보이스플러스팩	기본료	6,000원/월	빠른 길 안내 연료절약 길 안내 비서서비스 외부이동전화 음성인식(ARS) 개인정보 동기화	–비서서비스 이용 시, 상담원 연결 후 서비스가 제공된 경우에만 요금(건당 500원) 부과되며 건당 사용료 外 별도 음성통화 요금 없음 –서비스 신규 가입 시 1개월 기본료 무료
	음성통화료	24원/10초		
	비서서비스	500원/건		
데이터프리팩	5,000원/월		무선인터넷	–서비스 신규 가입 시 1개월 무료 제공

주: 무료서비스 가입 후 만 2년 경과 후부터는 유료요금제(기본료 7,000원/월)로 자동 변경
출처: www.mozen.com

(4) 수입의 안정성

제품은 한 번 판매가 되면 소비자가 그 제품의 수명기간이 끝난 후 재구매 시까지 제조기업의 매출이 일어나지 않는다. 반면 서비스는 대부분 매월 정액요금을 받거나 또는 매회 서비스가 제공될 때마다 수익을 창출할 수 있다.

제품수명이 긴 자동차 TV와 같은 내구제의 경우 10년에서 15년 동안 한 번 제품을 판매한 이후에는 애프터서비스(AS)를 제외하면 다시 고객으로부터 수익을 창출할 수 있는 수단이 없다. 이는 구매단가가 높을수록, 제품수명이 길수록 두드러지게 나타난다. 특히 소비자에게 판매되는 최종 소비재가 아닌 기업에 판매되는 중간재의 경우 한 번 대량납품으로 인한 수입이 발생하면 다음 계약 때까지 제품 판매기업의 수입은 제로가 된다. 즉 기업의 수입 안정성이 떨어지는 결과가 된다.

반면에 제품 판매가 아닌 서비스로 판매한 경우, 예를 들어 정수기 등을 리스로

제공해 매월 사용료를 받는 경우에는, 정수기 판매에 따른 일시적인 제품 수입은 없으나 계약 기간 내에 안정적으로 리스 수입을 기업 입장에서 확보하게 된다.

이렇게 제품 판매가 아닌 제품의 서비스화를 통해 기업 수입의 안정성을 확보할 수 있다.

2) 경영전략적 요인

(1) 고객고정(락인, Lock in) 효과

락인 효과는 MIT 슬론 경영대학원의 Eric von Hippel 교수가 처음으로 제시한 개념으로, 고객이 해당 서비스 또는 제품에 강한 애착과 충성심을 보유해 더 나은 제품이나 서비스가 있더라도 쉽사리 다른 서비스와 제품으로 이동하지 않고 계속 구매하게 되는 현상이다. 예를 들어 사용자 주도 혁신을 적용하여 고객이 서비스의 개발과정 또는 생산과정에 직접 참여한다면 가격과 품질 측면에서 다른 더 좋은 서비스가 있다 하더라도 자신이 직접 참여해 개발하고 생산한 서비스를 버리지 않고 계속 구매하는 경우를 말한다.

즉, 단순 제품을 판매하는 경우에는 더 나은 제품이 나올 경우 언제나 사용하던 제품을 바꿀 수 있지만, 제품을 서비스 형태로 제공하는 경우에는, 더 나은 제품이 나온다 하더라도 이미 투입된 자원, 즉 기회비용 또는 매몰비용으로 인해 쉽사리 변경하기가 쉽지 않다. 특히 제품을 서비스 형태로 제공하는 것은 단순 제품 판매가 아닌 익숙한 경험을 판매하는 것이므로 타 제품 및 서비스로의 교체비용(Switching cost)으로 인해 쉽사리 기존 제품을 변경하지 못하게 된다.

고객고정 효과의 대표적인 사례는 면도기와 프린터 등이 있다. 일단 소비자가 면도기를 구입하면, 자신이 구입한 면도기 제품과 맞는 면도날을 구입해야 하므로 새로운 면도기를 구입하기 위해서는 기존에 구입한 면도기와 면도날을 버려야 하는 교체비용이 발생한다. 프린터도 토너를 사용해야 하므로 새로운 프린터로 바꾸기가 어렵다. 이를 이용해 면도기와 프린터 제품 자체는 저렴하게 판매하고 제품의 사용에 필요한 유지보수 부품이나 부속에서 수익을 남길 수 있으며, 이러한 고객고정 효과를 높이는 수단으로서 제품의 서비스화는 유용한 수단으로 활용된다.

(2) 차별화를 통한 경쟁력 구축

제품의 서비스화를 통해 경쟁기업과의 단순 제품중심의 경쟁에서 벗어나 새로운 강점을 구축하는 전략적 수단으로 선택된다. 경쟁기업이 전통적인 제품 자체의 차별화에만 집중할 때, 자사는 제품의 서비스화를 통해 새로운 경쟁우위를 점할 수 있다.

(3) 예측 가능한 위험으로의 전환

고가의 장기 사용 내구성 제품을 기업이나 소비자에게 판매할 경우, 구매한 제품이 고장이 나면 구매자는 난처한 경우가 발생한다. 특히 제품 보증기간이 경과한 경우 제조공장의 주요 생산 설비나 항공사의 항공기 엔진과 같은 핵심적인 기업용 고가 내구 제품은 고장이 발생했을 때 위험 부담을 구매기업이 가진다. 이러한 문제점에 대처하기 위해, 기업은 구입한 설비의 유지 · 보수 · 수리에 필요한 부품의 확보, 필요한 인력의 교육 및 훈련 등에 비용 지출이 과다할 수 있고, 언제 어떤 고장이 발생해 어떻게 대처해야 하는지에 대한 예측할 수 없는 위험을 지니게 된다.

이러한 경우 구매기업은 자신이 가진 예측 불가능한 위험요인을 제품과 서비스를 예측 가능한 비용으로 구입함으로써 판매기업으로 이전시킬 수 있다. 관련 설비나 엔진 등에 대해 제품 판매 후 유지 보수에 대한 서비스비용을 제품 판매기업에 지불하고 자신은 일체의 유지 및 보수에서 손을 떼는 것이다.

구매자의 입장에서 서비스로의 전환을 위해서는 제품의 전체 생애주기비용의 관점에서 어떤 선택이 더 유리한지 판단할 필요가 있다.

제품 공급기업의 입장에서는 제품 판매로 인한 수익 창출과 함께 자사가 가진 전문 인력과 지식을 활용할 수 있고, 자사 제품의 각종 부품 공급을 효과적으로 책임질 수 있으며 새로운 수익모델을 창출할 수 있다.

소비자의 입장에서도, 예를 들어 자동차 보증기간 이후 연간 단위의 유지보수 서비스를 구매함으로써, 엔진이나 자동변속기 등 주요 부품의 고장과 같은 예측 불가능한 위험을 벗어나 예측 가능한 유지보수비용으로 전환할 수 있게 된다.

(4) 고객의 수요

서비스화는 제품의 판매기업 입장에서의 필요와 함께 구매기업 또는 소비자의 수요를 지속적으로 증가시킨다. 이러한 현상은 최근 급속도로 증가하고 있는데, 예를 들어 과거에는 당연히 구입하였던 각종 소비제품들인 가전제품, 정수기, 캠핑용품, 운동기구들도 구입하기보다 일정기간 빌릴 뿐 아니라 살아 있는 생물인 애완견, 물고기가 든 수족관 등도 대여하려는 소비자가 많아지고 있다.

중간사례

애완견과 수족관 대여서비스

① 애완견 빌려드립니다…, 美서 공유 · 대여서비스

미국에서 애완견 공유 · 대여서비스가 인기다.

6일 월스트리트저널에 따르면 바쁜 일상 때문에 애완견을 기를 수 없는 사람들을 위해 강아지를 다른 사람과 함께 키우도록 하거나, 원하는 시간만큼 대여해 주는 서비스가 각광받고 있다. 텍사스에 사는 산토스 부인은 한 이웃 가정과 애완견 '모니카'를 공유하고 양육비용도 분담한다. 리타 포틴 씨는 최근 휴가 때 캐나다 퀘벡에 머무르면서 페어몬트 호텔에서 애완견을 빌렸다.

애완견 대여서비스가 인기를 끌면서 페어몬트, 리츠칼튼, 메리어트 호텔 등이 이 사업에 뛰어들고 있다. 리츠칼튼 호텔 측은 "인기 애완견은 예약이 항상 밀려 있다"고 전했다. 반면 동물을 액세서리 취급하는 행위라는 동물권익단체의 반발로 보스턴의회와 매사추세츠 주정부에선 애완견대여금지 법안을 추진하는 등 비난 여론도 만만치 않다.

② 수족관

인천에 사는 주부 ○○○ 씨의 집.

들어서자마자 시원한 수족관이 시선을 사로잡는데요.

아이는 유치원에서 돌아오자마자 물고기 밥부터 챙깁니다.

아이들의 교육과 인테리어 효과를 위해 수족관을 설치하고 싶었지만, 처음엔 비용 때문에 많이 망설였다는데요.

그래서 ○○○ 씨는 얼마 전 수족관 대여를 신청했습니다.

[○○○/인천 연수구: 고가예요. 100만 원이 넘어가고 조그마한 것도 50만 원이 넘는데, 이건 저희가 한 달 빌리는데 3만 5천 원 정도 나가거든요. 가격이 너무 저렴해서 좋은 것 같아요.]

비용뿐 아니라 청소의 번거로움 역시 직원들이 정기적으로 방문해 관리해 주면서 걱정을 덜 수 있었는데요.

[물갈이를 하고요. 디스플레이도 새로 바꿔드리고, 청소를 하고 새로운 물고기를 보충해드리겠습니다.]

대여기간 동안 청소는 물론, 새로운 물고기를 보충해 주는 등 서비스를 다양화하면서 업체의 매출도 늘었습니다.

출처: 한국경제 (2008. 8. 7); SBS (2009. 12. 16).

3) 사회 및 환경적 요인

(1) 소유(Ownership) 개념의 변화

개인이 가진 소유(Ownership) 자체에 대해 변화가 일어나고 있다. 과거에는 모든 제품을 자신이 소유하는 대상으로 보았다. 최근에는 이러한 제품에 대한 소유의 개념이 변화해 제품을 자신이 필요로 하는 서비스의 도구로 인식하고 있다.

예를 들어 자동차는 과거에는 그 자체로서 의미를 가진 소유의 대상으로 인식되었지만, 지금은 집카(Zip car)의 사례에서 보았듯이 이동(Mobility)이라는 서비스를 제공하는 하나의 수단으로 인식된다. 소비자가 이동서비스를 필요로 할 때(Time)

또는 필요로 하는 장소(Place)에 따라 필요한 서비스를 이용하면 충분하고, 굳이 언제 어디서나 계속 소유할 필요는 없다는 것이다.

(2) 소비자 구매패턴의 변화

고가의 내구재는 구매를 위한 자금을 확보하는 데 오랜 시간이 걸리고, 구매가 한 번 일어나면 다음 구매가 이루어지기까지는 제품의 수명이 다해야 해 긴 시간이 소요되는 형태가 일반적이었다. 최근에는 대부분 아무런 초기 자금이 없더라도, 서비스를 이용하는 대가로 제품을 무료 또는 아주 낮은 가격에 함께 제공하는 형태로 즉시 소비하는 형태가 증가하고 있다.

예를 들어 KT는 올레TV 스카이라이프서비스나 올레TV서비스를 2년 이상 이용하는 고객들에게 삼성전자 LED TV를 3년간 월 1만 7,000원에 빌려 주고, 3년 후 올레TV를 재약정하면 무료로 소유권을 고객에게 넘기거나 9만 4,800원에 판매한다.

이러한 구매패턴의 변화는 TV, 휴대폰, 정수기, 가구, 유아용품 등 전 제품에 걸쳐 활발히 확산되고 있다.

이로 인해 제품수명까지 소비하기보다, 서비스 기간 또는 약정 시기가 지나면 또 다른 새로운 제품으로 갈아타게 된다. 점점 더 소비자는 제품을 '구매'하기보다 '서비스'를 구매하고 '제품'은 덤으로 또는 무료로 '서비스'에 끼워 파는 형태로 변화하고 있다.

(3) 환경 및 지속가능한 경영

서비스화는 최근 강조되고 있는 환경 및 지속가능한 경영적 관점에서 볼 때에도 단순 제품 판매가 아니라 제품의 전 수명주기에 걸쳐 관련 서비스와 통합함으로써 환경오염을 최소화할 수 있는 유력한 전략이다.

이를 통해 제품의 활용, 제품의 폐기, 제품의 재활용에 이르는 제품의 수명주기에 걸쳐 체계적인 관리와 재활용을 통해 제품이 미칠 수 있는 환경적 유해요인을 최소화할 수 있다.

예를 들어 현재 생산되는 연간 휴대폰 수는 20억 대가량이며, 휴대폰 소비자는 휴대폰이 고장나지 않더라도 유행이 지났거나 제품이 지겹다는 이유 등으로 기존 휴대폰을 버리고 새로운 휴대폰을 구입하게 된다. 휴대폰은 부품의 제조과정에서 환경유해물질(수은, 납, 카드뮴 등)이 포함되어, 적절히 처리되지 못할 경우 환경오염의 위험이 높다. 또한 휴대폰의 제조과정 자체에서 한 대를 생산할 때마다 약 1.7kg의 이산화탄소가 발생하는 등 환경오염이 발생하고 있다. 이러한 환경적 위험요인을 감소시키고, 휴대폰에 포함된 원자재를 경제적으로 재활용하기 위해 제품 전 수명주기에 걸쳐 서비스화가 요구되고 있다.

3. 서비스화 시스템

1) 제품서비스시스템(PSS)의 개념

제품의 서비스화와 관련해, 유럽을 중심으로 제품서비스시스템(Product Service System: PSS)에 대해 1990년대 말부터 연구가 이루어져 왔다. 제품서비스시스템은 제품과 서비스를 결합하여 혁신적이고 지속가능한 가치를 창출하는 통합시스템으로서의 상품으로 정의된다(GoedKoop, 1999).

2) 제품서비스 구성 비율

소비자가 요구하는 기능의 충족도(Function fulfillment) 또는 경제적 가치(Economic value) 측면에서 살펴보면 이러한 제품의 서비스화 현상이 분명하게 드러난다. 전체 기능에 대한 충족도 또는 경제적 가치 100을 기준으로, 이를 순수한 제품 또는 서비스만으로 구성한 경우와 서비스(α)와 제품(β)이 각각 일정한 비율을 차지해 전체 100%(α+β=100%)를 구성하는 경우로 나누어 볼 수 있다. 서비스가 차지하는 비율이 제품보다 높은 경우(α〉β)는 제품이 차지하는 비율이 높은 경우(α〈β)에 비해 서비스화가 이루어진 수준이 높다고 볼 수 있다.

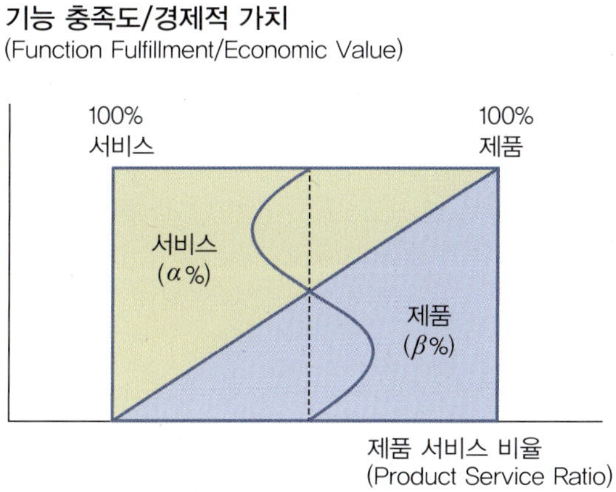

그림 13-3 제품서비스 구성 비율

출처: Goedkoop et al. (1999). 재구성.

3) 시간에 따른 제품서비스 구성 비율

특히 제품과 서비스의 구성 비율은 사례별로 달라질 수 있으며 새로운 기술의 출현, 소비자 니즈의 변화, 경제 사회 환경의 변동 등으로 인해 시간에 따라 달라질 수 있다. 전체 기능 및 경제적 가치에서 서비스가 차지하는 비율(α)은 없거나 미미한 수준에서 최근 그 비율이 급속도로 증가하고 있다.

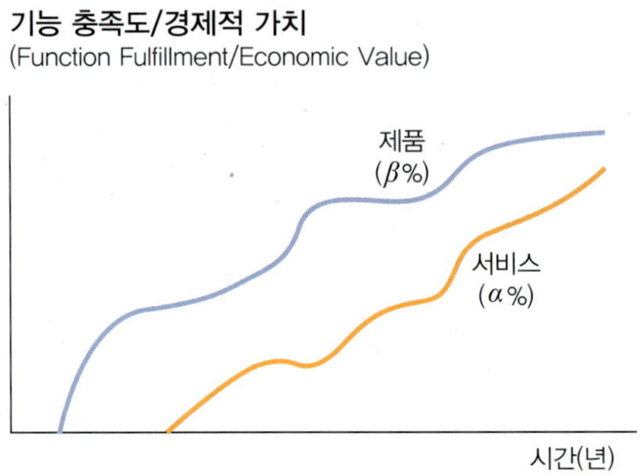

그림 13-4 시간에 따른 제품 서비스 비율의 변화

출처: Goedkoop et al. (1999). 재구성.

4) 서비스화의 유형

서비스화의 유형에 대해서는 연구자에 따라 여러 이론이 제시되고 있다. Cook 등(Cook, 2004)은 크게 제품지향적 서비스(Product-oriented service), 소비지향적 서비스(Use-oriented services), 성과지향적 서비스(Result-oriented service) 등 세 가지로 그 유형을 구분하였다. 서비스화의 수준은 제품지향적 서비스는 제품이 차지하는 비중이 높고, 성과지향적 서비스는 서비스가 차지하는 비중이 높다. 소비지향적 서비스는 제품과 서비스의 비율이 비슷하다.

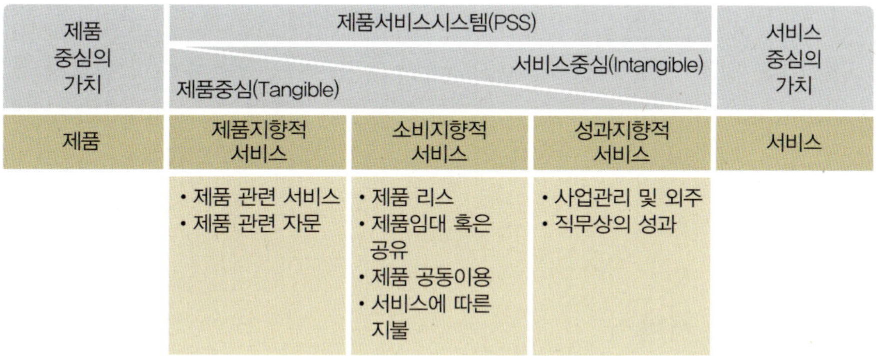

그림 13-5 제품서비스시스템(PSS)

출처: Cook, M. (2004).

(1) 제품지향적 서비스

제품지향적 서비스는 전통적 방식의 제품 판매에 일부 서비스 기능을 부가하는 것을 말하며 제품 관련 자문 및 컨설팅(Product related advice/consultancy), 제품 관련 서비스(Product related service) 등을 포함한다. 제품 관련 자문 및 컨설팅은 제품 사용에 익숙하지 않은 소비자 또는 수요 기업을 대상으로 제품을 최적화해 활용하고 접목하는 방안에 대한 자문 및 컨설팅 활동을 의미한다.

(2) 소비지향적 서비스

소비지향적 서비스는 전통적 제품중심의 판매에서 한걸음 더 나아가 제품의 소유권을 제품 판매자가 가지는 대신 제품의 사용권을 소비자에게 판매하는 방식의 서비스를 말한다. 소비지향적 서비스로는 제품 리스(Product lease), 제품 임대 · 공유(Product renting/sharing), 제품 공동이용(Product pooling), 서비스별 지불(Pay per service) 등으로 구분된다. 제품 리스는 제품의 소유 · 유지 · 보수에 대한 책임 및 권리는 제품 판매자가 가지고 소비자는 일정 시간 및 기간에 대한 비용을 지불하는 것을 의미한다. 제품 임대 · 공유는 제품 리스와 유사하나 동일 제품에 대해 순차적으로 다른 소비자가 다른 시간에 사용 가능한 형태이다. 제품 공동이용은 제품 · 임대 공유와 유사하나 소비자가 공동으로 제품에 대해 사용이 가능한 형태이다. 서비스별 지불은 복사기 장당 복사 요금 지급, 택시 이용 등 서비스 이용 회별로 비용을 지불하는 형태이다.

(3) 성과지향적 서비스

성과지향적 서비스는 소비자가 제품을 구입하는 것이 아니라 판매자의 제품을 활용한 서비스를 구입하는 것이다. 성과지향적 서비스로는 활동관리 및 외주(Activity management/outsourcing)와 기능적 성과(Functional result) 등으로 구분된다. 활동관리 및 외주는 구내식당 외주 운영 및 청소 용역과 같이 제3자에게 위탁해 서비스를 받는 형태이다. 기능적 성과는 제품으로 인해 이루어지는 기능에 대해 소비자가 요금을 지불하는 형태다. 예를 들어, 냉난방기 판매, 또는 리스가 아니라 냉난방기에 의해 유지되는 쾌적한 실내환경 자체에 대해 요금을 지불하는 것을 의미한다.

중간사례

일렉트로룩스(Electrolux)의 페이퍼워시(Pay-Per-Wash)

스웨덴에 본사를 두고 있는 일렉트로룩스(Electrolux)는 세계적인 가전기기 제조기업이다. 일렉트로룩스는 소비자에게 세탁기를 판매하는 대신 사용자가 세탁기를 사용하는 횟수에 따라 사용료를 부과하는 페이퍼워시(Pay-Per-Wash) 서비스를 1999년 11월 개발하였다. 일렉트로룩스는 사용자에게 세탁기를 무료로 빌려 주고 1회 세탁 시 10크로네를 지불하게 된다.

세탁기에는 인터넷에 연결되어 있는 스마트에너지미터 측정기가 연결되어 있으며 사용자가 세탁기를 사용할 때마다 과금하게 된다. 스마트에너지미터 측정기는 전력회사인 바텐폴(Vattenfall) 사에서 관리하며, 사용자의 사용 현황을 모니터링할 수 있고, 매월 사용자의 전기요금에 세탁기 사용 시마다 부과된 요금을 합해서 전기료와 함께 청구하게 된다.

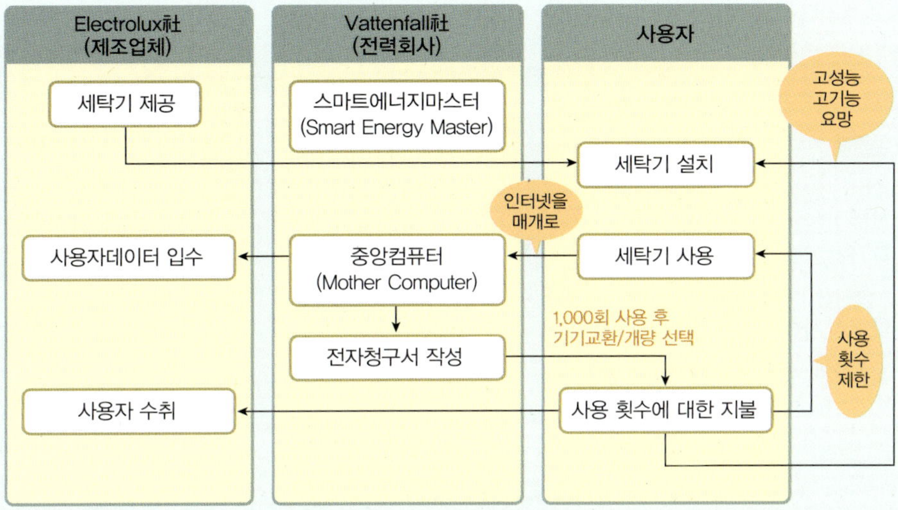

일렉트로룩스 페이퍼워시 서비스 구조

제조기업인 일렉트로룩스의 페이퍼워시 서비스는 자사가 만든 고성능 세탁기를 서비스와 결합해 시장에 진출시킬 뿐만 아니라, 사용자의 세탁기 활용패턴과 경향 등에 대한 데이터를 활용할 수 있다.

사용자가 세탁기를 구입해 사용할 때는, 세탁물이 있을 때 수시로 세탁기를 가동할 수 있지만, 페이퍼워시 구조하에서는 1회 사용 시마다 요금이 부과되므로, 1번 세탁할 때마다 신중히 생각해 보고, 1번 세탁 시 많은 세탁물을 한 번에 세탁함으로써 세탁비를 절약할 수 있다. 또한 고성능 세탁기를 사용할 수 있을 뿐 아니라, 세탁기의 유지·보수 등에 소모되는 비용을 효과적으로 절약할 수 있다.

사회적으로도 세탁기 사용 횟수의 감소로 인해 에너지 소비량을 줄일 수 있으며 물과 세제 사용량 감소에 따른 환경오염을 감소시킬 수 있다. 또한 제조회사인 일렉트로룩스가 주기적으로 세탁기를 관리함으로써, 세탁기에 대한 지식이 부족한 사용자가 스스로 관리할 때보다 제품의 수명이 길어지게 된다. 이로 인해 결과적으로 유지 보수에 필요한 자원을 절약하는 효과가 발생한다.

일렉트로룩스 페이퍼워시 서비스 구조

제조회사	사용자	사회
고효율 · 고기능 제품을 시장에 진출시킴	효과적인 사용을 염두에 두어 세탁비 절약 가능	에너지 절약 기기와 현명한 사용방법으로 에너지 소비량 감소
사용자가 가전을 독점할 수 있는 가능성을 제공	고성능 · 고기능 세탁기 사용	물 및 세제 사용량 감소에 따른 환경 부하 저감
사용자가 제품을 소중하게 사용하여 제품을 오래 사용	유지 · 보수, 신제품 교환, 폐기 처분에 따른 부하 감소	제품의 장수명화와 유지 · 보수, 재사용 촉진, 재료가 되는 자원의 절약
사용자의 사용빈도 등의 데이터 확보		

출처: http://blog.daum.net/kipoworld/912

4. 고객의 요구와 서비스화 모델

서비스화 모델에 대해서는 Cook(Cook, 2004)의 이론 외에도 최근 다양한 모델들이 제시되고 있다. 대표적인 연구로는 김광재 등(2010)이 제시한 제품서비스시스템 모델이 있다. 이 모델은 Cook모델을 확장한 형태로 볼 수 있으며 크게 '고객의 제품과 서비스에 대한 요구'와 요구사항에 부합하기 위한 '제품의 서비스화 모델'로 구성되어 있다.

1) 고객의 제품에 대한 요구

서비스화를 위해서는 우선적으로 고객인 소비자가 제품과 서비스에 무엇을 원하는가에서 출발할 필요가 있다. 고객의 다양한 요구사항은 제품의 라이프 사이클 측면에서 세 가지 단계로 구분할 수 있다. 첫 단계는 제품의 구매 단계, 두 번째는 사용 단계, 세 번째는 폐기 단계가 그것이다.

(1) 구매 단계

제품과 서비스의 구매 단계에서는 일반적으로 낮은 가격에 사고 싶고(N1), 복잡하지 않고 편하게 구매하기를 원한다(N2). 또한 내가 이 제품을 샀을 경우, 제품의 수명이 다할 때까지 어떤 일들을 할 수 있는지 등의 정보를 알고 싶어 한다(N3).

(2) 사용 단계

사용 단계에서는 소비자의 요구가 대폭 늘어나게 되는데, 내가 구입한 제품이 최고의 성능을 내거나(N10), 고장이 났을 때 관리하기 편하기를 원하게 된다(N11).

또한 제품을 사용하는 방법이 복잡하지 않고, 쉽고 단순하게 사용하기를 원하기도 하며(N15), 언제 어디서나 필요할 때 사용하고 싶기도 하다(N16).

아울러 환경을 생각해 친환경적인 원료(N5)와 자원(N6)이 제품에 사용되기를 원하며, 제품 활용에 따르는 자원 사용량도 줄이기를 원하게 된다(N7).

(3) 폐기 단계

폐기 단계에서는 제품과 서비스를 쉽게 폐기하기를 원하고(N19) 이제 더 이상 사용하지 않는 제품이지만 폐기과정에서 새로운 가치를 얻고 싶어 하기도 한다(N20).

표 13-2 고객 요구 리스트

수명주기 단계	일반 요구	의미
구매 단계	N1. 낮은 가격에 구매/사용	고객은 제품 · 서비스를 낮은 가격에 구매 · 사용하고 싶다.
	N2. 단순한 구매	고객은 제품 · 서비스를 쉽고 편하게 구매하고 싶다.
	N3. 많은 정보 제공	고객은 제품 · 서비스의 수명주기 동안 다양한 정보를 알고 싶다.
사용 단계	N4. 다양한 기능	고객은 제품 · 서비스의 다양한 기능을 원한다.
	N5. 친환경적 원료 사용	고객은 제품 · 서비스의 제공에 친환경적 원료가 사용되기를 원한다.
	N6. 친환경적 자원 사용	고객은 제품 · 서비스의 제공에 친환경적 자원이 사용되기를 원한다.
	N7. 필요 자원 사용의 감소	고객은 필요 자원의 사용량을 줄이고 싶어 한다.
	N8. 특화된 사용	고객은 제품 · 서비스가 자신의 요구에 특화된 형태로 제공되기를 원한다.
	N9. 최적의 사용	고객은 제품 · 서비스를 최고의 환경에서 최적으로 사용 · 제공받고 싶다.
	N10. 최고의 성능	고객은 제품 · 서비스가 최고의 성능을 내기 원한다.
	N11. 관리의 용이성	고객은 제품 · 서비스를 쉽게 관리하고 싶다.
	N12. 사용의 유연성	고객은 제품 · 서비스를 상황에 따라 유연하게 사용하고 싶다.
	N13. 오래 사용	고객은 제품 · 서비스를 오래 사용 · 제공받길 원한다.
	N14. 안정적인 성능	고객은 제품 · 서비스가 안정적인 성능을 보여 주길 원한다.
	N15. 단순한 사용	고객은 제품 · 서비스를 쉽게, 편하게, 단순하게 사용하고 싶다.
	N16. 언제 어디서나 사용	고객은 제품 · 서비스를 언제 어디서나 필요할 때 사용하고 싶다.
	N17. 제품 활용의 다양성	고객은 제품 · 서비스의 사용으로부터 기능 외 추가적인 가치를 얻고 싶어 한다.
폐기 단계	N18. 친환경적 폐기	고객은 제품 · 서비스를 친환경적으로 폐기하고 싶다.
	N19. 폐기의 용이성	고객은 제품 · 서비스를 쉽게 폐기하고 싶다.
	N20. 폐기 시 가치 취득	고객은 제품 · 서비스의 폐기로부터 추가적인 가치를 얻고 싶어 한다.

출처: 김광재, 임치현 (2010. 6. 15).

2) 제품의 서비스화 모델

고객의 제품에 대한 요구에서는 제품의 라이프 사이클상 고객이 필요로 하는 요구사항들을 확인하는 과정이었다면, 제품의 서비스화 모델은 고객이 가진 요구를 해결하기 위한 모델로서 크게 제품중심 모델, 사용중심 모델, 결과중심 모델, 기타 모델로 구분할 수 있다. 본 모델은 Cook 등(Cook, 2004: [그림 13-5])이 제시한 서비스화 유형의 확장형으로 기타 모델과 각 분류의 세부 항목을 추가하였다.

(1) 제품중심 모델

제품중심 모델은 제품재활용(M1), 제품관리(M2), 제품진단(M4), 제품컨설팅(M6), 제품교육(M7), 제품설치(M8) 등 직접적으로 제품과 연관된 서비스를 의미한다.

(2) 사용중심 모델

사용중심 모델은 제품중심 모델과 결과중심 모델의 중간 단계로서, 셀프서비스(M16), 공유서비스(M17), 단기 및 장기 임대(M18) 등이 해당된다.

(3) 결과중심 모델

결과중심 모델은 가장 서비스에 가까운 모델로, 보장계약(M20)과 사용 단위당 지불(M21) 등이 해당된다.

(4) 기타 모델

기타 모델로는 친환경 자원 이용(M22), 이익공유 모델(M23), 신기술 활용 모델(M24), 서비스모듈화 모델(M25) 등이 있다.

표 13-3 제품의 서비스화 모델 리스트

제품서비스 시스템 분류	제품서비스 시스템 모델	의미 및 예시
제품중심 제품서비스 시스템(PSS)	M1. 재활용서비스	제품을 재사용, 재활용, 수리, 재생산 예) Hartman: 가구+재활용서비스
	M2. 관리서비스	제품 · 서비스를 수리, 관리 예) LIEBHERR: 크레인+관리, 컨설팅서비스
	M3. 금융서비스	고객의 자산관리에 도움을 줄 수 있는 금융서비스 제공 예) Elecctrolux: 세탁기+대여, 금융서비스
	M4. 진단서비스	제품 · 서비스의 상태를 모니터링, 분석, 진단 예) Kluber: 윤활유+사용성 진단, 컨설팅서비스
	M5. 정보제공서비스	제품 · 서비스의 수명주기 동안 필요한 정보제공 예) PEERFUX: 중고 DVD의 판매자 · 구매자 정보제공서비스
	M6. 컨설팅서비스	제품 · 서비스를 최적으로 사용할 수 있도록 지원하는 전문 지식 제공 예) EsCo: 전기 사용 제품+에너지 사용 컨설팅서비스
	M7. 교육서비스	제품 · 서비스 관련한 교육, 트레이닝 제공 예) Thales Training & Simulation: 군용제품+사용교육서비스
	M8. 설치서비스	제품의 설치 및 배치서비스 제공 예) Coro: 가구+가구 배치 컨설팅서비스
	M9. 대행서비스	고객의 제품 · 서비스 사용 활동을 대행하거나 두 이해관계자 간 연결 대행 예) Wash & Tumble: 세탁기+세탁대행, 컨설팅서비스
	M10. 체험서비스	제품 · 서비스의 일정기간의 사용 경험을 줄 수 있는 체험 버전 제공 예) 말로 & 도터스 정육점: 고기+고기 가공 기술 컨설팅, 가공 체험서비스
	M11. 수명주기 종합케어서비스	제품 · 서비스의 수명주기 동안 일련의 케어서비스 제공 예) Philips: 의료기기+수명주기 종합케어서비스
	M12. 종합 패키지 솔루션	'One stop 패키지 솔루션' 제공 예) GB Innomech: 제품생산기기+기기 사용, 생산 프로세스 관련 모든 활동을 지원하는 종합서비스
	M13. 맞춤 솔루션	고객의 환경에 맞춤화된 제품 · 서비스를 제공 예) NorLux: 조명제품(LED)+제품 구매 컨설팅서비스, 맞춤 솔루션

제품중심 제품서비스 시스템(PSS)	M14. 성분 옵션으로 판매	제품 · 서비스를 이를 이루는 성분으로 나누어 제공 예) NorLux: 조명제품(LED)+제품구매 컨설팅서비스, 맞춤 솔루션
	M15. 사용 접근 경로 확장	제품 · 서비스에 접근할 수 있는 새로운 방법을 제공 예) 하니웰: Telehealth기기+의료서비스
사용중심 제품서비스 시스템(PSS)	M16. 셀프서비스	고객이 그들 스스로를 서비스하도록 함 예) 뮌헨시: 자전거+자전거 셀프 대여서비스
	M17. 공유	여러 고객이 제품 · 서비스를 공동으로 사용할 수 있게 함 예) Lego Educational Center: Lego+공유서비스
	M18. 단기 및 장기 임대	제품 · 서비스를 단기, 혹은 장기로 임대 예) 웅진코웨이: 정수기+대여서비스
	M19. 사용 자격 부여	예약시스템, 멤버십제도 등을 통해 고객에게 제품 · 서비스의 사용 자격 부여 예) Japan's Cat Cafes: 카페의 고양이와 놀 수 있는 사용 자격 부여
결과중심 제품서비스 시스템(PSS)	M20. 보장계약	일류의 제품 · 서비스 사용 결과 보장 예) EcoLab: 세제 등의 청소용품 사용 대행을 통한 '깨끗한 환경' 제공
	M21. 사용 단위당 지불	제품당 지불이 아닌 사용 횟수, 혹은 서비스당 지불 예) Xerox: 복사 횟수당 지불
기타	M22. 친환경 자원 이용	제품 · 서비스의 생산 · 제공에 있어 친환경적 자원 이용 예) Greenstar: 개발도상국에 태양에너지를 이용한 인터넷서비스 장비+사용법 교육, 시골 마을 부흥 지원서비스
	M23. 이익공유	제품 · 서비스로부터 창출되는 이익을 고객과 공유 예) 스포츠월드: 요트 공유서비스, 중고 제품 판매 시 이익공유 서비스
	M24. 신기술 활용	효율성 제고를 위해 제품 · 서비스에 관한 신기술 활용 예) Pepsi: 자판기+자판기 원격관리서비스
	M25. 서비스모듈화	서비스의 모듈화, 제품화를 통해 서비스의 유형성 높임 예) SAP: 모듈화된 IT서비스

출처: 김광재, 임치현 (2010. 6. 15).

3) 고객의 요구와 서비스화 모델의 활용

고객의 제품 및 서비스에 대한 요구와 제품의 서비스화 모델은 고객의 제품 및 서비스에 대한 요구사항을 종축으로, 제품의 서비스화 모델을 횡축으로 두고 매트릭스 형태를 구성해 고객의 요구사항을 검토하고 이를 충족할 수 있는 서비스화 모델을 검토해 활용할 수 있다.

예를 들어 일렉트로룩스의 페이퍼워시 사례의 경우 고객이 가진 관리의 용이성을(N11)을 제품중심 서비스화 모델인 관리서비스 모델(M2)을 활용해 해결한 사례로 볼 수 있다.

마무리사례

마쓰시타 불빛안심서비스

전 세계적으로 가정에서 사용된 후 배출되는 폐형광등의 수는 막대하다. 일본의 경우 매년 기업에서 1억 6천만 개, 가정에서 2억 4천만 개 등 4억 개의 폐형광등이 배출되지만, 대부분(90%)은 매립되고 일부(10%)만 적정하게 처리되고 있다.

이러한 상황에서 마쓰시타는 형광등을 판매하는 제품으로 보지 않고, '밝음'이라는 서비스를 제공하는 수단으로 인식하였다. 바로 형광등 제품 자체는 마쓰시타 대리점이 소유하고 소비자는 서비스 계약을 통해 형광등의 불빛을 서비스받는 것이다. 형광등에 대한 회수는 대리점이 책임지고, 회수된 형광등을 수집운반업자를 통해 중간처리업자에게 보내 폐형광등을 재자원화하게 된다.

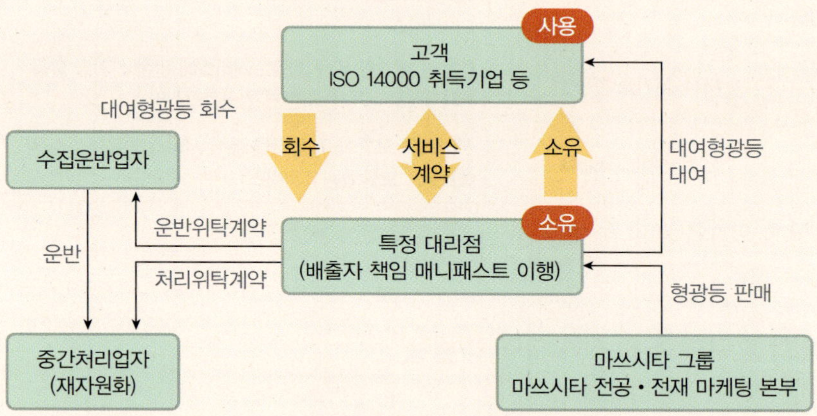

불빛안심서비스 체계

출처 : http://blog.daum.net/kipoworld/912

연 습 문 제

1. 미국의 집카(Zip Car) 사례를 바탕으로 한국의 환경을 반영한 '한국형 시간제 차량대여 서비스'의 서비스 모델을 제시하라. 서비스 모델에는 첨단 IT 기술의 활용방안, 차량을 위한 주차 공간 확보 전략, 투입 비용대비 수익을 창출할 수 있는 수익 모델, 무인 서비스 모델, 서비스를 홍보할 수 있는 마케팅 전략 등을 포함하여야 한다.

2. 제품의 서비스화가 활발히 일어날 것으로 전망하는 제품을 구체적으로 하나 제시하고 해당 제품에서 제품의 서비스화가 일어나게 하는 동인(動因)과 배경을 설명하라. 해당 제품의 서비스화 형태는 앞으로 어떤 형태로 나타날지 제시하고 이에 따른 제품 생산 기업의 전략이 어떻게 바뀌어야 할지 제시하라.

3. 현대자동차의 모젠서비스를 고객의 제품 및 서비스에 대한 요구와 제품의 서비스화 모델 리스트 관점에서 분석하라. 고객의 제품 및 서비스에 대한 요구사항을 종축으로, 제품의 서비스화 모델을 횡축으로 두고 매트릭스 형태를 구성하라. 현재의 모젠 서비스 외에, 자동차를 구매하는 고객의 요구사항을 추가적으로 검토하고 이를 충족할 수 있는 새로운 자동차의 서비스화 모델을 제시하라.

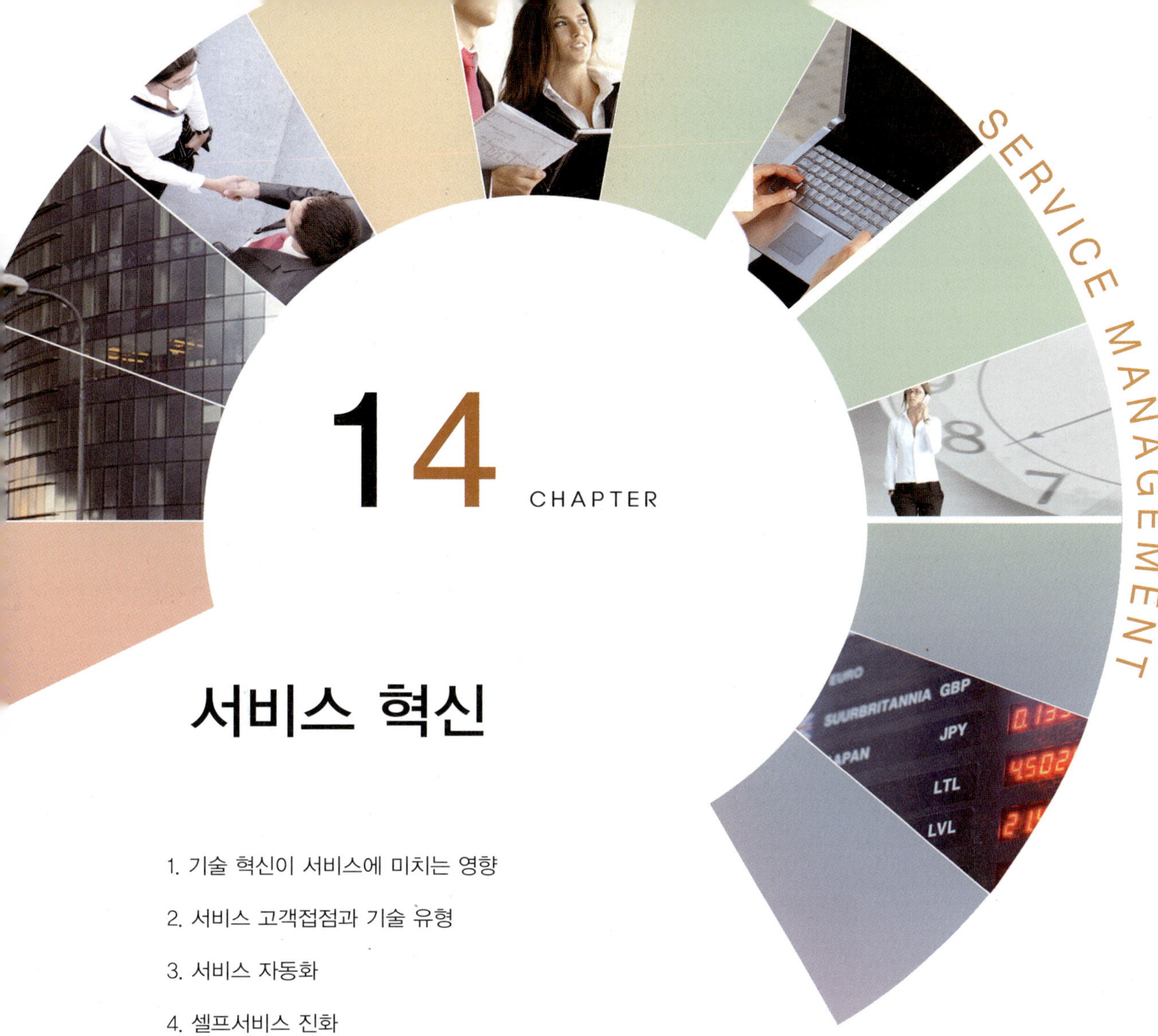

SERVICE MANAGEMENT

14 CHAPTER

서비스 혁신

1. 기술 혁신이 서비스에 미치는 영향
2. 서비스 고객접점과 기술 유형
3. 서비스 자동화
4. 셀프서비스 진화

SERVICE MANAGEMENT

14 CHAPTER 서비스 혁신

도입사례

버스 도착시간을 알려 주는 서울버스 앱과 첨단 버스정류장

● 사례 1. 정류장마다 버스 도착시간을 알려 주면서 큰 인기를 끌고 있는 서울버스 앱

'도착시간 3분 17초 남았습니다.' 창경 씨는 바쁜 아침 출근길 화장대에 앉아 '서울버스' 앱(애플리케이션)을 통해 버스 도착시간을 확인한다. 보통 걸음으로 1분이면 정류장까지 도달할 수 있으니 오늘은 여유 있게 화장을 마무리할 수 있다. '서울버스' 앱을 이용한 뒤부터는 정류장에서 하염없이 버스를 기다리거나 종종걸음으로 버스 뒷모습만 바라보는 일도 없어졌다.

이제 22살 대학 3학년(연세대 글로벌융합공학부)인, 서울버스모바일 대표 유주완 씨. 그는 어린 나이지만 어엿한 1인 창조기업 대표이자, 우리나라 모바일산업 역사에 한 획을 그은 상징성도 지녔다.

고등학교 2학년이던 2009년 12월, 서울버스라는 모바일 앱을 개발했다. 수도권지역의 버스노선 및 정류장 정보, 버스 도착시간, 버스 위치를 스마트폰을 통해 실시간으로 알려 주는 앱이다. 데이터는 서울시와 경기도가 웹사이트에서 제공하는 버스 이동정보를 활용했다. 반응은 폭발적이었다.

출시 며칠 만에 수십만 명이 내려받았다. 겨울철 정류장에서 칼바람을 맞던 이들은 서울버스로 정류장에 버스 도착시간에 맞춰 나갈 수 있었다. 당시 스마트폰에 익숙지 않던 이들이 이 앱을 쓰기 위해 스마트폰을 구입할 정도였다. 출퇴근족, 등하교생 등 수도권 시민들이 가장 애용하는 앱으로 꼽히고 있다. 지금까지 누적 다운로드는 1000만 건에 달한다.

● 사례 2. 서울 가로변 버스정류소 편리해진다

2014년 3월까지 5,712곳에 와이파이 등 첨단 기능 구축

서울 시내 가로변 정류소가 와이파이, 버스 도착 안내단말기 등 최첨단 기능을 갖춘 정류소로 탈바꿈한다. 시는 디자인 가이드라인에 따라 자체 개발한 9개 유형의 표준형 가로변 정류소 승차대를 보도 폭 2.4m가 확보되는 3,808개 정류소에 설치한다. 특히 3,808개 승차대 내에는 야간에도 식별할 수 있는 개량형 버스노선도(지도형 노선+버스노선도)를 비롯해 점자블록, 점자안내판 등 교통 약자를 위한 각종 편의시설이 들어선다.

시는 승객 수요를 고려해 주요 가로변 정류소 2,384곳에 실시간 버스 도착 정보가 표출되는 거치형 버스안내단말기(BIT)를 설치, 시민이 버스가 언제 도착할지 미리 알 수 있도록 한다. 지하철 인근 정류소에 설치될 BIT는 실시간 지하철 도착 정보도 함께 제공한다. 400개 정류소에는 다양한 정보를 제공하는 터치형 BIT를 설치한다. 시는 일조량이 풍부한 530개 승차대 지붕에는 운영에 필요한 전기를 일부 자체 조달할 수 있도록 태양광 발전 설비를 구축한다.

승차대 내 와이파이(WiFi)존을 대폭 확대하고 정보기술(IT)을 기반으로 한 최첨단 실시간 모니터링을 위해 시 교통정보센터(TOPIS)에 중앙관제센터 서버를 구축할 계획이다. 개선사업은 서울시 버스운송사업조합 주관으로 KT 컨소시엄이 사업자로 참여한다. 사업비는 1천47억 원으로 전액 민간투자에 의해 추진된다.

현재 서울엔 총 1만 574개의 버스정류소가 있다. 가로변 정류소가 5,712개로 가장 많다. 중앙 버스정류소는 326개, 마을버스정류소는 4,536개다.

출처: 아시아경제 (2013. 6. 15); 머니투데이 (2013. 7. 13); 연합뉴스 (2013. 4. 24). 재구성.

1. 기술 혁신이 서비스에 미치는 영향

아침에 스마트폰의 알람소리를 듣고 일어나, 수면 앱을 통해 간밤의 자신의 수면 상태를 확인하고 일정관리 앱을 통해 오늘의 일정을 확인한다. 화장실에서 바이오센서가 부착된 비데를 통해 혈당치 등 자신의 주요 건강상태를 실시간으로 확인한 후, 서재에서 오늘 탑승할 비행기 좌석을 창가로 지정하고, 자신의 프린터를 통해 탑승권을 자동 발권한다.

교통카드가 내장된 후불 신용카드를 활용해 인천공항철도를 이용하고, 공항철도 객실 내에서 제공되는 LCD 정보 화면을 통해, 독일 프랑크푸르트의 날씨와 온도를 확인하여, 오늘 증권시장 지수와 주요 뉴스를 확인한다. 집에서 미리 출력한 탑승권을 활용해 바로 공항 검색대를 통과하고, 사전에 등록한 무인 자동출입국서비스를 활용해, 긴 줄을 피해 출국 수속을 마친다.

비행기 출발시간이 잠시 남아, 면세점 쇼핑을 하며 물건의 상세 정보와 인터넷 최저가격을 태블릿을 이용해 확인한다. 미처 시간이 없어 예약하지 못한 프랑크푸르트 호텔을 호텔 인터넷 예약 사이트에 들어가 자신의 신용카드로 예약하고, 사용할 렌터카를 호텔 예약 시 주어지는 30% 할인 혜택을 이용해 함께 예약한 후, 항공기에 오른다.

앞의 가상 시나리오를 보면 기술 혁신이 서비스에 얼마나 많은 영향을 단계별로 미치는지 알 수 있다. 제품과 다른 서비스가 가진 특징으로 인해 서비스는 전통적으로 항상 많은 노동력을 수반하는 노동집약적 산업으로 인식되어 왔다. 서비스의 비분리성으로 인해 고객이 서비스 전달과정에 참여하게 되고 이로 인해 서비스를 제공하는 공급자와 서비스를 받는 소비자 모두에게 필요한 시간과 비용이 증가하게 된다. 또한 서비스의 이질성으로 인해, 통일된 서비스 대신 개별 소비자에게 적합한 서비스를 제공하기 위한 인력의 개입이 필수적이었다.

그러나 최근 가속화되고 있는 기술 혁신으로 인해 새로운 서비스의 개발, 서비스 전달체계, 서비스 고객접점에서 기존에 존재하지 않았던 서비스가 선보이고 서비스 자동화를 통해 사람의 개입이 없는 서비스, 더 나아가 셀프서비스로 진화하고 있다. 서비스에서 기술의 역할은 최근 정보기술(IT)과 신기술의 등장으로 급격히 중요성이 증대되고 있다.

2. 서비스 고객접점과 기술 유형

기술 혁신은 서비스 제공자와 고객이 만나는 접점의 방식을 변화시키고 있다. 전통적인 사람 대 사람의 대면(對面) 상호작용 방식의 서비스 제공 대신 이를 기술로 대체하고 있는 것이다. 서비스 고객접점상에서의 기술은 무기술형서비스, 기술지원형 서비스, 기술도움형 서비스, 기술연결형 서비스, 기술생성형 서비스 등 크게 다섯 가지 유형으로 구분할 수 있다.

(1) **무기술형 서비스**(technology-free service encounter)

무기술형 서비스 접점은 전통적 방식의 대면 상호작용 방식으로 기술은 특별한 역할을 하지 않는다. 이미용, 법률상담, 컨설팅 등의 서비스가 해당된다.

(2) **기술지원형 서비스**(technology-assisted service encounter)

기술지원형 서비스는 서비스 제공자만이 기술을 사용하고 서비스 수요자인 고객은 기술을 사용하지 않는 것이다. 이러한 방식은 X-ray를 사용하는 병원이나 은행원의 컴퓨터 단말기 활용과 같은 제한적인 기술의 활용에 적용된다.

(3) **기술도움형 서비스**(technology-facilitated service encounter)

기술도움형 서비스 접점은 서비스 제공자와 고객이 대면 상호작용에 있어 함께 동일 기술을 활용하는 형태이다. 이러한 방식의 서비스에는 주식상담서비스, 재무상담서비스 등이 있다.

(4) **기술연결형 서비스**(technology-mediated service encounter)

기술연결형 서비스 접점은 서비스 제공자와 고객 간의 직접적인 접촉인 대면접촉은 없는 대신 기술을 통해 서로 연결되는 방식이다. 전화나 인터넷 등을 활용해 서비스 제공자와 고객은 소통하게 된다. 기업 홈페이지 또는 콜센터를 통한 질의응답 등이 해당된다.

(5) **기술생성형 서비스**(technology-generated service encounter)

기술생성형 서비스 접점은 서비스 제공자는 배제되고, 고객이 기술을 통해 스스로 서비스를 제공받는 셀프서비스이다. 이 방식은 서비스 제공자는 서비스 제공에 있어 참여하지 않고, 고객 스스로 서비스를 수행하게 된다. 공항의 무인발권시스템(Kiosk), 은행의 ATM 등이 해당된다.

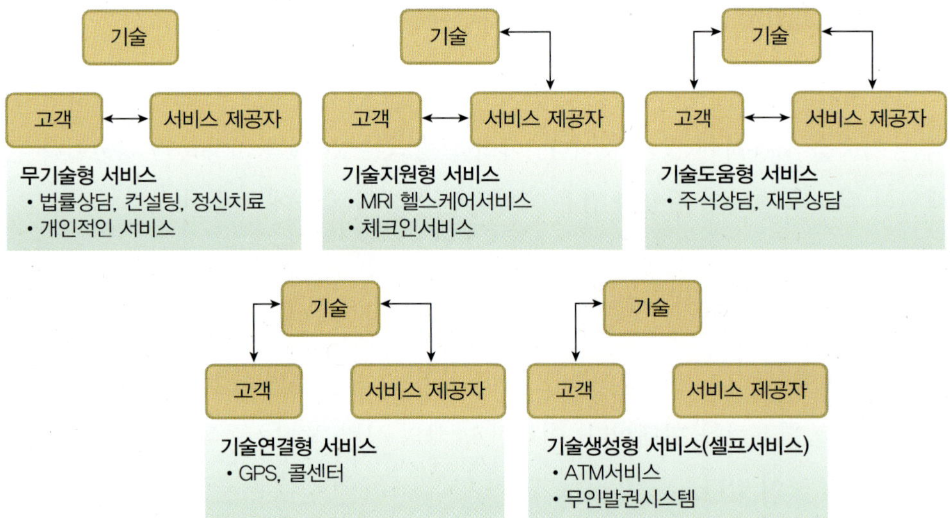

그림 14-1 서비스 접점에서 기술의 역할

출처: Craig M. Froehle & Aleda V. Roth (2004).

3. 서비스 자동화

일반적으로 서비스는 서비스가 가지고 있는 무형성, 비분리성, 소멸성, 이질성 등으로 인해 제조업에 비해 자동화가 어렵다. 그러나 서비스에서도 기술 혁신은 수동(手動), 대면(對面) 중심의 서비스를 자동(自動), 비대면(非對面) 중심의 서비스로 변화시키고 있다.

산업혁명을 통해 전통 제조업에서 자동화 혁명을 이룩한 것과 같이, 서비스 부문에서도 기술을 통해 자동화가 진전되고 있다. 또한 제조업에서의 자동화는 제품을 생산하는 공정을 중심으로 하지만, 서비스에서는 서비스 생산과정과 함께 서비스가 고객에게 전달되는 인터페이스에서도 일어나게 되며 이로 인해 제조업의 자동화보다 그 범위가 확대되게 된다.

표 14-1 서비스산업 자동화 사례

거래, 운송, 가정	
F 신문 배출기	I 프랑스 TGV 열차
F 자동세차	I RFID 재고추적
I 셀프 체크아웃	T 텔레마케팅
정부	
V 광학우편 분류기	I 항공경보제어장치
N IRS Form 1040EZ 해독기	T 핵발전소
교육 및 의료	
V MRI 검진기	I 심장박동조정기
P 비디오 슬라이드쇼	E 의료진단기
N 언어 번역	T 온라인 등록
전문 및 기업서비스	
F 전동 스테이플러	E 포트폴리오 분석
V 복사기와 문서 대조자	T 비디오 화상 회의

오락 및 접객서비스	
V 엘리베이터	I 대화형 음성인식
P 모닝콜서비스	T 온라인 예약시스템
금융활동	
F 압축전담시스템	E 물품-선정시스템
V 자동입출금기	T 전자자금이체
정보	
F 영화관 프로젝터	T 구글검색
V 복사기기	T 이동전화네트워크

출처: James A. Fitzsimmons & Mona J. Fitzsimmons (2010).

중간사례

인천공항, 세계 최고 IT기술 도입··· 15분이면 출입국 심사 'OK'

인천공항은 2010 ACI(국제공항협의회)의 '세계 공항 서비스평가'(ASQ)에서 종합부문 '세계 최고 공항상'을 받았다. 5년 연속이다. 최근 유럽, 일본 등 선진국들이 벤치마킹하기 위해 인천공항을 찾는 이유다. 인천공항의 서비스 경쟁력은 출입국에 걸리는 시간을 20분 내로 획기적으로 줄이고, 휴대폰으로 체크인할 수 있는 셀프체크인 등 유비쿼터스시스템에서 찾을 수 있다.

● 전 세계 공항 중 가장 빠른 출입국 수속

인천공항 경쟁력의 핵심은 출입국 심사에 소요되는 시간을 대폭 줄인 것. 인천공항을 드나들며 걸리는 시간은 '출국 15분 40초', '입국 12분 43초'. 국제민간항공 권고기준(ICAO) '출국 60분 이내 처리, 입국 45분 이내 처리'보다 세 배 이상 신속하다. 전 세계 공항 중 가장 빠르다는 평가다.

윤영표 인천국제공항공사 운영본부장은 "인천공항 경쟁력은 신속한 출입국 심사 및 세

관검색 · 통관, 간편하고 신속한 환승 · 환적"이라고 설명했다. 획기적으로 출입국 소요시간을 줄일 수 있었던 건 인천공항 출입국사무소와 세관의 끊임없는 노력과 세계 최고 수준의 정보기술(IT)을 접목한 유비쿼터스시스템도 빼놓을 수 없다.

● 휴대폰으로 체크인 가능

2009년 인천공항 여객터미널 출국장에 설치된 자동출입국 심사대를 100만 번째 이용객이 통과했다. 자동출입국 심사대를 설치한 지 7개월 만이다. 일본 나리타공항이 2008년 한 해 동안 겨우 50여만 명이 이용한 기록에 비하면 놀라운 성과다.

언제, 어디서든지 구애받지 않고 네트워크에 접속해 이용객들이 원하는 출입국 관련 서비스를 제공받을 수 있는 유비쿼터스시스템은 인천공항의 상징이다. 전 세계 공항이 인천공항을 벤치마킹 대상으로 삼는 것도 유비쿼터스시스템 덕택이다.

윤 본부장은 "세계 공항 관계자와 승객들을 대상으로 조사해 보면 '인천공항이 가장 빠르다'는 의견이 절대적"이라며 "신속한 절차는 매일 여객 수요를 분석해 탄력적으로 심사원을 배치하는 '승객예고제'와 IT기술을 접목한 첨단 자동출입국 심사대 및 셀프체크인시스템 등이 갖춰져 있기 때문"이라고 말했다.

자동출입국 심사대를 이용하면 출국 심사시간을 10초로 단축할 수 있다. 자동출입국 심사는 사전에 등록된 여권 정보와 지문, 얼굴 등 생체정보를 통한 신분 확인으로 곧바로 심사대를 통과할 수 있다. 승객이 공항에서 직접 탑승권과 좌석 배정을 받는 '셀프체크인 서비스'를 이용하면 2분 40초 정도면 체크인이 완료된다. 체크인 시간이 부족한 승객은 휴대폰으로 모바일 체크인도 가능하다.

공항 내 어떤 시설이 있는지, 어떻게 이용해야 하는지 모르면 공항 곳곳에 있는 안내 키오스크(u-Board)와 동작안내시스템(u-Signage)을 이용하면 된다. 터치스크린을 통해 면세점 등 상업시설이나 무료 인터넷 카페, 항공기 탑승 게이트까지 길 안내 등 본인이 원하는 서비스도 받을 수 있다. 안내시스템을 통해 수하물 수취대, 입국장 및 환승장 등 알림메시지와 공항과 각 지역을 연결하는 버스 시간 및 탑승 위치 등 대중교통 관련 정보도 실시간으로 확인할 수 있다.

출처: 한국경제 (2010. 10. 20).

4. 셀프서비스 진화

서비스에서 기술 혁신은 셀프서비스의 폭발적인 증가로 이어지고 있다. 서비스 제공 기업은 셀프서비스를 통해 서비스 생산 및 제공에 소요되는 비용을 대폭적으로 감소시킬 수 있다. 은행과 같은 금융업의 경우 지점을 방문해 대면으로 서비스를 받는 거래보다, 인터넷뱅킹, ATM, 모바일뱅킹과 같은 셀프서비스를 통한 비대면 채널의 비중이 늘어나고 있다.

실제로 인터넷과 모바일뱅킹이 확산되면서 인터넷뱅킹과 모바일뱅킹 등록자 수가 2011년 말 7400여만 명에 이르고 있고 금융거래에 있어 은행 창구거래(대면거래) 비중은 점차 줄고 있다. 2012년 9월 기준 입출금 및 자금이체의 비대면 거래는 상승한 87.8%를 차지했는데 이중 CD/ATM거래의 비중이 42.7%, 인터넷뱅킹이 30.3%를 차지하고 있다. 이로 인해 은행의 원가에서 차지하는 인건비의 비중이 줄어 비용 절감으로 이어지게 된다. 하지만 은행의 입장에서는 대면접촉을 통해 금융상품을 팔 수 있는 기회가 줄어들 뿐 아니라, 은행 지점 인력의 효과적 운영 등의 문제점도 함께 나타나고 있다.

이러한 셀프서비스의 진화는 은행뿐 아니라 도소매점, 공항, 서점, 학교 등 서비스업 전반에 걸쳐 그 영향력이 확대되고 있다. 식료품점과 같은 소매점에서 과거 점원이 고객을 응대하고 물건 가격을 계산하던 것에서, 자신이 구입한 물건을 직접 계산하는 셀프체크아웃을 활용하는 사례가 늘고 있으며, 처음부터 가계로 고객이 오지 않고, 집이나 사무실에서 온라인상으로 구입하는 온라인 전자서비스가 급증하고 있으며 이로 인해 오프라인 가계의 경쟁력 확보가 중요한 이슈로 부각되고 있다.

최근에는 이동형 모바일 기기를 이용한 모바일 쇼핑이 급증하는 추세다. PC 기반 인터넷 쇼핑 사이트 월평균 이용자 수가 12년 상반기 2980여만 명에서 '13년 상반기 2940만 명으로 감소한 것에 반해, 모바일 쇼핑 월평균 이용자 수는 '12년 상반기 650만 명 수준에서 '13년 상반기 1550만 명으로 1년 동안 2배 이상 급증하고 있다.

공항서비스에 있어서도 과거 여행사를 통해 항공권을 수령하였다면, 현재는 공항의 키오스크(KIOSK)를 통한 기계서비스와 온라인 체크인 및 탑승권 발급으로 진화하고 있다. 영화관과 같은 엔터테인먼트 산업에서도, 직접 영화관 티켓박스 점원을 통한 영화표 구입과 감상에서 나아가 키오스크를 통한 관람권 구입 등 셀프서비스를 이용하거나 집이나 고객이 편리한 장소에서 인터넷을 통해 온라인 시청하는 전자서비스로 진화해 나가고 있다.

향후 인건비 감소를 통한 서비스산업 생산성 향상 노력에 따라 이러한 셀프서비스는 향후 지속적으로 확대될 것으로 전망된다.

표 14-2 셀프서비스의 진화

서비스산업	대고객 접촉	기계서비스	전자서비스
은행	텔러	ATM	온라인 은행
식료품점	체크아웃 점원	셀프체크아웃	온라인 주문
공항	여행사	키오스크(KIOSK)	온라인 탑승권
식당	종업원	자판기	온라인 주문
영화관	티켓박스 점원	키오스크(KIOSK)	온라인 시청
책방	점원	컴퓨터 재고파악	온라인 쇼핑
교육	선생님	컴퓨터 교육	이러닝(E-learning)
도박	딜러	컴퓨터 포커	온라인 포커

출처: James A. Fitzsimmons (2003).

마무리사례

전 세계적으로 모바일뱅킹 보급률이 가장 높은 나라는?

정답은 바로 아프리카의 케냐이다. 케냐에서는 전 국민의 75%가 모바일뱅킹을 사용하고 있다.

야생동물이 뛰놀고, 사탕수수 재배와 같은 1차산업이 발달한 케냐가 모바일뱅킹 사용률 1위라니 참 아이러니하다. 일반적으로 발전의 단계를 보면, 네트워크는 인터넷에서 모바일의 순서로 진화하며, 은행의 경우 지점, 인터넷뱅킹, 모바일뱅킹 순으로 발전한다. 하지만 '모바일'이라는 기술은 이러한 일반적인 단계를 뛰어넘는 혁신을 가능하게 하고 있다.

아프리카 케냐는 낙후된 인프라로 인해 은행을 찾기가 쉽지 않다. 은행 지점의 수가 전국을 통틀어 750개밖에 되지 않기 때문에 케냐의 사탕수수밭 노동자들은 은행에 가려면 2~3일 휴가를 내야 했다.

더욱이 현금을 가지고 먼 거리를 이동하는 것은 위험천만한 일이었다. 아프리카의 무선통신업체인 Safaricom은 M-PESA(M은 모바일, PESA는 스와힐리어로 돈을 지칭함)라 불리는 모바일 화폐와 결제시스템을 개발했다. 이를 통해 케냐 사람들은 은행 계좌 없이도, 모바일을 이용해 소액결제와 금융거래를 할 수 있게 되었다.

M-PESA는 대단히 성공적이었다. 케냐의 사탕수수밭 노동자들은 은행이 들어서지 않은 지역에서도 몇 분 만에 모바일을 통해 편리하고 안전하게 금융거래를 하고 있다. 케냐의 M-PESA는 은행의 일반적인 진화 단계를 뛰어넘어 모바일을 통해 금융거래의 혁신을 이룬 사례로, 이 서비스는 현재 인도, 탄자니아, 아프가니스탄과 남아프리카공화국으로 확대되고 있다.

출처: 위키트리 (2013. 7. 9).

연습문제

1. 새로운 식당을 창업한다고 가정하고 식당 서비스에 최신 기술을 어떻게 접목하여 다른 식당과 차별화 할 수 있을지 제시하라. 식당 서비스 자동화를 위해서 필요한 기술과 셀프 서비스 접목방안을 설명하라.

2. 아프리카 또는 아시아의 저개발국가에 기술기반 서비스 혁신을 이룰 수 있는 서비스를 하나 제시하고 이를 구현할 수 있는 기술과 서비스 모델을 제시하라.

3. 사람의 손이 많이 가는 인건비 비중이 높은 서비스 하나를 선정하고 이를 기술을 활용하여 자동화하거나 개선 할 수 있는 방안을 제시하라. 자동화와 개선을 위해 투입된 자원대비 수익을 창출할 수 있는 수익모델을 함께 설명하라.

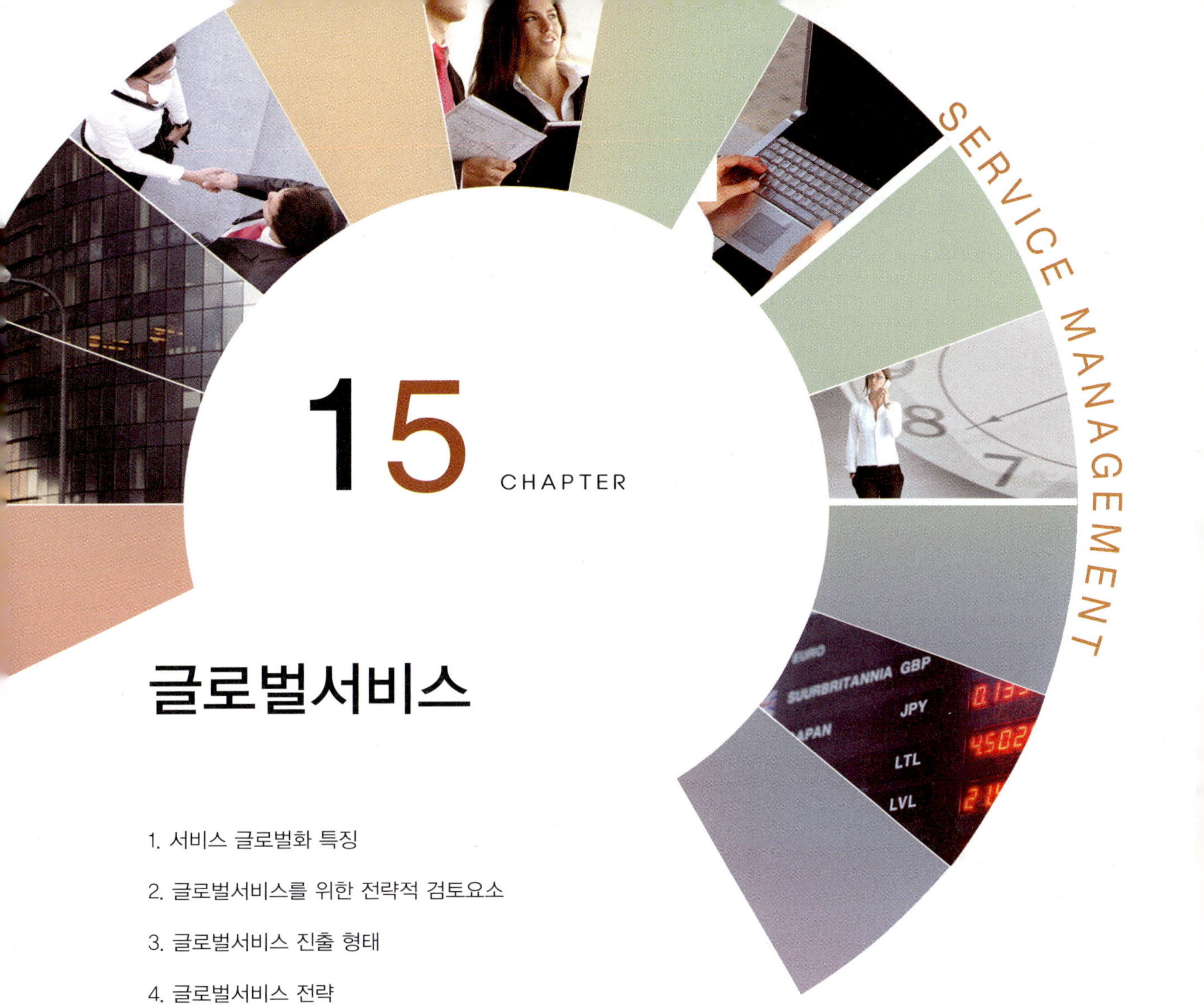

SERVICE MANAGEMENT

15 CHAPTER

글로벌서비스

1. 서비스 글로벌화 특징
2. 글로벌서비스를 위한 전략적 검토요소
3. 글로벌서비스 진출 형태
4. 글로벌서비스 전략
5. 글로벌서비스와 서비스 수출

15 CHAPTER 글로벌서비스

도입사례

세계 음악시장에 선보인 첫 한국의 글로벌서비스, 싸이

싸이는 2012년 7월 '강남스타일'을 발표한 이후 2013년 1월 171일 만에 유튜브 조회 수 11억 건을 돌파하는 등 유튜브 최고 조회 수 기록을 경신하고 있다. 또한 미국 빌보드차트 2위에 진입하고, 뉴욕 타임스퀘어 특설무대에서 세계인을 대상으로 새해 공연을 펼치기도 하였다. 싸이의 강남스타일은 기존의 여러 유명 한국 가수와 달리 국내시장이 아니라 세계시장에 선보인 첫 한국의 글로벌서비스였다.

미국 음악전문지 빌보드 표지를 장식한 싸이

● '강남스타일'의 성공요인은 무엇일까

구글코리아 유튜브 총괄 서황욱 상무는 "싸이의 가장 큰 성공요인은 음악과 뮤직비디오

콘텐츠가 좋았기 때문이지만 유튜브라는 글로벌한 플랫폼을 만나 세계를 아우르는 폭발적인 반응을 이끌어 냈다"며 "특히 싸이는 저작권에 대한 개방적인 시각으로 자신의 저작물에 대한 패러디 혹은 리액션 영상이 양산될 수 있도록 한 점도 성공요인 중 하나로 꼽을 수 있다"고 설명했다.

미국 하버드대 경영대학원이 발행하는 학술지 하버드비즈니스리뷰(HBR)도 '강남스타일' 성공요인에 대해 "싸이 측에서 사실상 저작권을 방임하는 방법을 통해 수많은 '강남스타일' 패러디물을 탄생시켰다. 크라우드소싱[Crowdsourcing, Crowd와 아웃소싱(Outsourcing)의 합성어]을 통해 전 세계 팬들이 말춤을 추게 했다. 소셜네트워크서비스(SNS)를 활용한 신선한 마케팅 방식을 제시한 셈이다"라고 주장해 눈길을 끌었다.

이어 펜실베이니아대 와튼스쿨 데이비드 벨 교수는 "성공 비결은 메시지가 담긴 가사라기보다 뮤직비디오 속 유머러스한 이미지를 추구한 데 있다. 메시지가 아닌 이미지 구축에 중점을 둠으로써 높은 언어 장벽까지 무너뜨릴 수 있었다. 그뿐만 아니라 기존 랩 음악에 코믹한 요소를 가미해 큰 성공을 거뒀다"라고 밝히기도 했다.

출처: 헤럴드경제 (2012. 11. 24); 헤럴드경제 (2012. 10. 10). 재구성.

최근 싸이 등 엔터테인먼트 분야와 게임 분야를 중심으로 국내 서비스의 글로벌화가 확산되고 있다. 그러나 일부 분야를 제외하고는 국내 서비스가 활발히 세계시장에 진출하는 글로벌화가 이루어지지 못하고 있는 상황이다. 그러나 맥도날드, 스타벅스, KFC, 페덱스, DHL 등으로 대표되는 글로벌 프랜차이즈기업들과 많은 글로벌기업도 존재한다.

그렇다면 서비스는 제조업의 글로벌화에 비해 어떤 특징을 가지고 있을까?

1. 서비스 글로벌화 특징

국내 제조기업의 글로벌화에 이어 국내 서비스기업의 글로벌화가 최근 두드러지고 있다. 하지만 동일 제품을 대량생산해 대량소비하는 해외시장으로 수출할 수 있는 제조업에 비해 서비스는 글로벌화에 여러 한계를 지니고 있다.

(1) 문화

우선 문화적 어려움이다. 특정 지역에서는 문제가 없는 서비스라도 국가가 달라지면 문화적 차이로 인해 서비스 수용을 거부할 수 있다. 특히 종교 · 인종 · 역사 · 지역 · 언어 등 다양한 요인으로 인한 문화적 차이는 서비스의 글로벌화에 장애요인으로 작용하게 된다.

예를 들어 이슬람권에서는 일요일이 휴일이 아니고 금요일이다. 남유럽 국가인 스페인(오후 1시~4시), 이탈리아(오후 1시~3시 30분), 그리스(오후 2시~4시) 등과 브라질 등 라틴아메리카 국가에서는 낮에 시에스타(SIESTA)를 즐기는 대신 저녁 또는 밤 시간까지 일을 한다.

한편 이슬람권에서는 금융 회사가 대출을 해줄 경우 이에 대한 이자를 받을 수 없다. 대신 수수료란 명목으로 처리해야 한다. 또한 돼지고기 관련 사업 및 주류산업 등에 대해서는 대출을 해줄 수 없다.

> **이슬람금융이란**
>
> 이슬람금융이라 함은 이슬람교의 샤리아(shariah, 이슬람법)에 근거한 금융거래를 말한다. 일반적으로 대출을 해주고 이자를 받는 구조 대신 실물자산의 매매나 이용을 통해 얻는 이윤을 배당하는 방식으로 투자자들에게 대가를 지급한다. 수쿠크(채권), 타카풀(보험) 등이 대표적인 이슬람금융 상품이다.
>
> 이슬람사회에서는 샤리아에 의해서 일상의 모든 행동이 상세하게 규정을 받고 있다. 예를 들면, 리바(riba: 이자)의 수수, 돼지고기나 술과 같은 음식, 도박의 금지 같은 것이 이 범주에 속한다. 샤리아는 이슬람금융 등의 경제행위에도 침투해 있다. 리바(이자)의 수수, 식육(돼지고기를 다루는) 회사, 주조 회사, 갬블 등을 업종으로 하는 회사 등에는 일체의 융자를 할 수 없도록 되어 있다. 이 같은 사업에 융자를 금지하는 이유는 물론 샤리아에서 금지하고 있는 사항에 대한 위반이기 때문이다.
>
> 이슬람금융에서는 전체 거래형태에 있어서 샤리아 컴프라이언스(샤리아법 준수, 샤리아

법 적격성)가 문제 된다.

각각의 거래에 있어서 융자처의 업종이나 취급상품 등이 샤리아법에 위반되지 않은가를 사전에 엄격하게 심사하고, 만약에 위반사항이 있으면 자금의 제공은 일절 불가능하다. 이러한 심사를 행하는 사람을 샤리아보드(shariah board)라고 한다.

또한 각각의 거래가 샤리아에 근거한 내용이 되도록 당사자들에게 조언이나 지원을 하는 사람들이 샤리아 어드바이저(shariah advisor)이다.

출처: 송창규 역 (2008); 매일경제.

서비스는 서비스가 가진 특징으로 인해 서비스의 생산과정과 전달과정에서 사람이 개입할 수밖에 없으므로 근로시간, 선호도 등 개별 국가가 가진 문화적 특성에 직접적으로 영향을 받게 된다.

이에 반해 제품은 각국의 문화에 일부 영향을 받을 수는 있지만 그 수준과 정도가 서비스에 비해서는 낮다.

(2) 해외 국가의 정책 및 규제

해외 국가의 정책 및 규제가 서비스의 글로벌화에 영향을 미친다. 특히, 금융 및 통신과 같은 국가기간산업 또는 보호산업에 있어서 해외 정부의 정책 및 규제는 서비스의 글로벌화에 직접적인 한계를 제시하기도 한다. 통신, 금융과 같은 기간 서비스산업과 핵심 서비스산업은 대부분의 국가에서 엄격한 정책적 규제와 외국 서비스기업에 대한 진입 장벽을 가지고 있다.

항공 등의 서비스산업에서는 자국 서비스기업 육성을 위해 항공협정과 같은 국가 간 협약을 통해 국내시장을 보호하기도 한다. 최근 중국은 2013년 7월 25일 중국 하이난으로 출발하려던 부정기편 제주항공 소속 항공기의 운항을 출발 불과 4시간 앞두고 뚜렷한 이유 없이 운항 허가를 내주지 못하겠다고 통보해 운항이 취소되었다. 전문가들은 중국민항총국(CAAC)이 올 하반기부터 자국 저비용항공사

(LCC)를 육성하고 중국의 항공산업을 보호하기 위해 중국시장에서 빠르게 성장하고 있는 한국 항공사들을 견제하고 있는 것으로 보고 있다.

또한 미국은 자국 연안 해운시장을 보호하기 위해 해외 선사의 연안 해운시장 진입을 허용하지 않고 있다.

서비스와는 달리 제품은 상대적으로 해외 정부의 정책 및 규제에 영향을 덜 받고 운송비, 관세 등을 부담할 뿐 상대적으로 용이하게 수출할 수 있다.

(3) 해외 공급자

해외 국가의 공급자와의 관계도 서비스의 글로벌화에 영향을 미친다. 국내시장과 달리 해외시장에서는 서비스 공급에 필요한 별도의 공급자가 필요하며 새로운 공급망과 파트너십 구축은 새로운 문제를 야기하게 된다.

국내 서비스기업이 해외로 진출할 경우, 예를 들어 음식점이라면 음식에 필요한 식자재를 신선도 유지, 수송비용 등의 문제로 인해 전부 공수해 올 수는 없기 때문에 현지에서 필요한 식자재를 공급할 공급자를 선정해 관리해야 할 필요가 발생하게 된다.

2. 글로벌서비스를 위한 전략적 검토요소

글로벌서비스를 위해서는 서비스 글로벌화의 특징을 인식해 글로벌화를 위한 목표시장, 서비스 개념, 서비스 전달시스템, 서비스 운영전략을 검토하고 수립해야 한다.

(1) 목표시장

성공적인 서비스의 글로벌화를 위해서는 다각적인 검토가 필요하다. 이를 위해 첫 번째로 검토되어야 할 요소는 서비스에 대한 목표시장이다. 해외 진출국의 목표 지역, 연령, 직업, 계층 등에 대한 세분화 및 목표설정이 제시되어야 한다.

(2) 서비스 개념

글로벌화하려는 서비스 개념에 대한 체계적인 검토가 필수적으로 요구된다. 글로벌화하려는 서비스가 해당 국가에서 문화적으로 받아들일 수 있는 서비스 개념인지, 해당 국가 서비스 고객들의 기대수준과 윤리에 부합하는지 등에 대한 검토가 요구된다.

(3) 서비스 전달시스템

목표시장과 서비스 개념을 검토한 후에는 서비스 전달시스템에 대한 검토가 이루어진다. 현지에서 활용할 수 있는 근로자의 수준, 공급망 형성에 참여할 수 있는 공급기업, 활용할 수 있는 주요 인프라 등에 대한 타당성 검토가 이루어지게 된다.

(4) 서비스 운영전략

마지막으로 서비스를 제공하는 과정의 운영전략이다. 국내와 다른 현지 언어에 대한 활용 검토, 현지 국가 정부의 정책 및 규제, 노동조합 및 관련 협회와의 관계 등에 대한 검토가 필요하다.

표 15-1 글로벌서비스를 위한 전략적 검토 요소

목표시장	서비스 개념	서비스 전달시스템	운영전략
• 시장세분화는? – 국내의? – 다국적의? – 방문고객?	• 고객들의 기대는? – 가치의 인식? – 서비스 윤리?	• 가능한 기술은? – 인프라구조? – 유용한 서비스?	• 적절한 관리적 실행은? – 참여적인가? – 독재적인가?
• 중요한 문화적 차이는? – 언어? – 라이프 스타일? – 지불 가능한 소득?	• 서비스의 접점은? – 언어? – 셀프서비스의 용인?	• 노동시장 규범과 관습은?	• 노동시장의 협회는? – 정부규제? – 노동조합?
• 종업원의 인구통계학적 특성은? – 기술? – 나이 분포? – 태도? – 직업 윤리?	• 일반적인 서비스 패턴은?	• 공급자와의 관계는?	• 현지 정부의 정책은?
	• 문화적 이전 가능성은?	• 고객들의 교육은?	• 언어는? – 경영본부(대고객부서)? – 고객들을 직접 상대하지 않는 부서?

출처: James A. Fitzsimmons & Mona J. Fitzsimmons (2010). 재구성.

3. 글로벌서비스 진출 형태

서비스가 글로벌화되기 위해서는 기업이 소재한 국내시장을 넘어 해외 국가로 진출하게 된다. 이러한 글로벌서비스 교역을 WTO서비스협정(GATS)에서는 크게 네 가지 모드(Mode)로 구분한다.

(1) 국경 간 공급(Mode 1: Cross-border supply)

국경 간 공급은 인터넷 강의와 같이 서비스 수출자와 수입자가 각각 자기 나라에서 머물면서 인터넷, 팩스 등을 통해 서비스만 국경을 넘어 공급하는 방식이다. 상대 국가에 사업장을 설립하지 않고도 인터넷을 이용한 경영컨설팅, 법률자문, 건축설계도면 제공 등의 전문서비스 제공과 국제화물 운송 등 여러 형태의 서비스 교역이 가능하다.

(2) 해외 소비(Mode 2: Consumption abroad)

해외 소비는 해외 유학과 연수와 같이 서비스 소비자가 직접 해당 서비스 제공국으로 이동하여 소비하는 형태이다.

(3) 상업적 주재(Mode 3: Commercial presence)

상업적 주재는 미국 대학이 한국에 와서 대학을 설립하는 것과 같이 서비스 소비자가 이동하는 것이 아니라 서비스 제공자가 해외로 진출해 사업장(법인, 합작투자, 대표사무소, 지점, 파트너십 포함)을 설립 또는 기존 회사를 인수해 서비스를 제공하는 형태이다.

예를 들어 스타벅스와 같은 해외 서비스기업이 국내에 진출하는 것처럼, 국내 1위 기업인 카페베네는 뉴욕 맨하탄에 2012년 2월 1호점을 개점하였다. 북카페, 무료 와이파이 등은 국내 점포와 같은 서비스를 제공하고 오곡라테, 미숫가루 등 우리말 그대로 표기한 음료를 판매한다. 개점 이후 일평균 3,000명 이상의 고객이 찾고 있고, 이어 뉴욕 2호점을 개점하였다.

(4) 자연인의 이동(Mode 4: Movement of natural persons)

자연인의 이동은 미국 교수가 한국 대학에서 강의하는 것과 같이 서비스 제공

인력이 상대국으로 진출하는 형태이다. 다만 상업적 주재와는 달리 사업장을 통해서가 아닌 자연인인 점이 차별화된다.

4. 글로벌서비스 전략

서비스의 글로벌화를 위한 글로벌서비스 전략에 대해 고객계약, 고객화, 복잡성, 정보집약도, 문화적 수용, 노동집약도 등 7개 글로벌화 요인에 따라 MaLaughlin 등(1996)은 다섯 가지 기본 전략을 제시하였다.

(1) **다국적 확장**(Multicountry expansions)

다국적 확장전략은 국내에서 제공 중인 서비스를 해외 국가에 그대로 이식해 동일한 표준서비스를 제공하는 것이다. 다국적 확장이 가능한 서비스는 서비스의 복잡도가 그리 높지 않은 음식점과 같은 일상서비스로, 표준화가 가능해야 한다.

고객이 경험하는 서비스 자체는 동일하더라도 현지에서 운영하는 법인의 운영이나 현지 공급자와의 관계에 있어서는 현지 문화를 반영해 운영할 필요가 있다.

(2) **고객수입**(Importing customers)

고객수입 전략은 서비스기업이 해외로 진출하지 않고 해외의 소비자가 직접 국내로 이동하여 서비스를 소비하게 하는 전략이다. 이러한 고객수입이 가능하기 위해서는 해외소비자가 이동에 지출하는 비용 이상의 효과를 체감할 수 있는 서비스이어야 하고, 체류기간이 일정기간 이상 필요한 서비스로 한정된다.

대표적인 고객수입 전략이 활용되는 서비스산업은 의료(종합병원, 성형외과 등) 서비스, 교육(대학, 고등학교 등), 관광서비스 등이 해당된다.

국내의 특성을 그대로 보유한 이러한 형태의 서비스산업에서는 해외소비자에게 적합한 외국어 제공과 해외소비자가 가진 문화를 서비스에 접목하려는 노력이 필수적으로 요구된다.

(3) 고객동반진출(Following your customers)

고객동반진출 전략은 국내에서 자사와 거래하는 고객 회사가 해외로 진출하는 경우, 고객 회사를 지원하기 위해 함께 해외로 진출하는 전략이다.

고객동반진출이 가능한 서비스산업은 상대적으로 고가의 물리적 시설이나 장비가 요구되지 않는 전문서비스산업이 대표적이다. 대표적으로 법률서비스, 회계서비스, 컨설팅서비스 등이 해당될 수 있다. 국내 법률 회사가 자신과 거래하는 고객기업이 해외에 진출하는 경우 해당 국가에 지사를 설립하고, 해당 국가 관련 법률서비스를 제공하는 것이다.

(4) 서비스 해외이전(Service offshoring)

서비스 해외이전(offshoring)은 서비스 아웃소싱이 해외에서 이루어지는 형태이다. 예를 들어 미국의 많은 기업들은 비용 절감을 위해 자사의 콜센터 기능을 인도 등으로 이전하고 있다.

또한 콜센터와 같은 저숙련서비스 분야뿐 아니라 고숙련전문서비스의 해외이전도 활발히 이루어지고 있다. 예를 들어 미국의 많은 IT서비스기업들은 프로그램 개발 등에 있어서 인도에 의존하고 있다. 또한 인도는 영어에 능통하면서도 상대적으로 저렴한 의사의 인건비로, 미국 소재 50개 병원에서 찍은 컴퓨터단층촬영(CT)이나 자기공명영상(MRI) 자료를 원격으로 인도에서 판독하고 미국으로 다시 전송하고 있다.

하지만 서비스 해외이전에서는 서비스의 품질수준이 유지되는지, 기업이 가진 보안정보와 데이터가 해외에서도 유지되는지에 대한 관리가 추가적으로 요구되는 문제점도 가지고 있다.

예를 들어, 낮에 미국에서 촬영된 의학검사 자료를 인도와 미국의 시차로 인해, 인도시간으로 밤에 판독해 보내 주게 되는데, 이 과정에서 여러 회사와 기관이 연계되어 길게는 1주일씩 소모되어 의료서비스의 질 저하가 발생하는 경우도 있다.

(5) 24시간서비스(Beating the clock)

24시간서비스 전략은 일반적인 근무시간을 벗어나, 해외 지사와 거점을 통해 24시간 고객서비스를 제공하는 것이다. 국내에서 자체적으로 24시간서비스를 제공하기 위해서는 노동법, 정부 규제 등에 의해 가능하지 않지만, 시차로 인해 근무 시간이 다른 해외 인력을 활용해 24시간서비스를 제공하는 것이다.

특히 24시간 고객응대가 필요한 예약서비스나 긴급응대서비스 등에 있어서 활용도가 높다. 미국 기업의 경우 동부와 서부의 시차로 인해 고객응대가 곤란한 경우가 발생하는데, 이러한 경우 시차가 나지 않는 해외 지점을 활용해 고객응대를 수행하고 있다.

표 15-2 글로벌화 요인에 따른 글로벌서비스 전략

글로벌화 요인	글로벌서비스 전략				
	다국적 확장	고객수입	고객동반지출	서비스 해외이전	24시간서비스
고객 계약	현지 직원훈련	외국어와 문화적 민감성 훈련	외국인 고객	back-office 서비스를 특성화	연장시간 서비스 제공
고객화	표준서비스	전략적 기회	현지화	품질과 조정	신뢰성과 조정에 대한 많은 요구
복잡성	일상적	전략적 기회	운영을 수정	집중을 위한 기회	시간 압축
정보집약도	위성 네트워크	인터넷 효용성	숙련된 관리자 이전	훈련 투자	기회를 활용

문화적 수용	서비스 수정	외국 고객의 편의 도모	규모 달성을 위해 가능한 모두	문화적 이해	일반적으로 필수적인 언어
노동집약도	노무비 절감	노무비 증대	현지인 고용	노무비 절감	노무비 절감
기타	정부 규제	물류관리	부적절한 인프라	본사 직원의 사기	자본투자

출처: Curtis P. McLaughlin & James A. Fitzsimmons (1996).

또한 글로벌통합(Global integration)과 현지적응(Local responsiveness)의 관점에서 서비스의 글로벌화 전략을 검토할 수 있다. 글로벌통합은 개별 시장의 차별성에 입각하기보다는 세계시장이 통합되어 있다는 관점에서 전략을 추진하는 것으로, 원가 절감 및 글로벌기업 이미지 제고가 가능하다. 현지적응은 시장이 국가별 또는 지역별로 분리되어 있다는 관점에서 환경에 적합한 현지시장 지향적인 전략을 추구하는 것으로, 현지 소비자 만족의 극대화를 목표로 둔다.

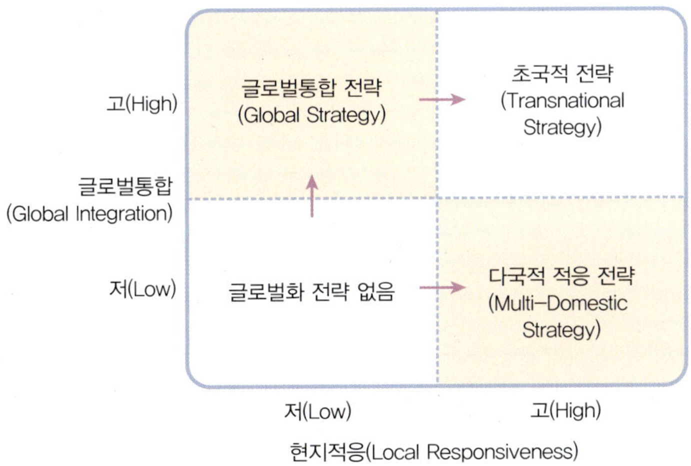

그림 15-1 글로벌통합과 현지적응에 따른 서비스 글로벌화 전략

출처: Christopher A. Bartlett & Sumantra Ghosha l (1998).

(1) **글로벌통합 전략**(Global strategy)

세계가 하나라고 인식하고, 모든 나라를 같은 방식으로 접근해 표준화하는 전략이다. 브랜드 파워가 있는 회사에서 주로 선택하는 전략으로 제조업에서 스위스 가구 회사 IKEA를 예로 들 수 있다. 또한 서비스업에서는 시티은행을 들 수 있는데, 'Anyway, anywhere, anytime'이라는 슬로건으로 전 세계를 공략하고 있다.

(2) **다국적 적응 전략**(Multi-domestic strategy)

현지 적응에 주안점을 두어, 해당 시장의 소비자가 외국 기업인지를 잘 모를 정도로 현지시장에 동화되는 차별화 전략이다. 글로벌 금융기업이 지역별로 다른 상품을 공급하는 것을 예로 들 수 있다.

(3) **초국적 전략**(Transnational strategy)

운영효율성과 근접성이 높은 전략으로, 표준화와 차별화를 동시에 행하는 전략이다. 위의 전략은 모두 부분적이라고 보고, 전 세계적인 경쟁우위를 달성하기 위해서는 비용과 수익이 동시에 관리되어야 하며 효율성과 혁신이 모두 중요하다고 본다. 즉, 글로벌 효율성, 다국적 유연성, 전 세계적 학습을 통한 혁신을 동시에 달성하려고 하며, 현지시장의 요구에 반응하는 동시에 범세계적인 통합우위를 함께 추구하는 전략이다. 초국적 기업은 중앙의 명령에 입각한 위계구조로부터 탈피하여 책임의 하향이전, 감시나 통제가 아닌 협동, 팀워크, 가치공유를 통한 조정(Co-ordination)에 의거한 유연한 조직구조를 갖게 된다. 즉, 각 국의 독립적 자회사들도 책임이 분산되지만, 이들은 전체적으로 공유된 전략과 노하우를 활용함으로써 자회사 자체와 초국적 기업의 이윤축적에 유기적으로 기여하게 된다.

5. 글로벌서비스와 서비스 수출

글로벌서비스는 대표적으로 서비스 수출로 나타날 수 있다. 세계적으로 서비스 수출이 가장 활발한 국가는 미국으로 전체 서비스 수출 시장의 14.1%를 차지하고 있고, 이어서 영국(7.5%), 독일(6.4%), 프랑스(4.3%), 일본(3.9%)의 순이다.

우리나라의 세계 서비스시장 점유율은 1.97%('08) 수준이며, 서비스 분야별로는 운수('09년 49.5%), 사업서비스('09년 19.5%,), 여행서비스('09년 16.1%) 순으로 높은 비중을 차지하고 있다. 그러나 특허권 등 사용료(5.4%), 금융(4.1%), 통신(1.1%), 컴퓨터 · 정보(0.4%), 건설(0.3%) 등은 상대적으로 수출 비중이 낮은 상황이다.

반면에 여행 및 사업서비스는 수입금액이 수출금액을 상회하여 우리나라 서비스수지 적자의 주요 원인으로 지목되고 있다.

표 15-3 주요 부문별 서비스 수출 동향

(단위: 억 불, %)

	'05	'06	'07	'08	'09
	금액(비중)	금액(비중)	금액(비중)	금액(비중)	금액(비중)
서비스 수출	451.3(100)	498.9(100)	633.5(100)	771.8(100)	585.1(100)
• 운 수	238.8(52.9)	258.1(51.7)	335.6(53.0)	447.7(58.0)	289.4(49.5)
• 여 행	58.1(12.9)	57.9(11.6)	61.4(9.7)	97.7(12.7)	94.4(16.1)
• 통 신	4.4(1.0)	6.4(1.3)	5.5(0.9)	7.2(0.9)	6.6(1.1)
• 건 설*	1.1(0.3)	1.3(0.3)	1.3(0.2)	2.8(0.4)	1.6(0.3)
• 금 융**	16.5(3.7)	25.4(5.1)	40.0(6.3)	37.9(4.9)	23.8(4.1)
• 컴퓨터 · 정보	0.6(0.1)	2.5(0.5)	3.4(0.5)	3.0(0.4)	2.2(0.4)
• 특허권 등 사용료	19.1(4.2)	20.5(4.1)	17.4(2.7)	23.8(3.1)	31.9(5.4)
• 사업서비스	94.2(20.9)	105.3(21.1)	144.2(22.8)	129.7(16.8)	114.1(19.5)

* 1년 이하의 단기공사(1년 초과 장기건설은 직접투자로 자본수지에 계상)
** 외국환거래 및 LC 관련 금융중개 수수료, 유가증권거래 수수료 등
출처: 한국은행 (2010).

마무리사례

세계 최초 국내서비스가 글로벌서비스가 되지 못한 이유는?

● 사례 1. 소셜네트워크서비스(SNS) 진짜 원조 싸이월드가 세계화에 실패한 이유

지금 소셜네트워크서비스는 모두 페이스북과 트위터 등을 떠올리지만 세계 최초의 소셜네트워크서비스는 한국에서 개발한 싸이월드였다. 페이스북은 서비스 대부분을 싸이월드를 그대로 베꼈다. 그러나 싸이월드는 글로벌서비스가 되지 못했다.

cyworld

[싸이월드 창업자 이동형 대표 분석]

① 나라별 칸막이 만들어 세계 네트워크 소통 실패
② 한국 이미지 너무 강해 독도문제 뒤 일본에서 외면
③ 아이폰 열풍 파악 못 해 모바일시대 대응 늦어

싸이월드 창업자인 이동형(46) 나우프로필 대표는 20일 "싸이월드가 페이스북을 따라하다 보면 괴물이 되기 십상"이라고 말했다. 그는 본지와의 인터뷰에서 "트위터나 페이스북이 대세인 것처럼 말하지만 사실이 아니다"고 잘라 말했다.

싸이월드는 2500만 가입자를 보유한 국내 최대 SNS다. 대한민국 국민 절반 이상이 회원으로 가입해 있는 국민 SNS다. 해외에서도 SNS의 원조라는 평가를 받아 왔다. 외국 기업인들이 SK를 방문할 때면 꼭 물어보던 것이 싸이월드 스토리였다. 그러나 지난해 글로벌 SNS들이 국내에 본격 상륙하면서 상황이 달라졌다. 싸이월드를 사용하던 사람들이 속속 페이스북이나 트위터로 옮겨 가고 있는 가운데 사람들의 관심도 예전 같지 않다.

1999년 만들어진 싸이월드는 2003년 SK커뮤니케이션즈에 인수됐다. 싸이월드는 페이스북이 탄생하기도 전에 글로벌시장 공략을 시도했다. 하지만 2005년 이후 계속된 해외진출 시도는 연거푸 실패했다. 미국 · 독일 · 대만 · 일본 · 중국 · 베트남 등 6개국에 진출했지만 중국과 베트남을 제외하곤 모두 서비스를 접었다.

창업자가 보는 싸이월드의 해외진출 실패 원인은 무엇일까. 이 대표는 "국가별 네트워크를 만들려고 했던 것이 가장 큰 패착이었다"고 말했다. 페이스북이나 트위터가 전 세계에

동일한 서비스를 제공하기 때문에 세계 어느 나라 친구들과도 쉽게 교류할 수 있는 데 비해 싸이월드는 나라별 칸막이를 만들어 지역 기반을 벗어나지 못했다는 것이다. 한국 기업이 하는 서비스라는 이미지를 탈피하지 못한 것도 걸림돌이었다. 그는 "SNS는 자동차나 가구 같은 공산품이 아닌 네트워크다. 한국 기업의 서비스라는 건 일본에서 큰 약점이었다. 독도 문제 같은 것이 터지면 가입자들이 쫙 빠져나가 버리곤 했다"고 술회했다. 모바일시대에 제대로 대처하지 못했던 것도 문제였다. 이 대표는 "옴니아 같은 윈도모바일 기반의 스마트폰에 집중하느라 아이폰과 안드로이드폰에 대한 대응이 늦었다"면서 "특히 공유와 개방이라는 세계적 흐름을 따라잡지 못한 것이 약점이었다"고 말했다.

이런 가운데 싸이월드가 해외진출을 재추진하기로 했다. SK커뮤니케이션즈는 이날 전 세계 인터넷 사용자가 이용할 수 있도록 글로벌 플랫폼을 만들겠다고 밝혔다. 10~20대 젊은 층과 여성층을 공략한다는 것이 이 회사의 전략이다.

싸이월드의 실패 원인에 대해 현재 싸이월드를 인수해 운영하고 있는 정만원 SK그룹 부회장은 서비스 대부분을 베낄 정도로 창의적이었던 싸이월드의 실패에는 분명한 이유가 있었다고 지적한다.

"싸이월드가 왜 페이스북 정도로 못 컸느냐. 언어와 문화 때문입니다. 세계통신사 중 성공은 보다폰 텔레포니카뿐입니다. 보다폰은 영국식민지로, 텔레포니카는 스페인식민지로".

높은 언어와 문화장벽 앞에서도 정 부회장은 우리나라 ICT산업의 미래는 아직 밝다고 자신하고 있다.

"그러면 희망이 없을까요? 이제 새로운 영역이 전개된다는 거예요. 모바일ICT 활용한 산업 간 협업으로 B2B쪽에 어마어마한 시장이 열린다는 거예요."

정 부회장은 정보통신기술과 융합할 분야는 다양하게 존재한다고 제시했다.

"의료, 교육, 유통, 자동차, 굉장히 할 데가 많습니다. 우리가 새로운 서비스를 만들어서…. 문화와 언어장벽이 거기는 필요 없으니까 그 시스템을 들고 글로벌라이즈할 수 있어요".

● 사례 2. '싸이월드', '다이얼패드', '판도라TV'는 왜 '페이스북', '스카이프', '유튜브'가 되지 못했나

지난 1999년 국내에 출시된 세계 최초의 소셜네트워크서비스(SNS) '싸이월드 미니홈피', 2000년 새롬기술이 선보인 최초의 인터넷전화 '다이얼패드', 유튜브보다 먼저 동영상 웹서비스를 선보였던 '판도라TV'.

이 세 가지 서비스의 공통점은 무엇일까. 세계 최초로 기술 개발에 성공했지만 글로벌시장에서 성공하지 못했다는 점이다.

페이스북 · 스카이프 · 유튜브에 앞서 세계시장을 주름잡는 서비스가 될 수 있었다지만

그 가능성이 현실화되지 못한 이유는 '글로벌시장을 겨냥한 창업생태계의 부재' 때문이다. 적절한 시기에 해외자금을 유치하거나 기술 제휴 등을 통해 해외시장에 걸맞은 서비스로 변모해야 하는데 국내에 이와 같은 생태계 자체가 부재하다 보니 실패할 수밖에 없었던 것.

기술 및 서비스의 글로벌화 못지 않게 중요한 것이 자금의 글로벌화다. 이스라엘 벤처펀드인 요즈마펀드가 자국 벤처기업들의 해외진출을 돕는 젖줄이 될 수 있었던 것도 지식과 기법이 축적된 해외 벤처생태계를 염두에 두고 기획된 덕이다.

박재성 중소기업연구원 연구위원은 "이스라엘 벤처펀드의 목표는 이스라엘 국내증시 상장이 아니라 나스닥 상장이나 해외기업으로의 피인수로 설정해, 자금모집 성과와 투자회수율을 높였다"며 "해외 네트워크와 적극적으로 연계하면서 투자기업이 전 세계 기술생태계에 쉽게 침투할 수 있게 토대를 마련했고 글로벌 자본의 참여도 유도할 수 있었다"고 설명했다.

이스라엘과 달리 한국 창업생태계는 여전히 '우물 안 개구리'다. 벤처캐피탈협회에 따르면 국내 창업투자조합의 신규 출자자 비중에서 외국인은 2003년부터 2011년까지 5% 안팎에 머물렀고 올해도 3% 수준에 그칠 것으로 전망된다. 외국계 벤처캐피털 대표는 "해외진출을 염두에 두고 있는 기업이라면 적어도 2단계 투자(시리즈B)에서 해외자금을 받아 글로벌 네트워크를 넓히고 해외시장에 대한 이해도를 높여야 한다"고 조언했다.

또 익명을 요구한 한 벤처업체 대표는 "창업기업이 해외시장에 성공적으로 안착하려면 외국자본을 받는 것이 중요한데 국내에서는 벤처기업이 외국 돈을 받으면 '먹튀'라고 생각한다"며 "말로만 해외시장을 뚫으라고 할 게 아니라 기업을 보는 마인드가 바뀌어야 되고 해외진출을 위한 인프라도 마련해 주는 게 필요하다"고 목소리를 높였다.

출처: 중앙일보 (2011. 1. 21); SBS CNBC (2012. 12. 11); 서울경제 (2013. 8. 13). 재구성.

연습문제

1. 우리나라 의료 서비스를 글로벌화 할 수 있는 전략을 제시하라. 해외 환자를 국내로 유치하는 내향형(Inbound) 글로벌화와 국내 의료 서비스를 해외로 진출하는 외향형(Outbound) 글로벌화로 나누어 글로벌화 전략을 제시하고 글로벌화 전략에서 기술혁신의 역할을 설명하라.

2. 세계 최초 소셜네트워크서비스(SNS) 싸이월드가 실패한 원인을 세계 음악 시장에서 성공한 싸이의 사례에 비추어 목표시장, 서비스개념, 서비스전달시스템, 운연전략 등 글로벌서비스를 위한 전략적 검토 요소 관점에서 분석하라.

3. 우리나라가 가진 서비스 중 수출이 가능한 유망 글로벌서비스를 하나 제시하고 그 근거를 설명하라. 이 서비스 수출을 위해 어떠한 글로벌서비스 전략이 필요한지 설명하라.

4. 한국이 가진 음식 배달 서비스 모델을 피자를 제외한 음식의 배달 서비스 문화가 없는 미국에 접목해 수출한다면 어떤 글로벌서비스 전략이 필요한가? 음식점을 미국에서 본인이 운영하지 않고 한국의 음식 배달 서비스 모델을 미국 뉴욕에 접목한다면 수익을 창출하기 위해 어떤 서비스 모델이 필요한지 제시하라.

참고문헌

권오경 (2010). 공급사슬관리. 서울: 박영사.

김기영 외 (1999). 품질경영. 서울: 박영사.

김성희, LG EDS 시스템 지식관리센터 (2001). e-지식경영—e-비즈니스 환경에서의 지식경영. 안양: 도서출판 물푸레.

김연성 외 (2005). 생산관리. 서울: 한경사.

김연성 외 (2009). 글로벌 품질경영. 서울: 박영사.

김용만, 심규열, 신현호 (2000). 서비스 품질과 서비스 가치가 서비스 만족과 서비스 애호도에 미치는 영향. 한국마케팅과학회, 마케팅과학연구, 제5집, 105-106.

노시평 외 (2000). 신공공부문 행정서비스마케팅. 파주: 법문사.

문종혁, 이영해 (2011). 서비스 공급사슬의 시뮬레이션에 관한 연구. 2011 한국경영과학회/대한산업공학회 춘계공동학술대회 논문집, 1207-1214.

박용태 외 (2012). 서비스공학. 서울: 생능출판사.

박종홍 외 (2008). 물류 산업의 텔레매틱스 기술 적용 방안 및 서비스 동향. 전자통신동향분석, 23(4), 147-155.

서비스경영연구회 (1999). 서비스경영. 서울: 도서출판 석정.

서비스경영연구회 편역 (2008). 서비스경영. 서울: 한경사.

안상형, 이관석, 이명호 (2008). 21세기품질경영. 서울: 박영사.

안성화, 이영해 (2008). 서비스 사이언스와 서비스 SCM. 2008 SCM 춘계발표대회.

안성화, 이영해 (2009). 서비스 공급사슬의 성과측정 모델 개발. 2009 한국경영과학회 추계학술대회 논문집, 165-169.

안성화, 이영해 (2009). 서비스 SCM의 성과측정 프레임워크 개발. 2009 대한산업공학회 추계학술대회 논문집, 630-637.

안성화, 이영해 (2009). 서비스 SCM의 현황과 향후 연구방향. 2009 한국경영과학회/대한산업공학회 춘계공동학술대회 논문집, 1519-1526.

안영진 (2011). 경영품질론. 서울: 박영사.

윤만희, 김정섭 (2006). 서비스고객참여의 선행요인과 고객만족에 미치는 영향. 한국산업경영학회, 21(1), 43.

윤재홍 (2012). 품질경영론. 서울: 한경사.

윤재홍 (2013). 생산운영관리. 서울: 한경사.

이상문 (2000). 총체적 품질경영(TQM)과 리더십. 서울: 형설출판사.

이상원, 이영해 (2011). 의료분야 SCM을 위한 프레임워크. 2011 한국경영과학회 추계학술대회.

장승희 (2013). 공존을 위한 실험, 협동조합모델 제조업에도 가능할까. LG Business Insight, 35-36.

한국생산성본부 (2011). 생산성 국제비교 2011.

황민규, 이영해 (2010). 서비스 공급사슬 최적화 모델 개발에 관한 연구. 2010 대한산업공학회 춘계학술대회 논문집, 1493-1498.

황민규, 이영해 (2010). 서비스 공급사슬 최적화를 위한 수리적 모델 개발. 2010 SCM 춘계발표대회.

황민규, 이영해 (2010). 서비스의 동시적 특성을 반영한 서비스 공급사슬 모델. 2010 SCM 종합발표대회.

황민규, 이영해 (2011). 관광산업에서의 최적 공급사슬 모델. 2011 SCM 춘계발표대회.

황민규, 이영해 (2011). 관광서비스 공급사슬 최적화 모델 개발에 관한 연구. 2011 한국경영과학회/대한산업공학회 춘계공동학술대회 논문집, 119-126.

황민규, 이영해. (2010). 서비스 공급사슬 최적화 모델 개발에 관한 연구. 2010 대한산업공학회 춘계학술대회 논문집, 1493-1498.

宮崎哲也, 김종원 (2008). 이슬람금융이 다가온다: 금융의 새로운 희망!, 송창규 역 (2008). 안양: 도서출판 물푸레.

Bo, W. et al. (2010). Service supply chain and the conceptual model. *2010 International Conference on Management and Service Science*, 1-4.

Boon-itt, S. & Pongpanarat, C. (2011). Measuring service supply chain management processes: the application of the Q-Sort technique. *International Journal of Innovation, Management and Technology, 2*(3), 217-221.

Christopher B. & Sumantra G. (1998). *Managing Across Borders: The Transnational Solution* (2nd ed.). Boston: Harvard Business School Press.

Cole, G. A. (2004). *Management Theory and Practice*. Thomson,

Cook, M. (2004). Understanding the potential opportunities provided by service orientated concepts to improve resource productivity. In T. Bhamra, & B. Hon, (Eds.). *Design and Manufacture for Sustainable Development*. (pp. 123-134). Edmonds, UK: Professional Engineering Publishing Limited.

Craig M. F. & Aleda V. R. (2004). New Measurement Scales for Evaluating of Technology-Mediated Customer Service Experience. *Journal of Operations Management, 22*, 3.

Cronin, J. J. & Taylor, T. S. (1992). Measuring Service Quality: A Reexamination and Extension. *Journal of Marketing, 56*(3), 55-69.

Curtis P. M. & James A. F. (1996). Strategy for Globalizing Service Operations. *International Journal of Service Management, 7*(4), 45-59.

Ellram, L. M. et al. (2004). Understanding and managing the services supply chain. *Journal of Supply Chain Management, 40*(4), 17-32.

Evans, J. R. & Lindsay, W. M. (2005). *The Management and Control of Quality* (6th ed.). Thomson.

Fitzsimmons, J, A. & Fitzsimmons, M. J. (2010). *Service Management*. McGraw-Hill Korea.

Fitzsimmons, J, A. (2003). Is the Future of Service Self-service?. *Managing Service Quality, 13*(6), 444.

Fitzsimmons, J. A. & Fitzsimmons, M. J. (2005). **글로벌 시대의 서비스 경영**. 서비스경영연구회 역 (2006). 서울: 한경사.

Fitzsimmons, J. A. et al. (1999). *Service Chain Management-Optimizing Service Delivery*. CRM Project.

Gaither, N. (1992). *Production and Operations Management*. The Dryden Press.

Giunipero, L. C. et al. (2008). A decade of SCM literature: past, present and future implications. *Journal of Supply Chain Management, 44*(4), 66-86.

Goedkoop, M. J. et al. (1999). *Product Service Systems, Ecological and Economical Basis,* Retrieved from http://teclim.ufba.br/jsf/indicadores/holan%20Product%20Service%20Systems%20main%20report.pdf.

Gronroos, C. (1983). *Strategic Management and Marketing in the Service Sector* (Chapter 4). Boston: Marketing Science Institute.

Gronroos, C. (1990). *Service Management and Marketing: Managing the Moments of Truth in Service Competition* (Chapter 3, pp. 49-70). Lexington Books.

Haas, d. H. & Hansen, A. P. (2010). Facilities management in a service supply chain perspective. *The 22nd Annual NOFOMA Conference.*

Hisatomi, M. et al. (2008). Application of service delivery platform for supply chain management. *Global Telecommunications Conference*, 1-5.

Jacobs, F. R., Chase, R. B., & Aquilano, N. J. (2010). **생산관리**. 김연성, 박경철, 유석전, 최강화 공역 (2010). 서울: 한경사.

Jang, P. Y. (2012). Integration of products and services of Korean firms and innovation policy directions. *STI Policy Review, 3*(2).

Johnston, R. & Silvestro, R. (1990). The Determinants of Service Quality: A Customer-based Approach. *in The Proceedings of the Decision Science Institute Conference.* San Diego, CA.

Johnston, R. (2005). Update Service operations management: from the roots up. *International Journal of Operations & Production Management, 25*(12), 1298-1308.

Kathawala, Y. & Abdou, K. (2003). Supply chain evaluation in the service industry: a framework development compared to manufacturing. *Managerial Auditing Journal, 18*(2), 140-149.

KPMG LLP (2011). *Optimize your service supply chain*. KPMG LLP

Krajewski, L. J. et al. (2006). *Operations Management—Processes and Value Chains*. Prentice Hall.

Li, C. et al. (2008). The research on service supply chain. *Service Operations and Logistics, and Informatics, Vol. 2*, 2263-2268.

Lopez, L. & Zúñiga, R. (2012). The dynamics of a judicial service supply chain: a case study. *The 30th International Conference of the System Dynamics Society.*

Maull, R. et al. (2012). Service supply chains: a customer perspective. *Journal of Supply Chain Management, 48*(4), 72-86.

Metters, R. D. et al. (2002). 서비스운영관리. 김수욱 외 공역 (2006). 서울: 한경사.

National Institute of Standards & Technology (2010). Criteria for Performance Excellence.

Parasuraman, A. et al. (1988). SERVQUAL: A Multiple Item Scale for Measuring Consumer Perceptions of Service Quality. *Journal of Retailing, 64*(1), pp 14-40.

Pearce, R. (1994). Strategic Management—Formulation, Implementation, and Control, Richard D. Irwin, Inc.

Pinder Jr, A. & Dutta, S. (2012). *Optimizing the service supply chain*. Aberdeen Group.

Ramaswamy, R. (1996). 서비스공학. 오형술, 유정상, 문승기, 강경식 공역 (2012). 서울: 한경사.

Sampson, S. E. & Spring, M. (2012). Customer roles in service supply chains and opportunities for innovation. *Journal of Supply Chain Management, 48*(4), 30-50.

Sampson, S. E. & Spring, M. (2012). Service supply chains: introducing the special topic forum. *Journal of Supply Chain Management, 48*(4), 3-7.

Sampson, S. E. (2000). Customer-supplier duality and bidirectional supply chins in service organizations. *International Journal of Service Industry Management, 11*(4),

348-364.

Schmenner, R. W. (2005). *Service Operations Management*. Prentice Hall.

Sengrupta, K. (2006). Manufacturing and service supply chain performance: a comparative analysis. *Journal of Supply Chain Management, 42*(4), 4-15.

Shahin, A. (2010). SSCM: Service supply chain management. *International Journal of Logistics Systems and Management, 6*(1), 60-75.

Silvestro, R. & Johnston, R. (1990). *The Determinants of Service Quality-Hygiene and Enhancing Factors*. Warwick Business School, Warwick.

기타 자료

김기준 (2013). 서비스 시대의 새로운 패러다임 맞춤형 서비스.
http://blog.daum.net/ppspr/458

뉴스1 (2013. 1. 29). 음식점 등 외부가격 표시제 정착 요원.

뉴시스 (2013. 1. 18). 코레일관광개발, KTX 승무서비스 노하우 공항철도에 선봬.

뉴시스 (2013. 8. 22). 강남구, 녹색 교통실현 위해 '기업체 교통수요관리' 나선다.

동아비즈니스리뷰 9호 (2008. 5. 15). 항공기 좌석 200개 좌석 가격도 200개.

동아비즈니스리뷰 59호. (2010. 6. 15). 고객요구 일반화하면 혁신 콘셉트 보인다.

디지털타임스 (2011. 12. 30). 대한상의, '서비스분야 SCM 더 강화해야'.

매경뉴스 (2013). 점진개선 아닌 근본적인 혁신 필요.
http://news.mk.co.kr/newsRead.php?year=2013&no=246369

매일경제 (2013. 4. 1). 신창재 회장, "점진 개선 아닌 근본적인 혁신 필요".

매일경제 (2013. 7. 7). 아이돌보미 예산 '헛발질' 여성부, 수요예측 빗나가 예산 낭비.

매일경제. 경제용어, 이슬람금융. http://dic.mk.co.kr/menuNew2006/dicText.php

머니투데이 (2012. 11. 7). 앞서는 포털, 쫓는 이통사… 치열한 주도권 경쟁.

머니투데이 (2013. 7. 3). 1000만 명 쓰는 공공앱, 그러나 정부지원은 없었다.
http://news.mt.co.kr/mtview.php?no=2013071011101028742&type=1

서울경제 (2013. 8. 13). 글로벌 자금과 연계 기술 · 서비스제휴 등 창업 생태계 구축을.
http://economy.hankooki.com/lpage/industry/201308/e20130813165559120170.htm

아시아경제 (2013. 6. 15). [창조경제 로드맵] 공공기관 정보 공개로 앱 산업 키운다.
http://www.asiae.co.kr/news/view.htm?idxno=2013060511182540461

아이뉴스24 (2012. 5. 28). '소셜' 고객센터, 본격 확산 조짐. SNS 확산 타고 솔루션 출시 잇따라.

아주경제 (2012. 9. 26). KB금융, 고령층 재취업까지 지원한다… '新 은퇴설계서비스' 출시.

아크로팬 (2011. 2. 16). 상암DMC, 서비스 공급사슬 구축으로 2014년까지 한국판 헐리우드로 조성.

연합뉴스 (2013. 4. 24). 서울 가로변 버스정류소 편리해진다.
http://news.naver.com/main/read.nhn?mode=LSD&mid=sec&sid1=103&oid=001&aid=0006222030

월간 혁신리더 (2011. 7). 스타벅스에서 금융업무를? 서비스를 디자인하라!
http://www.kmac.co.kr/knowledge/read1.asp?board_kind=4&pk=1460

위키트리 (2013. 7. 9). 모바일, 단계를 뛰어넘는 혁신을 가능하게 하다.
http://www.wikitree.co.kr/main/news_view.php?id=127822

이코노미조선 (2012. 2. 29). 송의달의 CHINA MARKETING_파리바게뜨 성공스토리.

인터넷 한국일보 (2013. 7. 10). 공급위주서 수요관리로 에너지 정책 확 바꾼다, 정부 전기료 현실화 등 검토.

전자신문 (2012. 4. 25). [알아두면 돈 되는 금융상품] 현대카드.

전자신문 (2012. 8. 1). 프로슈머 가라, 이제 '리서슈머'가 온다.
http://www.etnews.com/news/economy/finance/2624456_1492.html

조선비즈 (2011. 10. 7). 고객정보 분석으로 '소비자 경험'을 지배하라.

조선비즈 (2011. 4. 6). 파라슈라만 교수 "서비스 평가, 고객 입장에서 해야".
http://biz.chosun.com/site/data/html_dir/2011/04/06/2011040601265.html.

조선비즈 (2012. 11. 30). 불황에 가격 인하는 毒… 가치를 더해야 소비자가 지갑 연다.

조선비즈 (2013. 2. 3). 주영민, 서비스, 과학과 손잡다, 서비스 사이언스의 부상. 삼성경제연구소.

조선비즈 (2013. 11. 29).'2013 국가품질경영대회'

조선비즈 (2013. 2. 4). '10분 내에 방문 약속 잡기' '현장 도착 100분 내에 업무 처리하기' '서비스 양질을 높여 고객의 사랑(4) 받기'.

중앙일보 (2011. 1. 21). 싸이 Why? SNS 진짜 원조 싸이월드가 세계화에 실패한 이유.
http://article.joins.com/news/article/article.asp?total_id=4956269

중앙일보 (2013. 1. 29). 신한은행, 자산관리 전문화 · 은퇴시장 상품 차별화.

팝뉴스 (2013. 1. 29). 심심한 부자를 위한 '납치서비스' 회사 탄생.

한겨레신문 (2013. 10. 28). 예측 수요의 8% 승객만 태우고 달리는 인천공항철도.

한국경제 (2008. 8. 7). 애완견 빌려드립니다… 美서 공유 · 대여서비스 인기.
http://www.hankyung.com/news/app/newsview.php?aid=2008080790341&intype=1

한국경제 (2010. 10. 20). 인천공항, 세계 최고 IT기술 도입…15분이면 출 · 입국 심사 'OK'.
http://www.hankyung.com/news/app/newsview.php?aid=2010101980601

한국경제신문 (2013. 3. 19). 택시보다 싼 '시간제 렌터카' 집카…시간을 쪼개니 시장이 커졌다.
http://www.hankyung.com/news/app/newsview.php?aid=2013031958581&intype=1

한국경제TV (2012. 6. 1). '카드고릴라' 다양한 카드 한눈에 '쏙'.

헤럴드경제 (2012. 10. 10). '강남스타일' 향한 세계 학계 분석 활발 "유튜브와 저작권 방임이 성공 요인".
http://news.heraldcorp.com/view.php?ud=20121010000141&md=20121013003611_BC

헤럴드경제 (2012. 11. 24). 싸이, 유튜브 사상 최다 조회수 기록 '저스틴 비버 제쳤다'.
http://biz.heraldcorp.com/view.php?ud=20121124000094

SBS (2009.12.16). [경제안테나] "빌리는게 더 편해" 대여문화 인기.
http://news.sbs.co.kr/section_news/news_read.jsp?news_id=N1000685201

SBS CNBC (2012. 12. 11). 정만원 SK 부회장 "싸이월드 성공 · 실패 이유는…".
http://sbscnbc.sbs.co.kr/read.jsp?pmArticleId=10000513778

Wikipedia (2013). Service design. http://en.wikipedia.org/wiki/Service_design

http://blog.daum.net/kipoworld/912

http://blog.naver.com/hongjig/140001604174

http://blog.naver.com/hyoungmo74/42391404

http://iems.net

http://www.isocenter.co.kr

http://www.kats.go.kr

http://www.kmac.co.kr

http://www.kmtca.or.kr

http://www.koita.or.kr/koita

찾아보기

저 자 약 력

박경종
한양대학교 산업공학과 학사
한양대학교 산업공학과 석사
한양대학교 산업공학과 박사
현) 광주대학교 경영대학 경영학과 교수

윤재홍
연세대학교 행정학과 학사
University of Kansas 경영학과 석사
연세대학교 경영학과 박사
현) 동아대학교 경영대학 경영학과 교수

장병열
포항공과대학교 산업경영공학과 학사
포항공과대학교 산업경영공학과 석사
포항공과대학교 산업경영공학과 박사
현) 과학기술정책연구원(STEPI) 연구위원

조현보
서울대학교 산업공학과 학사
서울대학교 산업공학과 석사
Texas A&M University 산업공학과 박사
현) 포항공과대학교 산업경영공학과 교수

한동철
성균관대학교 건축공학과 학사
서울대학교 경영학과 석사
Saint Louis University 경영학과 박사
현) 서울여자대학교 경영학과 교수

서비스 경영

2014년 9월 5일 1판 1쇄 인쇄
2014년 9월 10일 1판 1쇄 발행
2018년 9월 10일 1판 2쇄 발행

지 은 이 박경종 윤재홍 장병열 조현보 한동철
펴 낸 이 최용구
펴 낸 곳 이프레스

주 소 (04316) 서울시 용산구 원효로 89길 19 (원효로1가)
전 화 02)537-1720(영업부), 537-1721(편집부), 537-1711(팩스)
이 메 일 epress01@naver.com
홈페이지 www.epress1.com
등 록 2009년 12월 10일 제16-2710호

기획마케팅 최용구 장만동 송대용 최충구
책임편집 석기은 황가연
본문편집 다인기획
표 지 SDY

ISBN 978-89-90245-59-5 93320

정가 28,000원